What REM KOOLHAAS Changed

レム・コールハースは何を変えたのか

What
REM KOOLHAAS
Changed

五十嵐太郎＋南 泰裕 編

鹿島出版会

Contents
目次

Part.1
Metropolis and Architecture
都市と建築

Part.2

Media and Theory

メディアと理論

Part.3

Data

データから読む レム・コールハース／OMA

Introduction
イントロダクション

レム・コールハースを読む
マンハッタニズム・ビッグネス・ジャンクスペース

五十嵐太郎

マンハッタニズム

現在、レム・コールハースは、最も重要な建築家のひとりである。とくに注目すべきは、作品だけではなく、書物を通じて、大きな影響力をもったことだろう。二〇世紀の前半が多くの著作を残したル・コルビュジエだとすれば、その後半に次世代を担う理論的な構築をしたという意味において、一九四四年生まれのコールハースは同じような役割を担っている。そこで序論として、彼が提出したいくつかの重要なキーワードを解説しよう。

まず、最初にマンハッタニズムである。今では邦訳の文庫版も刊行された彼のデビュー作『錯乱のニューヨーク』(筑摩書房、一九九五年)のなかで唱えられた概念だ。この本は、ニューヨークにおいて資本主義の欲望のおもむくままに、自動生成する摩天楼の歴史をポストモダン的な視点から論じたものである。一九七八年に出版された原著は話題になり、日本では、槇文彦が『見えがくれする都市』で紹介したものが、最初期の事例だろう。ただし、再版されるまでは入手が困難で、筆者も院生だった時、人づてに借りたコピーで初めて読むことができた。内容が面白いだけではない。ざくっざくっと、挑発するフレーズの連発と、たたみかけるような文の勢い。リズム感をもった読物としてのドライブ感がすごいことにも、感銘を受けたのをよく覚えている。

マンハッタニズムとは、二〇世紀前半のニューヨークの摩天楼に関する理論である。これはコールハースが一九七〇年代にIAUS(建築都市研究所、ニューヨーク)に在籍したときのリサーチがもとになっている。同研究所は、一九七三年から一九八四年まで、批評誌『OPPOSITIONS』を刊行し、先鋭的な建築理論の場だった。『錯乱のニューヨーク』は、アメリカでは、ヨーロッパのモダニズムとは違う、マンハッタニズムが存在したという仮説を提示する。二〇世紀初頭のヨーロッパでは、イタリアの未来派、オランダのデスティル、ドイツの表現主義、ロシア構成主義など、各国においてさまざまな前衛芸術のイズムが宣言された。「われわれはこうだ」と声高に主張し、颯爽と登場することが流行だった。

だが、同時代のアメリカからは、そういったものが現れなかった。とはいえ、現実としては、明らかにこれまでにはなかった新しい事態が進行していた。少なくとも超高層ビルはヨーロッパで実現する機会はなく、アメリカの方で次々と建設されている。しかし、プラグマティックな建築家は、芸術家的な建築家とは違い、自分たちで新しい宣言を出して運動を起こさない。逆に言うと、なかなか実現しないからこそ、ヨーロッパでは人目を引くためにカッコいいマニフェストを掲げたのかもしれない。一方、アメリカではそうした言葉を考える前に、未曾有の経済状況が新しい現実を生み出していた。そこでコールハースが、当時、語らなかった摩天楼の建築家の代わりに、すなわちマンハッタンのゴーストライターだと自称しながら、彼らの代弁者として二〇世紀前半の摩天楼で起きた出来事をマンハッタニズムと命名したのである。いわば、後からねつ造された宣言なのだ。

反モダニズムの論理

では、マンハッタニズムとは何か。つきつめて言うと、資本主義の社会において経済効率や欲望が最大限にドライブし、制限いっぱいにつくろうとしたときに起きる、自動的な現象と言えるだろう。ヨーロッパの場合、芸術的な意志が介在して、新しいデザインが起きるのに対し、マンハッタンはそれを必要としない。無意識の運動というべきか。例えば、コールハースは、ロックフェラーセンターとは「天才なき傑作」であり、究極の建築だと称賛している。高密度になった都市が限界をめざして、自動的に建築を生産していく。ただし、そうした素材からコールハースが料理して抽出するアイデアは、きわめて建築的なマニフェストである。

彼は、ここで二種類の分裂が起きていると指摘した。

ひとつは外部と内部がバラバラになること。言い換えると、摩天楼のファサードのデザインと、室内のプログラムが関係なくなることだ。むろん、外観では、近代都市の新しい大聖堂として、摩天楼のアイコンが求められる。しかしながら、ビルの内部では、それと別にまったく違う出来事が起きるのだ。すなわち、両者が切り離されている。彼は、これを建築的なロボトミーと呼ぶ。ちなみに、こうした外部と内部の切断は、ポストモダンの建築家ロバート・ヴェンチューリも、ラスベガスのリサーチを通じて提唱している。

もうひとつは、同じ高層ビルのなかでも、上と下のフロアに入る機能が、相互にバラバラになること。例えば、オフィス、アスレチックジム、バーなどが各階に入り、異なる用途がひとつの建物のなかに同時に発生する。コールハースによる複合機能の理論は、後にラ・ヴィレット公園のコンペ案に展開した。これはバーコード状にエリアを細分化し、それぞれに異なる世界が隣接しながら同居するアイデアだが、いわば横倒しにしたスカイスクレーパーである。ちなみに、このコンペに勝利したベルナール・チュミも、形態と機能は切断されていると述べて、唐突な用途の組み合わせなど、過激なディスプログラミング論を提唱する建築家だった。日本では、アトリエ・ワンによる、複合機能をもった建物をリサーチするフィールドワーク、メイド・イン・トーキョーが、コールハースの影響を受けたものだろう。森ビルによる、オフィスだけではなく、商業施設も備えた再開発も、単一機能ではないという意味で、基本的にコールハースと同じ路線である。ただし、超高層ビルを都心につくることで、足元にオープンスペースを生み出すという森ビルの戦略は、ル・コルビュジエ流の都市像であり、両者の合成というべきだろう。

マンハッタニズムの理論は、つまるところすべてモダニズムの裏返しである。近代建築が唱えていたのは、外部＝ファサードは内部の表出であらねばならない、という正直な機能主義だった。また、ひとつの建物が異なる機能をもつのは不純である。近代的な都市計画も、ゾーニングによって異なる用途をそれぞれのエリアに分けていく発想だった。ところが、マンハッタンでは、ひとつの建物にさまざま機能が入り、こうした秩序を崩し、混ぜてしまう。自己生成する摩天楼は、制御不能な資本主義の欲望にのみ込まれ、外と内の一致というモダニズムの理想を挫折させる。そうした意味でプログラム論的に、モダニズムを超えており、この本は八〇年代から九〇年代のプログラム論に影響を与えた。

興味深いのは、コールハースが、マンハッタンというもうひとつの近代を再読することで、ポストモダンの建築理論を抽出したことだろう。ヴェンチューリも、ヨーロッパ中心の近代建築史があまり注目しなかったトピックをとり上げたが、彼が一九六〇年代のラスベガスを観察したのとは違い、コールハースは、過去に遡及し、つまり二〇世紀前半の出来事を再発見しながら、すでに近代建築の理論を乗り越える考えが存在していたと指摘する。マンハッタンの建築家たちは声高に叫ばなかったが、すさまじい経済原理によって、モダニズムをクラッシュさせるポストモダン的な状況が発生していたのである。

この本は、物語として巧みにプロットが構成されていることも特筆すべきだろう。マンハッタニズムが誕生する前提について、コールハースは、こう説明している。一九世紀の初頭、マンハッタン島を二〇二八の四角い街区に分割する提案が存在したこと。都市のグリッド(格子)は、それぞれのブロックの内部で、限界ぎりぎりまで大きな建築をめざすが、他のブロックには干渉できない。高さについても斜線制限が設けられる。一方、家が建つ人工の地盤を垂直方向に積層させた二〇世紀初頭のイラストを紹介しながら、これこそがかぎられた土地を最大限に活用する摩天楼の基本的な原理だという。つまり、アメリカの西部に開拓される新しい大地、すなわちフロンティアがなくなって、今度は空に向かってフロンティアを求めたわけだ。こうしたふたつの条件が過密の文化において適応され、建物の内部と外部、あるいは各階の機能が分裂する摩天楼の都市を生成した。

またコールハースは、針と球というふたつのプロトタイプがマンハッタンにおける形態のパターンの両極だと論じている。針とは、最も薄く、最も容量の少ない構造物だ。つまり、極小の土地に最大の高さを実現する。一方、球は最小の表面積で最大の容量を包む形態だ。そして内部にどんな機能も呑み込んでしまう。彼は、一八五三年や一九三九年、一九六四年のニューヨーク万博のある構築物、二〇世紀初頭のコニーアイランドなど、マンハッタンの実験的な空間において、針と球のモチーフが繰り返し登場したと指摘する。ゆえに、マンハッタニズムは、このふたつの形態の弁証法の歴史だという。摩天楼は、針と球の複合体なのである。『錯乱のニューヨーク』は、当時の建築家が摩天楼のコスプレをやった「ニューヨークのスカイライン」のイベントに触れているように、ビルが主人公になった都市の物語としても読むことができるだろう。コールハースは、かつて脚本家を志したことがあるだけに、そうした語りが天才的である。

ビッグネス

ほかにもコールハースは、ブルース・マウと共同した辞書のように分厚く、巨大な本『S,M,L,XL』(一九九五)を刊行し、話題を読んだ。これは重い銀色の本そのものが作品化しており、SからXLまで、それぞれのサイズごとに、彼の作品を収録している。つまり、本そのものがエクストラ・ラージのデカさをもつように、同書のテーマは大きさであり、とくに重要なのは、「ビッグネス」の概念を提出したことだろう。マンハッタニズムでは、枠組のなかで最大限をめざす欲望により、空間が変容したわけだが、言い換えると、どんどん膨れ上がっていく方向性を内在していた。ビッグネスはこれをさらにつきつめて考えたものであり、コールハースによれば、建築が巨大化していくと、もはや古い建築の常識やモラルはぶっ飛んでしまう。すなわち、古典的な建築が前提としていた、人間の身体をベースにしたヒューマニズムはクソくらえというわけだ。むろん、内部と外部を一致させる近代建築の倫理観も無意味になる。デカくなると、外部は制御不能。美しいファサードという概念が無効になる。資本主義のロジックでドライブさせると、建築は巨大な空間を志向し、意識はひたすら内部に向かう。外観を整えるというのは古典的な美学にもとづく、建築家の仕事として歴史的に重視されていた。しかし、それは巨大資本主義の建築には不要である。プロポーションの細かい操作など、どうでもよくなる。凝った構成原理も同様だ。おそらく旧来の建築計画学も通用しない。つまり、ある大きさが超えてしまうと、もはやそんなことはどうでもよくなって、別の次元に突入する。ビッグネスの概念では、善悪の彼方に飛んでいく、そういったイメージを描き出している。

アメリカ版の映画《ゴジラ》(一九九八)の宣伝において、「size does matter」というキャッチフレーズが使われていたが、まさに大きさがモノをいう。これは単に大きな建築ではない。巨大になることで、古い意味での建築ではない何かに変容している。それは建築と都市の中間体かもしれない。建築=アーキテクチャーという言葉には、ただの建物=ビルディングにある理念を投入したという意味で、建築家の美学が張りついているが、ビッグネスでは、それを剥ぎとり、むしろビルディングに回帰している。しかし、ただのビルディングでもない。巨大化することで、異様なものになる。丹下健三の東京計画一九六〇やメタボリズムのアイデアなど、一九六〇年代に流行したアンビルト系のメガストラクチャーのプロジェクトは、素朴に建築を拡大すれば、都市をつくることができると考えていた。建築の延長としての都市である。しかし、ビッグネスは、大きさが質そのものを変えてしまう。

コールハースは、プロレスにおけるヒールのように、偽悪的な人物を演じ、良識派の人からすれば、眉をひそめるようなことをあえて語る。ビッグネスも昔の価値観をあざ笑う。現代のグローバリズムは、経済原理から従来の建築家の役割を否定するが、普通の建築家は、そうした事態を恐れ、保守的な世界にひき留めようとする。だが、彼はその先にある風景を想像している。かつて日本がバブル経済で賑わったころ、やはり建築の消費が批判されたが、当時の伊東豊雄は逆に「消費の海に浸らずして新しい建築はない」と宣言した。この立場と似ているかもしれない。手前にとどまるのではなく、消費の海を批判するのでもなく、溺れずに泳ぎきった対岸にこそ、新しい世界が広がっているのだ、と。またビッグネスは、一八世紀に提出された崇高性＝サブライムの概念につながるだろう。人間を超えたものを畏怖するような感覚だ。当時、古典主義の枠組を超えて、メガロマニアな建築のドローイングが描かれたのも、そうした背景があった。険しい山を美の対象として発見していくのも、サブライムにつながる感覚である。ビッグネスは、資本主義が生み出した人工的なアルプスの山かもしれない。むろん、彼は美しいという言葉を否定するだろうが。

建築家と都市の変容

コールハースは、刺激的な理論を発表しているが、建築家というよりは、社会学者のような分析が多く、建築を突き放しているような印象も受けるだろう。実際、ル・コルビュジエの議論ほど、モダニズムの時代における創作のための明快な造形の方法論があるわけではない。なるほど、コールハースのようなプログラム論に踏み込むと、建築家の自由がきかない部分が大きい。自分がクライアントではないからだ。ただし、コールハースの場合は、むしろ職業を拡張しており、ただ設計するだけではなく、ほとんど企画のような業務も仕事として引き受けている。例えば、オランダのスキポール空港のコンサルティングを通じて、これが設計よりも儲かるということに気づいたようだ。

彼は、必ずしもすべてのプロジェクトが具体的な設計に回収される必要もないと考えているかもしれない。グローバルな資本主義の時代では、建築と都市が変容して、芸術家を気どる英雄的な建築家は時代遅れなのだ。プラダのプロジェクトでは、AMOという組織をつくり、リサーチを積み重ね、企業戦略から広告やマーケティングまでを提案し、最終的にはアメリカで店舗設計も担当している。おそらくそれがコールハースにとっての理想の仕事だろう。なお、与えられた建築のプログラムをドライブさせて、ユニークな形態を生成させる手法は、弟子筋にあたるオランダの建築家集団MVRDVにも引き継がれた。

『S,M,L,XL』では、もうひとつ重要なキーワードを提出しているが、コールハースは世界中に増える無個性な国際都市を「ジェネリック・シティ」と呼ぶ。これは「無印都市」という風に訳されている。どこにでもある都市。しかも歴史性を喪失し、つねに更新されるような都市だ。例えば、シンガポールを挙げて、三〇年でほぼすべての建築がとりかえられてしまうと指摘している。人間の平均寿命よりも短いスパンで、スクラップ・アンド・ビルドが進む。ジェネリック・シティのモデルとしてもっとも近いのは、空港だろう。空港は世界中にありながら、それぞれの地域性とは関係なく、どこもだいたい似たような風景が広がっている。同じようなブランドの免税店が順列組合せで、並んでいるからだ。とすれば、ジェネリック・シティとは、都市の空港化と言えるかもしれない。

システムの肥大化が新しい事態を招くというヴィジョンは、『MUTATIONS(変異)』(二〇〇〇)における西アフリカの巨大都市ラゴスの分析でも認められる。これはコールハースの参加した展覧会のカタログだが、都市がもはや旧来の都市ではなくなり、変異する現状を報告したものだ。とくにフォトショップのように、コピー建築群の都市が生産されるアジアや、計画の概念が破綻したラゴスの事例は衝撃的だった。そもそもモダニズムの都市計画は、ル・コルビュジエの「輝く都市」などで主張されたように、機能主義にもとづき、居住、労働、余暇などの目的ごとに場所の区分けを行う。ラゴスにも、ビルや高速道路などの現代都市の要素が存在し、一見、普通の都市のように見える。しかし、彼の紹介によると、渋滞した高速道路で多くの人間が歩き、出店も並び、風景は完全に混乱している。交通のインフラストラクチャーも未完のままで、都市が機能不全を起こしているかのようだ。少なくとも近代都市の理論でつくられたのに、想定された使われ方がまったくされていない。

にもかかわらず、ラゴスは機能していると、コールハースは言う。計画者ではなく、使用者の立場から巨大都市がある意味できちんと稼働しているからだ。例えば、建設が放棄された高架道路のランプは、人びとに占拠され、市場や倉庫として有効に使われ、都市を活性化させている。驚くべき写真を添え、こうした事例を挙げながら、彼は述べる。ラゴスは近代化の途上にあるのではない、アフリカ的な方法ですでに別の近代化を遂げている、と。だが、単なるもうひとつの近代でもない。彼は、ラゴスがわれわれに追いつくのではなく、われわれがラゴスを追いかけるのではないかと指摘する。計画概念が無効になった究極の巨大都市。コールハースの言葉からは、預言者的な響きさえ感じられる。

やはり分厚い本の『HARVARD DESIGN SCHOOL PROJECT ON THE CITY 1: GREAT LEAP FORWARD』(二〇〇一)は、コールハースがハーバード大学の学生を動員して、深圳や広州など、急激に成長するアジアの巨大都市の調査を行ったものだ。ここでは簡単に都市が生産され、実際にビッグネスの現象が起きている。同書はコピーライトつき造語を膨大に提示し、巻末にその用語集をつけている。これと対になる大学の調査プロジェクト第二弾、『HARVARD DESIGN SCHOOL PROJECT ON THE CITY II: GUIDE TO SHOPPING』(二〇〇一)は、「ショッピング」を通して都市空間を分析し、「ジャンクスペース」など、重要なキーワードをアルファベット順に解説している。同書では、最初のグローバリズムを実現したローマ帝国の首都、古代ローマのトラヤヌスのマーケットから現代の郊外型のショッピングモールまで紹介されているが、今や政治や建築家のヴィジョンではなく、消費活動が都市を形成している。ゆえに、建築家の個性よりも、経済の問題を重視する『錯乱のニューヨーク』の視点を受け継ぐ。なお、前者の第一弾が社会主義の国の変貌を扱う「赤」本であるのに対し、後者は資本主義の「黒」本になっている。

ジャンクスペース

ジェネリックシティにつながるキーワードとして、『ショッピング』で提唱された「ジャンクスペース」の概念が挙げられる。さらにマンハッタニズムもビッグネスからも補助線を引けるだろうが、ジャンクフードならぬジャンクスペース。彼は、近代化が遂行されたあげく、ジャンクスペースという残余物で世界が覆われるという黙示録的な風景を描く。これはアメリカ型の資本主義が蔓延した後に出現する終わりの風景である。

すなわち、延々と続く大型のショッピング・モールのような世界だ。ジャンクスペースを成立させる前提として、もちろん資本主義の経済は必要だが、コールハースは、建築的な装置として、エスカレータ、エアコン、プラスチック素材で覆われた内装などの技術的な要因を指摘する。一九世紀に発明されたエレベータは、摩天楼の出現にとって重要な機械だった。一方、環境が制御された大きな吹き抜けに、エスカレータが続く百貨店や巨大な商業施設のように、それまでの建築は基本的にはフロアごとに切れていたのに対し、エスカレータは大きな空間をスムーズに連続させる。つまり、ジャンクスペースのイメージは、空間が水平方向だけではなく、垂直方向にもずるずるずるずると繋がっていく。壁も固定されたものではなく、店舗の模様替えを簡単かつ自在にできるパーティションをもつ。

これは危険な外部や他者がない、人工的な室内環境である。ほどほどに快い、絶対的に安全な内部だけが漠然と広がる。吐き気がするぐらい、ありとあらゆる商品にまみれており、消費者たちがショッピング・カートで買い物をして、食事を楽しむ。インテリアのデザインは流行にあわせて、随時更新されていく。これはアメリカの巨大なショッピング・センターから触発された概念だが、今や日本各地にもこうした施設は増殖している。

もうひとつ興味深いのは、コールハースがエアコンを挙げていることだ。文字どおり、空気をコントロールするエアコンは、二〇世紀になって登場した装置だが、こうした社会的なプログラムを扱うタイプの建築論において、設備に注目しているのは、めずらしいだろう。空間をつなげていくのが、エスカレータだとすれば、エアコンは心地よい人工環境を室内に生みだすものだ。これによって換気のための窓が不要になる。電気による人工照明もすでに確立したテクノロジーであり、やはり窓の存在価値を奪う。場所性をなくすジェネリック・シティの考えと同様、どんなに暑い場所、どんなに寒い場所でも、同じような商業施設が可能となる。実際、すでにドバイは、外の激しい暑さから守られたショッピング・モールが各駅に直結した都市だ。中国や香港、イギリスにも大型のショッピング・モールは導入され、われわれは世界各地で同じような空間を享受している。近代以前は気候によって開口部の形状が変化したが、エアコンと人工照明があれば、室内の環境を完全にコントロールし、そこは閉じた内部空間となり、資本主義の楽園となるだろう。

ともあれ、エアコンは、外界と隔離して場所性をなくすだけではなく、外部がなくなることによって、巨大な内部空間に人がうごめいているような状態をもたらす。また、プラスチック素材は、いわゆる古典的な意味での建築の壁ではなく、いつでも置き換え可能なパーティションに変わっていく。チューブのようにつながった資本主義の空間である。これは消費の収容所というべき、どこか恐ろしい世界かもしれない。要するに自発的に資本主義に囲われた人が、そこを世界だと錯覚し、もはや外部の場所すら求めない、そのなかで満足してしまうような一種の楽園である。そうした意味において、ジャンクスペース論は、資本主義の彼方に生まれる究極の風景なのだ。

ここで思いだすのが、《ゾンビ》というホラーの定番において、しばしば舞台として使われるショッピング・モールだ。とくに最初の作品だったジョージ・A・ロメロ監督の《ゾンビ》(一九七八)では、アメリカの市民がゾンビになっても、消費の快楽を忘れることなく、本能的にショッピング・モールに集まり、ずっとうごめく。これはただのホラー映画ではなく、アメリカの資本主義への風刺を意識したものと思われるが、その舞台をショッピング・センターに選んだことは興味深い。「デッドライジング」のゲーム・シリーズも、ショッピング・モールにおけるゾンビとのバトルである。死んでもなお、資本主義から解放されない消費者たち。永遠にショッピング・モール、すなわちジャンクスペースの囚われ人になっているのだ。これも恐るべき黙示録的な風景である、コールハースのジャンクスペースは、ゾンビのうごめく世界を想起させる。

なぜ日本のメタボリズム？

オランダのコールハースが、かつて一七世紀にオランダ人が入植したニューヨーク、ラゴス、中国、ドバイなどをリサーチした後、二一世紀に入り、次のターゲットとしたのは、日本のメタボリズムだった。二〇一一年に森美術館でメタボリズムの大がかりな回顧展が開催されるなど、近年その再評価が進んでいるが、そのきっかけをつくったひとりが彼なのである。関係者へのインタビューを始めたのは、二〇〇五年だった。黒川紀章、菊竹清訓らの亡くなったメンバーを含む、貴重な証言や当時の資料をまとめた書籍『プロジェクト・ジャパン』(二〇一一)が、最初に海外で刊行されたのは、二〇一一年である。正直、この分厚い本を手にとって悔しく思ったのは、コールハースが目をつけて実現する前に、なぜ日本でこの企画が先に実現できなかったのか、ということだ。ブルーノ・タウトが桂離宮や伊勢神宮を「発見」したように、あるいは浮世絵や日本の絵画が海外に流出したように、外からの評価が、ここでも繰り返されている。

だが、なぜメタボリズムなのか。なるほど、黒川や菊竹は一九六〇年代にメガストラクチャーを提案したし、その周辺にいた丹下健三や磯崎新も同様の傾向をもっていた。ビッグネスではある。だが、それはイギリスのアーキグラム、イタリアのスーパースタジオほか、世界各地の若手にも共通して指摘しうることだろう。メタボリズムの運動に特殊性があるとすれば、建築家が単発で提案したのではなく、丹下を父としながら、それぞれのメンバーに家族のような関係性が培われていたことが挙げられる。またデザイナーや批評家を巻き込み、戦後日本の高度経済成長期にあわせて、多くのプロジェクトが実現した。そして日本万国博覧会でピークを迎えた後、オイルショックで国内の仕事は減ったが、逆に丹下はオイルマネーで潤う中近東で大がかりな計画に携わっている。つまり、コールハースは、モダニズムと伝統論を接続させた脱西洋のデザインだけではなく、従来のヨーロッパ的な建築家の職能を超える先駆的なモデルとしてメタボリズムに関心を抱いたのだ。

　加えて日本の特殊な事情がある。太平洋戦争の空襲や原爆によって国土がタブラ・ラサ、すなわち白紙の大地に還元されたこと。その後の建設ラッシュは、現在の中国やドバイを凌駕するものだろう。また大東亜共栄圏の名のもと、日本がアジアに領土を拡張した一九三〇年代、建築家は途方もないチャンスを与えられたという。やはり、大陸のまっさらなキャンバスに実験的な都市を建設する機会だ。敗戦で分断するのではなく、戦前と戦後を連続して考える歴史観は、八束はじめなどもすでに論じており、コールハースのオリジナルではないが、彼がとくに注目するのは、官僚、財界、メディアと連携した建築家の動きである。国土そのものを改造する壮大な計画、それが「プロジェクト・ジャパン」だ。ゆえに、この本には丹下研出身で、国土庁で活躍した下河辺淳へのインタビューも含まれている。資本主義がその勢いを加速させたとはいえ、国家による計画がその背後でサポートしていたメタボリズム像である。これまで奇抜な造形のアヴァンギャルドとして評価されていたメタボリズム関連の建築家に対し、コールハースらしく、社会や職能の文脈という異なる方向から光を照射したものだ。われわれの身近な過去にネタは転がっていたのである。

Part.1
Metropolis and Architecture

Part.1

Metropolis and Architecture

都市と建築

Part.1

Metropolis and Architecture 1

Taro Igarashi

Part.1 Metropolis and Architecture 1

疾走するアジアのジェネリック・シティ

五十嵐太郎

香港——一九九一年

初めて香港を訪れたときのことだ。過度な疲労のために、中国から陸路で行くことを断念し、同船者と麻雀をしながら、上海から香港まで三泊四日の船の旅を選んだ。四日目の朝、目ざめると、香港サイドと九龍サイドに挟まれた海の真中に船は漂っていた。朝靄のなかから海に迫る高層ビル群と山が現われる。感動的な風景だった。もともと香港は世界各地の船舶が行き交う港町として栄えはじめた都市である。したがって、それを追体験するような香港との出会いだった。船では四人部屋の船室に泊まっていた。下船のとき、同じ船室のイギリス人のジャーナリストが、筆者にこう言ったのを鮮明に覚えている。

"Welcome to my country!"

そう、当時の香港はまだイギリスの統治下だった。かつて香港は数千人が住む島だったが、一九世紀半ばに植民地となってから成長し、今や七〇〇万人の大都市になっている。

だが、一九九七年七月一日に香港は中国に返還された。その後、中国は一国二制度を実施し、香港を通して世界に向けて開いている。返還の直前には多くの香港人が流出し、金融危機も経験したらしいが、中国の特別行政区として栄え、都市の活気は衰えていない。

1｜香港上海銀行と中国銀行

八〇年代に出現した最大の目玉は、《香港上海銀行》(一九八五)と《中国銀行》(一九八九)だった[写真1]。前者はノーマン・フォスター、後者はI・M・ペイの設計であり、いずれも超有名建築家を銀行のプロジェクトに採用し、資本主義のカテドラルを建設した。なるほど、これらの銀行は、香港の紙幣のデザインにも使われている。香港上海銀行は、膨大な費用をかけたハイテクの傑作である。アトリウムにぶらさがるガラスの床から地上の通路を見ると、海の底をのぞいているようだ。中国銀行は、鋭角にカットされたクリスタルの塔である。足元は豪華な古典主義風。ポストモダンのデザインの両極であるハイテクと古典主義が対峙する。風水師がデザインに関連したと噂され、ふたつの銀行をめぐる風水戦争も話題になった。

残念ながら、九〇年代はこれらに匹敵する建築がない。《セントラルプラザ》(一九九二)の高さは、香港上海銀行と中国銀行を抜き、海を超えて対岸のネイザン・ロードからの軸線を受け止めている。が、建築的なレベルは落ちている。とはいえ、九〇年代も有名建築家の参入は続く。シーザー・ペリの《国際金融センター》、SOMの《香港会議・展覧センター》、テリー・

2｜香港国際空港

ファレルの《ピーク・タワー》(一九九五)などのプロジェクトがにぎわせている。

空港都市

二〇〇一年、二度目の香港は空から入った。新しい空港(一九九八)は、コンペに勝利したフォスターが設計したものである[写真2]。デザインは変化の絶えない空港の性格に対応させたものだ。すでに無料のインターネットが開放されていた。世界的な港町として栄えた香港は、重要なハブ空港をもつことを目指しているが、建築もそれを裏切らないクオリティを誇る。こうした空港は現代都市を象徴するビルディングタイプとして注目されている。

一九九〇年代にとっての空港はポストモダンにとっての美術館のような存在であると、建築評論家のハンス・イベリングスは指摘している[*1]。なるほど、八〇年代的な様式や情報のカタログ化は、文化的な美術館と親和性をもっていた。が、九〇年代はグローバル化に伴い、空港に通じる流動性や利便性が時代のテーマになっている。そしてときには空港が都市そのものに匹敵するほど巨大化している。とくにシカゴの《オヘア国際空港》(一九八八)が、中心街からビジネスを奪い、新しいエッジ・シティになっているという。つまり、周辺的な交通のターミナルそのものが中心的な都市機能を代替しつつあるのだ。

世界中のどこにでもある同じような空間。場所の感覚が麻痺し、日常的な時間も消えていく。しかも、それ自体がひとつの都市と化している。これはレム・コールハースが唱えたアイデンティティのない「ジェネリック・シティ」の概念と重なりあう[*2]。パリやロンドンの中心部のごとき明確な特徴がない。無性格で無機質な無印都市。彼は「ジェネリック・シティ」を論じながら、空港は超ローカルと超グローバルが凝縮された場だと語る。無国籍の免税ゾーンでショッピングに勤しむ旅行客は、世界共通のブランド店が順列組み合わせ並ぶ商空間を散策しながら、そこでしか存在しない土産も購入できるからだ。

多木浩二によれば、空港は徹底的に合理化されたプログラムを実現した機械のよう

*1｜ハンス・イベリングス「スーパーモダニズム」(『10+1』一九号、INAX出版、二〇〇〇年)
*2｜Rem Koolhaas, The Generic City, S,M,L,XL, Monacelli press.

な施設である[*3]。そうした意味で、機械をイメージさせるハイテクのデザインがしばしば空港で採用されるのは正しいだろう。また空の旅は、都市と都市の関係を変え、国境を経験させない。パスポート・コントロールを通った後は、国家から解放されて自由でいるようでいて、実際は決められた場所でただ待つことしかできないがゆえに、権力に拘束されている。そして、これは誰のものでもないゼロの権力の空間だという。彼は、ホテルや会議場を備えた二四時間の空港が増え、小さな都市になりつつあると述べている。加えて、一般的に空港が都市から遠いことに注目するが、逆に香港の場合はきわめて近い。

香港の新空港に到着し、まっすぐ歩くと、そのままエアポート・エクスプレスに接続する。これは一九九八年に開通した新交通システムであり、約二〇分で市内に到着する。早いだけではない。おそらく、香港は世界でもっとも簡単に空港から市内にアクセスできるのではないか。感覚としては、駅の改札が空港の出口である。逆に市内の香港駅や九龍駅で、飛行機にチェックインできるシステムも充実している。空港に都市的な機能をもたせるのではなく、空港の機能を都市に拡散させること。フォスターは「都市としての空港」ではなく、「空港としての都市」をコンセプトに掲げた。空港における発着を強調せずに、人の流れの結節点としてとらえなおす。かくして、香港自体が空港都市になる。

香港住民の自動車の所有率は低い。高い税金がかけられているからだ。街で見かけるのは、タクシーばかりである。それ以外は富裕層の高級車だ。だが、公共の交通機関は発達し、大変に便利である。オクトパスというチップを内蔵したカードが、日本のSUICAよりも早く導入されていた。これを使えば、バス、地下鉄、鉄道、フェリーが使え、自動販売機の飲料も購入でき、そのままエアポート・エクスプレスにも乗ることができる。

スーパーモダニズム

山の斜面から植物のようにはえる高層のマンション群。海と山が近接し、極端に敷地が足りないという自然の条件と、あふれるばかりの人が住む高密度の街という人工の条件が生みだした風景である。七二階に及ぶ超高層マンションも存在するが、平均的な開発では、約二ヘクタールの敷地に五〇階建てが八棟集まり、一万二〇〇〇人が住む。この六〇〇〇人／ヘクタールの密度は、オースマン時代のパリの二四倍、シンガポールの一二倍にあたる[*4]。だが、マンハッタンや中国のように街区いっぱいに建物が広がるわけではない。香港島の北角では、日本の感覚だと、二階建ての個人商店になる程度の広さの建物がそのまま垂直方向に引きのばされ、高層化する。プロポー

*3 多木浩二『都市の政治学』（岩波書店、一九九四年）
*4 "HONG KONG THE EXTREME CITY", DOMUS, AUG, 2001.

*5—『SD』一九九二年三月号、鹿島出版会。

Taro Igarashi

ションが異様に細長い。もやしのような日本のペンシルビルの比ではない。スーパーペンシルビル、あるいは竹のようだ。

香港では西洋近代のオルタナティブが発見される。大野秀敏は「(ル・コルビュジエの)『三〇〇万人のための都市』に代わる、東アジアの巨大都市香港が喚起する大都市のためのダイナミックな空間モデルのイメージを探ること」を目的にして、一九九〇年と九一年に現地調査を行い、以下の特徴を列挙した[*5]。

「一、香港では都心居住は日常的な現象である。／二、香港の市街地は高密度である。／三、香港には我々が見慣れた意味での郊外がない。／四、香港ではすべてが超近接して置かれる。／五、香港の都市の建築の表層は襞に満ちている。／六、香港にはモニュメンタルな建物がほとんどない。／七、香港はスーパーモダニズムの都市である」

実際、香港にはランドマークとなる行政の施設がない。郊外のニュータウンでは、駅と集合住宅が近接し、駅上都市を生む。そしてクルマの頭上ぎりぎりに、広告と看板が都市の景観を埋めつくす。大野によれば、スーパーモダニズムの都市は、超高層が基本的なビルディングタイプであり、ペデストリアン・デッキなど近代の発明が見事に実施され、最少の規制で発展した。セントラル・プラザやエアポート・エクスプレス香港駅のまわりは、ペデストリアン・デッキを水平方向に張りめぐらし、主要施設と駅をつなぐ。人工地盤の街である。香港サイドでは、一九九三年に全長八〇〇メートルの路上の公共エスカレーターが通勤や生活のために導入された。ウォン・カーウァイの映画『恋する惑星』において、部屋の窓から移動する人々が見えたシーンで有名になったインフラストラクチャーである。

スーパーモダニズムの都市は反歴史的である。それは自らのアイデンティティも否定するだろう。かつてよく知られた観光名所だったキッチュなタイガーバームは大幅に縮小し、高層マンションの敷地になった。悪名高い九龍城も、北京政府の圧力によって、一九九三年にとり壊された。跡地は、ポストモダンな中国公園に変貌している。そこが九龍城だったという都市の記憶がない。九龍城の上空すれすれに飛行機が行き交う風景も消えた。空港も移転している。そして二〇〇五年、世界で五番目のディズニーランドが開園した。

香港のOMA

だが、コールハースにしてみれば、二〇世紀の歴史も破壊するダイナミズムこそがアジア都市の醍醐味ということになるだろう。ジェネリック・シティは、九龍城のノスタルジーを否定する。彼によれば、「シンガポールのほとんどは、三〇年以下の歴史しかもたない」[＊6]。既存のコンテクストに邪魔されず、三〇年という時間のサイクルで、都市がまるごとつくられる。そしてシンガポールは中国のための実験室であるという。これはマンハッタンに対するコニーアイランドのような位置づけといえる。

　こうした認識はコールハースの実感にもとづく。彼は一九四四年にロッテルダムで生まれ、一九五二年から一九五六年まで父の仕事の関係で、インドネシアに住んでいた。そして八歳のとき、シンガポールの港に寄り、「上陸しなかったが、においは覚えている」という。だが、九〇年代に再び訪れたとき、甘さと腐った感じが同居する圧倒的なにおいは消えていた。彼は、すっかり変化したシンガポールに驚く。まったく新しい都市が出現していた。そしてシンガポールのモダニズムはロボトミー化されたという。

　OMAの香港支部が、アジアにおける都市の調査と設計を行う、OMAアジアである。これは彼が教鞭をとるハーバード大学の卒業生アーロン・タンの申し出によって、一九九四年に結成された[＊7]。タンは九龍城を調査した中国系シンガポール人である。香港を拠点に選んだのは、金がすべてを決める資本主義の都市であり、あらゆるものが短期間にどんどん変化するからだ。当初は仕事のあてもなく、事務所を始めたらしいが、OMA本部のあるヨーロッパよりも、コールハースにふさわしい街といえよう。

　コールハースは、中国の建築家が少人数ながら短期間に大量の建設を行い、地球に対して最も影響力のある建築家だとアイロニカルに述べていた。香港も建設が早く、タンによれば、ヨーロッパが五年かけてビルを設計するのに対し、香港では五ヵ月で終わる。そして建設費が安いために、一〇年で三度ビルを建て替える例もあるという。デザインは一過的なものになる。施主がデザインに関心があったとしても、自分の気に入った欧米の建築家を手本にするよう、香港の建築家に指示することも多いらしい[＊8]。

　香港上海銀行のようなプロジェクトはきわめて異例である。ディベロッパーが内部をほとんど決定し、建築家がいじることができるのは、カーテン・ウォールぐらいだ。しかも低コストで。これはネガティブな条件である。だが、タンはそう考えなかった。スキンをコンセプトに掲げたからである。AIAタワーは、分節がない、連続したチューブとしてデザインされた。また夜間に青く光る小さなネオンがリズミカルに並び、建物を螺旋状にとりまく。これを契機に内部のデザインも一部任されたことを考えれば、デザインは成功したといえる。そして8874エレクトリック・ロード・ビルのファサードは、垂直と水平のストライプが継ぎ合わされ、狭い敷地ながらも、視覚的なインパクトを生む。

＊6｜REM KOOLHAAS' SINGAPORE SONGLINES', S,M,L,XL.

＊7｜木下光「OMAアジア——コンセプトとしてのタブラ・ラサ」2G, NO.10, Editorial Gustavo Gill, 1999.（『10+1』二二号、INAX出版、二〇〇〇年）も参照されたい。

＊8｜『SD』一九九七年七月号、鹿島出版会。

上海——二〇〇一年

世紀の変わり目に、上海も一〇年ぶりに訪れた。

最初は、《旧香港上海銀行》(一九二三)や《和平飯店》(一九二九)など、壮麗な近代建築が並ぶ、黄浦江沿いのバンドの風景を見るためだった。一九二〇年代に一気に出現した、水に向かっての上海の顔、あるいは都市のファサード。これだけの近代建築が残っている水辺の街並みは、世界的にもめずらしい。当時の上海は、イギリス、フランス、日本などの列強諸国が租界を形成し、インターナショナルな雰囲気をもっていた。外国人建築家の手によって、古典主義やアール・デコの様式に彩られた建築群は、そうした時代背景を正確に反映している。

このとき、一〇年前にバンドの対岸に何があったかをほとんど記憶していなかった。渡ってもいないはずだ。当時はあまりに貧弱な風景しかなかったからだろう。ここには造船関係の工場、倉庫、粗末な家屋が点在していた。が、上海の地に再び足を踏み入れたのは、バンドの対岸を見るためである。なぜか。浦東は超高層ビルが並ぶハイパーモダンの都市に変貌したからだ。コールハースのシンガポール体験のように、そこはまったく違う場所になっていた。上海を定点観測した写真集『百変上海』は、父の撮影した一九九〇年以前と息子の撮影した二〇〇〇年以降の同じ場所の写真が見開きで並ぶが、まるで風景が違う。ローマの観光地で販売している古代遺跡の写真と復元図を対比した本だと、二〇〇〇年前と現代だが、これはわずか十数年の時間差だ。上海は一九九〇年代に世界でもっとも激しく変化した都市だろう。

バンドが誕生して七〇年後、上海は新しい都市の顔を獲得した。浦東地区には多国籍企業が数多く進出し、高層ビルが林立する。日本風のコンビニも市内に増殖中だ。上海の郊外には洋風住宅の並ぶ高級住宅地も開発されている。長江デルタ地域はハイテク生産基地になった。長い間、上海の時間は止まっていた。それが鄧小平の鶴の一声で開発が始まり、一九九〇年代以降に驚異的な発展を続けている。眠れる獅子が目を覚ました。

鄧小平は一九八〇年、ひとりあたりの国内総生産を一九九〇年までに二倍、二〇〇〇年までに四倍に増やすことを発表した。しかし、実際はこれを超える速度で目標が達成されている。一九七九年から九九年までの二一年間、改革によって中国は世界最速の経済成長を遂げ、GDPは毎年平均九・五パーセントという驚くべき伸びを示す。二〇〇〇年四月、浦東開発一〇周年の挨拶で、この地区の管理委員会主任は「浦東は発展途上国と新興工業国家が数十年かけてやることを、わずか一〇年間でやり遂げてしまった」と誇らしげに語った[*9]。

*9｜沼尻勉『上海・浦東——IT世界戦略基地の実像』(講談社、二〇〇一年)。

3｜浦東の東方明珠塔と対岸の外灘（バンド）

アジア経済危機の最中にも浦東地区は成長を続けた。疾走するアジアのメガロポリスである。

沼尻勉によれば、浦東の建築現場では、まず破壊して廃材を全部取り除いてから建設するのではなく、破壊と建設が同時に進行している。出かせぎの農民が、廃材を片づける横で、新しい建設材料が搬入されているのだ。ゆえに、「中国式でいけば、片づけが終わったときには、それに代わる新しい〈施設〉も誕生している」という。こうした速度が短い期間における大量の建設を可能にしたのだ。また、浦東では若い世代が開発のプロジェクトを主導している。一度は近代の腐臭が漂った都市に若さとチャンスがみなぎっている。

建築のエル・ドラド

浦東地区には雑多な超高層建築群がそびえる［＊10］。

《東方明珠塔》（一九九四）は、高さ四八六メートルのテレビ塔であり、シンボル的な存在だ［**写真3**］。東洋に輝く真珠。展望室、レストラン、ホテルが入る球体が並ぶデザインは、ひときわ目を引く。最も上の展望室は宇宙船と命名されている。一番下の巨大な球体は直径五〇メートルに及ぶ。内部のエレベーターは、古いＳＦのデザインを思わせる。『鉄腕アトム』に登場するような懐かしい未来の構築物が、現実化している。一方、《金茂大厦》（一九九九）は、ＳＯＭが担当した本格的なアメリカン・ポストモダンである。内部には壮麗な吹抜け空間をもつ。八八階建てで四二〇メートル。天気の悪い日には、霧や雲に隠れて、東方明珠塔と同様、上部が見えなくなる。メタリックな外観は細かく分節され、仏教寺院の塔を連想させる。

対岸のバンドには、五〇年以上も前の近代建築群。その背後には、新しい高層ビルや奇抜な建築が増えた。かといって、上海からスラム的な風景が消滅したわけではない。したがって、『ブレードランナー』的な未来も感じられる。すなわち、あれかこれかではなく、複数の未来が同時に共存している。漫画的な未来も、ポストモダンの未来も、ダーティ・リアルな未来も、排除しあ

＊10｜"CHINESE ARCHITECTURE 228-KEY BUILDINGS" CHINA ARCHITECTURE & BUILDING PRESS,1999.

わない。それがハイパーモダンの都市だ。

九〇年代に建設された高架道路の夜景は、ブルーのライトに照らされ、上海の街を疾走すると、両側にメガ・ビルディングが展開し、超未来的である。『惑星ソラリス』の未来都市に使われたように、東京の首都高速を西洋人がしばしば未来的だと感じる気持ちは、日本人には理解しがたいが、きっとこうした感じなのではないかと思う。

一九八〇年代のバブル期に日本が海外の著名建築家を集めたように、一九九〇年代の中国は「建築のエル・ドラド（黄金郷）」になった[＊11]。中国のディベロッパーは、積極的に国際コンペを実施し、ビッグネームを参入させることで国際都市のイメージを増幅させている。それが停滞していた中国の建築界に刺激をもたらす。ベルリンや上海など、グローバル都市では同じ顔ぶれの有名建築家が設計する状況が起きている。かくして、どこでも似たような風景が発生し、場所の感覚は失われてしまう。とくに上海はそうした傾向が著しい。KPFの《上海環球金融中心》（二〇〇八）、ポール・アンドリューによる《東方芸術センター》（二〇〇四）、ジョン・ジャーディーが手がけた《正大広場》（二〇〇二）、アルキテクトニカの《大平生命保険ビル》（一九九五）など、有名建築家が参加する建物の規模では、バブル期の東京を超えている。

二〇世紀の始まりに摩天楼の都市に変身したのは、資本主義の都市マンハッタンだった。ここはコールハースが『錯乱のニューヨーク』の題材にした街である。そして二〇世紀の終わりに超重量級のビルを乱立させたのは、変容した社会主義の国家中国だった。当然ながら、彼は中国を含むアジアの動向に大きな関心を寄せている。通常の「建築」と「都市」の概念が破壊され、二一世紀の新しい状況を予感させるからだ。

ところで、オリヴォ・バルビエリの写真集『NOTSOFAREAST』（二〇〇二）は、おもに上海の摩天楼を撮影したものだが、現実のものでありながら、うまくピントをぼかすことによって、それがまるで模型のようにしか見えないスタイルで表現している。なるほど、ここでは高層ビルが模型を制作するようにインスタントに建設されている。彼の写真は、そうした現実感のなさを的確にとらえたものといえよう。

＊11｜"2G" NO.10,1999.

深圳——世紀末の過剰飽和都市

香港に隣接する深圳は最も驚くべき都市である。一九七〇年代は、せいぜい三万人が住む漁村だった。それが一九七九年に経済特区に指定され、爆発的に発展し、現在、八〇万人の公式な住民と五〇万の非公式な住民をかかえている。五年後には三〇〇万人になるという。人口が一〇〇倍になるのだ。一九九三年には四五〇のビルが立ち並んでいたが、すでに倍増し、九〇〇を越えている。この経済特区では税制優遇により、外国企業を誘致し、十数年でほとんど無の状態からグローバルな資本主義に活気づく巨大都市を生み出した。

高層ビル群は、あらゆるポストモダンのバリエーションを複製し、デザインは完全に相対化されている。上海は建築家のセレブレティを急速に消費するが、深圳ではオリジナルの建築家に依頼せず、それらしいデザインの再生産に終始している。例えば、ある高層ビルは明らかにフォスターのセンチュリー・タワーを模倣している［写真4］。ただし、そもそもセンチュリー・タワーは、フォスター自身による香港上海銀行の縮小再生産だった。

Metropolis and Architecture 1

4｜フォスターのセンチュリー・タワーを模したと思われる深圳のコピー建築

かつてモダニズムは装飾のない均質な風景を生みだしたことで批判された。しかし、深圳は、ポストモダンのビルを徹底的に反復することで、平坦な風景を生む。ポストモダンの戦略は、モダニズムのコンテクストがあってこそ有効な批判として機能した。だが、ここでは最初から、すべてが凡庸なポストモダンのデザインで埋め尽くされている。地盤のない差異のゲームが過剰飽和し、差異自体を無効化してしまう。批判的精神を欠いたポストモダンという均質が、究極のジェネリック・シティを出現させた。

コールハースは、こうした中国建築の現実を際限のないカーテン・ウォールの戦争、すなわち「カーテン・ウォー」と呼ぶ。そして「フォトショップ」の操作のように、都市が生産されていると指摘する。簡単にコラージュできるデジタル・イメージと現実の境界が消えていく。深圳の街には歴史がない。記憶のない都市。ヨーロッパ的な思考は無効だ。「アジアは一種の巨大なテーマパークになった。アジア人自体がアジアにおける観光客になった」というコールハースの認識は、とりわけ深圳にあてはまるだろう。

OMAアジアは、深圳のために「ミレニアム・シティ」というプロジェクトを提案し、居住、商業、テーマパークのプログラムをなめらかに織りまぜ、機能的なゾーニングを否定した。彼らが考えるアジアの現実が反映されている。実際、深圳には巨大なテーマパークが幾つも存在する。この都市とテーマパークの相同性を強調するかのように。とくに興味深いのは、三つ並んだ《世界の窓》(一九九四)、《中国民俗文化村》(一九九一)、《錦繍中華》

(一九八九)である。いずれも建築のコピーをテーマにしているからだ。

　《錦繍中華》は、三〇ヘクタールの敷地に中国各地の建築と景観をミニチュアで展示する。一八ヘクタールの《中国民俗文化村》は、少数民族の村をほぼ実寸で再現する。そして《世界の窓》は四八ヘクタールの広さであり、文字どおり、世界各地の有名建築のミニチュアを集めたものだ。中国映画の「世界」でも一〇分の一の建築を展示する北京郊外のテーマパーク「世界公園」が登場するが、ここでは実物大に近い日本の桂離宮や、高さ一〇八メートルのエッフェル塔などもある。だが、三分の一の塔はもはや模型ではなく、十分にモニュメンタルなランドマークとして機能している。遠くからもこの塔は目立つ。模型=建築なのだ。松浦寿輝が、オリジナルのエッフェル自体が模型的な存在だったと論じていたのが想起される[*12]。一九世紀末のエッフェルがイメージとしての存在ならば、二〇世紀末の深圳はアウラを蒸発させたフォトショップ都市である。純粋なオリジナルは存在しない。

　ここにはすべてがある。だが、それゆえに、すべてがない。閉じられた世界である。

ソウルに生まれる新しい名所

二〇〇六年に二泊三日でソウルを再訪した。キャリーバッグは使わず、手提げカバンふたつだったから、考えてみると、毎週、東京—仙台を往復しているときよりも身軽である。目的は、《リーム・サムスン美術館》と清渓川(チョンゲチョン)の開発を見ることだった。

　清渓川は、暗渠のおおいと高架道路を撤去し、川を再生させたものである。元大統領の李明博が市長だったときに目玉のプロジェクトとして推進し、二〇〇五年にお披露目となった。同様に首都高と日本橋の景観問題がある日本では、考えられない実行力だろう。六キロにおよぶ全行程を歩いたが、いろいろなタイプの橋が架かり、キッチュな土木デザインの博覧会場のようだ。もっとも、川沿いに建物が密着した生活の場があった本当の昔の風景が再現されたわけではない。開発後は自然の川ではなく、ポンプで水をまわしているという。つまり、引きのばされた「池」、あるいは「公園」である。絶対に人が溺れないような浅い川は、新しい「自然」の公共空間をソウルに与えていた。そして秋葉原のような場所だった高架道路の両サイドに急激な開発をもたらしている。

　二〇〇四年にオープンしたリーム・サムスン美術館は、マリオ・ボッタ、ジャン・ヌーヴェル、レム・コールハースという三人の世界的な建築家の競作である。閑静なエリアにたち、ゆっくりと美術を鑑賞できる。逆円錐と直方体から成るボッタ棟は、テラコッタ・タイルの外壁におおわ

*12 | 松浦寿輝『エッフェル塔試論』(筑摩書房、一九九五年)。

5｜三人の建築家の競演によるリーム・サムスン美術館

6｜傾斜したヴォリュームをもつソウル大学美術館

れ、貴重な古美術を展示する。このテクスチャーは、韓国の巨匠、金壽根の作風に通じ、地元で受け入れられやすいものだろう。一方、現代美術や企画展示を受け入れる、ヌーヴェル棟とコールハース棟は、錆びたステンレスやガラスを多用し、作品と似合う現代的な感覚を表現している。ボッタ棟とは対照的な表情と形態をもつ。ヌーヴェルはケブランリに通じる飛び出す展示ボックスを用い、コールハースは黒いヴォリュームが宙に浮かぶ。三人の個性がそれぞれよく発揮されている［写真5］。

アジアの通貨危機による一時中断をのりこえて実現した、夢のようにぜいたくな建築家の組み合わせである。韓国の巨大企業サムスン社の文化への力の入れようがうかがえるだろう。残念ながら、東京ではこれほどのスター建築家を集めた美術館はない。ヌーヴェルの手がけたビルは建ったが、美術館の計画は消えた。ボッタのワタリウム美術館はあるが、コールハースのミュージアムはいまだない。しかし、リーウムが本当にすごいのは、一粒で三度おいしい美術館建築であることだ。一方、こうした冒険的なプロジェクトを遂行する日本企業はなくなっている。なお、コールハースによる《ソウル大学美術館》（二〇〇五）［写真6］やドミニク・ペローによる《梨花女子大学のキャンパス複合施設》（二〇〇八）も、サムスンが出資したものだ。いずれも名義貸しではない、クオリティが高い建築である。

筆者は見逃したが、二〇〇九年に慶熙宮の隣地に設置したOMAによるプラダ・トランスフォーマーのパヴィリオンは画期的なプロジェクトだった。これは各面が円形、十字、四角形、六角形から成る四面体のかたちをもつが、期間中に三回クレーンでつり上げ、回転させてから異なる面で接地させる。すなわち、四種類の姿に変形するパヴィリオンだ。また、それぞれの形状は、アート、ファッション、映画などのプ

9｜マハナコン・タワーのモデル・ルーム

7｜台北のパフォーミング・アーツ・センターの模型
8｜屋外に設置されたマハナコン・タワーの模型

ログラムに対応する。これまでにもグロピウスのトータルシアターなど、変形する建築のアイデアは多く提出されてきたが、OMAは建築を転がすというコロンブスの卵のように単純な方法で実現させた。古来、建築は一方向の重力だけを意識し、それに対抗する造形を練りあげてきた。しかし、プラダ・トランスフォーマーは、ひとつのかたちに対して、四つの異なる方向から、重力を計算しなければいけない、おそらく人類初の建築である。

二〇一〇年のソウル滞在時は、世界デザイン首都に選ばれており、新しい都市の顔をあちこちで整備していた。政治色が強い都市の南北軸としては、一九九五年に景福宮を分断していた旧朝鮮総督府を解体した後、正面の光化門が復元・移動されている。さらに手前を通る世宗大路の中央には光化門広場が誕生し、ソウル市庁舎では新棟が建設中であり、放火された南大門の復元工事も進行中だった。都市の東西軸としては、清渓川のプロジェクトの起点にはオルデンバーグの巨大彫刻を設置し、東大門の近くでは、ふたつのスタジアムをつぶして、二〇〇七年のコンペで選ばれたザハ・ハディドの設計によるデザインプラザ&パークを建設していた。市長の肝いりで、漢江ルネサンスプロジェクトも進行し、川辺に複数の施設が計画され、橋にカフェや展望台などが設置された。またダニエル・リベスキンドも、現代グループの社屋のファサードをデザインしている。

ちなみに、アジアのグローバル都市では、おおむね都市のランドマークとなるようなOMAの大型プロジェクトが企画されているが、東京にはない。例えば、台北ではコンペに勝利した《パフォーミング・アーツ・センター》［写真7］、あるいはバンコクではミース的な均質空間を崩す、ヴォリュームを分節する帯が螺旋を描きながら駆け上がっていく、ホテル、マンション、商業施設が複合した超高層ビルの《マハナコン・タワー》である［写真8、9］。後者はバンコクで一番高い建築となる予定だ。日本は伊東豊雄やSANAAなど、グローバルに活躍する優秀な建築家を自前にもつ。だが、彼らも拠点とする東京に代表作がなく、おもな仕事は海外に移行している。宝のもちぐされだ。ソウルの元気で自己主張が強い現代建築を見ると、つい日本の状況を心配してしまう。目立つと叩かれる風潮のせいかもしれない。近年の韓国映画には目を見張るものがあるが、デザイン都市としても急速に成長している。

変異する都市

二〇〇六年、五年ぶりに上海を訪れた。

最高速度四三一キロを記録するリニアモーターカーが開通し、空港と都市を結ぶようになった。大きく揺れたり、傾いたりで、遊園地のライドのようなスリルを味わう。二〇一〇年の上海万博を照準としつつ、地下鉄のネットワークも急速に整備されていた。バンド沿いの近代建築群には、ブランド・ショップが入り、外灘三号ではマイケル・グレイヴスによって内部がリノベーションされていた。浦東では二四時間体制で建設が稼動している。

上海では、都市そのものが見世物になりえている。香港のウォン・カーウァイのように、こうした新しい都市の現実を映像で魅力的に切り取る才能はないのだろうかと考えていたのだが、巨大な都市模型の展示で知られる上海都市計画展示室（一九九九）において興味深い視覚体験に遭遇した。高速で移動する三六〇度パノラマのフルCG映像である。すべての都市空間をコンピュータで描けてしまうところが、いかにも今の上海らしい。

中国は最後のフロンティアであり、一九世紀におけるアメリカのような存在だ。急成長が続けば、二一世紀に巨大な存在として浮上するだろう。深圳、香港、マカオなどの都市を含む、珠江デルタでは、高速道路や橋など、土木的なスケールの開発が行われ、メガロポリスのネットワークを形成している。コールハースは、ここが二一世紀に重要な地域になると予測している。一方、二〇世紀のアーバニズムの黙示録も指摘された［*13］。

「今世紀は量の問題では負け戦である。アーバニズムはかつては期待もかけられ、しばしば勇ましいところを見せ

*13―レム・コールハース「アーバニズムに何が起きたのか？」一九九五年（ヴィットリオ・マニャーゴ・ランプニャーニ編『現代都市の建築』［YKKアーキテクチュラルプロダクツ、一九九九］所収。原文は『S,M,L,XL』に収録）。

もしたが、終末論的様相を呈する人口統計が要求するスケールを前にすると新しいものを生み出すことも、実践したりすることもできなくなってしまった。この二〇年間でアフリカ・ラゴスの人口は二〇〇万、七〇〇万、一二〇〇万と増加して遂には一五〇〇万にまでになった。……中国ではさらに驚異的増加を見せ始めている」

　続いてコールハースは、地球全体が都市化した結果、逆説的にアーバニズムが雲散霧消するのではないかという。「今やわれわれはアーバニズムなき世界に取り残されている」。膨大な人口は都市を変異させるだろう。そこで彼は、新しいアーバニズムがあるとすれば、秩序と全能に基づくものではなく、不確定性を舞台にのせ、境界線を否定し、名前のつけられない混合体を発見することだと指摘する。コントロールなき世界。

　OMAの関わった著作『Mutations』でも、冒頭から世界的な人口爆発のデータを掲載し、この問題意識を踏襲する［＊14］。曰く、二〇一五年にメガロポリスは三三に増えると予測されるが、二七が発展途上国においてであり、一九がアジアに含まれるという。鍵はアジアにある。同書において、古代ローマやショッピングに関心を抱いたのは当然の成りゆきだろう。ローマ帝国は、最初のグローバル・シティであり、植民都市に建築の大量生産を繰り返した。ショッピングは、資本主義の洗礼を受けた人びとの重要な儀礼である。

　これはどん欲なコロニアリストの態度だ。暴力的な膨張を続けるアジアを肯定し、古臭いヒューマニズムにしがみつくモラリストをあざ笑う。そして資本主義のリアルによってノスタルジックな都市論を粉砕する。コールハースは、過去を懐かしむ人たちよりも徹底した他者の視線をもつ。彼が注視する中国はビッグネスの国だ。フランスの一七倍の大きさにもなる国土。そして一二億五〇〇〇万の人口を抱える。アメリカの五倍だ。追い風は止まらない。北京オリンピックや上海万博が、さらに都市の建設を加速させた。

北京オリンピックと上海万博

二〇一〇年、史上最大規模となる上海万博を訪れた。会場の広さは、愛知万博のおよそ倍である。かつてのパリ万博のように、黄浦江を挟んで、ふたつの会場があり、水辺にパヴィリオンが並ぶ。また愛知万博のとき、外国館は直方体の空間単位を割り当てられ、個性的な外観をもてなかったのに対し、上海の会場は各国のにぎやかなパヴィリオン群がデザインを競い合い、大阪万博のときの雰囲気に近い。空間の視点から言うと、上海万博は先祖帰りした。都市開発とセットにした手法も、かつての万博を継承する。最も目立つのは、一番高く、大きい、真っ赤な中国館である。木造建築の細部を拡大したデザインは伝統との

＊14｜MUTATIONS, ACTAR, 2000.

Taro Igarashi

連続性を示し、国家を表象するものだ。万博がパヴィリオンによるデザインのオリンピックだとすれば、アジア、中近東、アフリカはストレートに伝統を表現する傾向だったのに対し、イギリス、オランダ、スペイン、デンマークなど、ヨーロッパのパヴィリオンは、自国の優秀な建築家を起用し、デザインのクオリティが高い［写真10］。ともあれ、上海に世界がやってきたのである。二〇一四年に浦東をまわったときは、森ビルによる上海環球金融中心（二〇〇八年）を抜いて、中国一となる高さ632mの上海センターが新しいシンボルとして建設中だった。そして二〇一五年には、上海ディズニーランドもオープンする。

Metropolis and Architecture 1

10｜OMA出身の建築家ビャルケ・インゲルスが率いるBIGが設計した上海万博のデンマーク館

二〇〇八年のオリンピックから一年後、北京を訪問した。まず出鼻から、フォスターが手がけた巨大な新空港が度肝を抜く。こんなデカイ屋根を見たことがないという圧倒的な空間である。オリンピックのメインスタジアム《鳥の巣》と《水立方（ウォーターキューブ）》は、いずれも最先端のテクノロジーを結集したアイコン建築だが、観光客が絶えない。二〇年近く前に初めて北京を旅行したときには考えられない都市の変化だ。OMAが設計した中国中央電視台本社ビルは、ループ状につながったユニークな形状のCCTVと、異なる機能をジグザグにうねるスキンで覆うTVCCの二棟から構成されている。このビルは竣工の直前に火災が発生し、全世界にライブで映像が流れたことで有名だろう。最初に燃えていると知った瞬間、テロを疑ったが、実際は花火が原因だった。そもそも、このプロジェクトは、ニューヨークの都市研究で有名になったコールハースが、あえて九・一一跡地開発のコンペに参加せず、中国に未来を託して、北京のコンペで勝利したものだった。それだけに事故とはいえ、ビルの火災はあまりにも皮肉である。

現場に到着すると、CCTVは新築のピカピカの姿をあらわす一方、その隣のTVCCは焼けたままの状態で残っていた。兄弟ビルは、新築と廃墟という対極的な姿で並んでいたのである（現在は焼けたTVCCの躯体を再利用する予定）［写真11］。一棟が使えなくなった結果、必要な床面積が不足し、中国中央電視台は旧社屋からの引越しが難しくなり、入居前の状態だったが、北京のビジネス街において、OMAの新作はすさまじいインパクトを放つ。すなわち、建築としては完成していないが、遠くからも目立つランドマークとしてはもう完成していた。が、大きさや高さで注目を集めるわけではない。高さの競争で一時期、世界一だったとしても、いずれは抜かれる。世界貿易セ

11｜CCTVと焼けたTVCC

12｜寧波にあるCCTVのコピー建築

*15｜「特集 中国とどう向き合うか」『世界』二〇〇一年三月号（岩波書店）。

ンターの双子ビルはテロによって消滅した。しかし、CCTVとTVCCは、リングを形成するビルという比類なきデザインの個性と、数奇な運命によって、オンリーワンの存在感を獲得している［写真12］。

北京はその後、二〇一〇年と二〇一三年にもまわったが、世界的な建築家の作品や大きなスペクタクル空間が着実に増えている。ザハ・ハディドのうねる《銀河SOHO》と《望郷SOHO》、隈研吾らによる《三里屯SOHO》と《三里屯VILLAGE》、空中でダイナミックに各棟をつなぐスティーブン・ホールの当代MOMAの集合住宅、磯崎新の中央美術学院の美術館、そして巨大な天井のスクリーンが続く《世貿天階》(二〇〇六)などだ。すでに迫慶一郎など北京を拠点に置く建築家も出現したように、日本では手がけることができないスケールのプロジェクトができる新天地として、大学を卒業し、すぐに中国で働きはじめる日本人もいる。また現地でレクチャーをした実感から言うと、中国の学生は熱心だし、紙メディアによる建築雑誌も羨ましいくらいに元気だ。世界を飲み込まんとするジェネリック・シティは発熱している。

すさまじい膨張を続けるアジアのジェネリック・シティの背後で、問題がないわけではない［*15］。ひとつは一部の人間に富が集中し、貧富の格差が急激に拡大したこと。都市と農村の差も広がっていく。そしてもうひとつは環境破壊である。すでに中国の水土流出、深刻な砂漠化、森林や草原の減少、自然災害、大気汚染、水質汚染などが指摘されている。エコロジーは二一世紀の課題として欠かすことができない。だが、もし中国人が西洋と同じ割合で冷蔵庫を所有すれば、一夜にしてオゾン層は消滅するだろうと言われている。

巨大なジェネリック・シティは地球を食いつぶすのか？

都市と建築 2

Part.1
Metropolis and Architecture
2
Yasuhiro
Minami

傾いた柱

レム・コールハースの五つの建築をめぐって

南泰裕

二〇〇八年の八月に、レム・コールハースが設計した九州の集合住宅を訪れた。福岡市に建つ、ネクサスワールドのレム・コールハース棟である。初めてここを訪れたのは一九九四年の一月、まだ学生のころだったから、約一五年ぶりの訪問だった。

　久しぶりに訪れたレム・コールハース棟は、当時とほとんど気配が変わっていなかった。リフォームされていたり、メインメンテナンスがほどよく行き届いていたり、といった物理的な背景もあっただろう。が、私にとっては、その建築がもたらす全体性のようなものが、訪れた瞬間に「変わりなきもの」として直観され、その意外さにむしろ軽い驚きを覚えた。建物の周りをめぐり、黒い擬石に覆われた外壁を仰ぎ見て、時間がいっこうに染み込んでいないかに見える、その建築の形式の強さを想った。

　そのときに「変わりなきもの」として感じた全体性のようなものとは、ひと言で言えば、現代建築が私にもたらす、ある種の当感と、冷えた空気感のようなものだった。

　八月のなかば、雲がきれいに拭い取られ、蒼く晴れ渡った真夏の炎天下で、建物も路も熱気を帯びてギラギラと暑かった。街路をわずかに歩くだけで、すべてを焼きつくすような熱の破片が体のあちこちに突き刺さって疲労した。そのなかで、レム・コールハース棟の周りだけは、どこか冷えた空気に覆われ、陰影を帯びていた。周囲をめぐる、軒下のようなアプローチ・テラスに上がり、玄関ポーチを区切るエキスパンドメタルの扉ごしに住戸のなかをのぞき込む。と、前庭を覆う白い玉砂利に乾いた陽が照り返って砕け、ひと気のなさとあいまって、冷ややかな印象をよりいっそう強めていた。

■

誤解をおそれずに言えば、レム・コールハースの建築を訪れてみても、いわゆる建築的な感動が招来することはない。それは例えば、建築的なシークエンスの変化の豊かさ(ル・コルビュジエ)や、空間体験がもたらす劇的な感動(安藤忠雄)、フォトジェニックな荘厳さ(丹下健三)や、物質の真正な組み合せによる重厚なものの手応え(ピーター・ズントー)、あるいは理知的で精緻で端正な美しさの受容(槇文彦)、といったものをもたらしてはくれない。そこにはだから、オーセンティックな建築的感動や手応えは、とくにない。レムの建築はだから、いわゆる「空間派」と呼ぶべき建築の、その場の固有の希有な体験に、正しく接続することはない。

　むしろ逆であって、レムの建築は、インダストリアル・ヴァナキュラーやダーティー・リアリズム、あるいはニュー・ブルータリズムといった呼称のもとにおいて現れる、粗野で過激で荒々しく、いたるところディテールレスでどこかアノニマスな建築として迫ってくる。それはだから、あたかもハードロックの音楽を聴き浴びたときのように、観る者を判断不能に追い込んで圧倒させる、という感じがある。少なくとも多くのプロパーに、そのように認識されている。

しかし私は、レムの建築が担保している「可能性の所在」は、そうしたところにあるのではない、と考える。そしてそのことは、二重に逆説的に、レムの建築を実際に観ることによってこそ、よりよく見えてくるのだ、と考える。

だからそのことを、自らが観た数少ないレムの建築を頼りに、ここで語っておくことにする。

■

実際に、レムについて今新しく語るとすれば、ほとんどそのように語ることしかできないような気がする。というよりも、そもそもレムについて語るということに対して、私はほとんど関心が向かわない、とまずはじめに告白しなければならない。

この、レムについて語ろうとした瞬間に立ち上がってくる「それ自体への関心の喪失」は、例えば巨大な図書館の書庫へ入ったときに感じる、「莫大なものへの締念」といった感覚と、いくらか似ている。それは、そこへと意識を向わせる正当な意志を、圧倒的な物量でもって座屈させ、粉砕し、消尽させてしまうのだ。

多くの優れた識者によって、すでに幾千万の言葉が、レムに対して費やされた。資本主義の波に乗り、グローバリゼーションに身を委ねるキメラ。編集的な技法を駆使して数多くの出版物を世に送り、自らを巧みにプロモートし続けるエディター。OMAとAMOという鏡像関係の組織を通じて、都市リサーチと建築設計をダイナミックに横断するアーキテクト。

何より、レム自身が第一級の言葉の使い手であって、『錯乱のニューヨーク』という衝撃的な書物から始まり、きわだった強度を帯びたポレミカルなテクストを、もっとも効果的なタイミングで発表し続けていることは、今さら言うまでもない。

しかし、レムをめぐるそうした活動を後追いし、今さら批評してみることは、ほとんど何の意味も持たないのだと感じる。評価しても、批判しても、その両側から離れて立ってみても同じである。

正直なところ、そのように語ることは、どうでもよい、と言うほかない。つまらないのだ。レムについて、すでに誰かが何ごとかを正確に語りつくし、しかもそのことはもはや、私の建築的思考を取り立てて励起させることはなく、欲動を喚起されることもない。本当を言えば、ささやかにもクリエイターと呼びうる人たちにとっては、多かれ少なかれ、その思いは同じであるに違いない。

　だから本当は、レムについて某かを書くことは、私にとって第一義的には、苦痛以外の何ものでもない。が、もしもここで何かを書くことに意義があるとするならば、次の点にあるのだろうと思える。すなわち、彼の建築を実際に体験したときに現出する、ある種の〈建築的当感〉に向けて、自らの思考の先端を正確に突き刺し、自分自身が血を吹く思考の痛点を探り当てることのほかにない、と。

■

《ネクサスワールド》のレム・コールハース棟は、スティーヴン・ホールやクリスチャン・ド・ポルザンパルクといったさまざまな建築家による集合住宅群のひとつとして、そのほぼ中央に位置して建っている。本来は、その背後に建つはずだった、磯崎新による高さ一二〇メートルのツインタワーの建築を考慮して、それらを空間的にリスペクトするかのような外観デザインとなっている。すなわち、中央の通りをはさんでレム棟、コールハース棟と名づけられた二棟に分かれ、それぞれの一層部分がガラス張りの店舗スペースと住戸のエントランスとなっている。中間部分の二層目は、擬石をぐるりとまとったコンクリート壁によって閉鎖的な層をなし、その上部に、住戸を覆ううねった曲面屋根が浮かんでいる。中間層の擬石は、磯崎のタワーに対する基壇としての役割を担う予定でデザインされたものだった。

　が、タワーは諸般の事情でついに建てられなかったため、今ではむしろ、他の建築家による周囲の集合住宅群に対して、レム・コールハース棟こそがその中心に鎮座してメイン・キャスター的な配役を負っているかのようである。周囲の集合住宅が中高層であるのに対して、レム・コールハース棟だけが低層であることが、よりいっそう、この建築の特異性を強化している。それにより、磯崎による未完の塔へのオマージュを秘めつつ、「空虚の中心」としての気配をかもし出している。

　だが、このレム・コールハース棟に関して、まず第一に気になるのは、そうした配置の妙ではない。最初に目に飛び込み、そして最後まで気になり続けるのは、中間層をなす擬石コンクリートの、軒下の小口＝部材の断面部分である。

　建物の真下から擬石の壁を仰ぎ見てみる。すると、小口の処理によって、それが石の積み重ねではなく、石貼りでもなく、フェイクであることが、たちどころにあらわになる。きわめてぜいたくなつくりをなすこの集合住宅にあって、この小口部分だけは、非常に奇異な印象を与える。例えばこの小口に、ステンレスやアルミなど、何か別の素材を張り込んで、フェイクであることを隠蔽することもできただろう。が、そうした処理はなされていない。自分自身がフェイクを偽装しつつ、私は偽物なのだ、と露悪的にカミングアウトしているようにすら見え、見る者を当惑させるのである。

　そのことをあらためて感触しながら、私は、ふと思い立って昨夜、この建築の図面をざっとトレースしてみた。店舗をのぞき、計二四戸からなるこの集合住宅は三層メゾネットによる明快な住戸形式をとっており、なぜ、このようにつくったのかということが、ごく普通に了解できる計画となっている。奥まったエントランスと閉鎖的な中間層、中庭型に囲い込んだ、独立性の高い各住戸と、緑でマウントされた屋上、そしてバランスよく湾曲して自然光を取り入れつつ、プライバシーを確保する屋根の連なり。

1｜ロッテルダムのクンストハル

それはとても理知的で教科書的な建築計画上のソリューションであって、多くのよく考え抜かれた建築がひとしなみに感じさせる、図面を解読する知的快楽を届けてくれる。が、一階から二階、三階へと図面を読み込みながら階を上がりきると、ここでもまた唐突に、ささやかな〈当惑〉に突き当たる。

　柱が、傾いているのである。

　天井の高い三階の広間から、ガラス面を飛び出している上部テラスにひっかけられたように、細いポールが傾いて接している。それは屋根面まで届いているものの、あきらかに荷重を負担しているとは思われない。理知的で模範的な建築計画の解答の中にあって、この傾いた柱だけが、何か意図的に混入させられた誤字のように映る。

　しかしこれこそが、レムの建築の、他に還元し得ない特異性の気質を、強く表出している、と言えるのではないか。

■

ロッテルダムに建つ《クンストハル》[写真1]を訪れたのは、二〇〇四年の三月である。その建築は、人工的な何かをそこかしこに感じさせる、ロッテルダム中心部の気配をそのまま引き込んでいるようで、奇妙にその場になじんでいた。強い風と雨にあおられ、寒さに身を縮めながら、公園内の南に位置するこの建物をぐるりと回り、横断し、内部をめぐり、そして遠目にはなれて全体を見返してみる。

　空間的アイデアが詰め込まれ、形のユニークさが刻印されたこの建築がもたらす印象は複雑で、それをひとつに絞り込んで焦点を合わせるのは難しかった。が、そのなかにあって、ひとつの確信的な意図だけは、はっきりと網膜に映り込んできた。

　内部を貫く、連立するコンクリートの柱が、傾いているのだ。

　《クンストハル》は、ほぼ正方形に近い平面を、直交する斜路と道路によって四分割した構成となっており、一見、分かりやすい平面計画であるように見える。が、内部を貫通するふたつの路は、地形の高低差と関連して立体交差し、さらに内部空間と外部空間が捩じれながら絡み合っているので、図面を読み込もうとすると、その空間の複雑さに混乱する。ここでは展示物やオーディトリアム、レストランなどが、斜路に対応して斜めの床にそって計画され、それらがさらに斜めの空間を呼び込んで、全体をより複雑にさせている。

　そうした複雑さを反映して、東西南北の四つの立面は、それぞれまったく異なった表情をつくり出している。大通り側の南は、高さを一層分に低く抑えられ、ガラス張りの空間と貫通する道路によって、内部へと人びとを引き込む。東側は、下部のコンクリートと上部のガラスという明快な二層構造。北側は逆に、下部のガラス面と上部の石張り、というひっくり返った構成。西側は、コンクリート下部のガラス面を、床面が斜めに区切り、そこに傾いた柱が突き刺さって並んでいるのが見える。

　そしてこの西側立面こそが、この建築の「意図」を集約的に表現しているのだ。つまり、敷地条件や建築の与件から導出された、斜路や傾いた床は、直立する柱がまずあって、そこに付設されているのではない。柱は斜めの床に直交し、傾いている。しかもそれらは、ランダムに恣意的にデザインのアクセントとして傾いている、というようには見えない。意志的に確信的に、むしろ「はじめに傾いた柱ありき」、というようにすら見えるのである。

■

ロッテルダムに続いて同時期に訪れた《エデュカトリアム》は、ユトレヒト大学のなかに建っていた。広い敷地のただなかに、高さの低いプロポーションで設計されている点は、クンストハルと似ていなくもない、と言えた。

大学の施設ゆえ、どこか自由な空気があって、なかに入ると、レストランやホールやホワイエが切れ目なくだだっ広くつながっていて、どこともなくぶらぶら歩いていると、迷路のように空間が入り組んでいることを体感できて興味深かった[写真2]。

2｜丸められたスラブの断面が露出したエデュカトリアムの外観

《エデュカトリアム》は、立面上に全体の構成意図が集約されているという意味でも、クンストハルと類似している。また、建物のプログラムがオーディトリアムやホール、カフェであることや、長方形平面を四分割し、それらの空間を連結するのが、十字形に配されたふたつの廊下である点も、クンストハルとの同質性を感じさせた。が、断面計画が明快な分、そうした意図がクンストハルよりも、さらにはっきりと表現されていた。

ここでは「折れ曲がってつながる二枚のシート」という初期イメージをもとに、断面が、コの字型のコンクリートスラブ(床の躯体)を互いに噛み合わせ、それをガラスでつないだ構成になっている。とくにその特徴が出ているのが、曲面状に丸められ、カーブした端部である。少しだけ張り出したその曲面の下部に、スカートをはかせるように、斜めに傾いた大ガラス面が覆っている。

この建築にも、断面構成のなかに、大きく傾いた柱が見え隠れしてはいる。しかしそれにも増してこの建築においては、その断面構成を示す側面に相対すると、柱よりもスカートのような斜めのガラスの方に、意識が向かう。そしてそのガラス面のエッジが、薄く引き延ばされた、きわめて細い柱のように見えてくるのである。

丸められたスラブの端部を、フィクショナルに支えながら、その存在感が極端に薄められたエッジ。このガラス端部のエッジ自体にこそ、「傾いた柱」という固有のオブセッションがフェノメナルに描き込まれている、と感得されるのである。それを演繹的に成立させるために、床が傾けられ、斜めの床と斜路が導出され、その先でオーディトリアムが事後的に用意されたようにすら、見えるのである。

■

《カサ・ダ・ムジカ》を訪れたのは、二〇〇七年の六月だった。ぜひ見てみたかった建築のひとつとして。

場所は、ポルトガル第二の都市、ポルト。広場の中央にこつ然と姿を現したその白い建築は、まるで巨大化した結晶のようだった。斜めにカッティングされた壁や屋根によってシャープな全体像がつくり出され、地上に突然、巨石が舞い降りてきたかのような、強烈な印象を生み出していた。[写真3]

もともと、居住計画をベースに、それを拡大し変形させるような操作によって生み出されたこの建築は、大小にわたる音楽ホールが立体的に関係づけられ、ソリッドとヴォイドの多重反転がいたるところで起こっている。だから、図面を見ただけで、この空間関係の全体を把握するのはきわめて困難だ。そしてここでは、傾いた壁や屋根と柱が同化し、それがさらに丸柱や角柱に分岐し、ストラクチャーの要素自体が建築の内部において飛散しているかのような様相を呈している。

斜めの壁から分岐するように、傾いた柱が天井へと延びる。そして、上部ホールの傾いた屋根を支えているように見える、傾いた丸柱。そこではもはや、柱と壁、屋根と床の序列が溶解し、それぞれが等価に混在しあっている[写真4]。

けれど、そこにもまた、「傾いた柱」がイコンとして、ところどころにほの見えていた。そこでは柱の各々が、どこの何をどのように支えているのかを視覚的に把握することが難しい。しかしそれゆえに、かえって、ひとつの強い意図をより先鋭的に表出しているかのようだった。その意図とは、おそらく次のようなことだ。

「柱があり、この柱に支えられている何かがあり、それらの全体関係において、建築が成立している。私はここで、柱を傾ける。何ゆえに?まさにその問い自体を引き出し、建築への眼差しを復権させんがために」。

《カサ・ダ・ムジカ》は、クンストハルやエデュカトリアムに比べると、回遊性の次元がひとつ上がっている、という感触がある。そこでは人びとは、アリアドネの糸をもたないままに迷宮自体へと埋没し、迷路それ自体を体験する快楽へと誘われるのである。

柱はこのとき、手に届かないものの表象

3｜結晶のような造形が印象的な《カサ・ダ・ムジカ》

4｜《カサ・ダ・ムジカ》内部の斜めの壁と傾いた柱

として、到達し得ないものの似姿として、人びとの希求する観念の彼岸に、傾いて突き刺さっている。

■

こうした、レム・コールハースによる建築の構造の多くを、オブ・アラップ社のエンジニアであるセシル・バルモンドが担当していることはよく知られている。バルモンドのストラクチャーに対するスタンスは、「インフォーマル」という言葉によって要約的に表現されており、ランダムな壁や不規則なパターン、浮かんだ屋根、そして傾いた柱がそこでの表現の要になっていることは事実である。実際、バルモンドは、自らが構造設計に関わったクンストハルに関する解説のなかで、傾いた柱というものをかなり特権的に取り上げ、通常のスタティックな構造システムに対し、斜めに傾いた柱が喚起させる、ダイナミックな建築空間の現れを詳細に記している。

　しかし私には、構造的な表現や従来の建築に対する批評として、レムの「傾いた柱」があるのだ、というようには思われない。

　ひとつの建築において、柱を傾けること自体は、さほど難しいことではないように思える。しかし、その実現可能性とは別の次元で、建築の設計において「柱を傾ける」という行為は、何か、どこか、ものごとの真正な思考の筋みちを、ねじ曲げているように見えてしまう。だから仮に、「柱を傾ける」こと自体は、素朴で単純な空間のレトリックであるとしても、いざ、自分自身が建築を創る際には、そのことを選択するにいたるには、相当な覚悟がいる。

■

柱は、本来的には、直立しなければならない。

　当たり前のこととして、そのように言い切るべきだろうか。柱は、私たちの実存を保証するアクシス・ムンディ（世界軸）であると宣託のように言い放つべきだろうか。古典主義におけるオーダーを想起して、柱の象徴的次元から説き起こし、その存在の不可侵性を確かめるべきだろうか。

　いや、そうでない、という反証可能性を示唆することが、レムがさまざまな建築作品において繰り返し表出し続ける、「傾いた柱」の意味的次元であるのだろうか。

■

北京に建つ《CCTV》は、傾いた巨大なリングとしてその異形の姿をさらけ出している。二〇〇八年に北京を訪れたとき、市の南側に位置する天壇公園の祭壇から、遠目にその建築を発見し、ああ、と思った。ピラミッドのように、霞にまぎれて巨大な建築が小さく畳み込まれて見えている。
《CCTV》においては、柱自体がクローズアップされることは、もはやない。なぜなら、ここではリング状のヴォリューム全体が、傾いた柱であり、横倒しになった柱であり、そして接ぎ木された柱でもあるからである。柱は極端に肥大し、傾けられ、折り曲げられ、つなぎ合わされる。巨大な柱は中空となって内部に空間を抱き込み、外部に無数の引っ掻き傷を付けられてストラクチャーの分節線が描き込まれる。

レムはそうして、「傾いた柱」というものを、かたちを変えて繰り返し、表出し続けているのである。

■

「はじめに、一本の柱が建ち上がった」。古典的な建築の観念に沿う者であれば、おそらく、そのように起源を形容するところからはじめるだろう。

しかしレムは、「はじめに傾いた柱がある」と、起源を問うこと自体を消し去って、思考の運動体としての柱を立ち上げる。

斜めに傾いた、それら柱の意識の先に、レムが二〇世紀と二一世紀をまたにかけ、もっとも先鋭的に切り開いてきた現代建築というものの、不可解なしかしいたく魅惑的な、〈当惑〉の手応えがある。

Part.1
Metropolis and Architecture 3

Osamu Tsukihashi

《ボルドーの住宅》における三層の世界

UNIVERSE beyond UNIVERSAL SPACE

槻橋 修

二〇〇六年の春、築後八年を経て家族のステージが移り変わり、大規模な修繕を行って新しく生まれ変わった《ボルドーの住宅》を訪れる機会を得た。

ガロンヌ河をはさんでボルドー市街の対岸の丘陵地の頂きにこの家は建っている。正確に言えば、「建っている」という表現には違和感がある。半分が丘に埋まったコートハウスと、その上空に浮遊する褐色のコンクリートの量塊と、そのふたつの間にある透明な空間。《ボルドーの住宅》を簡潔に表現するならば、三層として立ち現れる別々の建築群、という表現がふさわしい。

最小限の造成しか行われないフランス特有の柔らかな起伏の雑木林のなかの道を下り、窪地から緩やかな上り坂に転じたあたりで、《ボルドーの住宅》と出会う。一番下のコートハウスは、車寄せを含んだゆったりした中庭を挟んで西側に埋まった住宅部分、東側にハウスキーパー夫妻の住宅とコンパクトなゲストハウスが向かい合い、外壁と一体化した大理石貼りの壁が、地上に出ている三方を囲んでいる。外壁は谷筋になったアプローチをまたいで渡されており、内部の水平な生活空間と土地の美しい起伏との対比をつくっており、車も人も、この水平なゲートをくぐるようにしてスロープを登り、住宅の領域にエントリーする。住宅への出入りに上下方向のシークエンスが加えられていることは、設計者の小さからぬ意図が感じられる。この住宅が上下方向に特別な関係を持った三層で構成されていること、またその三層の関係が単なる〈積層〉と呼ぶ関係を包含しつつも、異なる特別な関係を結ぶことによって、この住宅を特別な住宅、すなわちマスターピースとしての住宅建築に到達しているのである。レム・コールハースとOMAがこの住宅をめぐって行った建築への挑戦と生活への挑戦に触れ、この住宅で実現しようとした「小宇宙」を感じとるためには、にじり口をくぐって茶室という「小宇宙」にエントリーするように、この水平なゲートをくぐって《ボルドーの住宅》にエントリーしなければならない。

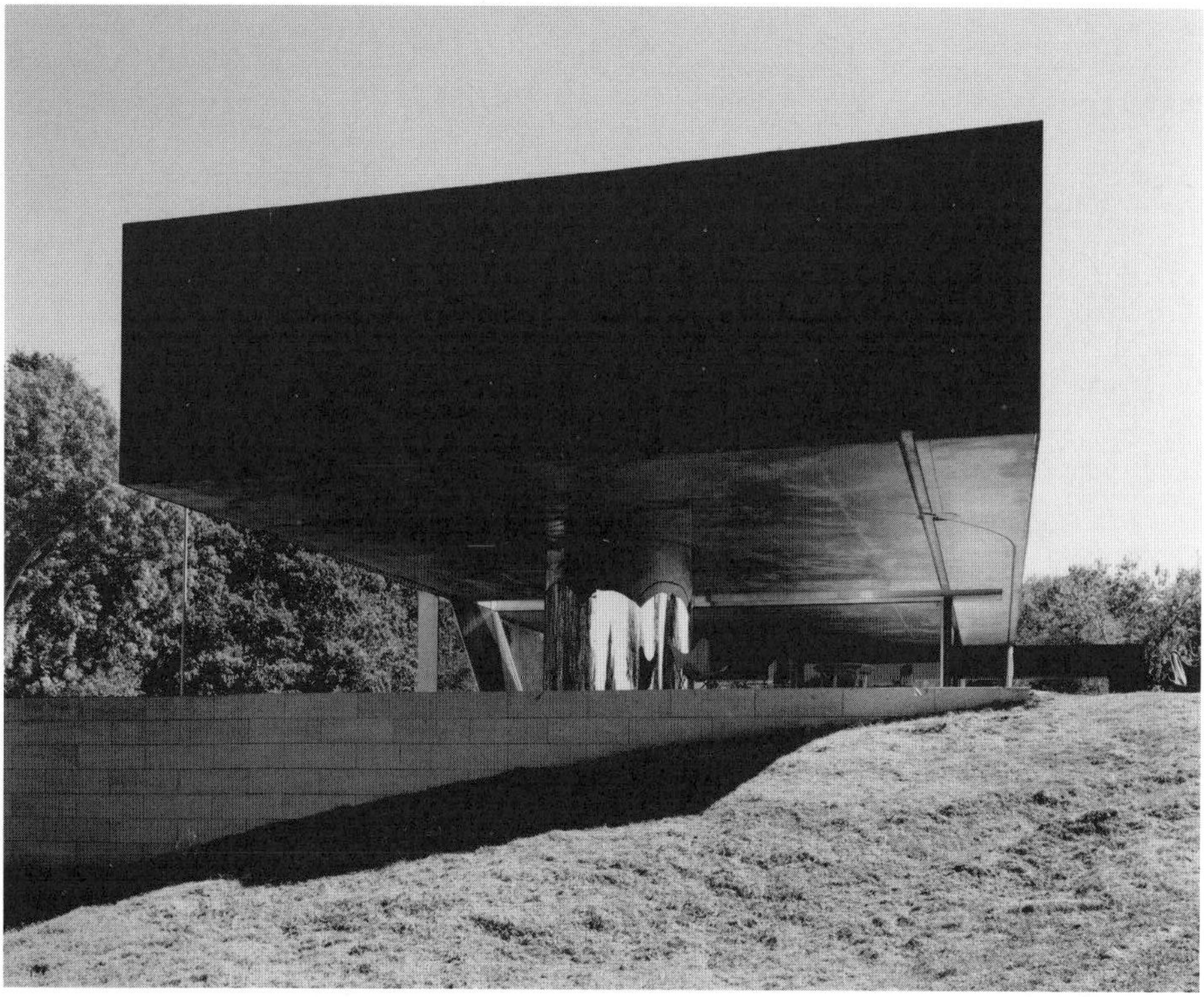

レム・コールハース／OMAによるプロジェクトに居住部分をもった作品は一九八〇年代の初期のものから最近のプロジェクトまで多数あるが、その多くは集合住宅であり、独立住宅で完成しているものは四作品にとどまる。《ボルドーの住宅》をのぞく三つの作品を年代順に挙げると次のようになる。

■

一 パティオ・ヴィラ（ロッテルダム、一九八八年）

建設されずに計画がストップした高速道路の盛土に半分埋まるかたちで建つ二軒の連続住宅。それぞれの住戸は盛土上部の庭に連続する二階をリビングスペースとし、中央に、すりガラスやガラス戸、金属壁といった性状の異なる自由壁によってつくられる正方形平面のパティオを持った回遊性のあるプラン。パティオの床は半透明のガラスでつくられていて、採光条件の乏しい一階中央のバスルームに柔らかい光を落とす。

■

二　ダラヴァ邸（パリ、一九九一年）

パリの都心部を望む丘陵地にある閑静な邸宅街に立つ住宅。都心への軸線にそった細長い傾斜地で、敷地の手前と奥とをつなぐスロープをもった回遊スペースとなっている一階はほとんどがガラス張りで、その上に主寝室と子供室のヴォリュームが互いに逆方向シフトしながら浮かび、町への眺望を確保している。このふたつのずれたヴォリュームをつなぐように屋上に設けられた細長いプールが、求心的な構造をもつパリという都市のコンテクストへの強い応答関係を象徴的に表している。

■

三　ダッチ・ハウス（オランダ、一九九五年）

オランダ東部、国立公園地域に隣接する村にたつ住宅。建物の最高高さが条例で四メートルに制限されている条件下で、地上のガラスボックスと、パティオを持った地下の家という、ほぼ同形で、対比的な性格のヴォリュームが、短辺で劇的に接合されている。接合部はこのふたつの住宅の相を区切るゼロレベルのスラブが切り裂かれ、隆起した空間になっており、この建築に内在するパラドキシカルな空間性を集中的に体現している。

■

三作品に共通しているのは、高低差を持つ敷地に配置されるボックス状の空間、そして上下方向の空間のつながりと回遊性をもった空間構成である。とくにパティオ・ヴィラのパティオのある二階フロアと、ダッチ・ハウスの地上レベルのガラス張りのワンルーム――主寝室を地下に光を引き込む吹き抜けとともに中央にまとめて配置――とは、開放性において反転はしているものの、ドーナツ状に回遊するリビングスペースという性質上、平面的には位相同形であり、これは《ボルドーの住宅》にも継承されている特質である。

また三つの住宅作品が生み出された一九八〇年代後半からの一〇年間はOMAにとって住宅以外にも重要なプロジェクトが発表された時期でもある。《パリ国立図書館コンペ案》(Tre's Grande Bibliothèque、一九八九年)ではヴォイドによる空間構成法を発見し、《クンストハル》(ロッテルダム、一九九二年)では折り重なるスロープ状のスラブによって、都市的なサーキュレーションそのものを建築化した。これは同年、コンペティションで勝利した《パリ大学ジュシュー校図書館案》(一九九二年)でさらに洗練される。また独立した複数のプログラムを積層したカールスルーエの芸術センター《ZKM》(一九九二年)や、会議場と展示会ホール等異なる用途を平面上で、乱暴ともいえるくらいに直接隣接させた《リール・グランパレ》(一九九四年)など、互いに違うものを隣り合わせ、ぶつけ合わせる手法もこの時期に考案されたものである。

二〇世紀最後の住宅

最初の住宅《パティオ・ヴィラ》からちょうど一〇年後の一九九八年に《ボルドーの住宅》は完成する。OMAにとって二〇世紀最後の竣工物件であり、現時点においてOMAによって実現された最後の住宅作品でもある。

先述のとおり、ガロンヌ河東岸の丘陵地の頂きに建ち、川越しにボルドーの街並みを楽しむことができるこの住宅は、夫婦と三人の子どものために計画されている。かつて夫妻が住宅の建設を検討しているさなか、夫が交通事故に遭い、生還以後、車椅子での生活を余儀なくされたことはこの住宅において、最も重要な与件であった。そんな夫が建築家に期待したのは、「複雑な住宅」。今後の人生の大半をこの家のなかですごすことになるため、この住宅が彼自身にとっての世界を規定することになることから、シンプルな家を嫌ったのである。ボルドーの街が見渡せる高台の土地を購入したことも、頻繁に出歩くことができないという、この家の主の事情と関係している。

建築家にとって住宅建築は建築的に実現されるべき世界が凝縮された、まさしく小宇宙的な存在である。とくにレム・コールハース／OMAのこれまでの作品はどれをとっても建築作品のなかにそれぞれの完結した世界・小宇宙をつくってきている。小説家が長篇大作の準備として短編小説を書いたり、画家が作品のためにデッサンや習作を描くようなことは、少なくとも近現代の建築ではあまり行われてこなかった。ル・コルビュジエはサヴォア邸においてもユニテ・ダビタシオン

においても、それぞれにひとつの世界を完結させているし、ミース・ファン・デル・ローエのファンズワース邸とレイクショア・ドライブ・アパートメントにおいてもしかりである。そしてそれが、建築作品の自律性を支えてもいるのである。《ボルドーの住宅》においては、住宅作品における小宇宙の表象という建築家の本性に加えて、クライアント自身にも小宇宙を強く求める条件があった。クライアントにとっても、この住宅は生活機能を満足し、住宅ですごす時間をリラックスして快適に楽しめる以上のものである必要があり、その後の生の中心的な場としての世界性が求められたのである。こうしたきわめてインテンシヴな状況において、レム・コールハース／OMAが出した答えが、重なり合う三つの異なる建築と、中央でそれを貫く劇的なエレベータであったのだ。

四つ目の世界——メカニカルな自由の発明

二、エレベータ——建築的と言うよりもメカニカルな接続を構築する可能性とそれに関連する発明群は、建築の古典的なレパートリーを無価値で空虚なものにする。構成やスケール、プロポーション、ディテールといった問題は今や意味をなさない。ビッグネスのもとでは、建築的〈アート〉にはもはや利用価値がないのである。(拙訳)

——Rem Koolhaas, "Bigness or the problem of Large", in S,M,L,XL, New York, 1995.

レム・コールハースにとってエレベータはきわめて特別なものであり、それは彼の理念のレベルであらゆる建築的な問題に優先する。コールハースが建築家としての活動を基礎づけているグリッドやエレベータ、都市の偶有性といった問題構制は、一九七八年の著作『錯乱のニューヨーク』(鈴木圭介訳、筑摩書房、一九九五年)に登場している。エレベータという発明は、積層する床スラブの意味自体を根本的に、すなわち隔絶から自由へと変革した。エレベータによって機械的接続が保証されることによってはじめて、スラブはその上でそれぞれの世界を生み出す自由を全面的に獲得したのだと、コールハースは論じている。住宅に求められる世界性が、建築家にとってのものだけでなく、クライアントからの要件として問題化されたとき、重なり合うスラブとそれを貫くエレベータとしての〈動く部屋〉として実現することは、彼にとって最もストレートな解であったに相違ない。事実、重なり合う三つの建築とそれを貫く〈動く部屋〉というスキームは、配置のスタディとともに初期の段階で決定していたという。

《ボルドーの住宅》のエレベータは三メートル×三・五メートルのプラットフォームになっており、下からポンプアップされて、一階から三階までの各スラブに着床するだけでなく、階の途中でも自由に止まれるような仕組みになっている。上部は完全に開かれており、エレベータの南側には三層分の高さで連続するガラス製のシェルフが連続しており、上部はクリアガラスのトップライト、リノベーションされる以前は、三階の西側の壁にはギルバート&ジョージの大きなアートワークがはめ込まれていた[**写真1**]。従って、このエレベータによる〈動く部屋〉は三層吹き抜けの明るい書斎のような空間であり、天空には一〇平方メートルの空が広がっている。エレベータを自由に操ることで、空間の高さは自由に変化し、車椅子に座っていても、三つのフロアは無論のこと、あらゆる高さの本を手に取ることができる。その意味では、マ

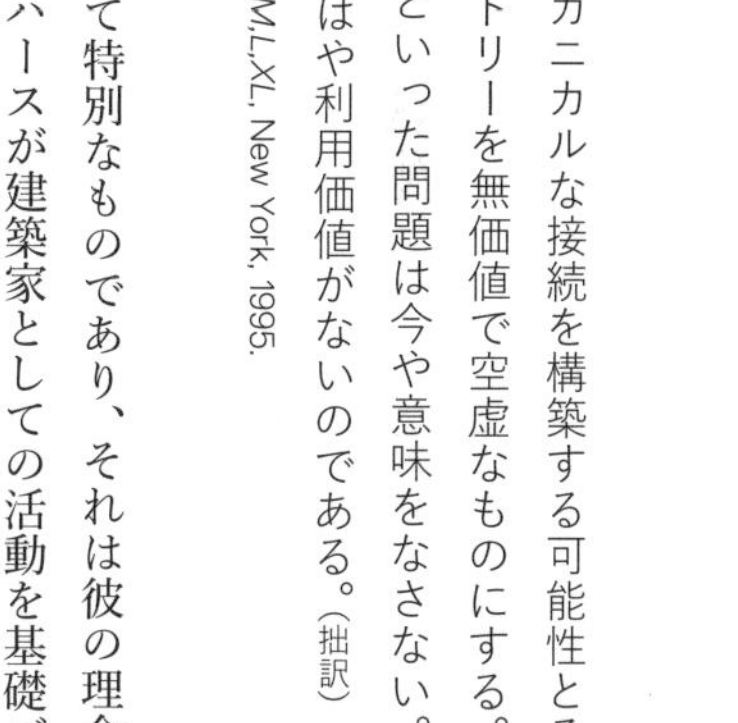

ンハッタンの分析においてコールハースが看破した積層するスラブの自由を、この住宅の〈動く部屋〉はさらに進化させ、豊富化させている。まさしく三階建ての空間に暮らす健常者をはるかに超えて、この部屋を操る主は、この三層の空間を支配し、そこに実現された世界＝小宇宙を、ボルドーの遠景とともに自由に巡る力を獲得するのである。

　この第四の空間としての〈動く部屋〉の自由を獲得した後に、「建築的な」三層の空間は、いわばレトロスペクティブに回遊されるべき世界なのである。

住宅の三層――シュールレアリズム的反逆

半分が丘に埋まったコートハウスと、その上空に浮遊する褐色のコンクリートの量塊と、そのふたつの間にある透明な空間。重なり合う三層の異なる建築が、単なる積層ではないと冒頭で述べた。マンハッタンの研究において、無限に積層するスラブとエレベータによって生み出されたビッグネスの世界に対する、コールハース自身の「建築的」反逆は、このレトロスペクティブに回遊される三つのフロアに仕込まれている。三つの層各々の空間構成を確認しておこう。

■

第一の層……丘に埋まったコートハウス

　冒頭で述べたように、この住宅への「エントリー」を司る層。トラバーチン張りの外壁で囲まれた水平な空間の東西に居室があり、その間に「水平なゲート」をくぐってアプローチする広い中庭がある［**写真2**］。東側は小さな中庭を挟んでハウスキーパー夫妻の住居と、内壁にソル・ルウィットのペンシルドローイングが施されたゲストルームが向かい合っている。ゲートをくぐる前に目にする外壁に開けられた大きな回転式の丸窓は、ゲストルームからボルドーの街への眺望ライン上に空けられている。中庭西側が、住居の第一層となって

2｜中庭から住戸を望む。
コンクリートボックスをバランスさせるために、
鉄骨梁をテンションロッドで引っ張る
構造システム

1｜「動く部屋」の南側に設けられた3層分のガラスの書棚

おり、エントランスとダイニングキッチン、ランドリーなど家事に関する諸室とシアタールームなどがパティオに沿って配置されている。西側に向かって地下に埋まっていき、上層階への四つのアプローチやワインセラーなど、多様な形状で地中に伸びている。

■

第二の層……上空に浮遊する褐色のコンクリートボックス

位置的には最上部にあたる。小さな丸い開口部が穿たれただけの閉じた印象のコンクリートボックスは、最下層のコートハウスの外壁を超えて迫り出している。南北に長いボックスは中央部で分割されており、中央にエレベータが着床する南側と中央部のシリンダー状の柱で支えられた北側は平面形状も対比的になっている。南側半分はエレベータシャフトの部分とそれに連続する収納壁によって東西に分割され、南側のバルコニーと北側のバスルームを介した回遊空間になっている。東側に主の寝室、西側に夫人の寝室がある。北側半分は中央のシリンダー内部の螺旋階段で一階と直結した子どもたちの空間で、中央の螺旋階段から放射状に伸びる壁によって、三角形の部屋に分割されている。ボックス全体を通して東西の外壁には小さな丸窓だけがあけられ、さまざまな居場所における視点と、周辺環境の景観上のポイントを結ぶ、スコープ状の窓になっている［**写真3**］。これは、コンクリートの重い物体が浮遊しているような体験を第一層のパティオや直下の第三層において体感させる特別な支持方法を実現することと連動しており、内部にプライベートな生活を内包したボックス全体が、一体性の高い分厚いスラブのような構造を備えるため、東西の外壁に関してはほとんどすべてが構造壁として作用しているのである。

3｜コンクリートボックスの北側の壁に設けられた回転扉。ボルドーの市街地が一望できる

■

第三の層……反転するグラスハウス

そして、第一層のコートハウスと第二層の上空のコンクリートボックスに挟まれてできた空間に、〈反転するグラスハウス〉たるリビング空間が広がっている。通常の状態では夫婦の寝室の下にあたる南側がガラスボックスでインテリア化された

リビングスペース、子どもたちの部屋の下にあたる北側半分は、開放的な半屋外のテラスになっている。外周部が透明なガラスに覆われ、中央には〈動く部屋〉上部からの天空光が降り注ぎ、さらにはガラス書棚やミラー張りのシリンダー柱、そしてアルミ張りの床という、光のよどむところがまったくないグラスハウスは、光環境という観点でも最も明るい室内空間である。またボルドー市街へ向かう西側は敷地の最も高い部分となる庭に接続しており、もっとも「建築的な」開放性を有している［写真4］。さらに、庭に面した南側半分のガラス壁は、すべて北側にスライドして開放することができ、内外は劇的に反転する。

■

内側に向かって開放する第一層、スコープ状の丸窓によって穴でのみ開放する第二層、そして全周に開放しつつ、さらに内外の反転まで大胆に行う第三層という風に、三つの層は建築の開放性においてもまったく異なる三つの様態を有している。とくに第三層のグラスハウスは、その明るさと開放性を最大限に実現するために、セシル・バルモンドによる革新的な構造デザインを行うとともに、「古典的な」建築のジェスチャーに対する批判的オマージュにもなっている。二〇世紀が生んだエレベータという「世界の再創造」を可能にする機械と、それがメカニカルに接続する三つの「建築的」世界は、第三層のグラスハウスにおいて、コールハース自らが執行したビッグネスの論理＝「古典的」現代建築への死亡宣告に対する再・反逆に転ずる。フィリップ・ジョンソンがグラスハウスによってミースの均質空間（ユニバーサル・スペース）に対して行った反逆よりも、〈ビッグネス〉という大きく深い絶望を抱きながらポスト・モダニズムの建築家としての真摯な反逆の試みである。

セシル・バルモンドの著書『インフォーマル』（TOTO出版、二〇〇五年）の冒頭で、《ボルドーの住宅》の構造デザインに関するOMAとのディスカッションの記録が彼のスケッチとともに生き生きと描写されている。第二層のコンクリートボックスをいかに浮遊させるか、というコールハースからの要望には、ル・コルビュジエに代表されるピロティの超克への意志が窺える。地上階の壁を取り払うことによって、建物が柱によって浮かび上がり、地上面に自由な半屋外空間を生み出す。近代建築における執拗なまでのキャンティレバーへの挑戦も、自

4｜グラスハウスの西側。庭へと続く開放的な空間

由な空間への渇望が原動力となってきた。一方、ピロティが地表面の自由を獲得する代わりに、内部空間において明け渡してきたフロアの自由は、ミースによって追求されてきた。ファンズワース邸が構造柱をガラス壁の外側に追い出し、内部に完璧な自由空間を生み出し、どこまでも続く無限空間の概念を物象化することに成功した。コールハースのマンハッタンの研究はこうした建築的なさまざまな思考と実践を一網打尽にしてしまうような、メトロポリスの本性と、それを実現させているグリッドシステムやエレベータといったテクノロジーを見出したのである。セシル・バルモンドの創造的なアイデアによって可能になった空中浮遊するコンクリートボックスは、ピロティやユニバーサル・スペースに比べれば、その場かぎりの奇跡という点で、閉じたシステムであり、シュールリアリズム的な反逆として現象している。

　メカニカルな接続性によって異次元の自由を獲得した〈動く部屋〉と、そこから体験されるシュールな建築的世界からなる、《ボルドーの住宅》。その意味で、一〇平方メートルの〈動く部屋〉は、レム・コールハース／OMAが戦っている世界の超現実的な絵巻を眺めるような額縁（フレーム）として存在しているのかもしれない。

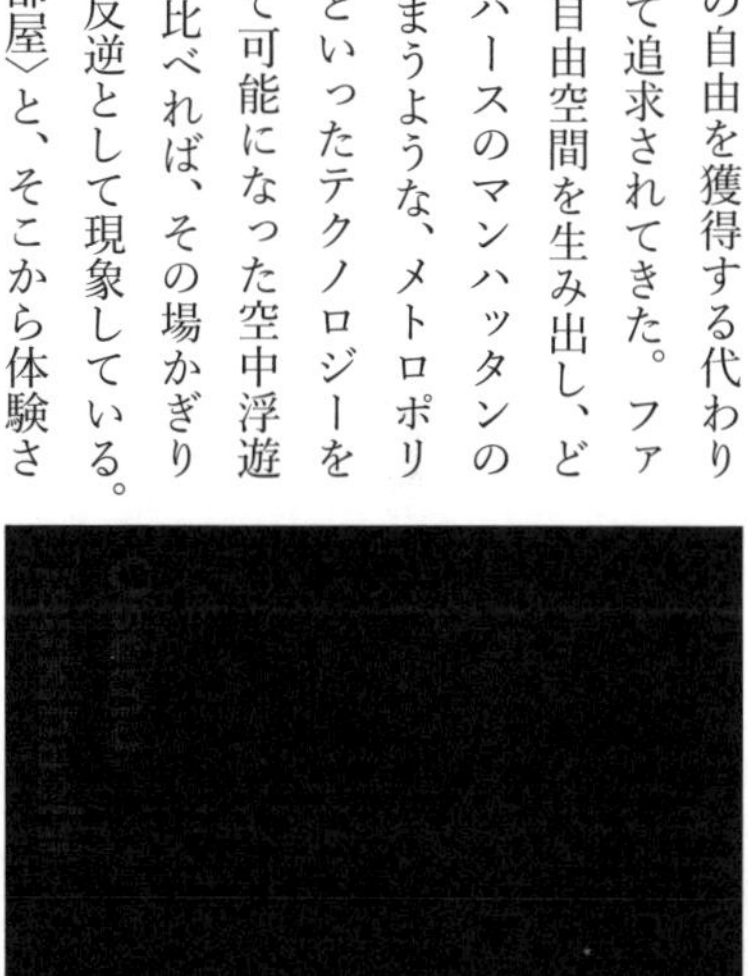

5. マシン・エイデッド・ユニバース

《ボルドーの住宅》をクライアントがレム・コールハースに依頼することにした決め手は、コールハースがエレベータのあるプランを提示して語った際の「above」というキーワードだったという。スラブを超えて「上に」到達することが、大きな事故を体験した直後の家族のライフステージにとってかけがえのないコンセプトとして響いたのだという。レム・コールハース／OMAは現代建築家のなかでもエレベータをはじめとする機械仕掛けをコンセプトレベルから最も大胆に導入する建築家である。アグレッシブな空間構成や、サーキュレーション、現代的なマテリアルにこだわる一方で、繊細な扱いの困難な機械に対してマニュファクチュアリングのレベルから果敢に取り組んでいる。《ボルドーの住宅》の直後のプロジェクトである《Y2K》（一九九八年）は完成にいたらなかったが、中央に大きく穿たれた水平な吹き抜け空間を持つ住宅で、建物全体が回転する機構が検討されていた。また回転機構としては、ドバイ・ビジネスベイで計画された超高層のコンペ案《DUBAI RENAISSANCE》（二〇〇六年）では、高さ三〇〇メートル、幅二〇〇メートルという薄い壁のような超高層が回転す

るという大胆な発想の提案であった。また、一九九四年にコンペで提案した《さいたまアリーナ》で考案されていたステージの大規模な転換機構は、二〇〇九年二月に炎上し、現在再建が決定したというTVCCのホールにおいて計画されている。「建築的な」繊細さに比べれば、これらのメカニカルな振る舞いは融通の利かないものである。しかし〈ビッグネス〉が支配する現代都市において建築が如何にして生き延びるかを考えるとき、両者のギャップの中にコールハースが考える建築の救済の道が見いだせるのかもしれない。第四の世界＝〈動く部屋〉から《ボルドーの住宅》を考えるとき、この建築をかたちづくる三層の世界の風景のなかに、現代建築が再び都市へ参与するゲートが隠されているように思われる。

Metropolis and Architecture 3

都市と建築 4

Part.1
Metropolis and Architecture 4

Part.1
Metropolis and Architecture
4

Osamu
Tsukihashi

観測者のランドスケープ

離散性、あるいは不連続性と「形式」の問題

槻橋 修

ランドスケープとは「風景」を示すが、そこには習慣的に「自然環境」あるいは単に「自然」との観念的な結びつきが前提とされている。「自然」への耽美的な感情からなのか、公園や庭園をデザインする行為としてランドスケープ・デザインは、「人びとの眼を楽しませるぜいたくなしつらえ」という以外にその社会的な役割や意味が問われることはなかった。都市計画学のような巨大なスケールを扱うところでは公園の規模や機能をあれこれと考えこそすれ、「大自然」という不動の大地との契約があるかぎり、ランドスケープはやはり無条件に美しくあるべきだったのである。ル・コルビュジエはそうであった。それ以降の建築家や都市計画家の大多数もそうであったか、あるいは関心をはらわず、建築自体の存立を問題としていた。「人間が集まるところの都市」は言い換えれば「人間しかいない空間」だったのであり、それはル・コルビュジエのモデュロールのコンセプト・ドローイングに象徴されている。このドローイングのなかに人間以外のもの（森林、海洋生物など）が登場することは、理論的には期待できない。「多様性」のスローガンのもとでこの人間がどのような人種になろうと、人文主義的なフォルマリズムは簡単には揺るぎはしなかった。大自然のなかで舗装された領域はすべて〈人間のための空間〉だったのである。

しかしここでは、ランドスケープに関して崇高で耽美的な感覚が付随してくることを習慣のひとつであると考えることにしたい。たしかにそれは世界的な規模でさまざまなかたちで存在している宗教的、民族的あるいは風土的な習慣であるがゆえに、デリケートな問題をはらんでいる。しかし、崇高な「自然」との不可侵条約を無条件に受け入れて建築や都市を計画しうるほど、もはや「自然」が堅牢ではないのも事実であろう。近代以降建築や都市を構想するときに前提とされていた人文主義的フォルマリズムは、地理学的な統計データという〈外部〉からすでに変更を余儀なくされているのである。それゆえ建築家は「〈習慣〉は変更しうる」ということを示さなければならないだろう。論理的な〈形式〉を問い直す必要が生じるのはこの点においてである。ランドスケープは建築における形式主義＝フォルマリズムを問い直すうえでの「処女地」でもあるのだ。

風景＝ランドスケープをめぐるこの小論がめざすところは〈形式（form）〉にある。ただしそれはロシア・フォルマリズムにおける〈形式〉概念を基礎とはしているが、数学的な抽象概念やグリンバーグ、クラウスらが近現代美術の分析において用いるフォルム、フォーマリズムがもつニュアンスまで含み、すでに血統書付きの概念ではないと想像していただきたい。ランドスケープ自体の意味を再定義することに意図はない。むしろその使用法にある。今世紀を通じて問われ続け、複雑になり、古びてしまった建築における〈形式〉の議論に、ランドスケープを招き入れることによって新たな地平が拓けるイメージを描ければよいと思うのである。〈形式〉の問題が隠喩としてのみ建築に還元されていくこれまでの状況

＊1｜Rem Koolhaas, S,M,L,XL, 010publishers, 1995, p616.

を思い起こせば、〈形式〉の問題についての純粋な議論もまったく不毛とは言えないだろう。なによりも、〈形式〉の利点はシンプルなことである。またイメージに接続されているため、言説によって覆いきれないロジックを有しているということでもある。

そこでこの小論ではレム・コールハース／OMAのランドスケープ・デザインに少なからぬ影響をおよぼしたと思われるランドスケープ・アーキテクト、イヴ・ブリュニエの作品を追うことからはじめ、彼らの作品・言説に現れるコラージュ手法に内在する〈離散的な形式〉を描き出し、ランドスケープ・デザインに拓かれた地平がいかなるものであるのかを考察する。キーワードとなる〈離散的(discrete)〉というのは数学の集合論において用いられる「離散位相」や「離散集合」といった用語がもつ語感を尊重しているが、イメージが先行する考察であるから〈離散的〉を〈ばらばらな〉とか〈不連続な〉と適宜解釈していただいてかまわない。この言説において純粋にイメージだけを伝えようとすること自体、すでに〈離散的な〉事態であるのかもしれないが、とりあえずは具体的なイメージをいくつか提示することからはじめよう。

離散するヴォイド——「突然に」あるいは「不意に」

レム・コールハースが建築界に引き起こした最大の事件は、フランス国立図書館(TGB: Très Grande Bibliothèque)のコンペ案をつくり上げたことであろう。著書『S,M,L,XL』のほぼ中央に掲載された彼自身の日記によれば一九八九年五月一一日「急変が起こり、通常の設計手続は突然にして中断された」(傍点筆者)[＊1]。それまでのスタディ案が廃棄されたのが「突然」の出来事であったことに注意しておこう。「急変」とはこのプロジェクトにおいて最大の焦点となったヴォイドが考案されたことを示している。いまさら説明の必要はないかもしれないが、TGB＝巨大な図書館は情報の固まりソリッド(＝ビルディング)として見立てられ、主要な公共スペースは空白ヴォイド、すなわち「ビルディングの不在」として定義される。つき固められた巨大な情報のソリッドを削り取ることによってヴォイドがつくられる。このヴォイドをめぐるドキュメントは同書のなかで「空白《ヴォイド》の戦略(Strategy of the Void)」と題されている。「(五つの)孤立した図書館は、ヴォイドであるがゆえに——「建設」される必要がないために、それぞれ独自のロジックのみによって直接かたちづくることができる。それらは相互に独立し、

外被や通常の建築的障害、そして重力からさえも影響を被ることはない」［＊2］。五つの図書館、すなわち五つのヴォイドがそれぞれ孤立していることが、「ヴォイドの戦略」においてきわめて重要な点である。新着図書閲覧室、ヴィデオ・オーディトリウム、大閲覧室、カタログ室、科学調査のための図書館という五つの図書館には、それぞれ水平ヴォイドと傾斜ヴォイドの交差(Intersection)、螺旋(Spiral)、貝殻(Shell)、輪(Loop)という互いに異なる形態が与えられ、ヴォイド相互の形態的な関連性を意識的に切断している。この「戦略」において、ヴォイドは各々の図書館が発する内的な要求のみによって、モナド的に成立しなければならなかったのである。ヴォイドたちはまったく偶然に、その場に居合わせたかのごとくふるまうようにデザインされているといえるだろう［図1］。しかしこの案が決定されるまでにはもうひとつの「突然」が用意されていた。日記によれば「五月一五日。ZKM(カールスルーエ芸術・情報技術センター)のために描かれた古いスケッチが、突然懐妊した」(傍点筆者)［＊3］のである［図2］。積層するレギュラーな空間とイレギュラーな形態のなすゲシュタルト。コールハースはいわゆる〈図と地〉の単純なシステム［＊4］がヴォイドの個体性を表現する最も有効な手法であることに気づいたのである。

最初の「突然」において五つの図書館は建設(build)から解放され、続く二度目の「突然」においてそれらに完全な孤立性が与えられた。これはまさしく〈空間の離散化・多様化〉というイメージが形式的に純化していくプロセスである。プロジェクトの初期の段階から追求されていた概念モデルは「二度の突然」と「図と地の反転」という、時間−空間的ターンオーヴァーによって建築的な形式化を果たしたのである。離散的な形式のための戦略。空白《ヴォイド》の戦略。コールハース／OMAがTGBに先がけて手がけたラ・ヴィレット公園やムラン・セナール、ベイルメルメール等の都市開発プロジェクトにおいて、ランドスケープとは「建築の不在＝ヴォイド」であった［図3］。彼が「建築のないところでこそ、すべてが可能だ」と言ったのは彼のヴォイドに対する関心の高さを示しており、〈空白ヴォイドの戦略〉はランドスケープ・デザインに

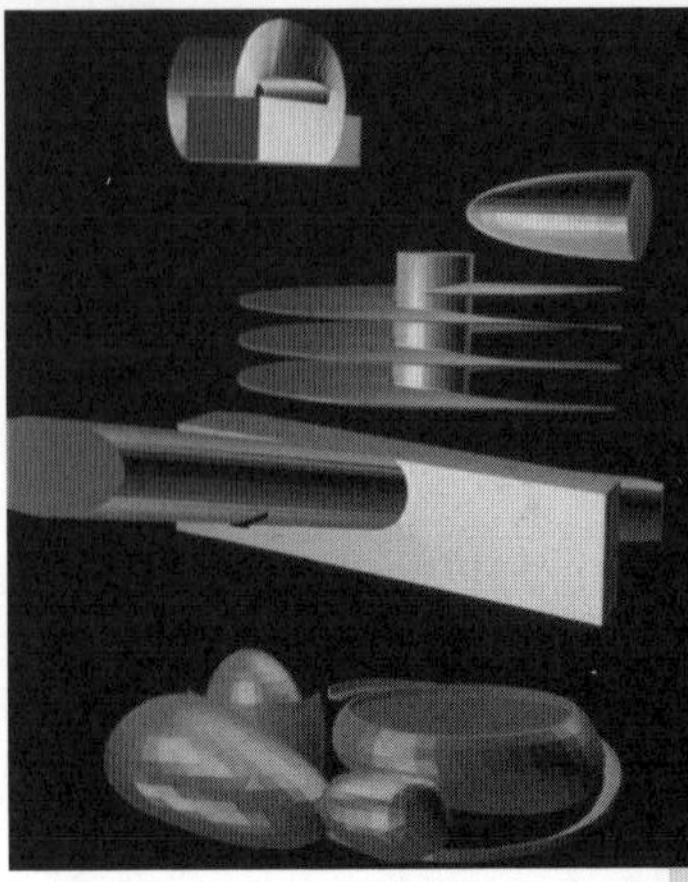

1｜《フランス国立図書館(TGB)》、浮遊する五つのヴォイド

2｜《フランス国立図書館(TGB)》、ソリッド／ヴォイドのダイアグラム

＊2｜Rem Koolhaas, *ibid.* p.620.
＊3｜Rem Koolhaas, *ibid.* p.626.

おいてすでにその可能性を見出されていたのである。

イヴ・ブリュニエがOMAに初めて参加したのは一九八三年、ラ・ヴィレット公園のコンペティションのアシスタントとしてであった。当時ヴェルサイユにあるエコール・ド・ペイザジュの学生であった彼は一九八六年、OMAに正式に参加することになる。彼はランドスケープ・アーキテクトとしてアムステルダムの再開発計画ベイルメルメールやムラン・セナール再開発計画などの主要なプロジェクトを担当しているが、これらのプロジェクトにおいて焦点となったのはヴォイドあるいは空地(vacant lot)に対して、積極的なプログラミングを行うことであった。OMAにおいてブリュニエが果たした役割は決して小さいものではないだろう。なぜならコールハースが『錯乱のニューヨーク』で発想したマンハッタニズムから、「ビッグネス」の問題にいたる期間、建築家としての実践のなかで練り上げたのがいわば「空白《ヴォイド》の戦略」であり、それはアーバニズムとしてのランドスケープ・デザインをとおして構築されたものだったからである。

ブリュニエは二年間をOMAのプロジェクト・アシスタントとしてすごしたあと、ジャン・ヌーヴェルと共同しサン＝ジェームス・ホテルの庭園や日仏友好記念碑、南仏のフリーウェイ料金所などを手がける。一九八八年にはエコール・ド・ペイザジュの師であったイザベル・オウリコストとともにオフィスを開設するが、三年後の一九九一年にエイズのため二九才の若さで他界している。実現したプロジェクトはこの若さにしてはすくないとは言えないし、わずか六年たらずのキャリアを考えれば驚異的でさえある。OMAとの共同ではロッテルダムのクンストハルに隣接するミュージアムパーク、ダラヴァ邸庭園、またジャン・ヌーヴェルとの共同では前述のサン＝ジェームス・ホテルの庭園、ダックスのスパ・ホテル、トゥールの国際会議場のランドスケープ等が実現している[図4、5]。またユーラリール計画においては、実現しなかったが、アーバンパークのデザインも彼によるものであった。しかし実現されなかったプロジェクトに関して残されたドローイングや模型のなかにも、彼の才能と野心は十分に見出すことができる。ランドスケー

Osamu Tsukihashi

3|《ムラン・セナール再開発計画》のバンド(帯状のヴォイド)による構成。1987年
4|イヴ・ブリュニエによる《ダラヴァ邸》庭園

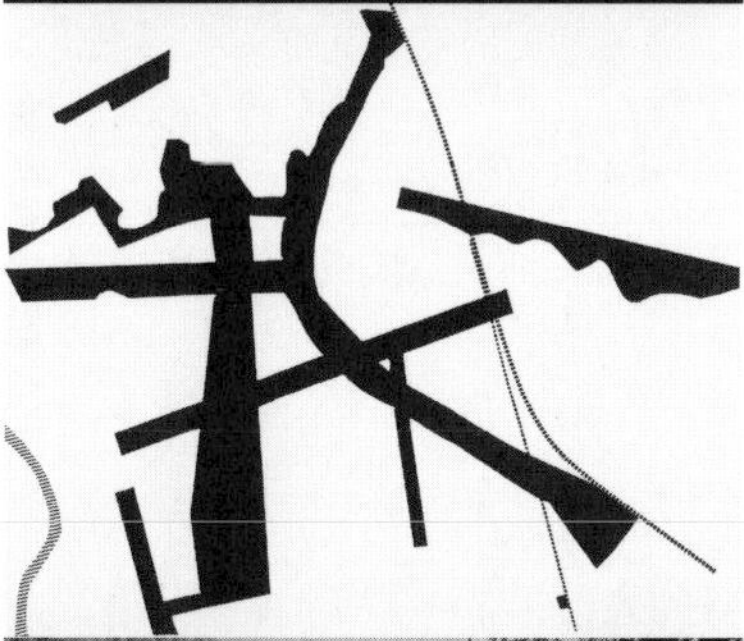

プ・デザインがこれほど暴力的で荒削りなイメージによって構想されたことはかつてなかったであろう。OMAのドローイングや模型が、エリア・ゼンゲリスの描く空想的な表現を依然として続けていたとしたら、コールハースの言う〈ビッグネス〉の問題とて、さほど説得力を持ちえなかったのではないだろうか。ブリュニエが生み出すラディカルなコラージュは言説以前にコールハースの抱く〈形式〉をよりシンプルに表現している。その意味で、ふたりは共鳴していたのだと言えるだろう。そこでこの〈形式〉について少し踏み込んでみよう。

*4―図と地（figure-ground）はグリーンバーグやクラウスの議論においてformをあらわす。

*5―C・ロウ、F・コッター『コラージュ・シティ』（渡辺真理訳、鹿島出版会、一九九二年）、一三五頁。

5―イヴ・ブリュニエによる国際会議場のランドスケープ（フランス・トゥール）

衝突の都市、衝突の芸術

都市のなかに離散するヴォイドに関しては、コーリン・ロウの議論にもそのイメージを見ることができる。奇しくもコールハースの『錯乱のニューヨーク』の初版と同年の一九七八年に出版されたF・コッターとの共著『コラージュ・シティ』においてロウは、都市の形態を型＝パターンとしてではなく、ソリッド／ヴォイドという図と地に読み換えた分析を行った。「ここで〈密〉と〈疎〉との間に仮定された論争は〈図〉と〈地〉に関していうと、最終的には、二つの型の間の論争に他ならない。そして、簡潔にいうなら、そのモデルはアクロポリスとフォーラムに代表されるということができるだろう」［*5］。ほとんど手が加えられていない〈疎《ヴォイド》〉のなかに〈密《ソリッド》〉が集積するアクロポリスに対して、ほとんど一様な〈密〉のなかに〈疎〉が離散しているフォーラム。ロウはアクロポリスとヴェルサイユ宮、ル・コルビュジエのヴォワザン計画を並べ、これらに見られるような「単一で中心的なヴィジョン」にとらわれて、自己の正当性に対する意識で凝り固まった建築家が、救世主と科学者（モーゼとニュートン）の兼任というひとり二役の演技をしてしまったことが、近代都市計画の不毛の原因であると論じている。そして帝政期のローマやティヴォリのハドリアヌス宮にみられる断片の集合体を「衝突の都市」と呼び、一見無計画に見えるこれらのプランに潜在しているプログラムの豊かさや柔軟さに光を当てようとしている。「単一で中心的なヴィジョン」がもたらす近代のユートピアは科学技術によってなし遂げられる。しかしそれは「サイエンス・フィクション」にすぎず、理想的な科学者＝エンジニアに全権を委ねようとする近代のアーバニズムに対し、「具体の科学」の側からの批判として、〈器用人《ブリコルール》〉の出現が必要とされたのである。

コラージュと建築家の良心、技法としてのコラージュ、精神状況としてのコラージュ。レヴィ=ストロースによるならば「《コラージュ》は周期性をもち、職人の技能が消滅に瀕する時に発生し……《ブリコラージュ》を思索の領域に置換する以外の何ものでもない」ということになるが、二〇世紀の建築家が《ブリコルール》とは正反対の方向をめざしてきたことを思い起こすなら、そこに二〇世紀のあまたの大発見と比較して建築家の不毛の一因を認めるはずである[*6]。

歴史的都市に見られる〈ブリコラージュ〉の例を通して〈コラージュ・シティ〉の有効性を実証しようというのが建築史家ロウの意図するところである。それは「具体の科学」としてのアーバニズムをより健全で実践的な方向に矯正したいという彼の良心的な願望の表明である。ただし彼のまなざしは「衝突の都市」へと向けられながらも、ヴェンチューリに似て〈衝突〉からは遠く隔たっているように見える。それは単に彼が歴史家であったからというだけでなく、〈ブリコラージュ〉の概念がおもにレヴィ=ストロースへの参照によって演繹的に使用されたからではないだろうか。〈ブリコラージュ〉がもたらす〈衝突〉自体に焦点をあてることは世界の静的なモデル化を妨げるものである。ロウの意図が科学者に対する〈器用人《ブリコルール》〉の復権の必要性を唱えることにあったのだから、彼が採った方法は適切であっただろう。〈縮減〉による世界のモデル化と、はるか上空からの「世界視線」によって構造を俯瞰することが、世界に対するまなざしという点で同値であることはいまさら言うまでもない。しかし〈縮減〉によってそれまで想像不可能であった巨大な〈世界〉をテーブルの上に載せることができたと同時に、肝心の〈衝突〉は小さな点となってしまう。それ自体都市の生命力であったはずの不連続性《ディスジャンクション》は微視的差異となって、天空の星座のように、相互の配列関係《コンステレーション》の方がむしろ重要になってしまうのである。日々建設され、更新され続けている都市の現実の前では〈衝突〉こそが生のままで現れているのだが。

〈衝突〉に関してエイゼンシュテインのモンタージュ理論に少し触れておこう。『戦艦ポチョムキン』が成功をおさめた一九二〇年代、エイゼンシュテインはモンタージュの方法論をめぐって、プドフキンと見解を激しく対立させていた。「ぼくはかれに向かって、モンタージュは衝突であるという僕の持論を主張した。あたえられた二つの因素の衝突から概念が生まれるというのが、ぼくの見解なのである。僕の観点からすると、連鎖は特殊な場合に起こりうるにすぎない」[*7]。プドフキンにとって映画を構成するショットは「要素」であり、ひとつの作品という全体に向かう要素の「連鎖」がモンタージュであった。しか

*6―同右、二二〇頁。
*7―S・M・エイゼンシュテイン「映画の原理と日本文化」(『映画の弁証法』、佐々木能理男訳編、角川書店、一九八九年)、四一頁。

しエイゼンシュテインにとってのモンタージュとはショットとショットが引き起こす「衝突」にほかならず、ショットは全体から取り出されるような「要素」ではなく、それ自体独立した「細胞」なのだ。彼が日本の漢字について、「口」と「犬」という文字の〈衝突〉が「吠（える）」という意味をなすことにモンタージュによる弁証法的過程を見出しているように、独立した諸断片のモンタージュは、予期せぬ彼岸において全体性を生じさせるのだ。「オデッサの階段」の全景と逃げまどう人びとのクローズショットの〈衝突〉が、シークエンスの緊張感を高める。この弁証法的飛躍が芸術の本質だというのである。「衝突こそはあらゆる芸術作品、あらゆる芸術形象の存在を規制する基本原理である」［＊8］。

エイゼンシュテインはショット自体も、知的モンタージュや照明、構図のモンタージュなど、ショット自身における〈衝突〉によって成立するべきだという。ロウが静的に〈ブリコラージュ〉を扱っていたのに対し、エイゼンシュテインのモンタージュ理論はきわめて力動的であると言えるだろう。

メタ＝コラージュ、あるいは〈衝突〉の唯物論

……そしてなによりも、ミシンと洋傘との手術台のうえの不意の出会いのように美しい！［＊9］

〈衝突〉を美学的な価値として広く印象づけたのはシュルレアリスムの芸術運動に代表されるだろう。マックス・エルンストによって語られた最も象徴的であまりにも有名な一節、ロートレアモン『マルドロールの唄』の一節をここで思い起してみよう。

フーコーが『言葉と物』の冒頭でボルヘスのテクストを分析するために形式化したのは〈混在郷《エテロトピー》〉としての手術台《ターブル・ドペラシオン》、タブローであった。「……すなわち、まず、影をむさぼり食うガラスの太陽の下できらめく、純白に塗られたニッケル・メッキの台《ターブル》——それこそ、そのうえで、ひととき、いや、おそらくは永遠に、こうもり傘がミシンと出会う場所だ」［＊10］。フーコーが目的としたのは表《タブロー》、すなわち唐突で、不可能な出会いが起こりうる認識の地平面としての表《タブロー》であった。したがって彼のいう「手術台」の上では、タブローにとって異質なものであるかぎり、ミシンとこうもり傘は「永遠に」美しい出会いを続けることができるのである。しかしエイゼンシュテインの〈衝突〉の論理にしたがえば、この時点ですでにわれわれは進むべき方向が異なっていることに気づかざるをえない。レヴィ＝ストロースとフーコー、そしてロウに共通しているのは、〈ブリコラージュ〉や〈コラージュ〉に対する積極的な評価を表明しながらも、彼ら自身は決して〈器用人《ブリコルール》〉であることを欲していないということである。現代の〈器用人〉にとって不用意な〈縮減〉は、当の〈コラー

＊8―S・M・エイゼンシュテイン「映画形式の弁証法的考察」（同右）、一〇七頁。
＊9―ロートレアモン『マルドロールの唄』（栗田勇訳、角川書店、一九七〇年）、二九三頁。
＊10―M・フーコー『言葉と物』（渡辺一民・佐々木明訳、新潮社、一九七四年）、一六頁。

ジュ〉を「チェス盤の上での駒の遭遇」よりもはるかに無用なものにしてしまうだろう。「理性が私を照らすのは、感動した後からである」［＊11］と語ったエイゼンシュテインのまなざしで世界を見ようとするならば、永遠の出会いを可能にする手術台を構築するより先に、〈ミシン〉と〈こうもり傘〉が出くわした現場を「手術台の上で、不意に」として想像するべきである。ミシンはこうもり傘と出会う瞬間まで、自らのいる場所が手術台の上であるということに気がつきもしなかったのではないか。少なくとも我々が都市の中で遭遇する生気ある瞬間とはそのようなものではないだろうか。

＊11―レオン・ムシナック『エイゼンシュテイン』（小笠原隆夫・大須賀武訳、三一書房、一九七一年）、二一四頁。

場違いな、突然の〈出会い／衝突〉ばかりを生産する離散的な世界。そこでは〈ミシン〉と〈こうもり傘〉は偶然にして手術台の上での「美しい」出会いを果たす。しかし一度出会ってしまったものはもはやそれ以上には「美しく」ないであろう。次の瞬間には三者は融合し、新たなひとつの事件的断片として次に訪れる〈偶然の出会い〉を待ちながら離散的な世界に漂っている。エイゼンシュテインによって定式化された、離散的な断片が引き起こす〈衝突〉という弁証法的な美。この〈衝突〉によって生起した美自体がタブローを破壊し、一切をひとつの断片として再構築する過程が彼の言う〈弁証法〉の意味するところであり、コラージュの弁証法的メカニズムでもあるのだ。このメカニズム――タブローを自ら破壊・変質する絶え間ないコラージュ作用――をさしあたり〈メタ＝コラージュ〉と呼んでおこう。それは形式というにはあまりに不安定で無責任で自己言及的な概念かもしれない。何ひとつ決定されないまま毎日更新される形式主義《フォルマリズム》。しかしそれは同時に最も力に充ちているとも言えるだろう。なぜならメタ＝コラージュにおいては〈突然の衝突〉のためだけにすべてが存在しているからである。

まったく偶然に与えられる諸断片からなる離散的世界で作用するという点から見てメタ＝コラージュは形式というよりはむしろ、世界に対して主体がとりうる視座であるというべきかもしれない。それでは離散的世界とはどのような光景としてイメージされるのか。〈衝突〉のためにすべてが存在する世界（すなわち離散的世界）においては、その視界に広がる光景は必然的に多元的・多様的である。ミハイル・バフチンは詩学研究のなかでドストエフスキーの小説が多声的なポリフォニー小説であると分析した。まるで客体のようにつくり出された登場人物たちを作者がプロットにしたがって意のままに操り、何らかの思想を表現していくようなモノローグ小説とは異なり、ポリフォニー小説においては登場人物は作者と対等の意志を持った自立した主体として語られる。人物同士の事件に満ちた対話的関係が複雑に絡み合う光景が『罪と罰』や『カラマーゾフの兄弟』に描かれた多元的・

離散的で〈混在的な《エテロテリック》〉都市である。バフチンの考察を進めて小説空間の問題を扱い、『罪と罰』について行ったV・N・トポローフの考察は示唆的である。

作中人物と筋の展開の仕方とを適合させるために欠かすことのできないもうひとつの条件は、他に例を見ないほどにはげしく、小説空間を離散化（不連続化）するという条件です。それによって、小説空間が、いわば、大量の粒子corpuscule、あるいは、それらの粒子の一定の配位configurationを与えられた集りから成り立つということになります（このことは、場所・時間・因果関係・評価・行動その他のレベルに関して、いえることです）。しかも、それらの配位された粒子の集まりと集まりとの間において、ある集まりから別の集まりへと移行することは、最大限のエントロピーを高めるという特徴を伴うことになります。想いがけないことが起るかもしれない、期待が裏切られるかもしれないという可能性があるだけではなく、そうした可能性が常に実現されているというのが、普通になります。しかも、ドストエフスキーには、この種の移行を、最小限の時間で（「この瞬間に」「不意に」「突然」「思いがけず」などという具合に）示そうとする傾向が、認められます」［＊12］。

数学的な議論を深めるのでないかぎり、離散的世界を定義づける一般的形式はいたってシンプルである。例えば自然数の集合と実数の集合であれば、我々素人でも容易に想像できるだろう。ここで〈離散的〉と呼んでいるのは自然数の集合にあたる。{1,2,…,n,n+1,…}という要素からなる自然数の集合Nにおいて任意のnとn+1との間にはいかなる中間物も存在しない、完全な空虚である。したがって任意のnはまったくの孤立点であり、順序というとりきめ（位相）によってのみnはn-1やn+1と隣接している。一方実数の集合Rにおいては任意のxを孤立点として取り出すことは理論的に不可能である。実数を表す位相空間Rはあらゆる部分にわたってなめらかに連続しており、xとx+1のあいだには無限の要素が存在しているからである。数学的な呼び名では前者を離散（位相）空間、後者を密着（位相）空間といい、任意の集合Sにおいて考えられるふたつの「両極端な」位相空間である［＊13］。また離散位相における無限量$\aleph_0$（アレフ・ゼロ）は、密着位相における無限量$\aleph$（アレフ）よりも小さい。アレフ・ゼロは無限量のなかでの最小の濃度なのである。

すべてが不連続で偶然の〈衝突〉に満たされた世界と、すべてが連続的で〈一〉が必然的に〈多〉を決定づけてしまう世界。われわれの認識する世界はもちろんそのどちらかというのではなく、両者が相補的な世界観であることはわれわれの経験が教えてくれるであろう。注意したいのは、コーリ

＊12―V・N・トポローフ「ドストエフスキーの詩学と神話的思考の古式の図式」、『現代思想』七―一一号（北岡誠司訳、青土社、一九七九年九月）、一三〇頁。

＊13―建築に関する文献では、原広司「空間の基礎概念と〈記号場〉」（『時間と空間の社会学』岩波書店、一九九六年）の中で位相空間について言及されている。原は離散空間をアナーキズムの空間、密着空間をファシズムの空間と呼んでいる。

ン・ロウが帝政ローマのフォーラムに見出した〈ブリコラージュ〉やマックス・エルンストがロートレアモンの詩句のなかに見出した〈不意の出会い〉、エイゼンシュテインがモンタージュ理論の中で唱えた〈衝突〉、ドストエフスキーが混在郷《エテロトピー》ペテルブルクのなかで生み出した〈対話〉は、すべて

世界の離散的投影面においてあらわれるということである。

「不意の出会い」や「場違いな組み合わせ」といった時間‐空間的な〈衝突〉が、その最大限のエントロピーを保持していること。それがメタ＝コラージュの条件である。したがって求められる視座のひとつはバフチンがすでに示していることになろう。ポリフォニー小説における作者ドストエフスキーの視座。自律的主体としての登場人物と対等に置かれた作者の視線。したがってメタ＝コラージュの視座は世界視線にはない。「縮減」することで必然的につきまとう世界視線によって、偶発的な〈衝突〉はタブローの上の点に還元されて唯一の価値を喪失してしまう。吉本隆明の「ハイ・イメージ」にならって映画『ブレードランナー』の映像を借用するならば、飛行自動車スピナーに乗り込んで上空から見下ろす二〇一九年のロサンゼルスの風景にあるのではなく、スラムと化した地上の光景、沈降していくような「水平視線」による光景こそ、メタ＝コラージュによって引き起こされる絶えざる〈衝突〉の光景なのである。それはリアンヌ・ルフェーヴルが言うところの「ダーティ・リアリズム」、あるいはむしろバタイユの「低俗唯物論(base materiarism)」の光景に近いのかもしれない。またメタ＝コラージュによる〈衝突〉の光景を実際に描いてみせるとき、〈衝突〉が放つ弁証法的閃光が力として認識されるためには、タブローは縮小されるよりもむしろ巨大化する必要がある。したがってなるたけ巨大な「手術台」が必要なのである。ペテルブルクであれマンハッタンであれ。画布でさえも全体が見渡せなくなるくらい巨大なものの方が好ましいだろう。

〈空白ヴォイドの戦略〉、〈ダーティ・リアリズム〉、〈ビッグネス〉。レム・コールハースのつくる言説空間はメタ＝コラージュという形式を顕在化することによって連鎖的に導かれる。しかしこれが彼の、あるいは彼の活動のすべてであるなどと言うつもりは毛頭ない。またコーリン・ロウが実際に彼に影響を与えたか否かという問題も、さしあたりわれわれの関知するところではない。ポストモダンの時代の建築家は等しくロウからの影響を受けているということが可能であろうし、ましてやロシア・フォルマリズム、シュルレアリスムにいたっては二〇世紀の文化活動全体を覆っている。二〇世紀の文化が都市の文化であるとするなら、メタ＝コラージュもきわめて都市的な形式であり、コールハースはその二〇世紀をきわめて自然に認識している建築家で

あるということであろう。

イヴ・ブリュニエ

「私は彼の自然に対する関与の仕方が、一貫して攻撃的であることを実感しました。まるで自然をレイプし、自然からその特性をはぎ取り、表現主義的なオブジェクトのひとつに変えてしまいたいと考えているかのようでした。たとえば、彼はいつだって樹木をペイントしたがっていたのです……」[＊14]。インタビューに答えてレム・コールハースが語ったところによれば、OMAに参加した当初、ブリュニエはランドスケープよりもむしろ建築本体のデザインを希望していたらしい。ラ・ヴィレット公園のコンペでランドスケープ・デザインに可能性を見出していたコールハースの「個人的な」説得によって、彼は再びランドスケープに戻ることを決心したという。

＊14 | ed. Michel Jacques, *Yves Brunier : landscape architect*, Birkhauser, 1996, p.89.

　秀逸なコラージュ、という表現が果たして意味を持つのだろうか。ブリュニエが遺したプロジェクト・ドローイングの多くは写真や絵を乱暴に貼りあわせた上にペイントを施すフォトコラージュであった。一九六〇年代、アーキグラムにおいてロン・ヘロンやピーター・クックはおもにコラージュによるドローイングを数多く発表した。彼らは背景となる風景や、大衆、タイポグラフィなどを貼り込むことで〈プラグイン・シティ〉や〈ウォーキング・シティ〉といったイマジナリーな都市像を描き出した。しかしブリュニエのドローイングと比較したとき、彼らがコラージュしているのは建築（あるいは装置）ではなく、それ以外の周辺であり、彼らのデザインの対象となっているもの自体は、微細にわたり描き込まれているということに気付くだろう。植栽にいたっては、近代アーバニズムとさほど変わらない、凡庸な取り扱いがなされている。これはヘロンやクックがコラージュによって引き起こる〈衝突〉を建築の内部にまで抱え込むという意図をもっていなかったことを示すだろう。彼らは都市の離散的状況が避けがたいものであるとして認識しながらも、建築家としてのクラフトマンシップを一貫して遵守していたのである。一方、自らデザインする対象そのものを、乱暴なコラージュによって表現していたブリュニエの場合はどうだろうか。ランドスケープ・デザインは建築に比べて実際の建設作業が少ない。樹木や草花、土といったレディ＝メイドのオブジェクトの配置が主要な決定事項となるわけであるから、こちらの方がはるかに記号の操作に近いと言えるだろう。現に彼のデザインにおけるコラージュの使用はグラフィックのみに留まらず、実際の庭園のなかにも「突拍子もない」異物が混入している場合がすくなくない。それはいわば、ミクスト・メディアによるランドスケープである。ランドスケープのなかに金網やアスファルト、巨大な鏡などが突然あらわれることは、「自然がその特性をはぎ取られて、表現主義的なオブジェクトのひとつに変えられてしまう」のと同様、彼にとってはあたりまえのことだったのである。アーバニズムの主要項目として、すなわち〈ヴォイドのプログラミング〉として位置づけられたランドスケープ・デザインにおいては、自然も人工物もすべて等価な記号的オブジェクトにすぎない。メタ＝コラージュの見地から言えば、すべての記号的オブジェクトは自然と人工物というカテゴライズを許さないほどに離散化・断片化していて、いずれのオブジェクトの間にも等号が成立しない、というべきであろうか。ともあれ、慣習化した自然耽美の感情を完全に排除することによって、ブリュニエはランドスケープ・デザイン自体の価値を、アーバニズムのなかで再編しようとしていたのである。

　ブリュニエがペイントしようとしたのは樹木だけにとどまらない。ジャン・ヌーヴェルとの共同で制作した南仏ヴィエンヌ市のフリーウェイ料金所（一九八九年）では、料金所の前後四キロにわたって建物や擁壁、露出した岩にいたるまで、イヴ・クラインの青一色で塗りつぶしてしまうというデザイン・プロポーザルを行った。ペイントされた岩とともに、布やガラスなどさまざまながらくた類が、やはり青くペイントされて、鉄製の金網で覆われる予定であったが、この案は実現しなかった。

Osamu Tsukihashi

6｜ミュージアムパーク内からクンストハルを望む（ロッテルダム）

ＯＭＡとの共同で実現したロッテルダムのミュージアムパーク（一九八九—一九九四年）には、樹木のペイントだけでなく、アスファルトやステンレス板による巨大な鏡面など、人工的な要素を故意に混入させている。彼にとって代表作となったこのプロジェクトはオランダ建築会館（設計＝ヨー・クーネン、一九九三年）とクンストハル（設計＝ＯＭＡ、一九九二年）に挟まれた一二ヘクタールの細長い庭園であり、ロッテルダムの中心街区と中央公園を連結する舗道としての役割をもっている［図6］。同時に一時的な催物のためのスペースや、恋人たちの密会のための遊歩道、古い屋外劇場の保存、クンストハルが面するオープンスペースという複数のプログラムが要求された。細長い敷地は長辺方向に四つのゾーンに分節されている［図7］。建築会館側の第一のゾーンは、「明るい雰囲気で利用者を迎えるために」白く塗り込められた「しなやかで鉱物的な」果樹園である。幹を白くペイントしたりんごの果樹園に白砂利が敷詰められている［図8］。続く第二のゾーンは、対照的に黒いアスファルトで舗装されたポディウム（基壇）になっている。そして巨大な鏡の壁が、ふたつのゾーンを分離する壁として、第一のゾーンに向けられて

いる。光の反射によって白い果樹園は更に明るい印象を強め、反対側の第三のゾーン「恋人たちの庭」に植えられた美しい高木への眺めは、この突然挿入された〈鏡〉によって切断される[図9]。既存の樹木や屋外劇場がもっていたロマンティックな雰囲気を生かしてつくられた「恋人たちの庭」は、ミュージアムパークのなかで唯一最も庭らしいゾーンである。劇場と池に通じる石とガラスが敷かれた遊歩道を除いて、地表面のほとんどがパッチワークのように多種多様な色彩の花をつける潅木やつる植物によって「カラーリング」されている。公園を通過する動線、つまりアスファルトのポディウムから第四のゾーン、クンストハルの前面広場へ続く主要なアプローチのために、「恋人たちの庭」を飛び越えるように、黒いコンクリートのブリッジが架けられている[図10]。公園は〈破断面〉をもつ建築クンストハルの内部に連続して、スロープを介して屋上庭園で終わる[図11]。

Metropolis and Architecture 4

7｜ミュージアムパーク模型。下部のボリュームが《クンストハル》

細長い形状のこの公園は、本来ならばその主要な通路の方向に連続的な風景の展開が予想されるところだが、それを意識的に分断し、領域相互のコントラストが最大限に顕在化するようにデザインされている。それは〈通過〉による経験を連続的なものとしてでなく、〈断続的〉なものとして実現しようという〈離散的〉な意図に基づいていると言えよう。隣接するクンストハルの目論見も同様に、〈断続的な通過体験〉を内部に生じさせている。螺旋形に折りたたまれた経路が、傾斜したスラブによって建物中央に生じた〈破断面〉を繰返し横断することで、通過体験を〈断続的〉なものにするのである[図12]。ミュージアムパークはこのような空間的破断、物質的破断という、さまざまな時間−空間的〈衝突〉の連鎖反応によって成立する〈メタ＝コラージュの庭園〉であると言えるだろう。

それではメタ＝コラージュのランドスケープ・デザインが成立するということは、何を意味するのであろう。ランドスケープに、すなわち風景の概念に、どのような変化が生じていることを意味するのであろうか。

ダーティ・リアリズムと低俗唯物論

ブリュニエがランドスケープのなかに持ち込む人工物は、一般に庭園に用いられるような高級な代物ではない。金網、アスファルト、鏡面などは、われわれが都市のなかで日常的に目にしているものばかりである。日常的であるがゆえに、普段はそれらに意味を求めたりすることはない。しかしそのような日常的な人工物が、そのあるべき場所を失って庭園のなかに唐突に現れたとき、従来の庭園のイメージとの間に生じる〈衝突〉は、それまでランドスケープの概念を成立させていた認識の平面を突き崩す可能性を秘めているのである。醜悪なもの、グロテスクなものであるほど、卑劣漢ドーミトリィ・カラマーゾフやピョートル・ヴェルホーヴェンスキーがそうであったように、〈衝突〉によって生じる閃光は強く、美しいのだから。ブリュニエがミュージアムパークに持ち込んだ大きな鏡面は、完全に平滑でなく、優美《エレガント》な鏡面とは言えない。しかし接合部において像が歪んでしまうような無造作なつくりは、結果的に、メタ＝コラージュの効果として「適切な」判断であったと言えるだろう。

Osamu Tsukihashi

8｜イヴ・ブリュニエによるミュージアムパークのドローイング。白くペイントされた果樹園
9｜ミュージアムパークに設けられた鏡面壁

OMAの作品を論じるためにリアンヌ・ルフェーヴルが用いた「ダーティ・リアリズム」に関して、フレデリック・ジェイムソンは一九九一年のANY会議における発言で、彼女の念頭にあるのが映画『ブレードランナー』であることをことわったうえで、それが一九世紀の自然主義文学と比べてポストモダンの特徴を備えていると述べている。

> プロレタリアート、浮浪者《ルンペン》、そしてそれらと類縁的関係にある都市の犯罪者（男性）と売春婦（女性）——彼らは旧式なブルジョワ的・自然主義的想像力による社会描写における固定したメンバーだが——はポストモダンとサイバーパンクにおいてはある若者文化へとあとをゆずった。そこでは、都市のパンクたちはビジネス・ヤッピーたちの逆数であるに過ぎず、都市空間はもはや旧時代の根源的他者性によって徴づけられているわけではない。いまや暗黒の下層社会と高級コンドミニアムやロフトの上層社会のあいだにも循環や再循環が可能となった。後者

から前者への転落はもはや絶対的かつ回復不能の惨事ではなく、むしろ前者はかつて「ストリート」（訳注・悪徳のはびこるきたない世の中の意）と呼ばれた場所についての知識を提供するのだ。そしてその知識こそポストモダンな企業空間でのサヴァイヴァルにも欠かすべからざるものだ。決定的差異は、ポストモダン的視点から見れば、下層世界のどん底から回帰することが可能だということである（傍点筆者）［＊15］。

ポストモダンの特徴としての、上層・下層世界の循環可能性。ジェイムソンのいう「ダーティ・リアリズム」の光景、すなわち破滅とアメリカン・ドリームの双方が可能性として意識の中に同時存在する現代の大衆社会の光景は、聖なるものと低俗なものが混淆したジョルジュ・バタイユの世界を我々に連想させる。

イヴ＝アラン・ボワとロザリンド・クラウスによってキュレートされた『末形－使用法（L'informe : Mode d'emploi）』展［＊16］が、一九九八年の五月、ポンピドーセンターのギャラリーで開催された。デュシャン、ジャコメッティ、フォンタナ、ポロック、トゥオンブリー、スミッソンなど、通常のカテゴリーではさまざまな位置を占める近現代の作品を、バタイユの概念（末形、低俗唯物論）を再導入し、批評的に読み換える試みであった。これはクレメント・グリンバーグを中心とした、美術のモダニズムに対する疑義の提起を意図したものであったが、ここでは「低俗唯物論」に話をとどめるのが賢明だろう。

バタイユの概念につきまとうモグラ、蛆《うじ》、虫の群生、腐敗、失明、夜、墓、地下室、肛門といった低俗な、おぞましいイメージ群に与えられた高尚な地位は、それだけで成

＊15－フレデリック・ジェイムソン「匿名者たちのデモグラフィ」、『批評空間増刊号Anyone』（後藤和彦訳、福武書店、一九九二年、七〇頁）。

＊16－「末形－使用法」。訳語は加治屋健司氏による。また展覧会についても、氏から情報を提供していただいた。

10－ミュージアムパーク内の「恋人たちの庭」にかけられたブリッジ

立するような絶対的なものではなかったであろう。「娼家こそ私の真の教会、癒すことのない点で私が満足できる唯一の教会だ」[*17]というバタイユの言葉、またシュルレアリスム、とくにブルトンの抱く理想主義的革命思想を「ポリ公じみた」、「坊主まがいの大言壮語の膿瘍」とまで呼んで敵視したことからもわかるように、〈低俗唯物論〉は教会や権力に潜む欺瞞を許さない彼の性質が生み出した相対的な概念である。

バタイユの心の地図の上では(次に見るように、明確で限られたこうした地図が確かに存在する)、淫売屋が教会の代わりとなっている。いや、すくなくともバタイユは教会と闘牛場とを、光と影とを、石と砂とを、そしてパンと血とを両立させている。敵意に満ちた二重の供犠だ。「じきに私は相手の呪われた肉体にかぶりつくだろう、そして今やそうなること請け合いの、天使のように無邪気な私たちの大はしゃぎの最中に、神と聖女にまつわるありとあらゆる有名な伝説が、あたかも吠えたてる野犬の群のごとく、私たち二人の魂を、それと同時に、獣の餌食に供された私たち二人の肉体を駆け巡ることだろう」[*18]。

ちなみにレム・コールハースが愛好する写真家、荒木経惟は「風俗嬢」を「観音様」と呼ぶ。高貴なものと卑俗なものが双方向に

11｜《クンストハル》をミュージアムパークから望む。ファサード中央のスロープは屋上庭園へと続く
12｜《クンストハル》の内部。連続するスロープ

*17｜ジョルジュ・バタイユ「有罪者」(『ジョルジュ・バタイユ伝上』ミシェル・シュリヤ、西谷修・中谷信一・川竹英克訳、河出書房新社、一九九一年、一二一頁)。
*18｜ミシェル・シュリヤ、前掲書、一一七頁。

置換可能であるのが〈ダーティ・リアリズム〉であり〈低俗唯物論〉の特徴であるとするならば、ブリュニエの作品に見られる高尚な〈自然〉と卑俗な〈人工物〉との〈衝突〉が、バタイユ、ボワ／クラウスを経由してロバート・スミッソンに接続されたとしても、それほど不自然なことではないだろう。

*19 | ed. Nancy Holt, *Writings of Robert Smithson*, New York University Press, 1979, 115.

離散的なサイト、観測者としての芸術家

ロバート・スミッソンは、バタイユの「辞書」の概念に基づいて項目分けされた『未形─使用法』展の中で、第四項目である「エントロピー」の項目で扱われた。スミッソンの著述のなかにいく度も登場する、「エントロピー」とは「マクロな体系の巨視的な状態を定めても、ミクロに見ればその制約下でなお、莫大な数の状態が可能である」ということを意味する統計力学の基本概念である。スミッソンにとって最も重要なコンセプトはこの「エントロピー」、そして「サイト／ノンサイト」であった。また彼が〈アースワーク〉に取りかかる以前に制作した『ヴィーナスと爬虫類たち』や『ベルリーニ天使に支えられた死せるキリスト』などのコラージュ、ドローイングには、〈低俗唯物論〉に通じるような「聖・俗」の〈衝突〉も見ることができる。

　ブリュニエと同様に、スミッソンのアースワークにも、アスファルトや鏡を用いた〈自然と人工物との衝突〉が見られる。そして彼もまた、あるインタビューで「自然をレイプしている」と言われたことがある。ローマ近郊の採石場の斜面にトラック一台分のアスファルトを撒き、アスファルトが斜面を流れ落ちるエントロピックな風景をつくる『アスファルト・ランダウン』と、ユカタン半島を旅行しながら、随所で鏡を並べて風景写真におさめる『鏡の転位』シリーズはいずれも写真によって枠どられたところで作品が完結する。またどちらも風景写真のなかに人工の異物が混入している点で共通している。これに先立って制作された『サイト／ノンサイト』シリーズにおいて、スミッソンがあげた用語集「サイト／ノンサイトの弁証法」[＊19]が、これらの作品の意図を説明しているだろう。

	サイト	ノンサイト
1	開いた境界	閉じた境界
2	一組の点集合	一連の事柄
3	外部座標	内部座標
4	減算	加算
5	不定的確定性	決定的不確定性
6	散在した情報	内包された情報
7	反射	鏡
8	周縁	中心
9	（物理的）ある場所	（抽象的）非─場所
10	多	一

スミッソンの言葉で「より大きな断片のそ

のまた断片」であるというサイト／ノンサイト。「より大きな断片（サイト）」とはランドスケープを指し、「そのまた断片（ノンサイト）」とはそのなかに置かれた鏡、あるいはアスファルトを指している。またこれを拡張して「不連続性／連続性」、「アレフ・ゼロ／アレフ」という対比を連想することもできるだろう。彼がサイトを離散的なものとして定義する背景には、抽象表現主義全盛期に絵画を専攻していた学生時代のキャリアが一因として考えられる。ギャラリーの内部にいるかぎり、最大限に巨大化してしまった画布が当時の絵画におけるフレームだった。しかしギャラリーの外に出て、視野いっぱいにフレームが拡張されるのを認識したとき、芸術行為のために与えていたフレームと、彼自身のなかにすでに組み込まれていた知覚のフレームの間に弁証法が開始されたのである。彼は芸術活動のために、知覚のフレームの代用として写真を用いたのである。不連続なサイトの知覚のなかに、入れ子になって枠どられた「ノンサイト」。ノンサイトとしてのアスファルトや鏡は無意識の深淵、あるいはメタ＝コラージュの〈衝突〉によって垣間見る「彼岸」の光景を枠どっているのである。そしてもはやランドスケープは自然から引きはがされて、サイトの無限集合としての離散的世界をのぞき込む〈主体〉のフレームとして機能し始めているのである。

スミッソンはマイケル・ハイザー、デニス・オッペンハイムとともに、自分たちの活動について行った対話のなかで次のように述べている。

> 僕たちはみなランドスケープをギャラリーと同等だとみなしている。だから自然回帰運動の立場を意図しているとは思わない。僕にとっては世界が美術館なんだ。写真は自然を陳腐なものにしてしまう。サイト／ノンサイトに関して思うのは、僕たちは敢えて自然に言及する必要がないのではないかということ。僕が関心を抱いているのはただただアートをつくること。これは観測するという行為、つまり離散的〔discrete〕なサイトに注意をむけるという精神的な行為なんだ（傍点筆者）〔＊20〕。

ピューリタン的自然観を排除しつくしたあとの、離散的世界の観測者としての主体、それはなんと孤独な存在であろうか。

ブリュニエは都市のなかで、スミッソンは非―都市、すなわち荒野のなかで、ともに観測者であったのだ。双方にとって風景＝ランドスケープは、身体の外にある〈自然〉に属するものではなく、観測する主体の内部に枠取られた平面としてあったのである。この現象学的な態度は、近代が所与として信じていた〈人間〉の絶対性を退け、〈自然〉や〈人間〉と、主体との間になめらかな連続性を認めない。彼らの見る風景

＊20｜ed. Nancy Holt, *ibid*, p.174.

は、ダイバーが海底で目にするような、枠取られた孤独の風景である。

〈可能《possible》〉ではなく、〈起こりうる《probable》〉革命

意識が単に「ノンサイト」として、すなわち閉じた意識からなる恒常的な一者として定義されるとしたら、ランドスケープもまた開かれてはいない、すなわち「ノンサイト」である。しかし原理的には、メタ＝コラージュが成立する離散的世界では、意識でさえも静的な統一体ではいられない。それはやはり諸断片にすぎず、それらの〈衝突〉の瞬間、かろうじてその自我の輪郭線を彼岸に垣間見るのではないだろうか。しかしおそらくこの問いに対して、結末としての回答を提示することは、私にはできないであろう。しかしいま〈ランドスケープ〉というフレームとそれをのぞき込む〈主体〉とを、さしあたりの定点とするならば、冒頭の問題に接続することで、本稿における思考の円環を閉じることはできるかもしれない。

　メタ＝コラージュという離散的な形式（形式化を否定し続けるというメタ形式）を受け入れるならば、ランドスケープと〈自然〉概念との間の情緒的関係はあっさりと断ち切ることが可能である。しかし同時に人間が独占していた〈空間〉を、彼ら（自然）にあけ渡すという不測の事態が起こることもあるだろう。なぜなら〈離散的フレーム〉としてのランドスケープの内部では、世界は人間、自然を問わず、多様な断片の群れとして存在するからである。また高尚と低俗の価値は、反転、急激な高騰・下落を繰り返すことになるだろう。そしてフレームのこちら側では、冷静な観測と目の覚めるような激しい〈衝突〉とが〈主体〉を実現する。ランドスケープは、近現代をとおして建築と都市を成立せしめてきた〈人間のための空間〉というタブローの破壊を引き起こす力をもつのである。ある意味では、これは革命であろう。前衛なき革命。それが自然回帰運動家の主張と似かよって聞こえる部分があったとしても、意味するものが根源的に異なるということは、いまさら確認するまでもあるまい。「離散的世界の観測者」による孤独な革命。日々の天候の移り変わりをあれこれと案じるときのように、この革命は〈可能性［possibility］〉よりもむしろ〈確率［probability］〉によってわれわれの日常のなかに現象するエントロピックな革命なのである。

都市と建築 5

Part.1
Metropolis and
Architecture
5

Part.1
Metropolis and
Architecture
5
Yasuhiro
Minami

過密と原発

レム・コールハースの思考から描き出されるものについての試論

南 泰裕

レム・コールハースは、一九七八年に出版された『錯乱のニューヨーク(Delirious New York)』のなかで、一八九〇年代から一九四〇年代までのマンハッタンを取り上げ、「マンハッタニズム」という都市の集合的欲望について詳細に記述している。彼はここで、ニューヨークという大都市が、二〇世紀の初頭に不可逆のかたちで望み続けた、過剰な欲望の物象としてのマンハッタンを、まるで活劇をなぞるようにして、スピーディに闊達に描き出している。

街区をなす一様なグリッドと、そこに乱立する摩天楼の群れ、そして消費の乱舞と利潤の追求。それらの成り立ちを発生論的に記述することによって、マンハッタンという、西洋世界の果ての小さな岬にすぎなかった辺鄙な場所が、おのずと無計画に、しかし巧みに急激に、世界有数の特異な「過密の文化」をかたちづくっていったことを、何か、ひとつの証明問題を帰納的に解くような手さばきで、明らかにしている。

その手さばきはたしかに見事であり、「過去を回顧しながら、マンハッタンに敗北したコルビュジエとダリという、二〇世紀の巨人的クリエイターを揶揄する」という批判的戦略も、「非人称のゴーストライターが、シニカルかつアイロニカルに、都市が肥大していく喜劇と悲劇を、そして深刻かつ滑稽な顛末を、高みから愉快に語りおろす」という視点の設定も、それまでの建築論には見られなかった、鮮やかで発見的な修辞学に充ちている。機関銃のように連打的に打ち出される言葉の塊が、これ以上にない爽快感をともなって、既存の概念に突き刺さり、亀裂を入れているかのようである。

それは、モダニズムを信奉する者にとっては真正な(ものと見なされてきた)理論や態度や語り方の数々を、転覆させるに十分な強度と破壊力を持っている。例えばその批判力は、コーリン・ロウが『コラージュ・シティ』において試みていたような、韜晦でトリッキーなモダニズム批判と比しても、遥かに強いと言うほかない。

しかし、私がコールハースをめぐって関心を持つのは、そうした点にはない。私はこのコールハースの思考の塊をトレースするたびに、違和感というよりもむしろ、どこか当惑に似た感覚を受け取る。それが意味するところは、おそらく次のようなことである。

Metropolis and Architecture 5

ある種のモダニズム批判の金字塔である『錯乱のニューヨーク』が、きわめて衝撃力を持った理論書であることは、論を俟たない。しかし、その露悪的な視座によって描かれた世界が、何を意味しているのか、ということを考え直してみたときに、何かが裏返っている、と感じられるのである。そして本当はコールハースは、自身の思考を転がしていく先で、その裏面の何かを、執拗にあぶり出そうとしていたのだ、と感触される。

言い換えればコールハースは、これらの記述の塊を、**ある普遍的な隠喩のもとに成立させているのだ**、と感じられる。何かが違っている。コールハースは、ニューヨークの来歴を語ろうとして、モダニズム批判をしたかったのだろうか。おそらくそうではない。にもかかわらず、それがあたかもカントよろしく、ある種の「純粋建築批判」のように読み込まれるからこそ、「本当はそうではないのだが」という当惑の感覚が絶えず去来するのである［＊1］。

だから、私がコールハースの思考の塊から読み取るべきだと思うのは、それらの記述に並走して彼の理論のすごみを称揚することではなく、ポスト・モダニズムの文脈から読解することでもない。また、それらを社会的な視座からポリティカルに精読することでも、建築家のプロパガンダとして批判的に見透かすことでもない。そうではなくて、その思考の断片の集積からおぼろげに見え隠れする、いわく言いがたい隠喩の輪郭を、描き出すことだと思える。

そのためにまず、コールハースの記述から感触する、私自身の「当惑のありか」を、いくらか探り出してみることから始める。

＊1　カントは一八世紀後半に、「三批判書」と呼ばれる重要な著書を発表している。『純粋理性批判』『実践理性批判』『判断力批判』の三冊である。カントはこれらの書物を通じて、人間の能力の限界を突き詰めようとした。

それは過密ではない、本当は切り離されている

コールハースは、資本主義のレゾンデートルとも言える、容赦なく徹底的な進歩史観に彩られたニューヨークが、次第に極限的な「過密の文化」をつくり上げていったことを繰り返し語っている。その記述にブレはなく、マンハッタニズムがきわめて一元的なベクトルにおいて過密を育んでいったさまを、事細かに描写している。そしてその先で、「建築的ロボトミー」という、空間が互いに断絶した活動状況の出現を指摘している。

都市と、それに付随するさまざまな人間の諸活動が、「過密化」という志向を内在させているという見立て。そこに関心を注ぎ続ける態度は、『錯乱のニューヨーク』以降も、コールハースに一貫して見受けられる。アフリカのラゴス、中国の北京や珠江デルタ地域、バンコク、東京、あるいはヨーロッパやアメリカの諸都市の数々の調査と分析。それら世界各地の大都市をリサーチするコールハースのまなざしには、自らがそのスタートラインにおいて看破した「過密」という特異な状態（あるいは仮説）を、事後的に確認し、証明しようとする確信と核心が、全体を貫いている。

しかし、コールハースの思考に触れて、まず最初に当惑を受け取るのは、まさにこの、彼における「過密」という概念をめぐってである。

単純化して言えば、コールハースにおける「過密」は、本来の過密というものとは明らかに違っている。じつのところ、それは「過密」ではない。言い換えれば、コールハースの語りは、言わば「過密のパラドックス」において成立している。しかし、それはコールハースが、本当に語るべきことを、巧みなレトリックによってあざとく読み替えている、というのではない。むしろコールハースの語りは、エンターテインメント性に彩られたその活劇的な筆致とは裏腹に、実はきわめてシリアスな位相を突き刺している。

コールハースの思考をなぞることに、現代的な意味があるとすれば、まさにその部分ではないか、と思われる。

■

コールハースの記述を、映画のシーンの連続のように時系列になぞり続けていると、そこで描かれるマンハッタンという大都市の「過密化」は、何の疑いもないように見える。が、実際にそうではないことは、ほとんど誰もが直観的に、無意識に感覚しているはずである。

そもそも「過密」とは何だろうか。それは簡単に言えば、ある領域にきわめて多くの人びとが、必要以上に集約し、活動している状況のことである。マックス・ウェーバーが『都市の類型学』において定義づけていたように、「集まること」こそが都市を都市たらしめる基礎的条件だとすれば、コールハースの指摘は確かに正しかったと言える［＊2］。だが、私たちはその際に、何をもって過密を定義づけるだろうか。

＊2―マックス・ウェーバーは西欧の中世都市をモデルに、「集約して住むこと」「市場を持つこと」「行政的機能を有すること」の三つによって都市を定義している。

人口密度はそのひとつの指標になりうるが、コールハースが対象としていたのは、主として商業・業務地域としてのマンハッタンであり、夜間人口をなす居住領域がベースではない。また、例えば通勤時の交通渋滞やラッシュ、あるいは特別なイベント時の広場やホール等に、多くの人びとが肩寄せ合うまでに密集し、大多数の人間が集約することをイメージする場合もあるかも知れない。が、そのような一過性の集合を「過密」とは呼ぶのには無理がある。ハレの場や特定の時刻に、瞬間的に通り過ぎる「人びとの集約」の刹那から、恒常的な「過密」の概念を感じ取ることはないからである。だから極端に言えば、商業・業務地区において都市活動を営む人びとは、取り立ててその集合状況の解消を望んでいないどころか、むしろ過剰な集約を希望しているのだし、それらを常態化した「過密」と捉えることはない。

しかし、マンハッタニズムの貫徹によって、所狭しと超高層ビルが林立し、多くの人びとが極端な密度で活動している状況は、文字どおり過密と言えるのではないのか。そのように、反論されるかも知れない。しかし、それも違う。それは「土地の高度利用による、一時的な高密度化」であって、「過密」ではない。逆である。それは「疎隔」を誘導するのだ。なぜなら、そのような形で建築が競うように超高層化され、増床されることによって、逆に、ひとりの人間が利用可能な単位面積は、次第に増大していくからである。

■

都市は高密度化されればされるほど、実態としては逆に、過疎化して離散的になっていく。こうした局面では、都市化において不可避的に現象する、さまざまに転倒的な事態が起こる。例えば、交通システムを整備すればするほど、渋滞が加速される、といったように。ニューヨークはその、優れて先駆的な事例であっただろう。**都市化が進めば進むほど、過密になるのではなく、逆に疎隔化され、人びとは離れ、離散的になっていくのである。**実際、例えば東京を見てみれば、ここ十数年の都心におけるオフィスの空室率は、景気の変動を視野に入れたとしても、おおむね一〇パーセント弱を常に推移し続けてきた［＊3］。にもかかわらず、丸の内や渋谷、六本木をはじめとして、東京都内の超高層化と再開発は、途切れることなく進み続けており、土地の高度化によって床面積はどんどん増加し続けている。すでにあちこちで場所が空いているにもかかわらず、床は増え続け、人びとは互いに遠ざかっていく。OA化の進展とあいまって、ひとりあたりの単位面積は相対的に大きくなり続けている。

＊3 三鬼商事のデータによれば、二〇〇五年一月から二〇一四年二月までの、東京の都心五区（千代田区、中央区、港区、新宿区、渋谷区）の平均オフィス空室率は、最も低いときで二・四九パーセント（二〇〇七年一一月）、最も高いときで九・四三パーセント（二〇一二年六月）で、毎年、ほぼ六〜八パーセントあたりを前後している。

　ここで過去の伝統的な空間作法を翻ってみれば、「刹那の高密」として最も極端なかたちのひとつは、茶室だったろう。千利休は、二畳よりも小さな空間に四人が入れば良いと考えた。「起きて半畳」、の理屈の通りである。そのときには、ひとり当たりの活動面積は一平方メートルに満たない大きさとなる。だが、近年のオフィスでは、ひとり当たりの単位面積の標準値はゆうに一〇平方メートルを超えている。諸条件を捨象して単純に比較すれば、一〇倍以上である。ひとりあたりの面積は、高度化することによって増大に向けて発散していき、互いの距離は（理念的には）広がっていくのである。

　しかしそれらの都市空間は、「過密」に応じて、それに対処するために増床されてきたのはない。むしろ、都市をドライブさせ、増床を進めていく方便として、「過密」が捏造的に要請され続けるのである。都市は、「過密」という仮想的な見えがかりに準拠しながら、不可避的に人びとを互いに遠ざけ、それをメディア・テクノロジーが補完していく。そうした様態は、電話や交通システムの出現と浸透が、ほぼ二〇世紀初頭において起こったことと、無縁ではない。

　むろん、こうした都市の現れを、コールハースがわからずに語っているわけではない。だからこそ彼は「建築的ロボトミー」というカップリングされた概念を出したのである。これは、「互いの空間が断絶し、種類の異なった活動が同時に存在し、積層している、多様な都市活動の様」を示している。が、本当を言えばこれもまた、「存在しないはずの概念」のようなものである。

　「建築的ロボトミー」をめぐる記述では、超高層ビルにおいて、各階ごとに全く異なる活動と世界を営んでいる断面図や、外観と内観がなんの関係もなく断絶している建築的状況が示されている。が、当然のことながら、断面図という図面形式は、現実には覚知しえない状態の仮想図であり、ある階にいる人間は、その上階や下階や外部にいる人びとの活動を知ることはない。それは別にニューヨークにかぎらず、平屋以外のすべての建築において、実現される当たり前の状態である。誰もが漠然と感じ取っているように、本当はそうした状態は、取り立てて語るような事柄でもなかったのだ。が、それがシュールに「建築的ロボトミー」と名づけられることによって、マンハッタニズム特有の発見的概念としてフレームアップされたかのように見えている。けれどもそれは、「私とあなたが互いに独立し、不可侵の自由な活動を囲い込んでいる」という、領域論的な「空間の相互独立性」を言い換えているにすぎなかったのである。

Metropolis and Architecture 5

実際のところ、そのような「空間の相互独立性」こそが、都市の自由を確実に保証する。どんなに近接していても、壁一枚、床一枚を隔てて切り離され、互いにまったくの他者であることが、都市活動のポテンシャルを一様に高みに引き上げる。いわば、ライプニッツのモナドが、おのおのに裏返ったような集合状態である［＊4］。そこでは、コミュニティの連帯といったことは、ある一定の水準まではいつも偽善である。

だから、コールハースの語る「都市の過密の文化」とは、おしなべて都市が志向し、その欲望を開花させようと胚胎させている、次のような定常的記述にまとめられる。

一、都市は、それが高度化することにより、人びとの本源的な集約への欲望を遂行し続ける。

二、しかし、それら集約の活動元は、直接的な関係のもとになく、連続性を帯びない。それらは相互に独立し、切断され、閉じた単位の集合をなしている。

■

言い換えれば、都市における集約形態は、「いくつかの元を有した、ある独立した集合であるスペース・セル（空間単位）」の集まり（集合族）として成り立っている。それは、実際には存在しない超越的な視点においては、透視図法的に全体を透かし見ることで、過剰な集約と見なされるだろう。あちこちに、都市活動の元（単位主体）が折り重なり、粒状の濃淡分布を形成するからである。しかし、そのおのおのは、互いにほかを知らず、直接には見ることも聞くことも関係することもない。都市活動者たちの粒状体の分布には、いたる所に細かな破片のような断裂線がばらまかれていて、それら活動の元を互いに切断し、分離させ、囲い込んでいる。だから仮想的には、ある都市活動者にとって他の世界や他者は存在せず、その気配も覚知されない（現実の都市は、そうした仮想性の不全のゆえに、いく分かの気配は相互浸透するのだが）。

つまり、互いに独立した多様なスペース・セルの、ぎりぎりにまで近接した集合体が都市である。それらは、位相的には、「過密」とは真逆の、離散的な関係のもとにある。コールハースの語るマンハッタニズムとは、そのような都市の抽象の描画だったのである［**図1**］。

だが、コールハースはそのことをもって、現代都市の現実態に肉薄しえた、というわけではない。そのシニシズム

＊4―ライプニッツがつくり出したモナドというモデルは、ひとつひとつが独自の世界を持った単独体で、それぞれは互いに交通することなく自律し、神を介して間接的に繋がっている。

や投げやりで不遜な態度にもかかわらず、あるいはその山師のようないかがわしさや屈折したねじれた論理の飛躍にもかかわらず、私はコールハースの言葉の全体に、「世界を思考する者」の具体的な誠実を感じ取る。それは、彼が考えることの全体から、ユニバーサルな杞憂を予見していることが、見て取れるからである。

切り離されているけれど繋がっている、そのことが〈過視化〉される

コールハースの語る「過密」は、互いに切り離された、相互独立的な関係のもとにある、スペース・セルの集合体である。これらは、現実にはありえない超越的な視点においては、超高密をなしていると言えるかも知れない（それらも、所詮は一時的なものにすぎないにせよ）。が、おのおのの空間とその活動主体は、互いにほかを知らず、覚知しないのだから、認識論的には、他者（とその集合）は、存在しないのに等しい。

広いオフィスのある階を、ある特定の組織が占有し、その上階にも下階にも地上にも外部にも、どのような人びとがいるのかには関心は向かわず、何をいつやっているのかもわからない。なので、ある空間を占める、その特定の組織の活動者たちにとっては、その空間にいるかぎり、過密を感じる契機は訪れない。それはほかの組織や空間単位に所属する人びとにとっても同様である。お互いが切り刻まれて、対他的に独立事象として存在しており、ある組織が、大勢によって非常に高い強度で業務を営んでいるのか、倒産寸前の悲惨な経営状態なのか、あるいは閑散とした空間にごく少数の人がいるだけなのか、さらには誰かがひっそり死んでいて廃墟となり見過ごされているのかは、誰もあずかり知ら

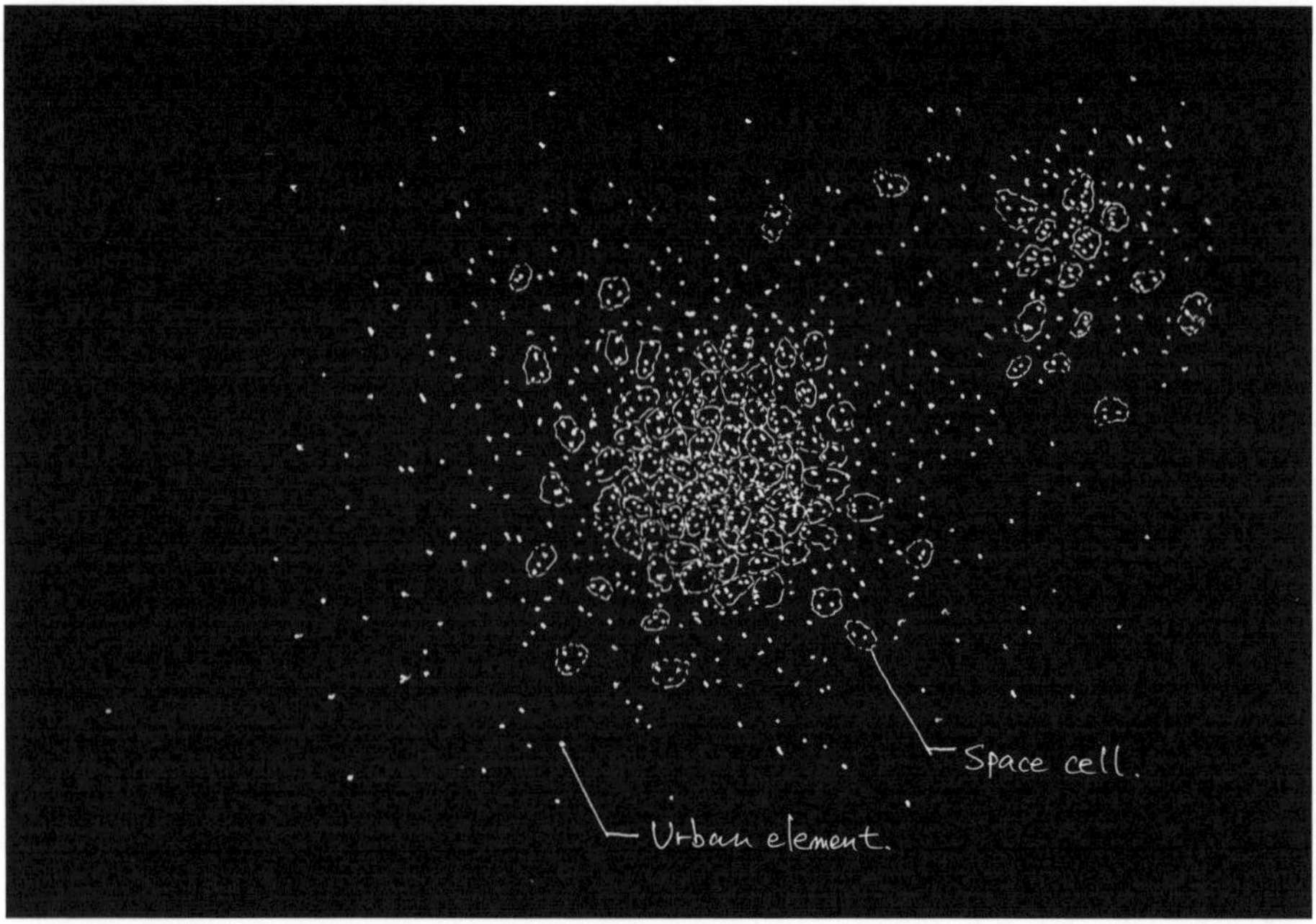

ず、関心も持たない。他人のことなど、どうでもよいのである。

■

お互いはくっきりと孤絶し、そのことによってお互いが十全に都市活動者たりえている。時間に即した、ダイナミックな変動の分布において、確かに一時的に、極端に多数の人びとが、ある場所に集まったり、活動したりすることは頻繁におこるだろう。が、**その都市活動のさなかにおいて、都市全体の過剰な集合性を、等身大で感覚することはない**。なぜなら、擬似的な「過密」の見立てのもとにある都市という全体は、離隔され、切り離されることによってはじめて、ようやく、都市性(都市的なるもの)が保証されるのだから。

　だとすると、コールハースの語る「過密」は、彼特有のレトリックであり、だまし絵にすぎなかったのだろうか。

　じつは、そうではない。彼の語る「過密」は、確かに語の本来の意味での過密とは違っている。しかし、コールハースはある都市の似姿／模像とでも言うべき特殊な事態を、そのような言葉のイメージを通じて喚起させようとしていたのである。つまり、こうである。

「過密」という見立てのもとにある都市は、本当は過密のもとになく、互いに徹底的に切断されている。

　しかし、逆説的に、**まさにその切断によってこそ、倒立的に、すべての都市活動の単位の集合は、互いに繋がっている**。

　私は、コールハースが自らの思考を、困難をともないながら、執拗にまさぐることで見出そうとしていた核心は、この、ねじれた認識の裸形であったように思う。

　そのことを示唆しているのが、『錯乱のニューヨーク』における、コニーアイランドをめぐる一連の記述である。

右頁：
1　おのおのに切断されたスペース・セルの集合

■

コニーアイランドをめぐるコールハースの記述は、どこか唐突であり、付加的である。それは、「マンタッハニズム」を可能なかぎり描出しようとしている彼の野心からすれば、閑話休題のようにも、付録のようにも、余技のようにも見えてしまう。なぜ彼は、「高い強度を帯びた、都市活動の母胎であるマンハッタニズム」を描こうとするなかで、わざわざそれを遮断するように、最初に、マンハッタンのはずれに位置する、余暇を楽しむ遊戯施設に焦点を当てたのだろうか。第一、それはマンハッタンを覆いつくすグリッド・システムから逸脱した自由造形の施設であり、低く平面的に伸び広がる遊び場の集合であり、下手をすれば彼自身の「過密と超高層とグリッド」という捏造された仮説の前提を、自ら打ち壊してしまいかねない、危険な証拠である。

だが、コールハースがその思考の手続きのなかで、このコニーアイランドに焦点を当てたことには、もちろん意味がある。というよりも、それこそが彼の思考における重要な転回点を生み出す、決定的な見えざるトポス（論点）を準備している。

それは、過剰な消費と多様な世界のコピー・アンド・ペースト、および移植と交配によって生み出された、一大娯楽施設である。そこには、普段の業務を離れて開放的になった人びとが満を持してなだれ込み、余暇を存分に享受するべく、節度を忘れて散財し、飲食し、消費する。当然のことながら、それによって多くの商品と飲食物が求められ、多くの廃棄物が生み出され、多くのエネルギーが消費されるだろう。そのこと自体は、コニーアイランドにかぎらず、マンハッタンの中心業務地区でも、そのほかの都市でも、大小の差はあれ、どこでも同じことである。しかし、ここでコニーアイランドを取り上げることが、なにがしかの不可欠な意味を持つのは、それが都市の切断の位相を転回させ、いわば**つながりを〈過視化〉させるインディケーター**になっているからである。

都市はその都市性を保証するために、おのおのに切断されている。しかし、まさにそれ故に、実は都市は繋がっている。そのことを、人為的な操作により、過剰な形で示唆しているのが、ニューヨークにおけるこれらの大衆娯楽施設なのである。

その過剰な電飾と人びとの離合集散の光景は、多くの人に、「ある一定の閾を超えた物量とエネルギーが蕩尽されている」ことを強く実感させるだろう。そのときに、切り刻まれた閉曲線のスペース・セルにおいては互いに認識されなかった、乾いた接続の位相が、突然、せり上がってくることになる。「私とあなたは互いに疎隔しており、関係を持たない」という切断の相から、「私もあなたも、同じように消費に加担してつながっており、そのことが露になっている」という相へとスライド的にシフトする。コニーアイランドは、**都市の切断を自己転回させ、乾いた接続の位相を表象するのである。**

ここでコールハースが、これら娯楽施設の夜景を特権的なかたちで頻繁に取り上げていることは、象徴的である。それは、都市の（とくに誰も望まないものの、図らずも認識される）接続の位相を、より強く示し出しているからである。実際、例えば私たちは、超高層の展望台などから眺める都市の夜景に、えも言われぬ感銘を受けてしまうが、それはなぜだろうか。理由ははっきりしている。それは、都市の切断の位相と、それが反転された接続の位相が、夜景において同時存在的に〈過視化〉されるからである。

それぞれの都市活動の元は、お互いにほかを認識せず、ある離散位相のもとで、おのおのの活動に別個に埋没しているだろう。が、夜景を眺める者にとっては、それらの活動が連接的に、同時に認識されることになる。明滅し、点灯する明かりのパノラミックな情景は、都市活動者のそれぞれの事情や彩りをことごとく脱色させ、それら切断と接続の、倒錯した関係網の裸体を、より強く実感させるだろう。コニーアイランドは、そうした〈過視化〉のシンボルをなしているのである。

そしてさらに言えば、それは都市における消費と活動のかたちが、人間的なものでも適度なものでもなく、むしろ不適正でいきすぎたものを志向し続けることを、予示する媒体ともなっている。人間の諸活動の、不可逆的な過剰様態が〈過視化〉されることによって、コニーアイランドはコールハースの思考のなかで、省略することのできない役割を担った対象となっているのである。

その後、コールハースがショッピングを主要な研究の対象とし、ラスベガスなどの超娯楽地帯を広範に分析し続けてきたことは、これらのなかに、都市活動の全体にかかわる、ある種の本質を見出していたからにほかならない。

■

この、過剰なるものの〈過視化〉という志向において、「見えない都市」が「見えすぎる都市」へと変転する契機をなすのは、電気やガス、石油といったライフラインであり、それらエネルギーの推移だろう。私たちは、ともすればこれらを、普段、大地の恵みとしての水や土や空気のような、当たり前にあるものとして受け止めてしまう。が、ある決定的な災害や異常天候や非常時においては、それらの供給危機に立ち会うことにより、それが人為的に高度に生成され、加工されているものであることを痛感する。これは、都市活動の切断と接続の位相と、そのままに対応している。

　つまり、こうである。平穏な状態においては、おのおのが切断されていることにより、エネルギーの人為性（脆弱な危機性）を意識することはない。けれども、ある非常時に遭遇したときに、それらが余裕を持たない許容値ぎりぎりにまで消費され、あるいは極端な供給不足になってしまうことを認識する。そのときにこそ、ある種の否定的なかたちによって、接続の位相が出現する。「私とあなたと、その他の誰かが、消費に同時に加担する」ことが、全体の危機を呼び込むからである。ある活動や消費による、エネルギーのピーク（限界最大値・極限値）の存在を、みなが一斉に覗き込み、切断のネガとしての、接続の位相が出来するのである。


　これらのエネルギー・ピークは、当然のことながら、都市活動の総体の状況と鏡像的に呼応している。都市がその都市性を高め、活動の全体を引き上げれば上げるほど、エネルギーの需要は増大し、ピークも引き上げられていく。そのピークカットを、さまざまなかたちで対症療法的に試みたとしても、都市が本来的に内在させている、その過剰化への欲望は、そうした節度と倫理を繰り返し踏み破るだろう。都市は、ピークカットならぬ、ピーククライズ（限界最大値の引き上げ）とでも言うべき欲動を、絶えず作動させ続けるのである。

　ここにいたってようやく言えるのは、次のようなことである。すなわち、コールハースはマンハッタニズムを語ることを通して、そうした都市活動の過剰が映し出す、切断／連続の位相からなるものの鏡像を読み抜こうとしていたのだ、と。

超集約性と超離散性

都市が本来的に内在させている、過剰化による切断と連続の位相。これは、互いに呼応するふたつの指標の重ね合わせによって、新しいモデルとして記述することができる。さしあたり、ここではそれを、〈エネルギー／アクティビティ・モデル〉と呼んでみる（以下、EAモデルと表記する）。

　ここで言うふたつの指標とは、都市におけるエネルギーの生産・消費と、活動総量を指している。このふたつに、距離の指標を取り、それらを重ね合わせてみる。

エネルギーと活動量は、本来、別の指標なので、これらを同一で取り扱うことはできない。が、都市活動に限定すれば、活動量とエネルギーの消費量がほぼ比例すると見なして差し支えないので、このエネルギーと活動量を重ね合わせた、特殊な合成指標を仮想してみる。

このEAモデルにおいては、縦軸にエネルギーと活動量の合成によるea指標を取り、横軸に物理量としての距離dを取ってみる。

そうすると、EAモデルとしての基本形は、ひとつのエネルギー生産地Fと、ひとつの都市活動Cが、互いに関連し合っている状態となる[図2]。これにより、Fが生成したエネルギーが、そこから離れたCへと送られ、都市活動に応じて消費されることが示される。これは、距離の指標が導入されていることで、いわゆるグラビティ・モデルを投影したものであることがわかる[*5]。すなわち、Fにおいて生成されたエネルギーは、Cへと送り込まれる過程で、重力に模した引力によって下部へと転がり込んでいき、Cの最下部(都市活動が最も強い地点)へ向かって流れ込んでいく。生産されたエネルギーは、Fの山の頂部において泉のように湧き出るとともに、下に向かって流れていき、Cの谷部に吸い込まれていく、というイメージである。広義においては、このFに食料生産地を含めることも可能だが、さしあたりここでは、媒体をエネルギーに限定してみる。

この際に、CとFが近接していれば、その授受はスムーズなものとなるが、通常、都市活動の大規模な消費を支援するFは、大掛かりな工場や危険な生産施設となるため、Cが大きければ大きいほど、環境的にそこから離れることが要請される。その、近接と離隔の相関関係により、CとFの配列関係が決定される。

この、「支援されるC」と「支援するF」の離接関係は、じつのところ、近代都市計画の根幹をなす概念のひとつであったと言ってよい。最も明快なのは、いわゆる都心と郊外、という関係である。あるいは、E・ハワードの田園都市理論にせよ、ル・コルビュジエの都市計画案にせよ、さらにはルネサンス型のさまざまな理想都市案にせよ、ひとつの都市が単独で成立しているというよりも、都心の後方にそれを支援する生産緑地やグリーンベルト、または衛星都市を抱えているモデルの変形である[*6]。ブラウンフィールド(既成市街地)とグリーンフィールド(未踏の緑地)という区分も、その範疇に入るだろう。したがってこれらは概ね、C-F結合のバリエーションであると見なすことが可能である。

ここでコールハースが特権的に語っていたコニーアイランドを想起してみれば、それこそまさに、C-F結合のネガとしてのモデルであったことがわかる。つまり、コニーアイランドは、マンハッタン(C)という業務中心地区から絶妙な距離を持って離れた場所であり、グリッドの均質な街区が作り出す「切断」に対し、不定形な施設の集合により、消費の一様性を過剰に示すことで「接続」を表象するものの総体なのである。

しかしコニーアイランド(F/C)は、エネルギーを生産するのではなくて、逆にそれを好き放題に消費する場所である。だから、F'/C'としてのコニーアイランドには、自己自身の遠方に存する、巨大なエネルギー生産装置としてのFが映り込んでいる[図3]。この、CとFという対概念には、次のように、互いを鏡像関係とする、さまざまに二項的な下位概念が張り付いている。

C……F
支援されるもの……支援するもの
urban……rural
opened……closed
垂直的・重層的……平面的・連接的
都市的・空間的……建築的・装置的

都市化の過程で、CとFは分岐し、生産は外部に追いやられ、消費が次第に純化される。このモデルは、基本形をもとにさまざまなバリエーションが生み出されるだろう。現実には、都市活動とそのエネルギー支援について、階層的・複合的な配列と偏差があるので、ea値の正と負の特異点(頂部と谷部)、およびそれぞれをつなぐ勾配は、複雑化され、フラクタルな海岸線のような様態を帯びているに違いない[図4]。そのため、エネルギーの送り届けと都市活動による消費には、ところどころに引っ掛かりが生まれ、輸送の停滞や偏りができてくるだろう。しかしいずれにせよ、eaにおける、正の積分と負の積分の絶対値は、概念的には同等量として釣り合うことになる。これが、都市をめぐるEAモデルにおいて、エネルギーと消費が鏡像的に呼応していることの謂である。

では、このEAモデルをめぐる極限的な形態は、どのようなものだろうか。それは、都市の活動量がきわめて大規

*5 グラビティ・モデル(重力モデル)とは、重力作用に倣って、地域間の相互作用を分析する手法である。例えばある施設の影響について、ふたつの都市の距離(またはそのn乗)に反比例し、その施設の規模に比例する、といった具合である。

*6 例えばハワードの田園都市論の場合、母体をなす人口五・三万人の中央都市と、それを囲む、人口三・二万人からなる、衛星都市としての小都市群によって構成されていた。

左頁上:
2 EAモデルの基本形
左頁下:
3 C-F結合とコニーアイランド

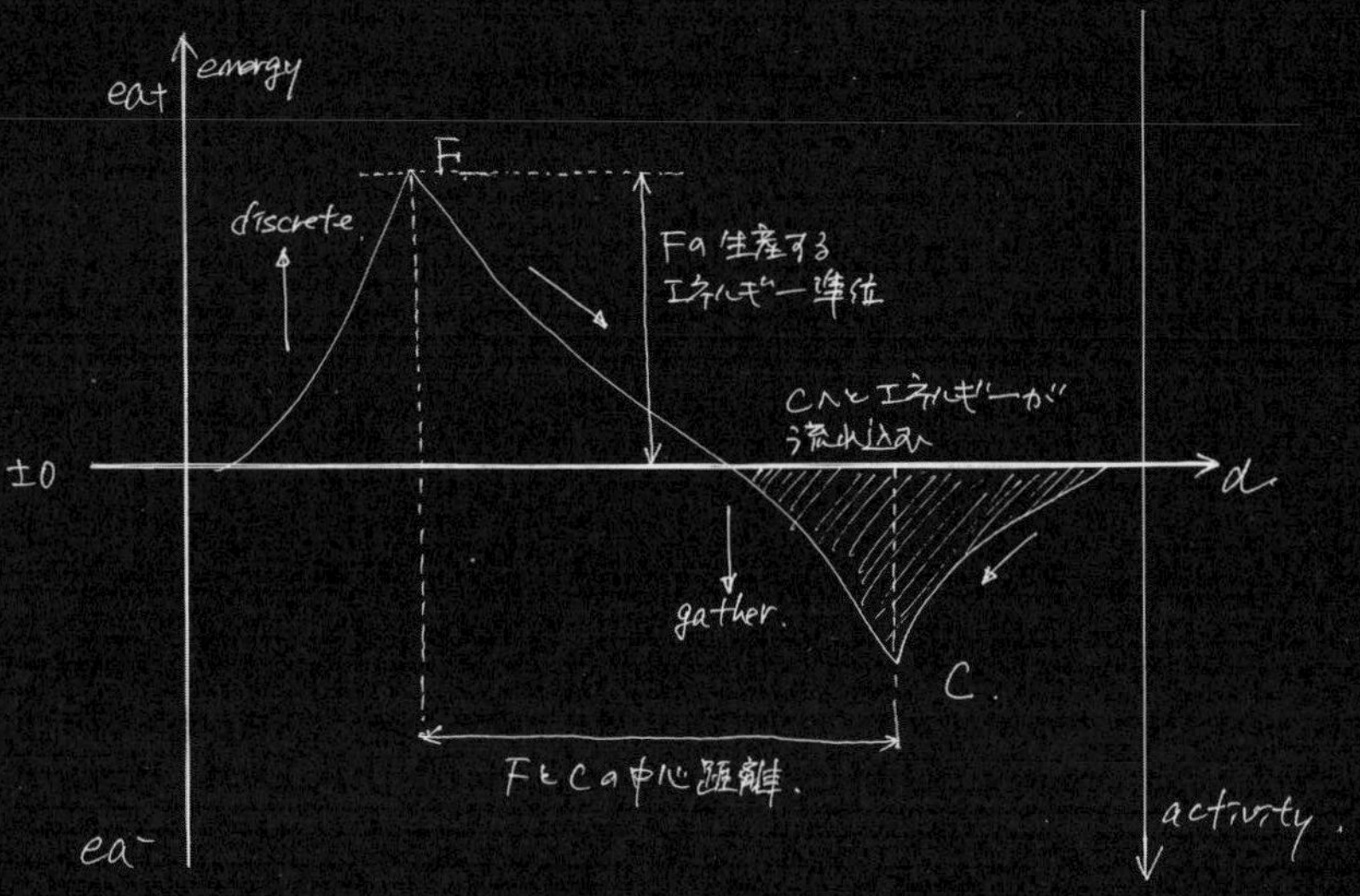
ea+
energy
F
discrete.
Fの生産する
エネルギー準位
Cへとエネルギーが
流れ込む
±0
d
gather.
C.
FとCの中心距離.
ea-
activity.

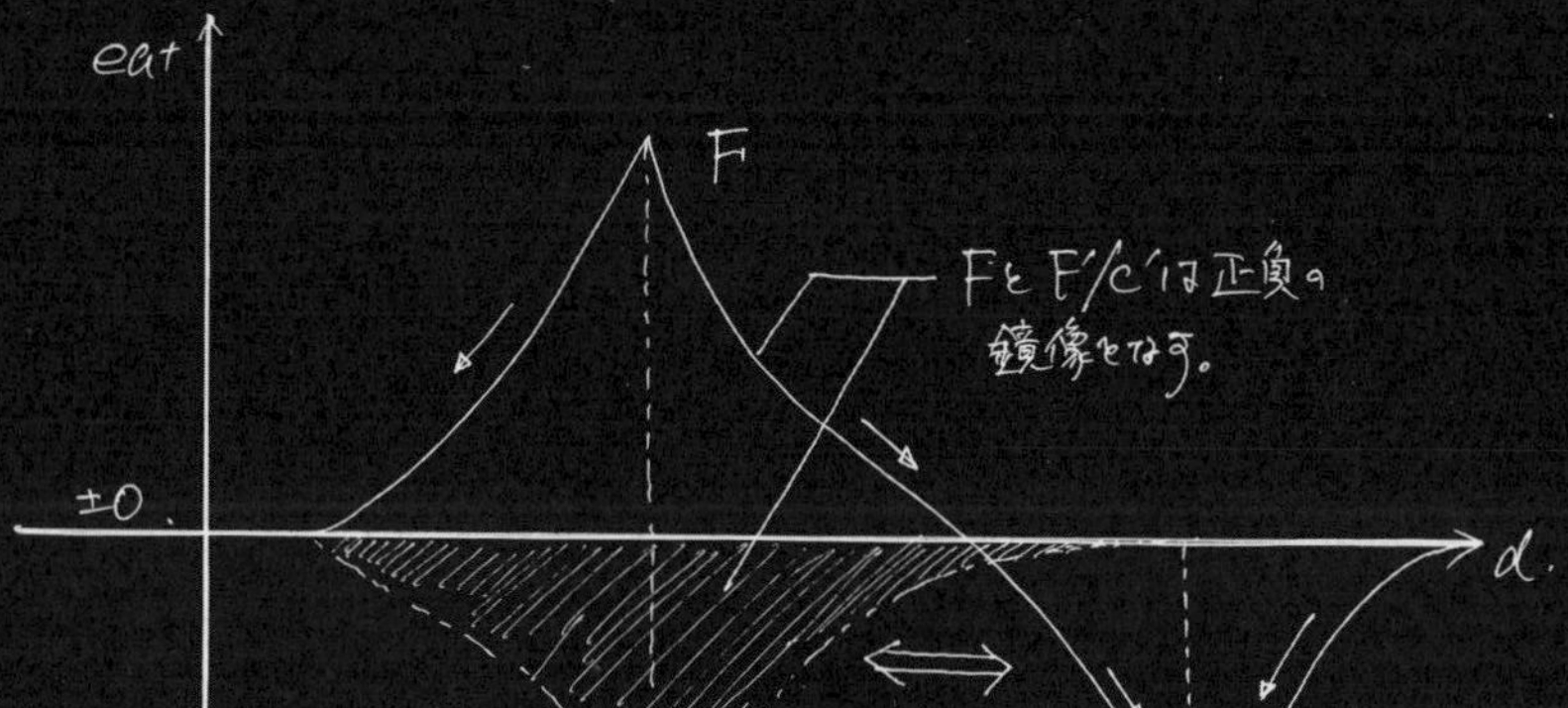
ea+
F
FとF'/C'は正負の
鏡像をなす。
±0.
d.
C
F'/C'としての
ユニーアイランド
ea-

模で一斉的で途切れなく、それを支援するエネルギー生産装置がきわめて高効率で高生産的なものである。理念的にはそれは、最も効率的にエネルギーを輸送しながらも、その存在を意識しないほどにはるか遠くにあるものだろう。

すなわち、メガロポリス(Cmax)と原子力発電所(Fmax)、という組み合わせである。

これは言い換えれば、超集約性と超離散性との、究極的な組み合わせからなる特殊モデルである［図5］。Cmaxは、数千万規模の人びとを呼び込み、見立てとしての「過密」のもとで、きわめて高い強度の都市活動と消費を遂行する。一方でそれを支援するFmaxは、その超効率的で危険な様態により、できる限り遠く離れ、人を寄せつけず、何重にも入れ子状に密閉された要塞建築となる。Fmaxは異様に高い値を持った頂部と、急勾配の山を構成し、そこから急降下してエネルギーを大量に都市へと送り届ける。Cmaxは、一時的にはつねに、千利休すら夢想しえなかった、人間同士のぎりぎりの隣接性を生み出してしまう。Fmaxは、人間の気配ができうるかぎり抹消され、互いに数百キロ離れることでようやく外部化されるような、超離散的で気候学的ですらある配置のもとに生まれる。

Cmaxにとって Fmaxは、つねにつながっていることが望まれる、もっとも必要とされる重要な施設である。が、同時にそれは、もっとも遠方に遠ざかっていてほしい、危険な母体である。その引力と斥力の、矛盾の均衡点に、Fmaxは存在している。だが一方でFmaxは、本来的に切断の相のもとにある都市に、特異なかたちでその接続の位相を知らしめる警鐘の塔である。

こうして、極度の「過密」という擬似的な見立てのもとにあるCmaxは、互いの存在すら認識できないほどの、気候学的な遠方に存する、超離散的配置からなるFmaxによって支援され、密着位相と離散位相がねじれて呼応しているような関係性を切り結ぶことになる。Cmax - Fmax結合は、「都市における人間が互いに孤絶し、切り刻まれ、隣接した離散の様態に存している」ことと、「都市を支援する、極遠点に建つ、ノー・マンズ・ランドとしての都市支援装置の挙動により、都市に属するすべての人間が連続的に繋がって積算される」ことを同時に示す、ぎりぎりに単純化された図式である。

これが、都市の現れを演繹した先で導出される、ＥＡモデルの極限形態だったのである。

だとすれば、一言で言えばコールハースは、『錯乱のニューヨーク』を通して、原発という極限建築の外部を描写し

左頁上：
4―C-F結合が複合化されたＥＡモデル
左頁下：
5―ＥＡモデルの究極的な形態

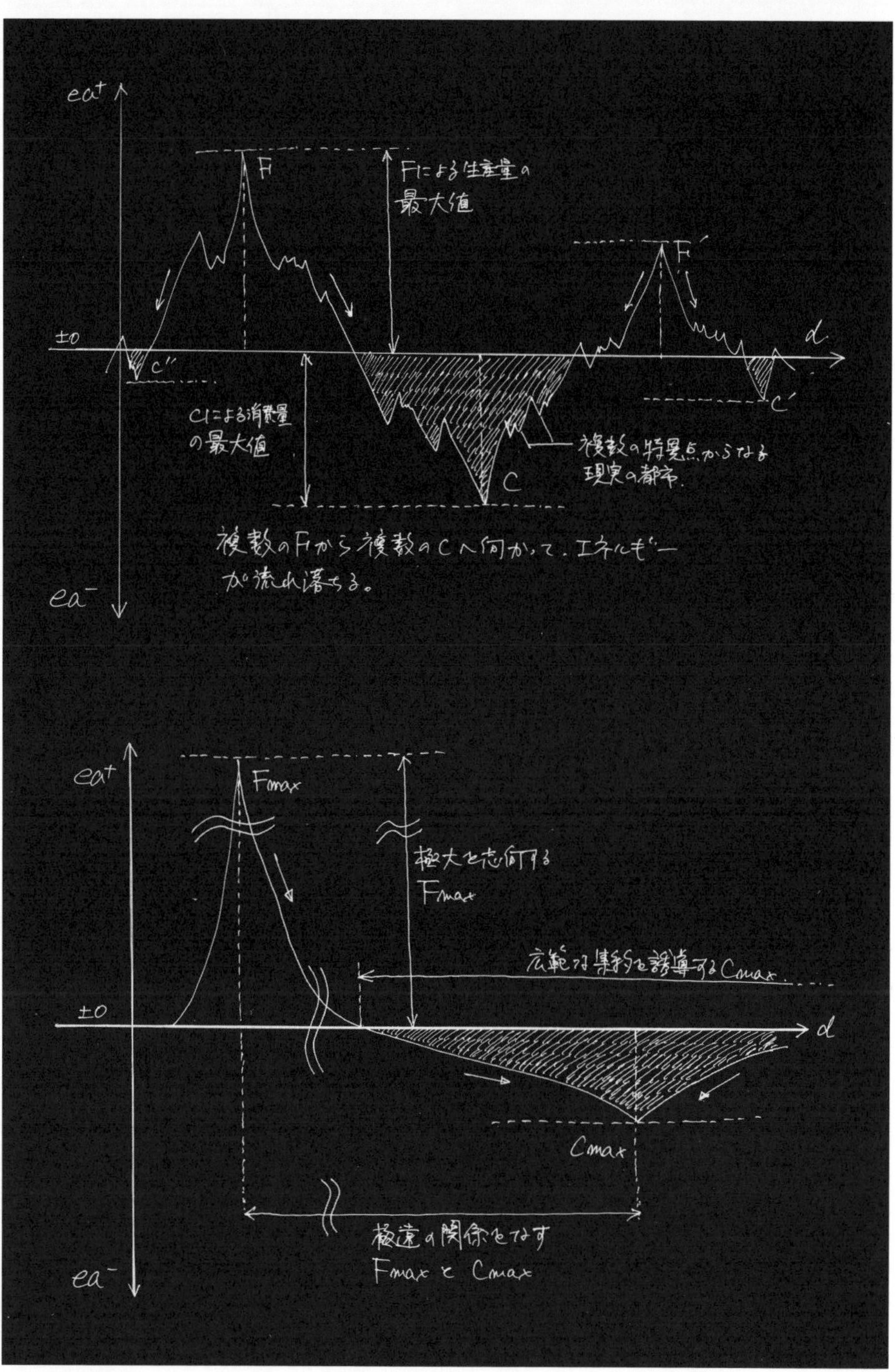
ea+
F
Fによる生産量の最大値
F′
±0
d
C″
C′
Cによる消費量の最大値
複数の特異点からなる現実の都市
C
複数のFから複数のCへ向かって、エネルギーが流れ落ちる。
ea−
ea+
Fmax
極大を志向するFmax
広範な集約を誘導するCmax
±0
d
Cmax
極遠の関係をなすFmaxとCmax
ea−

続けていたことになる。

事実、彼は二〇〇九年における、ハーバード大学での講演で、世界の環境問題を取り上げつつ、「究極の建築は原子力発電所である」ということをはっきり語っている[*7]。

そしてまた、彼のそうした言明は、ニューヨークの電力消費の約三分の一を供給している、インディアン・ポイント原子力発電所の存在感と無縁ではなかっただろう。この原発は、ニューヨーク都心部のタイムズ・スクエアから、わずか六五キロメートルしか離れていない。同原発の二号機は一九七三年に、そして三号機は一九七六年に運転を開始して、今もニューヨーク全体のエネルギー支援装置として、フルに稼働中である。この原発の、テロや自然災害や人為ミスによる、取り返しのつかないカタストロフの危険性は、つねに論議されている。

そしてこれらの原発が稼働し始めた直後の一九七八年に、『錯乱のニューヨーク』は世に出たのである。

*7｜レム・コールハース基調演説「サステナビリティにおける思考のふたつの潮流：進歩主義と黙示録」(エコロジカル・アーバニズム会議、ハーバード大学、二〇〇九年四月三日)。

Part.1
Metropolis and Architecture 6
Yoshihide Asako

プラダ・エピセンターが変え（なかっ）たもの

浅子佳英

1 | SOHOに建つ《プラダ・エピセンターNY》

*1「特集レム・コールハース――変動する視座」『建築文化』二〇〇三年四月号、彰国社、七七頁。
*2 以上の活動の記録は二〇〇一年にプラダ財団から出版された『PROJECT FOR PRADA PART 1』にまとめられている。
*3 この場合、主体がレム・コールハース本人なのか、OMAなのか、AMOなのか、さらにはハーバードの人びとなのかは、もはや定義不可能なので以下「彼ら」と略す。また、ショッピングについては先にハーバードの研究があり、その成果はTASHENから『GUIDE TO SHOPPING』というタイトルで出版されている。

「グリーンショップが気に入らなくなったのですが、どうすればよいでしょう?」[*1]。

一九九九年一〇月、レム・コールハースがプラダにこう打ち明けられたことにより、一連のプラダとOMA/AMOの関係は始まることになる。その協働作業は単なる店舗設計にとどまらず、ショッピング自体のリサーチからなる膨大なものとなった[*2]。とはいえ、そのすべてを述べるのは不可能なため、ここではおもに《プラダ・エピセンター》というふたつの商業設計《インテリアデザイン》を通してレム・コールハースが何を変え、そして何を変えられなかったのかを明らかにしたい。

ショッピング　ラグジュアリー　ラフ

上述したようにエピセンターの設計は、通常の店舗設計とはずいぶんと様相が異なっている。AMOというリサーチ組織がちょうどこの時期に生まれたのも、大いに関係しているだろう。まず、彼ら[*3]は、現在、世界中のありとあらゆる場所がショッピングに変化していること、また、あらゆる活動がショッピングに飲み込まれようとしていることを明らかにする。その結果、もし仮にすべての場所がショッピングになり、すべての活動がショッピングになるのなら、プラダのような(ラグジュアリー)ブランドを設計するためには当然、ラグジュアリー(贅沢)とは何か?という問いが浮上する。少なくともそれはもうショッピングではないのだから。

2｜《プラダ・エピセンターNY》店内に設けられた巨大な「谷」。地下への動線であるとともに、ショウやイベントのための舞台装置にもなっている

Yoshihide Asako

彼らによると、ラグジュアリーとはAttention（注意喚起）、Rough（荒さ）、Intelligence（知性）、Waste（無駄）、Stability（安定性）である。知性と無駄が贅沢だということについてはとくに説明がなくてもわかるだろう。アテンションは、広告がべたべたと貼りつけられた状態は贅沢ではなく、クリアに物が見える状態が贅沢だということ。また、安定性は、ファッションのように猛烈に変化し続ける世界では、逆説的に安定していることそのものが一番エキサイティングであり贅沢だということ。そして最後に、ラフとはスムーズの反対の概念である。これがわかりにくいので彼らの定義を書き出すと、「一般的なものはスムーズで特殊なものはラフ」、「録音されたものはスムーズでライブはラフ」、「商業的なものはスムーズでアートはラフ」。ここまで来ればわかるだろう。そう、滑らかで艶のあるものがラグジュアリーなのではなく、通常の見方とはまったく逆に、ラフ（荒さ）こそがラグジュアリーなのだと定義づけるのだ。通常の設計だけでは、まずここまでの認識には辿り着けない。このあたりが彼らの独自性だろう。

Prada Epicenter in New York

具体的に見ていこう。《プラダ・エピセンターNY》店はSOHOのなかでも有数のファッションストリートに建つ。隣はNYでも屈指のホテル「The Mercer」、ワンブロック南にはDonald Juddの元アトリエがあり、ブティックをつくるには申し分のない場所だ［写真1］。店舗は一階と地下一階からなり、地下が一階よりも大きいという条件から、いかにして地下に人を呼び込むかというのも重要なポイントとなっている。そこで彼らは大胆にも一階の床の三分の一を巨大

＊4 二〇一四年現在、都内某ホームセンターでは、通常のプラスターボード一二・五ミリは三×六判で四一〇円。プラダと同じグリーンのプラスターボード（耐水用）一二・五ミリは同じくは三×六判で八八一円となっている。これは最も安価なビニールクロスよりも安い。

3一《プラダ・エピセンターNY》地下。閉架式の書庫を思わせる可動式のショウケース。左奥の壁の色は、ブランドのキーカラーとなっているモスグリーンだが、再安価なプラスターボードを仕上げなしで使用する大胆さ

な谷にしてしまい、そこから地下に直接アプローチできるようにすると同時に、この空間を左右に通り抜けられる巨大なストリートとして設計している［**写真2**］。また、ここはイベント等を行うため、谷の片側には階段が、反対側には斜面があり回転式のステージが格納される。さらに、ショップとイベントの双方の状態を両立させるため、一階の商品はすべて電動式のレールにそって上から吊るすことで、ボタンひとつで片側に収納できるようにもなっている。

　さて、ここまではNYのよくある説明なのだが、じつはここから先が秀逸だ。エピセンターNYではこのように一階の大半をまともな売り場にしなかったことで、商品は、地下一階のそれも小さなスペースに押し込まれる形になっている。そこに、中央に人が通れるほどの大きな穴をあけた部屋の幅めいっぱいの大きな家具をつくり、レールの上を走らせることで、部屋のレイアウトが変化でき、さらに商品の量をかせぐうえで非常に効率の良いデザインになっている。閉架式の書庫を想像してもらえばいい。しかもその部屋の先は丁寧にも一枚のガラスのドアを隔てて実際にストックルームがあり、そこもまったく同じデザインなのだ。さらに驚くのはこれだけではない、この部屋の壁はすべてプラダグリーンで統一されているのだが、その素材は同じ色だからという理由でプラスターボードという、最も安価な下地材をなんの仕上げもせずに使用しているのである［＊4］［**写真3**］。

　このように、一見奇をてらったかのように見えるこの店は、片方に超高効率のスペースを用意することで、人びとの注意を引き、無駄でありながら安定した部分を持ち、ラフで、見れば見るほど知的な、さらに多様な場所を持ったデザインを実現しているのである。

Prada Epicenter store on Rodeo Drive

《エピセンターLA》の敷地は世界中のブランドが軒を連ねるファッションストリート。どこも我こそはと目立つファサードをつくり競い合っている状態だ。彼らはこのような状況で注目を集めるため、ファサードのない店舗を設計し

ている。一階は文字どおり何もない。二階ものっぺらぼうのアルミの壁でサインすらない。また、荒さを表現した素材として、多孔質のスポンジ壁を新たに開発している。これは壁のどこにでも洋服がかけられるという機能をみたすものでもある［写真4、5］。

前頁上：
4―特徴的なデザイン要素が排除された《プラダ・エピセンターLA》のファサード
前頁下：
5―素材から新たに開発された多孔質のスポンジの壁《プラダ・エピセンターLA》店内
左頁：
6―《エルミタージュ・グッゲンハイム》右手の巨大な壁が回転する

変えたものと変えられなかったもの

それでは、彼らは何を変え、何を変えられなかったのだろう。

ふたつの店舗が震源地《エピセンター》と名づけられたことからもわかるように、この店を中心に周囲に影響が波及していくことを期待していたのは間違いないだろう。実際、上述のようにエピセンターは非常に実験的で野心的な試みだった。だからこれをきっかけに他のさまざまなブランドがさらなる実験を行い、刺激し合う未来が来たとしても不思議ではなかった。しかし、ファッションの世界も九・一一以降は激しく保守化し、残念ながら震源地と呼べるほどには周囲を変えられなかった。それを示すかのように、《エピセンターLA》店は、二〇一二年のリニューアルで二階のアルミの壁にサインがつき、一階も両サイドにウインドウを持った通常のガラスのファサードに変更されている。ただ、これは彼らの問題というより我々の問題だろう。変わらなかったのは我々なのだ。

■

それでは彼らは何を変えたのか。《エピセンターNY》に顕著なようにインテリアはさまざまな状態に変えられるように設計されている。そして、この変化するインテリアについては、《エルミタージュ・グッゲンハイム》、《プラダ・トランスフォーマー》でもさらなる実験が試みられている［写真6、7］。しかしながら、いくら内部が変わろうとも、いつまでも変化に耐え、飽きがこないかというとそうではない。いや、内部の印象を変えることが目的なら可能だろう。だから住宅のようなプログラムなら問題ない。しかし、ブランドのように、新たな顧客をつくることが重要な側面では、外からみた印象こそを変えなければならない。変化しているように見せなければ意味がないのだ。あまり認めたくない仮説だが、結局のところ、人びとは壊すこと以上に変化を感じることは難しいのではないか。インテリアデザインやリノベーションの本質はここにこそある気がしてならない。問題が内部にあるため、こちらの変えられなかったものの方が深刻だ。では、他に道はあるのだろうか。

筆者の知るかぎり、この問いに唯一答えているのは《ドーバー・ストリート・マーケット・コムデギャルソン》

7 |《プラダ・トランスフォーマー》外観

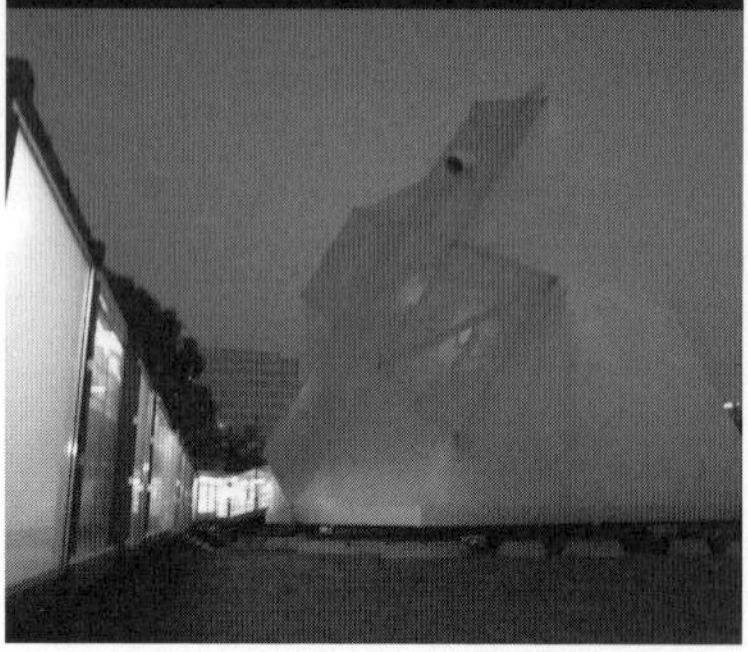

だけである。デザイナー川久保玲自身によって美しいカオスと名づけられたその店は、コムデギャルソン以外にもさまざまなブランドが集められ、ほとんどすべてのものは仮設であり、いつまでも未完成で、多様性に満ちている。

そう、まさに「ラフ」で「知的」な空間なのだ。

その意味でも、リサーチから実践に至る《プラダ・エピセンター》の試行のなかでもとくに、ラグジュアリーとしてのラフ、荒さを発見したのは彗眼というしかない。事実、最近でもパリと東京にあるセリーヌのふたつの店舗において、ピンクのプラスターボードがやはり無仕上げで非常にエレガントに使用されていた。影響はゆっくりだが確実に進行している。ただ、エピセンター唯一の過ちは、荒さを(例えばスポンジという形で)あまりに人為的に、高い完成度でつくろうとしてしまったことではないか。それは、図らずも意味という水準ではスムーズに陥ってしまっている。

人が壊すことに変化を感じるのなら、変化し続ける空間をつくるためには、完成させないこと、未完成を受け入れることだけが、それを可能にするのではないだろうか。

都市と建築 7

Part.1
Metropolis and
Architecture
7

Part.1
Metropolis and
Architecture
7
Koji
Ichikawa

レム・コールハースから王澍まで

OMAの中国的受容とその逸脱

市川紘司

一九九〇年代以降のレム・コールハースを考えるうえで、アジア、とくに中国の存在は欠かすことはできない。本稿では、コールハースが中国に対してどのようなアプローチで関わったのか、そして中国建築界がコールハースをどのように受容してきたのかを考えてみたい。

■

コールハースと東アジアの関係はひとまず一九九〇年代半ばにはじまると言える。

　一九九五年は「シンガポール・ソングラインズ」や「ジェネリック・シティ」を収録した『S,M,L,XL』が出版された年であり、ハーヴァード大学の「ハーヴァード都市プロジェクト」がスタートした年である。これらのコンテンツから、当時のコールハースがアジアの都市と建築にただならぬ興味を向けていたことは確認できるだろう。ちなみに、一九九四年には香港にてOMAアジアも設立され、シンガポールや韓国などで実際にプロジェクトが進められている。コールハースの活動が設計組織としてのOMAと、リサーチ機関としてのAMOに分離されていることはよく知られているところだが、アジアに対してもまさにこの設計／リサーチという二側面から接近していったわけだ。

　コールハースがアジアに注目したのはなぜか？　それは、そこで現象する建築と都市の状況が、西洋における伝統的なそれとはかけ離れたものであったからにほかならない。

　たとえば、建国から数十年しか経ていないシンガポール。そこには都市としての歴史の堆積がない。面積も限定的で、さらには共産主義国家である。こうした条件を反映して、シンガポールは隅々まで「計画」が行き届き、かつコンテクストを無視するビルディングが立ちならぶ「ジェネリック」な都市としてあった。

　あるいは、中国南部の珠江デルタ。「改革開放」政策の先陣をきった地域である珠江デルタでは、一九八〇年代以降、超高速の都市化が進展し、都市と建築が新しく大量に建設されていた。その結果、建築家ひとりあたりがこなす仕事量の異常な多さや、建築デザインにおけるオリジナリティの無価値化といった特異な現象が生み出されることになる。この珠江デルタは、ハーヴァード都市プロジェクトでリサーチの対象となり、その成果は『Project on the City I: Great Leap Forward（大躍進）』（二〇〇二）として書籍にまとめられた。

　コールハースは、西洋先進諸国では想像しようのない新奇なアイデアを、シンガポールや珠江デルタといったアジアの都市状況から吸い出していく。それは、新しい時代の建築論および建築家像を模索するためであった。そして、こうしたアジアへの傾倒は、二〇〇二年の《中国中央電視台新社屋ビル（CCTV）》国際コンペティションへの参加によって、より象徴的に示されることになる。

CCTVコンペの同時期には、二〇〇一年の同時多発テロによって倒壊した世界貿易センタービル（WTC）の再建計画に関するコンペも開催されている。ここでコールハースは参加するコンペをどちらかひとつにしぼる必要があった。そしてニューヨークのWTCではなく、中国のCCTVが選ばれた。言うまでもなく、ニューヨークとは、『錯乱のニューヨーク』の著者であるコールハースにとって特別な意味を有する都市である。ゆえに、中国でのプロジェクトが優先された意味は大きい。進行中だったアメリカでのプロジェクトが立てつづけにストップしてしまっていたこと、そして、ニューヨークという都市がコールハースにとっての魅力を喪失してしまったことが、WTCではなくCCTVが優先された要因として挙げられる。

コールハースは二〇〇三年に「錯乱は終わった（Delirious No More）」というテキストを書いている。『錯乱のニューヨーク（Delirious New York）』に掛けられたタイトル、しかも意味がネガティブに反転させられていることからも分かるとおり、その内容は「錯乱」から「安定」へと漂白されていくニューヨークの二〇世紀史を批判的に概観するものである。「錯乱は終わった」の結論部は、コールハースが参加することのなかったWTC再建へのアイロニカルな言及である。

……多国籍であったメトロポリスは国家の聖戦に組み込まれてしまった。ニューヨークはワシントンに（ふたたび）捕らわれてしまったのである。九・一一という錬金術をとおして、権威主義は無自覚的に全体主義へと変質してしまった。グラウンド・ゼロ再建のコンペは行われはしたが、それはこの都市のバイタリティを保持したりその重心を移動させるためではなく、（スターリン体制下をのぞいて）これまで存在したことのないスケールでモニュメントをつくり出すためだった［＊1］（引用者訳）。

WTC再建は、かつてのニューヨークが有していた錯乱のダイナミズムを復活させるためにではなく、逆に、全体主義体制における記念建築プロジェクトのように、アメリカという国家の痛みを表象するためだけに存在する。コールハースは、そこに「錯乱のニューヨーク」の終焉を見、いままさに錯乱的に勃興しつつある中国へとシフトしたのである。

ニューヨークから、北京へ。この変遷は《CCTV》の建築デザインにも象徴的に表現

＊1｜Rem Koolhaas, "Delirious No More", *Wired*, June 2003, p.169.

されていると言えるだろう。六度傾けられた二〇〇メートル超のツインタワーが頂部で連結する、巨大なループ状の建築物としての《CCTV》。コールハースはこのように述べている。「スカイスクレーパーを殺せ(Kill the Skyscraper)」[*2]。かつてニューヨークで興隆を迎えたのがスカイスクレーパーというビルディングタイプであるならば、スカイスクレーパーを傾けて空中でループ状にさせてしまう《CCTV》で試みられたのは、その批判的乗り越えである[写真1]。そしてその乗り越えは、中国全土で放映されるテレビ局の諸機能を一極集中させるという、中央集権がいまだ堅固な場所ではじめて成立するプログラムによって行われようとしたのである。

■

中国は、二〇〇一年に世界貿易機構(WHO)への加入を果たし、二〇〇二年には、二〇〇八年の北京オリンピック招致を決定させた。

このふたつの出来事を契機として、中国には外国人建築家によるド派手な巨大プロジェクトが次々と立ち上がる。大型テレビ局のための巨大建築である《CCTV》も、そのうちのひとつであった。《CCTV》の国際コンペが開催されたのは二〇〇二年五月のことだが、同時期にはオリンピック関連の大規模開発が立てつづけに決まり、工事がはじめられている。ノーマン・フォスターの《北京首都国際空港第三ターミナル》(二〇〇三-二〇〇八)、ヘルツォーク&ド・ムーロンの《中国国家体育場》(二〇〇二-二〇〇八)、PTW+アラップの《中国国家遊泳館》(二〇〇二-二〇〇八)などだ。

このように外国人建築家が中国でプロジェクトを回すこと自体は、「改革開放」に舵をきった一九八〇年代からすでに起こっている現象ではある。しかし、その当初における外国人プロジェクトの大半は、アメリカやカナダ、日本の大手組織設計事務所が手がけるものであった点が、《CCTV》プロジェクトがはじまる二〇〇〇年代初頭とは異なる点である。一九九〇年代の外国人建築家による中国プロジェクト数を調べてみると、全体の六〇パーセントを日本、三二パーセントをアメリカの組織設計事務所が占めており、ヨーロッパ勢がほとんどいないことが分かる[*3]。アトリエ建築家の作品ということで言えば、中国系アメリカ人I・M・ペイによる《香山飯店》(一九八二)と黒川紀章による《北京中日青年交流中心》(一九九一)が例外的に存在した程度であり、個人建築家が参

1|OMA《CCTV》

*2|Rem Koolhaas, "Kill the Skyscraper", Content, Taschen Books, 2003, pp.470–477.

*3|薛求理「外国建築設計在中国:歴史簡述(一九七八-二〇〇八年)」、朱剣飛主編『中国建築六〇年(一九四九-二〇〇九):歴史理論研究』、中国建築工業出版社、二〇〇九年、三一八頁。

入する土壌はまだ中国にはなかった。個人アトリエをかまえるスターアーキテクトによる中国への参入の本格化は、やはり二〇〇〇年代に入ってからのことなのである。

さて、二〇〇二年にはじまったOMAによる《CCTV》は、中国ではどのような評価を得たのだろうか？　高層ビルが空中で連結されるという非常に奇抜なかたちをする《CCTV》は、中国では「大パンツ（大褲衩）」などと称される。ヘルツォーク&ド・ムーロンによる《中国国家体育場》はコンクリートが編まれたようなその外形から「鳥の巣」などと呼ばれているとおり、中国では独特な形態の「アイコン建築」にはよくアダ名が付けられる［**写真2**］。《CCTV》もそうしたアイコン建築のひとつとして広く認知されている。

《CCTV》に関する議論として、アイコニックな巨大建築につきものの「既存環境の破壊」云々を論点とする批判はあまり確認できない。敷地が北京市中心部から少しはなれた工場地帯であったためであろう。また二〇〇〇年代初頭の北京では旧市街地を含めていたるところで開発が進められているような状態であり、大規模開発によって古い

2｜ヘルツォーク&ド・ムーロン《中国国家体育場（鳥の巣）》

＊4｜たとえば張開齋「関於国家大劇院的建議」（『建築学報』一九九九年第三期、中国建築学会）など。

建物が壊されるという事態にも都市部の住民たちは慣れてしまっていたため、ことさら《CCTV》を揶揄の標的にすることもなかった、という感じなのかもしれない。当時、この工場地帯は新しくCBD（セントラルビジネス地区）として計画されており、三〇〇本以上のスカイスクレーパーの建設が予定されていた。《CCTV》におけるコールハースのアイデアは「スカイスクレーパーを殺せ」というものだったが、これは先ほど確認した「ニューヨークへの批評」であったのと同時に、そのニューヨークや先進諸国をモノマネして高層ビルを建てまくる「中国自身への批評」でもあったと考えられる。

《CCTV》とは対照的であったのが《国家大劇院》である。一九九八年に国際コンペが開催された《国家大劇院》は、ポール・アンドリューによる「たまご」が水盤に沈められたような建築方案が実施されることになったのだが、天安門広場の西側、人民大会堂の裏手の歴史的空間を破壊しての建設ということもあり、ずいぶん激しい議論が建築界内外にて生じている［＊4］。着工直前には、著名な老建築家を含む中国科学院院士（アカデミー会員）

たちが委員会を組織し、アンドリュー案の問題点を指摘し、その改善要求をしたほどである[＊5]。委員会による批判の矛先は、おもに安全性や機能性といった点に向けられているのだが、建築外皮（たまごの殻）と内側の諸機能が詰まったハコが分離している点に批判的に言及しているところはいかにも中国的である。こうした建築を「形式主義」として批判することは、一九四九年以後の中国現代建築における一種の「お家芸」だ。

《CCTV》に対する反応として多く見られたのも安全性とコストに関する疑問であった。とくに、ループ状の高層建築という特異な形状であるがゆえ、その安全性については不安の声が大きく、コンペによって設計方案が決定されたあとも構造面の審査には約一年がかけられている。

■

着工後も、《CCTV》はスムーズに進んだわけではなかった。北京オリンピックの二〇〇八年には結局間に合わなかったし、二〇〇九年には隣接して計画されたホテル棟（《TVCC》）が旧正月を祝う花火によって全焼し、その後にはなぜか二〇〇三年刊行の『Content』に掲載された女性器と重ねあわせられたセクシャルなイメージが批判に晒されたりしている。二〇一四年現在も部分的に使用されているのみで、一般に公開されているわけではない。

しかし《CCTV》は二〇〇〇年代をとおして話題を振りまきつづけてきたことで、すでに中国現代建築を代表する存在となっている。

近年、ヨーロッパでは中国の現代建築を紹介する展覧会がいくつも開催されるようになっているのだが、そのなかでも《CCTV》とコールハースの存在はつねに重要なポジションが与えられている。たとえば、ローマ国立21世紀美術館で開催された「向東方——中国建築景観」展（二〇一二）では、中国の新建築を紹介するために用意された一二のカテゴリーのうちのひとつが「コールハース」であり、《CCTV》も大きく取り上げられている。展覧会のキュレーターである方振寧は「コールハースのCCTVのコンペ案がなければ、中国建築の向かう方向はおそらく別のものとなっていた」と述べている[＊6]。二〇〇〇年代初頭のスターアーキテクトたちによる多くの巨大建築のなかでも、《CCTV》は中国のスカイスクレーパーと都市状況への批評性、そして事件性によって、中国現代建築をリードする大きな存在感を残しているのだ。

■

ところで、中国の現代建築をテーマとする展覧会がヨーロッパでいくつも開催されるようになった、ということは

＊5 —王軍『採訪本上的城市』、三聯書店、二〇〇八年、一九九—二〇一頁。こうした形式主義批判は、同じく巨大建築であった《鳥の巣》にも向けられていた。しかし興味深いことに《鳥の巣》に対する建築家の反応は《国家大劇院》と対照的である。ヘルツォーク&ド・ムーロン案が決定後、コスト削減のため規模の縮小や可動屋根のカットが検討されたとき、建築家たちはもとのアイデアを尊重すべしと反対署名を発表した。旧市街地ではなくコンテクストのない巨大オリンピックパークが敷地であったこと、署名者が老大家ではなく若いアトリエ建築家であることが、この違いを生み出した要因としてある。

＊6 —方振寧「中国建築はいかにして西洋に伝達されるか？」、『ねもはEXTRA 中国当代建築 北京オリンピック、上海万博以後』、フリックスタジオ、二〇一四年、一一八—一二九頁。

興味深い現象ではないだろうか。二〇〇〇年代に入るまでは、中国には国際的に名前が知られた建築家は、張永和《チャン・ヨンホ》（一九五八―）をのぞけば皆無に等しかった。実際、北京オリンピックや上海万博といったビッグイベントの建築で主役になったのは、OMAなど外国人建築家である。特殊な「中国建築ウォッチャー」でもないかぎり、中国国内の現代建築（家）に関心を向けるようなことはまずなかっただろう。

しかし、外国のスターアーキテクトが跋扈する二〇〇〇年代前半には、新しい世代の中国人建築家も確実にその舞台裏で台頭をはじめていた。そして現在では、展覧会としてパッケージングされるまでにその質量が増したわけである。

そうした新世代の建築家のなかには、コールハースとの関わりが深い人物もいる。代表として挙げられるのが馬清運《マ・チンユン》（一九六五―）だ。

馬清運の経歴は近年の中国における成功者の典型例と言うべきものである。西安に近い貧しい地域に生まれたが、勉学の才能を活かして名門・清華大学に入学。卒業後にはアメリカに渡り、ペンシルバニア大学にて修士号を取得したのち、現在は上海にアトリエをかまえつつ南カリフォルニア大学建築学院の学院長をつとめている。貧しい家庭から自分の能力だけを元手に社会的成功をおさめた、いわば中国的「成り上がり」である。

その馬清運のコールハースとの関わりは、ハーヴァード大学都市プロジェクトの珠江デルタへのリサーチに参加したことにはじまる。詳細は不明だが《CCTV》コンペ時にも関与したとされている（馬清運自身の発言によれば安全性を主張するために北京市政府にかけ合ったらしい）。コールハース自身も《CCTV》が進行中のころには文化大革命以後の新しい中国人建築家の代表として馬清運を挙げており、その評価が高いことがうかがえる［＊7］。ただし、コールハースが馬清運を評価したのは、あくまでも文化大革命から改革開放という中国社会の成長を体現し得る新しいインテリ世代のひとりとしてであり、彼の建築に関するデザインや思想に何か特別なものを見出していたようなそぶりはあまりない。

しかし、馬清運は建築家としての特性に注目してみても、彼はきわめて「中国的」であり何がしかの新しさを体現していると筆者は考える。《父の家》、《寧波城市展覧館》（ともに二〇〇三）［写真3］、《青浦朱家角行政中心》（二〇〇六）、《光華路SOHO》（二〇〇八）［写真4］といった彼の主要な建築作品を追っていくと、馬清運が建築デザインの一貫性を放棄していることに気づくだろう。材料の質感を強調するスイスミニマリズム的デザインを採用することもあれば、丸窓をつらねたアイコニックなデザインを採用することもあ

＊7―レム・コールハース＋ハンス・ウルリッヒ・オブリスト著、瀧口範子訳、『コールハースは語る』、筑摩書房、一四―一五頁。

るし、中国の伝統意匠を変形させて用いることもあれば、OMA的な斜めの表現をファサードに適用させることもある。

「建築よりも大切なことはあまりに多い[*8]」と馬清運は臆面もなく述べる。作品の変遷をみるかぎりこれはアイロニーと捉えるべきではないだろう。広大な中国において変化の振れ幅が大きい地域性やクライアントに合わせて変幻自在にスタイルを変えること。あるいは、施工を完璧にコントロールしその精度を上昇させることがむずかしい中国の現状を鑑みて、ひとつのスタイルを追求して「質」を向上させることを諦めること。そして、むしろそうした現状にしたがってスピーディに建築を生産しつづけること。馬清運の(少なくともデザイン面における)作家性の放棄を積極的に解釈するならば、このように考えられるだろう。

「臨機応変」であることの必要性は、テクノロジーやスケジュールなどに制約の多い現在の中国建築業界においては、たしかに前提条件として存在している[*9]。それに対してもっともラディカルに、あるいはベタに応答しているのが、馬清運なのだと言えるだろう(こうした評価自体はいささかアイロニカルではあるが)。

■

以上のように考えてみると、馬清運は、コールハースともっとも近しい中国人建築家でありながら、思想的にはコールハースとはずいぶん異質である。馬清運にはコールハース的なアイロニカルな姿勢がまったくない。馬清運の「建築に興味がない」という言葉と、実際の建築作品が我々に提示する特徴は見事に一致して(しまって)いる。建築を求めながら既存の建築形式を解体し、プログラムを重視しながらその機能主義的な役割を飛び越えさせ、コンテクストを重視しながら「ファック・コンテクスト」であることを達成するコールハースの言葉と建築の錯綜した関係性は、馬清運には見出されない。

ただし、馬清運におけるアイロニーの欠如は特殊なものとは言えない。「アイロニー

*8 ―「馬清運――比建築重要的事太多了」、『清華大学新聞網』二〇〇八年一〇月三〇日。http://p.tl/Y9Pe

3 ― 馬清運《寧波城市展覧館》

4 | 馬清運《光華路SOHO》

の欠如」は、BIGやザハ・ハディドといったコールハースの弟子筋の建築家たちに広く見られる傾向である。

　こうした傾向をもつのは、中国人建築家のなかで言えば、ハディド事務所出身の馬岩松《マ・イエンソン》（一九七五―）であろう。中国人建築家としてはじめて、外国での実施前提の大規模国際コンペで勝利した馬岩松は、ハディドにも似た曲線を用いる明快なデザインを武器に、カナダの《アブソルート・タワー》（二〇一二）や内モンゴル自治区の《オルドス博物館》（二〇一一）などのビッグプロジェクトを国内外で進行させている［**写真5**］。とくに国内では、若年ながらもすでにいくつものアイコニックな巨大建築を地方都市で完成させており、彼が中国社会から十分に評価されていることが分かる。その彼のスタンスは、中国伝統の山水思想をウネウネとした自身の建築デザインに適用させようとする《山水都市》などからも分かるとおり、きわめてベタ（非＝アイロニカル）な作家然としたものである。

　馬清運と馬岩松。系譜上、コールハースと関係のあるこのふたりの中国人建築家は、「アイロニーの欠如」について異なったアウトプットを示している。そのほかのコールハースの弟子筋の建築家たちと同様に、分かりやすい「作風」として非＝アイロニカルであることが表現されるのが馬岩松であるとすれば、中国という土壌が求めるままに作風自体を「放棄」する行為によって表現されるのが馬清運である。

■

5｜馬岩松《オルドス博物館》

＊9｜建築評論家である李翔寧は、馬清運を代表とする若手建築家たちによる実践を「便宜的建築」と名付け、それを中国的な状況に対するスマートな処世術であり、かつ新しい美学を生み出す可能性をもつと肯定的に評価する。「コールハースはビッグネスが建築に対して与えた革命的な変化を述べている。建築は機能配置や造形、あるいはディテールといったさまざまな点において量的だけではない変化をした。それでは中国建築における前例のない巨大スケール、建設量、建設とその変更のスピードについて考えたとき、なぜ我々は西洋建築とは異なる評価模式を有することに自信をもって主張しないのか？」（李翔寧、「権宜建築——青年建築師与中国策略」、『時代建築』二〇〇五年六月号、同済大学出版社、二〇頁）。

これまで、コールハースからはじまる建築家系譜図のなかに位置づけられる中国人として、馬清運と馬岩松を挙げた。それでは、そのほかの中国人建築家はどうだろうか。じつは、中国人建築家の大半は、コールハースとはまったく対照的なスタンスで建築に向かっていると言ったほうが適切である。いま一度確認すれば、コールハースが中国に注目したのは、資本主義とは異なるイデオロギーのもと、大規模に変容する都市と建築のダイナミズムが存在したからである。しかし、そのダイナミズムの主役は、その他先進諸国と同様、組織設計事務所（中国では「設計院」と呼ばれる国営企業からはじまった組織）であった。中国のアトリエ建築家は、そうした状況から疎外されるか、あるいは主体的に距離をとることで、構造や材料をいかに表現するかという、金とイデオロギーのダイナミズムからは切り離された「純建築学的」な追求に向かっていた。

　こうした中国人建築家の傾向を端的に体現していたのが張永和であった。張永和は「改革開放」後の中国における最初の独立自営のアトリエ建築家[＊10]であるが、彼のスタンスは建築物それ自体だけを冷静に、丹念に考察しようというものだ。一九九六年に書かれた「工業建築から学ぶこと(向工業建築学習)」を見てみよう。ここで張永和は、まるでモダニズムの建築家のように、工場や倉庫といったビルディングタイプから建築のあるべき姿を導き出そうとしている。そして得られるのは「基本建築」というアイデアだ。「どんな建築類型であろうとも、建築家はみな材料の取り合わせや、構造のロジックや、施工のクオリティや、地域との関連性、空間における人のアクティビティや体験などに注力すべきであり、そうしてつくられるのが基本建築である[＊11]」(引用者訳)。

　張永和の以上のような態度を「ナイーブ」として片づけるのはたやすい。しかし、「基本建築」を求めることは、当時の中国においてはきわめて切実な問題であった。一九八〇年代より以前の中国では、共産主義国家を表象するための建築表現が関心の中心にあったため、改革開放後の第一世代建築家として、張永和は、まずはイデオロギー色を一度ゼロに、建築をその基礎的な部分から構想する必要があったのである。張永和にかぎらず、一九九〇年代の中国建築界では翻訳文化が盛んになったことによって、建築を現象学的にとらえる議論や、ケネス・フランプトンによる批判的地域主義やテクトニクスに関する議論が外国から輸入され、広く注目を集めるようになる。建築を社会やイデオロギーとの関係から捉えるのではなく、空間体験や地域性や構法といった側面から着実に捉えなおそうとするような理論が切に求められていたのである。

　こうして、中国のアトリエ建築家たちの実践は、設計院の活躍する都市部ではなく郊外や農村部で、巨大なアイコン建築ではなく比較的小規模の文化施設を中心に展開されるようになる。とくに、張永和と同世代の建築家である劉家琨(一九五八—)には、そうした特徴が顕著である。四川省成都市を拠点にする劉家琨《リュウ・ジャークン》は、中国で経済発展が遅れる内地の特性を活かして、《鹿野苑石彫藝術博物館》

6―劉家琨《鹿野苑石彫藝術博物館》

＊10―個人建築事務所の開設という点だけで考えれば、じつは張永和以前にも前例があり、最初は深圳の事務所である。ただし彼がてがける建築は基本的に設計院と変わるものではなく、いわゆる「非・設計院」としてのアトリエを考えれば、やはりその「最初」は張永和と言って問題ないだろう。
＊11―張永和＋張路峰、「向工業建築学習」、張永和、『平常建築』、中国建築工業出版社、二〇〇二年、三三頁。

（二〇〇二）［写真6］など、コンクリートと石による静謐な空間性の建築を実現させている。粗い壁面をなめるように落ちてくる光、あるいは豊かな自然とブリッジに特徴づけられるアプローチ空間などには、ルイス・バラガンやマリオ・ボッタといった批判的地域主義の作家からの影響が色濃く見られる。

　張永和や劉家現の下の世代の建築家たちも、嗜好としては同様である。農村部で小規模な公共建築を手がける李曉東《リ・シャオドン》（一九六三―）、チベットでその土地固有の材料を大胆に用いる標準営造（一九七一―）、上海郊外で白く透明な空間を丹念につくる大舎建築（一九六九―）等々。馬清運や馬岩松といった例外的な存在をのぞけば、多くのアトリエ建築家たちは、コールハースが中国に見出した都市と建築のダイナミックな運動性とは別の場所で、現在に至るまで着実に活動を進めている。こうしたある種の「非政治性」と呼ぶべき特性が、張永和にはじまる中国人アトリエ建築家には共通して見られる。

　コールハースが「面白さ」を見出した中国都市部における建築的状況と、アトリエ建築家たちの活動は必ずしも交わらない。この対照的な両者の歴史をさかのぼってみると、その起源がともに一九九五年にあることが分かる。「シンガポール・ソングライン」などを収録した『S,M,L,XL』の刊行年であると

同時に、コールハースが、珠江デルタをリサーチするハーヴァード大学の教授就任の年でもある一九九五年は、中国において張永和が活動をはじめた年であり、建築家の登録制度がはじまった年でもある。偶然の符合ではあるが、日本の社会史上さまざまな切断線として語られることの多い「一九九五年」が、まったく別の歴史を歩んでいた中国現代建築においても重要な意味を持っていたことは興味深い。

■

コールハースはこうした中国の建築家の傾向をどのように見ていたのだろうか？　二〇〇九年の深圳香港都市・建築ビエンナーレにおいて、コールハースはハンス・ウルリッヒ・オブリストとともに、建築家を含む中国人作家三〇名とパフォーマンス「インタビュー・マラソン」を実施しているのだが、このような発言を残している。

> 私が一九九〇年代半ばに最初に中国に来たときは、あらゆる人が都市について議論をしていた。都市の性質や都市の再建についてだ。しかし現在では人びとは注意を農村の方に移しはじめている。とくに「新農村」という概念の提出は明らかに都市と対比されるものとして出てきたものだろう。中国人はいま、農村をある種の希望、あるいはユートピア的ア

イコンとしているのか？［＊12］（引用者訳）

都市や国家のダイナミズムに背を向け、農村を志向する中国のアトリエ建築家の実践に対して、コールハースが「批判的」とは言わないまでも、少なくともやや不可思議に思っていることがうかがえるのではないだろうかと思う。

しかし、農村や自然を賛美し、都市を通俗的なものとして軽んじることは、中国の知識人＝文人のなかに伝統的に見られる特徴である。ゆえにアトリエ建築家たちの「基本建築」を志向する「非政治」的性格も、なにも特殊なものではなく、中国的知識人の伝統に倣っているだけだと捉えることも可能だろう。アトリエ建築家が知識階級であるならば、コールハースの注目した中国における都市と建築の現象は、中国の知識人にとってはあくまでも大衆的なレイヤーにおける出来事であると言える。両者が注目し、存立する位相は、そもそも異なっているのである。

■

こうした「反＝都市」的な中国の伝統を継承する建築家に王澍《ワン・シュウ》（一九六三―）がいる。書法や園林巡りを好む王澍は、その振る舞いから「文人」文化を継承する建築家と評されることが多い。たしかに、一九九〇年代に基礎がつくられた中国の専門的な建築教育を批判し、自身はむしろ建築の「アマチュア」として工匠たちとの協働によって設計活動を行うその姿は、「中央」から距離をとる伝統的な文人そのものであるように見える［＊13］。

王澍が独特である理由は、その「反＝都市」的スタンスを自身の建築作品に明快に示している点である。

たとえば、一二万平方メートルの巨大な大学キャンパス計画である《中国美術学院象山キャンパス》（二〇〇七）を見てみよう。校舎一つひとつの造型が伝統建築をリソースとした非常に奇抜なものとなっているが、王澍によれば、ここで優先されたのは個々の建築デザインではなく、そうした人工物によって存在が強調される自然の「ランドスケープ」のほうである。水墨画を想像すると分かりやすいが、王澍にとってここで重要となっているのは自然世界／風景であり、建築はその世界を補完する「添景」に過ぎない。校舎は巨大建築ではあっても、位置づけとしては庭園における東屋のようなものなのであろう。各校舎がコンクリートでつくられているにも関わらず、外部空間との連続性がきわめて高いことも、そうした王澍の考えを反映した結果のことだと思われる［写真7、8、9］。

そして王澍は、こうした自然と建築物が織りなす《中国美術学院象山キャンパス》の空間をこそ、中国的「都市」

＊12｜歐寧編、『建築 x 城市 x 思想 庫哈斯&奥布里斯特中国訪談録』、商務印書館、二〇一二年、二四頁。
＊13｜「王澍在2012年普里茲克建築將領獎勵上的演講」、『建築創作』、二〇一二年一二月号（一六三号）。

として考えているようなのである。

> 《中国美術学院象山キャンパス》の全体構成のなかでは、いくつもの試行が並行して進められた。まず大局的な点を言えば、《象山キャンパス》は杭州という都市が有する伝統的な構成が再解釈してつくられている。中国都市史における杭州の重要性はそれが中国の「景観都市」の原型であるという点に存在する。(……)この都市モデルのなかで、湖山のランドスケープは構成の中心的な地位を占めている。今日の都市からすればこのモデルは、ある種の「反都市・反建築」としての都市モデルであろう。何物も自然や土地や植物の守護からは超え出ていない。都市と建築は、山水の成長や広がりに従わなければならない。そして都市は政治や社会構造に関連する権力ヒエラルキーの表現としてあるわけではなく、連続した絵巻物のなかで繰り広げられているような、山水のなかで漫遊する生活のポエティクスに従うものとしてあるのだ[*14]。

7｜王澍《中国美術学院象山キャンパス》第2期

*14｜王澍、「循環的建造のポエティクス——自然のような建築世界を創造するために」、『建築雑誌ねもはEXTRA 中国当代建築 北京オリンピック、上海万博以後』、フリックスタジオ、二〇一四年、六頁。

8, 9｜王澍《中国美術学院象山キャンパス》第2期

《中国美術学院象山キャンパス》はある種の「反都市・反建築」としての「都市」である。コールハースが注目した珠江デルタに代表されるのが一般的な中国的都市であるとすれば、自然が人工的な建築物や制度の上位に掲げられている王澍による「都市」の様子は、あまりに牧歌的かもしれない。しかしこのある種倒錯的な主張を、王澍は杭州という伝統的な「景観都市」モデルを持ち出すことで正当化しようと試みているのである。

反都市、あるいは「反コールハース」としての王澍のスタンスは、《寧波博物館》(二〇〇八)により端的に表明されている。《寧波博物館》は浙江省寧波市の都市新区に計画さ

れた博物館である。《中国美術学院象山キャンパス》において、各校舎建築はもともとの河川や山脈にしたがって形状と配置が導かれていたが、《寧波博物館》は都市部につくられたこともあり、簡潔な方形をしている点で対照的である。そしてその外観は、要塞のようなきわめて閉鎖的な印象のものである［**写真10、11**］。

《寧波博物館》の閉鎖性は意図的に得られた効果だ。王澍はこのように述べている。「寧波のこの“小さなマンハッタン”と呼ばれるCBDの四周が高層のオフィスビルに囲まれているなかで、この建築は、直面しているこの世界に決然と異なる態度を表現したのである」［＊15］。

中国で「直面しているこの世界」＝「小さなマンハッタン」に対する決別の表現、としての要塞的閉鎖性。この点に関しては、王澍の表現は、スケールは異なるものの、一九七〇年代の日本における「都市ゲリラ住居」がおこなったものと近いと言えるかもしれない。安藤忠雄による《住吉の長屋》（一九七六）や伊東豊雄による《中野本町の家》（一九七六）が、都市環境にあえて背を向けることによって豊穣な住居空間を達成したように、《王澍》による《寧波博物館》では、「小さなマンハッタン」としての中国的都市に対して一度決然とした隔絶をおこなったうえで、屋上には谷間のような自然的空間を擬似的に形成させている。

もちろん、《寧波博物館》は単純に周辺環境を無視しようとしているわけではない。目に見える都市環境＝「小さなマンハッタン」を拒否する一方で、外壁に乱積された石材やレンガによって、この都市新区建設のために撤去された街並みの「記憶」に接続させられている。外壁は、かつての街並みを形成していた建築物から回収された材料を、地元の工匠たちと実験をくり返しながら応用的に用いることで大規模に展開したものであった［**写真12**］。

また、おそらく、この「地元の工匠たちと実験をくり返す」という活動スタイル自体もまた、中国的な都市状況に対する批判として受け止められるだろう（王澍のプロジェクトはほぼ浙江省内だけで進められている）。馬清運が中国の都市化の波に乗って各地方で異なるスタイルの建築物を設計していた

右頁上：
10｜王澍《寧波博物館》外観
右頁下：
11｜王澍《寧波博物館》屋上

＊15｜王澍、「我們需要一種重新進入自然的哲学」、『世界建築』二〇一二年五月号、清華大学建築学院、二一頁。

12｜王澍《寧波博物館》壁面

ことを思い返してみて欲しい。さまざまな場所で仕事をハントし、その都度新しい状況(コンテクスト)のなかで建築を模索するのではなく、王澍はひとつの場所にとどまって設計や施工を習熟させることを選んでいる。

いずれにせよ、《寧波博物館》の古材が粗く積まれた外壁は、それが「小さなマンハッタン」に対峙することによって、近年の中国における都市と建築をめぐる問題をきわめて雄弁に物語っているように思われる。都市と農村、都市化と伝統的都市、あるいはコールハースとアトリエ建築家。中国現代建築におけるさまざまな対立が、王澍の《寧波博物館》の姿には可視化されているように見えるのである。それは、イデオロギーの「ゼロ度」を

ひとまず掲げた「基本建築」とは対照的であろう。「基本建築」的なスタンスとコールハースの中国建築観が交錯しなかったこととは対照的に、王澍の建築は、分かりやすいほどに伝統的な知識人＝文人の考えかたのなかで居直り、工匠たちと実験をくり返しつつ、そうした考えを発展させることによって、真正面から中国の都市化を批判するものとなっている。

《寧波博物館》は、現在の中国における都市化問題を何かしら解決しているわけではない。しかし少なくともコールハースと中国の建築家たちが別々に歩んできた歴史について、強烈に問題を提起している存在であることはたしかであろう。

Part.1 Metropolis and Architecture Column

いま、アイロニーを捨てるべきか

Part.1
Metropolis and Architecture
Column
Takeshi Hashimoto

橋本健史

既存の善良な価値観をまったく無意味なものに見せてしまうレム・コールハースの言説や建築は、しばしばアイロニカルだと評される。しかしそれは単に皮肉な態度に収まるものだろうか。浅田彰による「シニカル」という評価に対して、コールハースが鋭い口調で撤回を要求したため「アイロニー」という言葉で妥協したというエピソードがある[＊1]が、実際のところ彼の活動全体を眺めてみれば、それがシニカル（冷笑的な）というよりはアイロニカル（反語的な、両義的な）なものであることがわかる。

例えば、《フランス国立図書館》では「図としての不在」を設計することで、膨張し続ける情報に対抗しうる公共空間（＝ヴォイド）を確保し、《カサ・ダ・ムジカ》においては、住宅の計画案をそのままコンサートホールに拡大することで、魅力的なシューボックスの形態を生んでいる。AMOという建築設計以外を行う組織を設立し、ジャーナリストや編集者のようにふるまうことこそが「建築家」なのだと暗示しているようにも見える。このように反語的でありながらも、あくまで現実と実践へと向かう態度は、結局のところ無力さを受け入れるシニシズムのそれとは、大きく異なる。

しかし、このようなコールハースのアイロニーは、その弟子筋においてはなぜか継承されていないように見える。OMA出身者のなかでも、最も成功しているひとりにザハ・ハディドがいる。彼女は数学や幾何学、シュプレマティズムやロシア構成主義をバックボーンとしているが、その手法は軸線の操作による複雑な形態生成を基本とし、都市に開かれた流動性のある公共空間をつくり出すことと、その多様さがフレキシビリティにつながる、という素朴な価値観にもとづいている。アイコニックな形態のビルバオ的消費構造と、公共空間の獲得という西欧的ポピュリズムとを比較的わかりやすい形で結びつけることで、世界的なコンペを勝ち抜いているのだ。それゆえに彼女にとっては、既存の価値観の再考を迫るようなアイロニーは、ノイズでしかない。

次いでOMA出身の代表格を挙げるならば、MVRDVだろう。彼らは主著『KM3』でも触れているように、ル・コルビュジエや丹下健三が抱いていた巨大計画への熱望や、「建築で社会を変えることができる」という楽観性[＊2]にもとづいた、新しいモデル構築への関心が見られる。オランダ全体の養豚に必要な面積を積み上げることで、人工的な栽培・牧畜業を行う異様な風景を立ち上げた「ピッグ・シティ」や、ロッテルダムをほとんど水没させた状態まで水路を拡大し、アーキペラゴ（群島）の様態を提示した「ポート・シティ」など、データを元にしながらも、必ずしも実現に向かわない思考実験的な計画案を発表している。

これらは一見アイロニカルに映るかもしれない。しかし、例えばOMAによる「スキポールS」のように、現実から導き出される両義的な解と、その受け入れを迫るような計画と比較すると、MVRDVの計画は、議論を開くためのコミュニケーションツールとしての性格が強いと言える。彼らの取り組みは、場所や条件に極端なドライブをかける、スーパーコンテクスチュアリズムとでも言うようなものだが、コールハースのような矛盾や逆説を孕んだアイロニーによる、批評性や二

＊1 浅田彰「コールハースと語る――シニシズムをめぐって」DVD『A Kind of Architect』New Video Group、二〇一〇年、序文。

＊2 アンドレアス・ルビィによる指摘『MVRDV FILES project 002-209』（『a+u』二〇〇二年一一月号臨時増刊）、エー・アンド・ユー、一八六頁。

重性は乏しい。

そして、昨今最も注目を集めているOMA出身の若手と言えば、ビャルケ・インゲルス率いるBIGだろう。彼らはメディアの扱いの巧みさに特筆すべき点がある。主著『YES IS MORE』はアメコミのパロディによってプロジェクトを段階的に示し、奇想天外な形態の生成過程を説く。動画の扱いも同様に、ステップに分割して説明と変形を連続させ、直感的に理解できる表現となっている。他の多くの建築家にとって、動画でのプレゼンテーションが未だに完成予想CGのウォークスルーでしかないことを鑑みれば、内容のわかりやすさに雲泥の差がある。今や世界中のコンペに勝利し、先日マイアミの展示場改築コンペにてコールハースとの師弟対決を行ったのも記憶に新しい（勝者はOMA）。彼が標榜する「プラグマティック・ユートピアニズム」は、アヴァンギャルドで無邪気なユートピアンと、ありきたりで化石化した実践主義者をオーバーラップさせる[*3]思考だ。わかりやすく共有が容易な決定を積み重ねることで、結果的にはアイコニックな形態をつくり出す。故にそこには当然、積み上げた文脈を転倒させるアイロニーは存在しない。

このようにコールハースの代表的な弟子たちは、おそらく戦略としてアイロニーを排除しており、わかりやすさや「適切さ」を打ち出すことで、コミュニケーションの敷居を下げている。では、もはやアイロニーは、積極的に捨て去るべきものなのか。

コールハースによれば、建築とは全能と不能の危険な混合物である[*4]。全能性の領域にとどまり続けるアイゼンマンや、不能性の美学に取り憑かれたヴェンチューリとは異なり、コールハースにとって今日の状況は、ますます圧倒的でコントロールの効かない現実の不能性に対して、いかに全能性としての建築的思考を混ぜあわせるか模索する、終わりのない試行錯誤の舞台となる。そもそも、われわれが生きる現実の世界とはアイロニカルである。圧倒的に至便な情報環境を得ながら、使いきれない床面積はいまだ増加の一途をたどる。この時代に「適切さ」こそ有効かどうか疑わしい。

社会学者の辻大介によれば「アイロニーの《認知的》効果」とは、通常は潜在的・背景的な適切性（の条件）が、不適切性として顕在化するという、いわば『図－地（figure-ground）』の反転に由来するものである」[*5]。社会が潜在的・背景的に「適切」だとしていることに対して、無批判な追認や倫理的なだけの反発ではなく、一旦それを引き受けたうえで、その「不適切性」を図と地が反転するかのように顕在化させるのであれば、やはりアイロニーは有効な手段となる。そこから目を背け、局所的にアイロニーを排除した「適切さ」にすがってみたところで、それはせいぜい問題の先送りにすぎないか、それこそシニシズムと呼ばれるべき態度だろう。

ここにひとつの希望がある。南米各地に事務所を構える建築家たちのネットワーク型シンクタンク、スーパースダカ（Supersudaca）は、全員がオランダのベルラーヘ・インスティテュートでコールハースに師事した後、それぞれOMAやMVRDVなどに勤めた経歴をもつ。彼らはラテ

*3｜BIG, *YES IS MORE*, Taschen, 2009, p.12.

*4｜OMA, Rem Koolhaas, and Bruce Mau, *S,M,L,XL*, Monacelli Press, 1995.

*5｜辻大介「アイロニーのコミュニケーション論」『東京大学社会情報研究所紀要』五五号、九一－一二七頁。

ンアメリカの不安定な経済・公衆衛生・治安と、現代的なネットワークやテクノロジーが混在しながら成立している状況を積極的に捉える。都市に対してアクションともリサーチともつかないインフォーマルな「ゲリラ活動」を展開しており、いわゆる社会的な環境改善としての施策というよりは、その場の状況自体を「おもしろく」解釈している。また、設立メンバーであるパブロ・コルバランが代表するチリの建築設計事務所Supersudakaによる《Church》は、スチールの変則的なフレームに、メンテナンスが容易なモザイクタイルが張られた、ハイテクとバナキュラーのハイブリッドな建築である。複雑な印象の建築ではあるが、異常なまでにローコストであり、地域の文化的・技術的なコンテクストをアイロニカルに用いている。南米に広がるネットワーク型シンクタンクと個別の建築設計事務所が並走するという形態は、ポストAMO-OMAの組織としても興味深い。このような活動は全体として、コールハースがラゴスで目にした、旧来の計画の論理を超えた都市の状況に対する、批判的かつ実践的な介入と捉えることもできる。「建築で世界を変えたいのではなく、世界で建築を変えたい」［＊6］という彼らのコンセプトは、先述した三者の基本的な態度と大きく異なる。

先に彼らを称して「希望」としたのは、世界のどこであろうと、真っ当にコンテクストを引き受けることの可能性を感じるためである。『プロジェクト・ジャパン』の磯崎新に対するインタビューの際、コールハースはインタビュアーの発言を遮って「メタボリズムが素晴らしく新鮮だったのは、本質的にコンテクストを問わないものだったからだ」［＊7］と発言している。また、「ビッグネス」の本質的な意味も「ファック・コンテクスト」にある［＊8］と述べており、コンテクストから解き放たれた地平に強い関心を示している。逆説的ではあるが、だからこそ彼は尋常ではない量のコンテクストを引き受ける。『プロジェクト・ジャパン』はまさに濃密な日本の一九六〇年代のコンテクストそのものであり、『S,M,L,XL』も「ビッグネス」をコンテクストとして明らかにするために、異様な厚さになったのではないか。もし、コンテクストを真摯に引き受けるのならば、それらを「適切に」まとめ上げることは不可能であり、むしろ良識的で理想的な解決方法ではなく、その「不適切さ」を露呈させるようなアウトプットこそが有効であることが示されている。

つまり、コールハースの建築は尋常ではないコンテクストを引き受けはするが、本質的にはコンテクスト自体が主題にならない。それは、コンテクストの矮小化によるユートピア思想とはまったく別の、過剰なコンテクストをアイロニーで翻し、現実と向き合うからこそ生まれる、建築それ自体の可能性なのだ。現代とは、ますます膨大となるコンテクストを、あらゆる方法で顕在化できる世界だ。途方も無い領域に広がるコンテクストと向き合うつもりがあるのならば、きっとアイロニーは手放せないはずである。

＊6｜Supersudaka (http://www.supersudaka.cl/)
＊7｜レム・コールハース、ハンス・ウルリッヒ・オブリスト著『プロジェクト・ジャパン』平凡社、二〇一二年、五一頁。
＊8｜S,M,L,XL, p.502.

Intermission

Enquete

アンケート

Q1■建築界においてレム・コールハース／OMAの登場はどのような変化を与えたと思われますか。

Q2■彼(ら)の建築または活動が貴方に何らかの影響を与えたとしたら、それはどのようなものでしょうか。

回答者

門脇耕三—柄沢祐輔—光嶋裕介—南後由和—日埜直彦—平田晃久—藤村龍至—藤原徹平—吉村靖孝

五十音順

門脇耕三

建築構法・建築設計・設計方法論

A1 ■ 市場原理主義の高度な発達は、われわれが「建築作品」をつくる場所であるこの世界そのものに、劇的な変化をもたらした。われわれがかつての建築家のあり方をうらやむことがあるのだとすれば、そのいく分かはこの変化に起因しているに違いない。むろん、レム・コールハースはこの変化をもたらした存在ではない。しかし先んじて、この変化を建築に取り込んだ存在であることはたしかである。

では、建築家がいま置かれているこの世界とは、どのようなものなのだろうか。現代の建築家は小住宅の設計に引きこもり、自慰的な作品づくりにいそしんでいる――この種のもはやステロタイプ化した建築家批判は、たとえば八田利也による小論「小住宅ばんざい」（『建築文化』一三八号、彰国社、一九五八年）にも認められるように、けして目新しいものではなく、そして今にいたるまで繰り返されている。一方で、こうした批判が絶えないことは、住宅設計が建築家にとっての楽園であり続けていることを如実に表してもいて、ひとまずここから、楽園を包む世界の姿を推し測ってみることとしよう。

Enquete

住宅設計が建築家にとっての楽園であることはおそらく、そこで空間を欲望する主体（クライアント）と空間を享受する主体（ユーザー）が一致していることによる。この場合、クライアントは自らのドメインたる建物のすみずみにまで自らの意思を反映することができるし、当然そうすべきである。むろん、クライアントの代理人たる建築家も、こうしたドメインにおいては、あたかも全能者のように腕をふるうことができる。

かつて、とはいえそれほど遠くはない過去、これと同じ構造を持つドメインは、住宅以外にも広く世の中に開花していた。たとえば強力なオーナーが建てる自社ビル。あるいはビューロクラシーが発達するただなかで、一部の建築家と政治機構との蜜月の場となった公共建築も、ドメインに強い統治者が存在していたという点で、住宅と通じる構造を持っていたのかもしれない。

しかし市場原理主義は、クライアントを「資本」に置き換え、したがってその発達とともに、クライアントとユーザーは不可避に異なる存在へと変わっていった。さらにそこでは、クライアントそのものも、市場原理主義によって細かく切断されていくことだろう。日本にも二〇〇一年に導入された不動産投資信託（REIT）などを思い出せば、この「切断」は容易にイメージすることができる。

高度に発達した市場原理主義のもとで、空間を欲望する主体と空間を享受する主体は、否応なく引き裂かれている。それどころか、空間を欲望する主体はいまや細切れの切片の寄せ集めなのであり、顔を持たない存在になりはてた。そしてこのことは、「プロセスの透明性」という錦旗のもとに、属人的な決定が忌避される傾向によっても助長されているし、決定プロセスの機械化は、高度に複雑化した政治機構においても同様にあてはまる。だとすれば、空間を享受しないままに欲望するこの盲目の主体は、はたして建築的な工夫が凝らされた豊かで美しい空間を望むだろうか？　答えは悲しいかな、原理的に否である。言うまでもなく、この場所において建築家は、よけいなお節介を働く厄介者にすぎない。

また市場原理主義は、空間を享受する主体であるユーザーそのものの切断も、不可逆的に進行させている。市場原理主義とともに進行したグローバリゼーションは、「新しい中世」と形容される状況に世界システムを変質させ、国家の枠組みにとらわれずに世界を渡り歩く「ハイパーノマド」と呼ばれる人種を生み出した。一方で、そうした状況の進行と同時期に、日本では若者の「地元志向」と呼ばれる現象が指摘されだしたことも見逃すことはできない。グローバリゼーションはその反動として、見知った仲間と地元でまったり過ごす、ドメスティックな人種も産み落としたのである。この双子の人種は、東京やニューヨークのようなメトロポリスにおいては、同じ都市空間をシェアしながらも、文化的趣向の面でも人的交流の面でも交わることがない。なお、この現象は一例に過ぎず、資本原理主義は日々新しい「トライブ」を生み続けているし、彼らは超越的なスケール（ビッグネス）に達したバベルの塔がもたらした結末と同じく、同じ言語を用いることは決してないのだ。

つまり世界は、目にはとらえられない巨大な壁で、徹底的なまでに切り刻まれている。われわれがいるのは、端的にいえばそのひとつの区画にすぎないのであり、コールハース最初期の仕事《エクソダスあるいは建築の自発的囚人》（一九七二）が、いち早くこの透明な壁を予言的に可視化するものであったことは、事実として歴史に刻まれているのである。

Q1■建築界においてレム・コールハース／OMAの登場はどのような変化を与えたと思われますか。
Q2■彼（ら）の建築または活動が貴方に何らかの影響を与えたとしたら、それはどのようなものでしょうか

A2■透明な壁に切り刻まれたこの世界の姿をひとたび認識したならば、そこで取りうる態度はふたつしか残されていない。ひとつは、壁に囲まれた楽園のなかでの逆説的な自由に浸りきること。もうひとつは、建築的なマナーも美学も通じない、世界のほかの断片をのぞき見ようとしてみること。建築家としては、前者の方があるいは誠実な態度であるのかもしれないが、僕はむしろ窃視の誘惑に駆られている。

柄沢祐輔

建築家、柄沢祐輔建築設計事務所

Enquete

A1■レム・コールハース率いるOMAの登場は、それまでの建築界のスタンダードであったデザインのヴォキャブラリーをすべて転倒させるほどの威力を持っていたと思う。OMAの出現以前の建築界はポストモダニズムが隆盛を極めていたように思う。しかしレムはそのポストモダニズムの渦中にありながらも、他のポストモダニズムの建築家とは一線を画していた。それは他のポストモダニズムの建築家が結局は単純に建物の表面の装飾の過剰さに終始し、商業主義によって消費され尽くされ退潮していったのとは異なり、レム・コールハースの建築は、一見他のポストモダニストのように表層に多様な素材の数々をまといながらも、他のポストモダニズムの建築家達の単純な表層の装飾的なデザインに終わらない、「空間のあり方そのもの」の斬新さを内包していたことによる。その空間のあり方の斬新さを、レム・コールハースは与条件をダイアグラムに置き換え、その関係を操作することによって獲得していたが、二〇一〇年代の現在、彼の膨大な仕事の数々を振り返って眺めるならば、このダイアグラムの方法論に隠された真の意図がおぼろげながら見えてくる。レムの活動のキャリアは、一九七八の彼のデビュー著作『錯乱のニューヨーク』に収められたニューヨークのマンハッタンの生成プロセスの研究に端を発するが、彼はマンハッタンのスカイスクレーパーを研究している最中に、単純に積層しているだけのニューヨークの高層ビルの「床面」が、いかに多様な活動を「分断」しているかに気がついたのだろう。そしてその床面に、ほんのわずかに「穴」と「亀裂」を開けるだけで、いかに多様なアクティビティが床面から零れ出し、それまでは単純に積層されていた均質な空間に多様な繋がりを与え、空間そのものを一瞬で変容させてしまうかに気がついたのではないか。この「穴」と「亀裂」のヴォキャブラリーは、断面、平面、立面を問わず、その後OMAの建築プロジェクトに頻出し、数々の記念碑的なプロジェクトが生み出されることになったが、ここで私が考えるにレム・コールハースにとってのダイアグラムとは、じつのところマンハッタンのスカイスクレーパーの「フロア」であり、そのダイアグラムの輪郭(アウトライン)が高層ビルの「床面」だったのではないか。そしてダイアグラムを併置しずらしな

Q1■ 建築界においてレム・コールハース／OMAの登場はどのような変化を与えたと思われますか。
Q2■ 彼(ら)の建築または活動が貴方に何らかの影響を与えたとしたら、それはどのようなものでしょうか

がら、アウトラインに「穴」と「亀裂」を入れるというたったそれだけの事実によって、単純なアクティビティが分断されながら積層された空間は接続し合い、空間は一瞬にして多様な表情と奥行き獲得するという事実の発見が、レム・コールハースをその後の膨大な空間の創造へと駆り立てていったのではないか。いずれにしてもレム・コールハース率いるOMAが生み出した「空間のあり方そのものの斬新さ」はポストモダニズムの表層の装飾に倦み飽きたその後の建築界を根底から刷新してしまったと、私は考えている。

A2■ 二〇〇二年から二〇〇三年にかけて、文化庁の派遣芸術家在外研修制度によってオランダのMVRDVに在籍した。オランダ滞在のために日本からのフライトの翌朝、ロッテルダムの町外れに位置するレム・コールハースによる美術館《クンストハル》を訪れた。その内部空間に足を踏み入れた時の衝撃は今でも忘れられない。隆起を繰り広げる人工地盤が錯綜するなかを進んでゆくと目の前で展開するシークエンスは一切予測することが不可能であり、一歩空間の先に歩みを進めるたびに空間そのものが眼前でばらばらに破れ切り裂かれ、壁面と床面がそれぞればらばらに独自に運動を繰り広げながら、眼前を疾走してゆくかのような異常な体験だった。その後もロッテルダム滞在の最中にはクンストハルをたびたび訪れたが、このときの驚きはほとんど薄まることはなかったように思う。その後私は独立し、アルゴリズム建築のコンセプトを掲げていくつかの計画案と実作の設計を経て、二〇一〇年末から二年と九ヵ月の期間をかけて狭小住宅の《s-house》を完成させた。それまで提唱していたアルゴリズム建築の概念をさらに展開させ、ネットワーク型の建築としてさまざまな床スラブを庇で繋ぎ、床面と庇の関係を位相論的に複雑に編み込み、動線の短い距離の関係と長い距離の関係をヴォイドを介して錯綜させることによって、ヴォイド越しに見える空間にたどり着くためには激しく迂回しなくてはいけないという多様な距離の関係が内包された複雑なネットワーク型の空間を実現させた。アルゴリズム建築の進化の先に、まだ見ぬ新しいネットワーク型の空間が立ち現れるのではないかとの期待をもとにさまざまな試行を繰り広げ、長い苦闘の末にようやく実現に漕ぎ着けた空間のなかに足を踏み入れたそのときに、あのロッテルダムで経験したクンストハルの記憶が突然脳裏を横切った。一〇年間をかけてようやく辿り着いたネットワーク型の空間は、私が一〇年前に訪れたレム・コールハースの空間のあり方と深く通底し、そこでの風景は、私が一〇年前に衝撃

を受けた空間が、あたかも圧縮された形で日本の狭小住宅として実現したかのような深い類似性と関連性に満ちていたからである。《s-house》として実現した空間はまぎれもなく新しいものだった。しかし同時に、かつて一〇年前にロッテルダムで経験したあの空間の衝撃を彷彿とさせるものだった。私は自らがいかに深くレム・コールハースからの影響を受けているかを自覚するとともに、彼の建築空間に秘められた予告性と未来の可能性の射程の巨大さを理解し、ただただ畏怖するのみだった。

Enquete

光嶋裕介

建築家、光嶋裕介建築設計事務所

A1 ■ 建築界にとってのレム・コールハースの登場は、現代における建築という枠組みを拡大し、その可能性をより射程の広いものとして示したことにある。モダニズムなどの建築様式や美学の問題からメディアや資本主義、経済合理性といった側面を積極的に建築や都市の問題に引きつけるスタンスは、特異と言わざるをえない。建築を空間におけるプロポーションやマテリアルの問題よりも、強度あるコンセプトを上位に設定しながら次々と斬新な建築をつくる。それは、ときに美しさをも凌駕して、発信力のある社会的メッセージを獲得する。反復を何より嫌い、型にはまることを避けて、つねに自身の仕事に対して批判的なまなざしをもちながら、あるいはニヒリスティックな姿勢で新しいことに挑戦することも、コールハースの建築家としての突出した能力と言える。そうしてつくられたOMAの建築の特徴に、「特化された動線空間」がある。建築を機能的な部屋の集合体として捉えてみると、部屋と部屋を繋ぐ動線空間は、副次的な役割しか果たさないように思えるが、機能毎に空間の優劣をつけず、すべてが空気の塊、ヴォイド（空隙）の集まりであるようにデザインすることで、動線空間もまた主役に踊り出すような設計がなされていることを記しておきたい。

建築の表現方法においても、従来の図面や模型に加え、「ダイアグラム」というポップでわかりやすい手法の確立は、今まで理解されにくかった抽象的な情報の視覚化を見事に伝達するものである。フランス国立図書館の模型やラ・ヴィレット公園のドローイングなど、負けたにもかかわらず、多くのコンペ案が伝説的に語り継がれている。

　また、OMAの所員とレムのやりとりが、図面にスケッチという形式ではなく、（世界中を飛び回っている多忙さゆえに）文章によるファックスでの指示が中心であることからも、彼の思考が視覚情報よりも、言葉を優位に据えていることが窺える。コールハースのダイアグラムなどのプレゼンテーション手法による功績は、MVRDVやPLOT（後にBIGとJDSに分離）などの後続世代の良質な仕事を通しても、はっきり見ることもできるだろう。

A2 ■ 建築設計を生業にする人のことを「建築家」と呼ぶ。つまり、建築をつくること、新しい空間を創造することが、建築家の仕事の中枢にあるわけだが、レム・コールハースは、この「アーキテクト」という職能を広く自由に解放した。創造することの本質に立ち向かい、想像力を働かせることで、デザインするという行為そのものを多面的に実践している。

　彼の特異な働き方は、その事務所に付けられた名前からも明確だ。OMA（オフィス・フォー・メトロポリタン・アーキテクチャ）は、はじまりから建築を超えて都市をその対象に捉えており、そのためのリサーチなどの研究機関であるAMO（OMAを逆から綴ったネーミング）まで主宰しているのが特徴的である。今までの建築家がなしえなかった類いの仕事を質と量ともに可能にしているのは、広い文脈を構築する建築家としての「理論と実践」のバランス感覚にほかならない。大量消費社会における情報化時代の変化に対してもスマートに順応したスタンスは、母国オランダのみならず、グローバルなフィールドで仕事を達成し、ヨーロッパを代表する知性として高い情報発信力を発揮し続けている。

　午前中はアトリエで絵を描き、午後は設計の仕事をしていたル・コルビュジエ同様、コールハースもまたメディアに対してすごく自覚的な建築家であることも忘れてはならない。自ら作品集を編集し、独自の視点をテーマに雑誌を発行したりしている。つまり、自我をコントロールし、はっきりと未来に対するヴィジョンを示してきた希有な存在なのである。誰にでもできる仕事ではなく、自分にしかできない仕事のあり方を模索する大切さをその背中は物語っている。群れないで、ブルーオーシャンを彼は感知するのである。

　建築の姿形にとどまることなく、建築にまつわることを社会との関係性に還元して拡散する。彼のように、つねに広い視野をもちながら仕事に挑戦したいものである。建築家が社会に必要とされる職業であるためにも、今こそわれわれの仕事に何ができるかが試されている。

Q1 ■ 建築界においてレム・コールハース／OMAの登場はどのような変化を与えたと思われますか。
Q2 ■ 彼（ら）の建築または活動が貴方に何らかの影響を与えたとしたら、それはどのようなものでしょうか

南後由和

社会学者

A1 ■ 1……レム・コールハースは、不確定性や偶発性を許容するプラットフォームとして建築を提示することで、グローバリゼーションや新自由主義による都市の速度、量、規模の変化に適応した。複雑化する都市の変貌のダイナミズムから建築家が「疎外」されがちな現代において、コールハースは、旧態依然としたロマン主義的作家としての建築家をめぐる幻想を解体すると同時に、グローバリゼーションや新自由主義下の社会において建築家という職能を延命させる離れ業をやってのけた。

コールハースは、「大きな物語」なき時代における物語の組み立て方とは何か（シナリオ、スクリプト、レトリック）、「ユートピア」なき時代におけるオルタナティブとは何か、批評なき時代の批評的建築とは何か、を提示しつづけてきた建築家であり、そうであるがゆえに現代の建築界を鼓舞、牽引しつづけてきたと言えるのではないだろうか。コールハースの仕事は、建築界において、国境を越えた伝染病や、情報社会におけるコンピュータ・ウィルスのような感染力を持つに至ったと言ってもよい。

2……コールハースは、建築が政治、経済、メディア、クライアントなどの他者性と不可分であるという、一見ネガティヴに捉えられがちな制約条件を、建築の可能性として捉えようとする。すなわち、建築の限界や被制約性を前景化したうえで、それらを巧みに読み替え、建築の可能性や潜在力を最大化しようとする両義的態度が一貫している。そして、これまでの建築家には見えていなかった、あるいは否定的に捉えられてきたフィールドに光を当てつつ、そこで起きている現象を追認するだけではなく、そこに介入するための戦術を企ててきた。

また、ダイアグラムをはじめとする、種々の統計データやリサーチを空間的に翻訳した視覚言語は、専門家と非専門家の境界を越えて情報を伝達、共有、拡散する仕組みとして機能しており、他者との連関や協働を可能にするメディアを提供した。それゆえ、コールハースの仕事は建築界というよりは、建築界と他領域の関係そのものを変化させた。

A2 ■ 1……コールハースの野蛮な歴史的想像力。AMOのリサーチの切り口やインフォグラフィックス。前提や与条件を疑い、それらを書き替えていく姿勢。リサーチと設計の架橋。流動化、断片化する都市に対して、現象から原理を、表層から深層を析出する手つき。複雑な様相の背後にある単純なルールの発見。建築・建築家と社会のあいだの「ヴォイド」への関心。作品としての建築物のみならず、本、雑誌、広告、映像、展覧会などのメディアを通じて生産、流通、消費される建築のイメージの探究など。

2……シチュアシオニストのメンバーでもあったオランダ人のコンスタントの《ニュー・バビロン》(一九五九―七四)が持つ現代的意義を研究するなかで、コールハースの仕事を六〇年代と現代を橋渡しする重要な実践として位置づけている(コールハースが建築家になることを志したきっかけのひとつは、ハーグ・ポスト記者時代のコールハースの、コンスタントへのインタビューの経験)。シチュアシオニストは資本主義やスペクタクル社会に「アンチ」を唱え、コールハースはそれらを肯定する「アイロニー」を展開したという違いはあるが、資本主義やスペクタクル社会のメカニズムを転用して、状況へと介入しようとするスタンスは両者に共通している。

また、形態至上主義の「計画」に陥らず、建築物のなかで起きる出来事を誘発するシステムの「操作」に重きを置く態度にはコンスタントとの連続性がうかがえる。既存の縦割りのカテゴリーや階級意識にもとづいた垂直的思考にとらわれるのではなく、異なるカテゴリー、プログラム、他者を等価に結びつけながら共存させる水平的思考にも、ニュー・バビロンの水平性に通じる点があると考えている。

Q1■ 建築界においてレム・コールハース/OMAの登場はどのような変化を与えたと思われますか。

Q2■ 彼(ら)の建築または活動が貴方に何らかの影響を与えたとしたら、それはどのようなものでしょうか

日埜直彦

建築家、日埜建築設計事務所

A1■ 八〇年代的な「建築」を陳腐化し、九〇年代的な「建築」を立ち上げ、全体として二〇世紀的「建築」に引導を渡したこと、今考えてみればそれが彼らが与えた変化だったのではないだろうか。

彼らが提示した手法、例えばダイアグラムに象徴される空間構成とプログラムへの操作的な扱いや、都市スケールでの社会的空間の再編成による相互交錯はもちろん新鮮なものだったが、あえて言うならそれ自体はいわば戦術の水準の問題だったように思う。むしろそうした試みが単なる手法やスタイルの問題以上のものとして広く影響力を持ったのは、その上位にある戦略的水準の問題設定が同時代的な状況を揺り動か

すものだったことによるだろう。OMAフォロワーたちとOMA自身の圧倒的なクリエイティビティの差はそうした包括性の有無にあったはずだ。

　二〇世紀後半のモダニズムへの懐疑以来、建築は広い意味で表象論的な問題に関心を向ける傾向にあったが、レム・コールハースはそうした問題にまったくと言っていいほど意義を認めなかった。そして表象論の対極としてのある種の即物性――それ自体はモダニズム初期に切り開かれた境地だった――を追求し、そこから建築と人間の関係の現代特有の条件に焦点を当てることで、彼は生産的なコンセプトを次々に生み出していった。それが当時の建築の状況に対してカンフル剤として新鮮だったのだが、同時に例えばアガンベンが「生政治」と言うような現代の新しい状況と対応するものとしてそれは圧倒的なリアリティを持っていた。二〇世紀近代とは人間がマス=量として現象した時代であり、古典的なヒューマニティの足元が切り崩された時代だ。高尚なオタメゴカシなど通用しない多文化的状況がもはや前提であり、理想や理念が色褪せネオリベラリズムの無骨な切断がモノを言う時代において、建築はなんらかの表象である以前にリアルな実体である。そうした時代において、建築は何であり得て、何を実現できるのか。こうした点において二〇世紀末の状況へのコールハースの意識はじつに明晰であり、その即物性によって時代のリアルと緊張感を持って対峙した。こうした戦略的視野を持ち得た建築家はそう多くはなく、とりわけ彼らの世代においてはほぼ単独的な存在だっただろう。

　旧態依然の上滑りな議論がかわされるなかで、その議論のなかに抜き身の即物性を持ち込んで、この猥雑な世界に建築を成立させる現代の困難をそのまま真正面から問う、それが彼らの現代性だった。

Enquete

A2 ■ まずは相互に異質なブロックの組み立て方によって建築のありようを一気に決める現代的なアプローチに影響を受けたように思う。『錯乱のニューヨーク』からつながるいわゆる「スタッキング」のアイデアを原型として、そこから展開するさまざまな空間編制のアイデアはやはり画期的だった。抽象的なルールであれ具体的なグリッド・システムであれ、なんらかの一様な基盤面において一個の建築を成立させる予定調和的な古典的アプローチを離れ、要素を異質なままに併置しながら、その相互の関係をさまざまに形成することで建築空間を組み立てる一種野蛮なアプローチには、ラディカルなインパクトがあった。これはとても適応範囲が広い手法であって、異質なものの布置を操作的に考えることによって空間を規定するアプローチはつねに自分の構想の前提となっているように思う。

コールハースの文章もまたじつにパワフルだ。とりわけ論文「ジャンクスペース」のインパクトは強烈だった。ゴミみたいな、あるいはすぐにもゴミになってしまうような空間の生産、それが建築家が実際にしていることではないか、と突きつけてくるこのテクストに接したときの、当惑と驚きはいまだにはっきりと覚えている。一種の善悪の彼岸にすでに立っているわれわれのその足元を暴き、その上で建築に対して何を期待するのだ、そしてまたそのような此岸の寄る辺なさにおいて真に意味のある建築はどのようなものであるか。いまだにしこりのように意識に残る問いとして残っている。

平田晃久

建築家、平田晃久建築設計事務所

Q1■ 建築界においてレム・コールハース／OMAの登場はどのような変化を与えたと思われますか。

Q2■ 彼(ら)の建築または活動が貴方に何らかの影響を与えたとしたら、それはどのようなものでしょうか

A1■ レム・コールハースは、建築における「即物的」とか「現実的」といった言葉の意味合いを変えてしまったのだと思う。

現実というものが、すでにそこにあるもの、あるべきものという仕方ではなく、そこに十分あり得るものとして捉え直されるところに、彼らの建築の面白さがある。

例えば《フランス国会図書館》コンペ案で国家的な図書館のプログラムを、本の充満した濃密な箱とそこにうがたれたパブリックスペースに翻訳し、プログラムの問題を新しい建築の形式によって示すとき、あるいは横浜の港湾地区に関する提案で、区切りのない連なりの空間の使い方を時間軸に対応した図式であらわすとき、そこで顕在化しているのは、新しい現実のありようであり、単なる抽象的な建築の形式ではない。

だからこそ、この、ものそのもののありようや現実に新しい仕方で根ざした建築は、とても力強いものであり得る。そこから生まれた様々な生き生きとしたプレゼンテーションの手法とともに、OMAの建築が世界を圧巻したのにはそういう理由があるのではないか。

それは現実をつかみ直し、再編集するといった意味合いにおいてジャーナリスティックである一方で、編集そのものの形式を問い直すという意味で優れて建築的である。コールハースたちの態度には、建築的思考の可能性を新しく示すところがあり、初期の活動からして既に、狭い意味での建築の枠組みを遥かに超えた活動を予感させた。そういう可能性、建築の枠組みを押

し広げるような力強さを、僕たちはよく分からないなりに直感的に感じ、かぎりなく影響を受けてきたのではないかと思う。

A2　二〇〇一年、僕はOMAのオフィスで、マンハッタンの一角を敷地とするコンペ案をスタディーする日々を送っていた。コラボレーターである伊東豊雄の事務所から派遣されたのだ。総勢数十名のチーム構成員は出自こそ違うものの、入り混じって作業していたので、なかばOMAの所員になったみたいだった。

レムが事務所にいるときは、独特の空気が漂っていた。赤いボールペンを持って、あちこちで打ち合わせというか、短い話し合いをしている。あるところで集まって話しているかと思ったら、レムだけどこかへ歩いて行って別のチームと話し始める。そのうちに違うプロジェクトのことを思いついて、また次の話をするうちに元のところに戻ってきて、何か面白そうなことを言い、コピー用紙に赤ペンで無茶苦茶ラフなスケッチをしていく、といった具合。

印象深かったのは、「interesting」「boring」「beautiful」「ugly」といった言葉が、率直な意味合いでしょっちゅう使われていたことだ。なんというか、とても実質的で力強く、そこには一切のシニカルさはないし、アイロニーですら、漂う余地もないほどだ。そしてそのざわざわとしたスピード感が、妙に魅力的なのだ。

Enquete

そのせいか、OMAには、レムと似たしゃべり方をする人が多い。ちょっと枯れた感じの声で「I think thataaa…」「much more interesting…」などと聞こえてくるのが所員だと思って油断していたら、突如レムの長い足が視界に入ってくる。事務所にいないときも、スタッフからの「Hi Rem」からはじまるファックスの束に翌日には反応がくる。ファックスの往復でがぴがぴになった模型写真に、あの赤ボールペンで素早く書かれたであろう「bad」とか「promising」などの言葉と短いコメント。そういうやりとりも含めて、とにかく異質なものとの絶え間ない接点の中でものをつくっている感じだ。

セシル・バルモンドとの構造打合わせでも、例えば、細長いプロポーションの超高層を複数建てるために、互いをつなぐ太いステイが出てくる、という話に、いままで内部に隠れていたものが外部に顕在化して「mysterious」だ、とうれしそうにしている。この言葉も良く聞いたが、ロマンティックな意味合いではなく、異質なものとの接点を押し広げる新しい設定（たとえばあり得ないプロポーションのビル）によって顕在化する見慣れない現実を、ポジティブにとらえる言葉のように感じられた。

そう考えれば、当時あちこちにサンプルが転がっていた新しい素材の実験であれ、コラボレーションであれ、資本の流れへの接近であれ、現実の「mysterious」さが見えるところまで物事を推し進めようという実験なのだ。現実こそがmysteriousなのか、mysteriousな現実を建築（的思考）が顕在化させているのか、分からなくなるような地平で現実にコミットしているというべきか。コールハースの自分に対する影響というのがこの文の課題であることを今思い出した。ただ、僕としては、影響というより、実際に体験したこの感触とか、世界の現実を構成するさまざまな側面にひたすら最高の鋭敏さを持って向かっていく姿への憧れしか、うまく説明することができなさそうだ。

藤村龍至

建築家、藤村龍至建築設計事務所

Q1■建築界においてレム・コールハース／OMAの登場はどのような変化を与えたと思われますか。
Q2■彼（ら）の建築または活動が貴方に何らかの影響を与えたとしたら、それはどのようなものでしょうか

A1■〈物語から言語へ〉

福岡市郊外の開発地に建つ《ネクサス・ワールド》レム・コールハース棟（一九九二）の設計趣旨は「コンセプト」や「メタファ」のかわりに「設計過程」だけが短いキャプションとともに説明されていた。

そのキャプションとは、一、道路に分断されたふたつの角地を選択した。／二、ふたつの角地にいかなる建築的秩序をもたらすか、が最初の出発点となった。／三、四角いヴォリュームをふたつ置いてみる。／四、北側隣接地にタワーが計画されていることを知り、南側に寄せて高密度な住居群とする。／五、石垣のような意匠を纏い、タワーの足下に並ぶソックル（礎石）となる、というものだった。

敷地に固有の特徴に反応しながら物語を引き出し、最後は自身の『Delirious New York』で分析したマンハッタン・モデルにさりげなく接続する。設計プロセスを駆動させる材料としてはもうそれだけで十分なのだ、と割り切って見せる。

他方でポルトガル、ポルトに竣工したコンサートホール《カサ・ダ・ムジカ》（二〇〇六）の設計プロセスについて記したテキスト「Transformation」（一九九九）は別の意味で衝撃的であった。もともとロッテルダム郊外に計画され未完に終わった住宅《Y2K》（一九九九）の模型を拡大し、ポルトに計画された音楽ホールの設計コンペの条件に適用したところ、当選してしまったという事実が報告されていたからである。

レム・コールハースの登場が与えた、あるいは体現した変化とは、設計プロセスに関

する極端に対照的な姿勢を示すことで作家としての建築家の虚構性を暴き出し、虚構としての建築に行き詰まっていたポストモダニズムに完全に終止符を打ってしまったことであろう。

　これによって浮かび上がってきた建築家が妹島和世である。理論を語らず、メタファを用いず、案を大量に作成し、比較しながら即物的な判断を積み重ねる。感覚をベースにしているのではなく、むしろプロジェクトごとに膨大な検討を経て設計ルールを確立し、例えばカーブの輪郭を持ち、分棟で設計された《鬼石町多目的ホール》などは「左右のふくらみが同等に見えるようにする」「各棟の柱が同じグリッドに乗っているようにする」「隣り合う棟の梁の方向が揃うようにする」というように、厳格なルールが適用されている。設計作業は案の作成を大量に反復するなかで評価基準を見いだし、ルールを確立し、建築の全体がひとつの関数で設計できているかのように設計言語を確立することにある。ポストモダニズムの建築家が設計の成果を物語に求めたのに対し、コールハース以後の建築家は成果を言語に求めるようになったのである。

Enquete

A2 ■〈政治をテーマにする建築家〉

コールハースが二〇〇〇年代に入り、「政治」をテーマにするようになったこと。日本の建築家はコールハースの即物的な設計スタイルやストライプ・プランなどの図式的な表現、キャンチレバーなどの形態をコピーすることはあっても、「政治」というテーマを共有する人はいなかった。

　日本社会は今、縮小モードとなり、行政がこれまでどおりストックを維持できないとなって、にわかに空間が政治性を帯びはじめてきた。社会が場当たり的に開発を繰り返していては破綻するということで「計画」概念が積極的に導入され、全体像が問題とされた一九六〇年代のように、将来予測に基づいてどのストックを残し、どのストックを処分するか、慎重な見極めが必要になってきたのが二〇一四年現在の状況である。ヨーロッパでは事態が三〇–四〇年先行しているため、オランダ国土を問題としたり、ヨーロッパの統合を問題にしたりするコールハースの一九九〇年代のロールモデルは少し時間差を伴って二〇二〇年代以後の日本に本格的に適用されるのではないかと思う。

　コールハースには「コールハースに影響された日本人建築家に影響される」というかたちでこれまでも大いに影響されて来たと思うが、本格的に影響を受けるとすると、むしろこれからではないかと思う。

Q1 ■ 建築界においてレム・コールハース／OMAの登場はどのような変化を与えたと思われますか。

Q2 ■ 彼(ら)の建築または活動が貴方に何らかの影響を与えたとしたら、それはどのようなものでしょうか

藤原徹平

建築家、フジワラテッペイアーキテクツラボ

A1 ■ 私はレム・コールハースの思想的な源流はシチュアシオニストに近いところにあるのではないかと考えています。レム・コールハースの本質はラディカリズム、批判、批評にあることを同意する人は多いと思いますが、レム・コールハースは建築にとってつねにアウトサイダー＝外部性の役割を持ってきたと考えています。シチュアシオニストを源流と考えるのは、そのためです。

近代以後、建築の概念は社会の変化とともにつねに揺れ動き続けています。建築が社会の揺れ動きを内包し、変態していく過程に突入するような状況をレムは建築の内部と外部を横断し、仕掛け続けているのだと思います。

A2 ■ 私がレム・コールハースから一番影響を受けたのは建築デザインというよりも、人類学的に「現在」を観る視点だと思います。横断的な知だけでなく、実践する行動力、周囲を置き去りにするスピード感などもあこがれています。

吉村靖孝

建築家、吉村靖孝建築設計事務所

A1 ■ 建築界への影響は語るに余るので、建築への影響を考えたい。どうしてもひとつだけ挙げるとすれば、プログラムの導入ではないか。ビッグネス、ジャンクスペース、ジェネリック・シティ、ヴォイド、トラジェクトリーなど他のキーワードは、建築や都市のコアな専門家の間で重宝されることがあっても、それ以外では使い道がない。しかし、プログラムという用語は、レム・コールハース／OMAの専売とは言えないが、それだけに敷居が低い。実際、OMAと彼らがつくるダイアグラムを知らず、プログラムを語る者がいかに多いことか。私とて卒業設計講評会などでは思わず「その建物のプログラムは何か？」と問うてしまう。つまりプログラムは、今ではファンクションを代替する用語としてすっかり定着しているのだ。しかしもともと

「プログラム」は、大仰で融通が利かずとっくにひからびていた「ファンクション」から建築を解き放つカタパルトだったはずだ。その意味ではファンクションの対義語だとさえ言える。コンピュータソフト(プログラム)のようにハードをハックし、テレビ番組(プログラム)のようにザップする。ファンクション未満の名状しがたいアクティビティによって、建築が満たされる。そんな可能性が「プログラム」には凝縮されていると思うのだ。例えば、絵画の盗難を期に最近改装されたロッテルダムのクンストハルでは、斜路がダイク(堤防)と公園を接続しながら館全体を貫いているが、斜路だけにその用途(ファンクション)が判然としない。カラフルな椅子が並ぶ有名なエントランスが、階段(動線)でもあり、講義室でもある。そうと知らぬ来場者が登壇者を脇に見ながらいそいそと展示室に向かう。これがプログラムの生まれる現場。プログラムが建築をつくるのではなく、建築がプログラムをつくるのである。こういった用途の重ね合わせに透かして見るべきは結局のところ、レム・コールハースが黙して明かさぬ、建築への信頼ではないか。

A2 ■『錯乱のニューヨーク』を読んでいなければ、『超合法建築図鑑』はなかった。法規と都市景観の関係を読み解くアイデアは、言わずもがな『錯乱のニューヨーク』に登場するヒュー・フェリスの木炭画『明日のメトロポリス』にヒントを得たものだ。グリッドとゾーニング法がニューヨークをニューヨークにしたのならば、東京を東京にしたのは何か。そう考えていくうちに、地形と地価、そして建築基準法が浮かび上がり、前二者は後者を通じて可視化されているのではないかという仮説が立った。だから法規の本をつくったのである。ニューヨークのスカイスクレーパーと東京の雑踏が法規をヒンジにしてつながる。我ながら痛快な経験であった。

Enquete

しかし、本当の意味でコールハースに学んだのは、著作が建築足り得るという事実そのものかもしれない。ドローイングやインスタレーションが建築と了解されるのと同様に、執筆が建築家を生み得ることが『錯乱のニューヨーク』によって明らかになった。同じくメディアを利用した建築家としてすぐに思い浮かぶのはル・コルビュジエだが、コルビュジエの場合は自らのプロパガンダという側面が強い。都市のゴーストライターを自称する『錯乱のニューヨーク』は一線を画すスタンスであり、そこからMVRDVやアトリエ・ワンの活動が生まれた。私自身の活動もその系譜の末端に加えてもらえればと思う。

Part.2
Media and Theory

Part.2

Media and Theory

メディアと理論

Part.2
Media and Theory 1

Part.2
Media and
Theory
1

Taro
Igarashi

OMA@ヴェネツィア・ビエンナーレ国際建築展

五十嵐太郎

最新と最初のヴェネツィア・ビエンナーレ

二〇一四年のヴェネツィア・ビエンナーレ国際建築展は、レム・コールハースが総合ディレクターとなるが、これまでとは異なる試みが行われる。まず例年は八月末か九月にはじまり、一一月末に終わっていたが、スタートを早めて六月頭に変えたこと。来場者の増加も一因かもしれないが、期間が長くなることで、交代で開催されるビエンナーレの美術展と同じスケジュールとなる。次にビエンナーレは、各国のパヴィリオンが並ぶジャルディーニという公園における国別の展示と、テーマ展示を行うアルセナーレに分かれ、通常前者はあまりテーマに縛られないが、全体で同一のテーマを扱うことを要求したこと。そして、これを実現すべく、例年よりもかなり早くテーマを提示し、各国に伝えたことである。実際、日本館のコミッショナーの選考は、いつも全体テーマが決まる前に行わないと、準備が間に合わないのだが、今回は先にテーマがわかり、それを踏まえ、コンペを経て、建築史を読みなおす元OMAの太田佳代子の企画が選ばれた。

テーマとなった「ファンダメンタルズ（根本）」は三つの展示から構成される。第一に、コールハースは、美術展のようなインスタレーションではなく、大規模なリサーチの場としてビエンナーレを位置づけ、各国が「近代の吸収——一九一四年〜二〇一四年」をとりあげることを企画した。すなわち、万博会場のような様相をもつジャルディーニでは、過去一〇〇年にモダニズムが世界でどのように受容されたかを検証する。なるほど、世界各国が参加するイベントだからこそ、二〇世紀における共通の基盤となった近代を切り口にするのは効率的なリサーチだろう。ほかのふたつとしては、床、壁、天井などの「建築の要素」と、イタリアをテーマにした展示も企画されている。ともあれ、各国がばらばらに好きなようにやっていたジャルディーニが、共通する歴史のリサーチを行うことで、まったく違う風景になるだろう。実はコールハースは、三〇年以上にわたって、ヴェネツィア・ビエンナーレに関わってきた。ここではその歴史を振り返り、今回の企画に至った経緯を確認しよう。

コールハースは、公式の第一回となった一九八〇年のヴェネツィア・ビエンナーレに参加している。バロックの研究でも知られる建築家のパオロ・ポルトゲージがディレクターをつとめ、「過去の現前」をテーマにしたときだ。今にして思えば、ポストモダンが一気に全世界にブレイクしていくタイミングでの展覧会であり、なるほどビエンナーレがたし

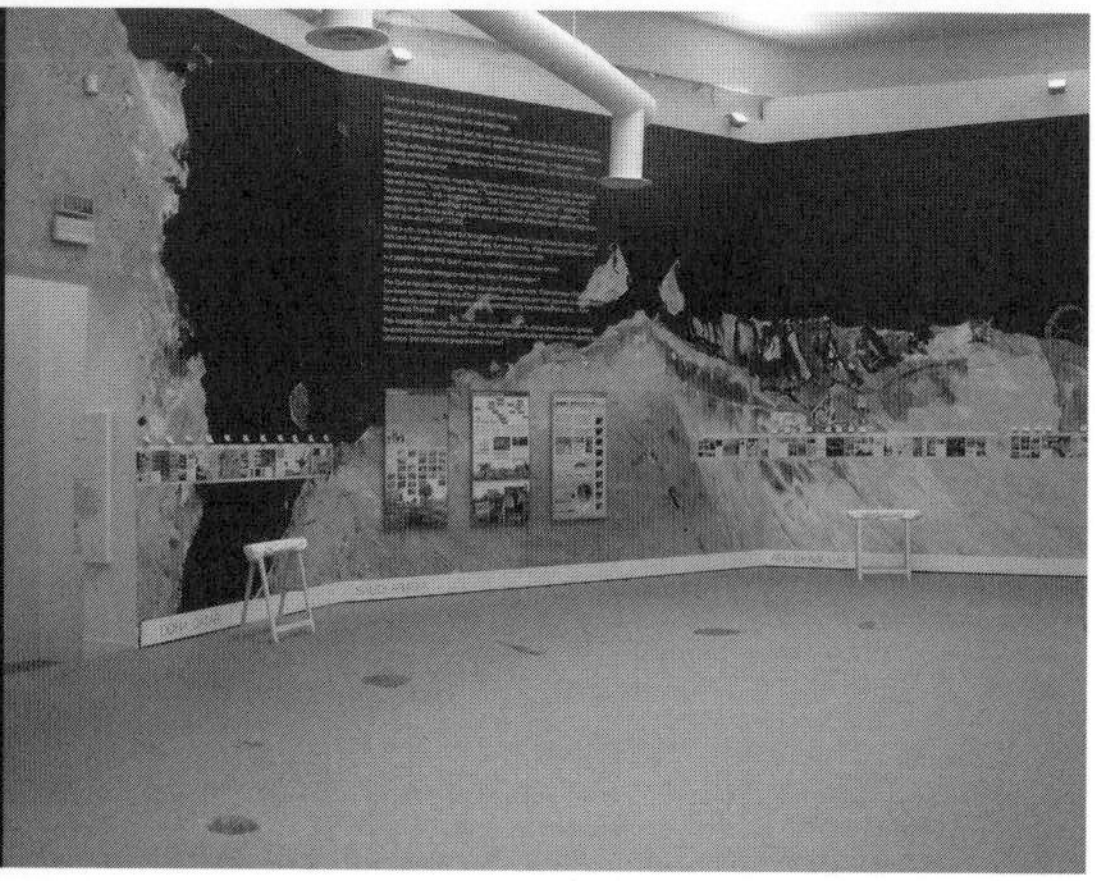

1　イタリア館に展示されたドバイの航空写真（二〇一〇）

かに時代を切り取っている。このときメインの展示として大きな倉庫のような空間をもつ旧造船所のアルセナーレにおいて、二〇人の建築家を招聘し、それぞれに家のファサードをイメージしたデザインをつくらせ、街路に見立てた「最後の道」が出現した。リストを見ると、マイケル・グレイブス、フランク・ゲーリー、オズワルド・ウンガース、ロバート・ヴェンチューリ、クリスチャン・ド・ポルザンパルク、レオン・クリエ、ハンス・ホライン、リカルド・ボフィル、チャールズ・ムーア、ロバート・スターン、スタンリー・タイガーマン、磯崎新らのポストモダン建築家に混じって、三〇代半ばだった若き日のレム・コールハース／OMAも参加している。筆者の世代にとっては、各自の提案は個別差を超えて、いずれも一九八〇年代の懐かしい雰囲気にあふれている。その特徴はパステル調の色彩と古典主義の引用だ。コールハースのファサード案も、オーダーにロシア構成主義のテイストを加味する。なお、まだ駆け出しの彼は、実施のプロジェクトもなく、展覧会のカタログでは、エクソダスやハーグの議事堂拡張計画コンペ案などを紹介していた。

　その後、五年ぶりに開催された一九九六年の第六回ヴェネツィア・ビエンナーレ国際建築展は、阪神淡路大震災の瓦礫を持ち込み、日本館が金獅子賞を獲得したことで日本において記憶されているが、ホラインが決めた全体テーマはまさに「地震計としての建築家」だった。このテーマ展示の部門において、コールハースは参加している三九名のうちの一名だった。このときのカタログを眺めると、時代を反映して、全体としてはまだディコンストラクティヴィズムの熱気が残っている。なお、同書ではコールハースの最新作リールのコングレスポ（一九九四年）が紹介されている。続く二〇〇〇年の第七回展のカタログでは、参加した記録はない。

近年のビエンナーレにおけるOMAの展示

二〇〇五年にAMOがヴェネツィア・ビエンナーレに関わった記述もあるが、公式ホームページでOMAとしてのプロジェクトがはっきり掲載されているのは、二〇〇六年からだ。

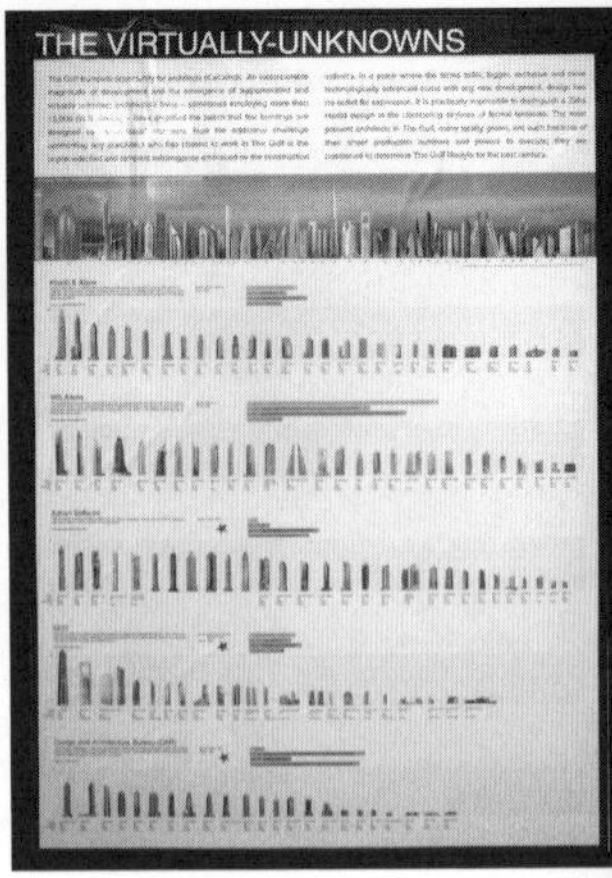

2｜アイコン建築を並べたパネル

3｜マデロン・ヴリーゼンドープのドローイング

筆者が現地を訪れるようになったのも、ちょうど二〇〇六年の第一〇回ヴェネツィア・ビエンナーレ国際建築展からである。このときは都市学のリチャード・バーデットがディレクターとなり、「都市——建築と社会」という堅いテーマだったこともあり、アルセナーレは世界各地の都市分析で埋め尽くされた。いわばデザインが洗練されたハイブロウな研究発表である。OMAがイタリア館で「ガルフ(湾岸)」と題して展示したのは、急速に都市を建設しているドバイの状況だった。これはイタリアの代表という意味ではない。地元だけに国別ではもっとも大きなパヴィリオンであるイタリア館は、テーマに関連した展示を行っている。ザ・ワールドやパーム・アイランドなどの驚くべき人工島群がよく見えるように、大きく拡大したドバイの衛星写真をぐるりと囲む壁一面に貼り、それに分析を提示する幾つかのパネル展示を重ねていた［写真1］。とくに目を引いたのが、奇天烈な造形を競うアイコン建築のプロジェクトを一覧に並べたイメージである［写真2］。こうしたリサーチのもとに、OMAはドバイ・ルネサンスのプロジェクトで、のっぺりとした白いモノリスのようなデザイン(ただし、回転する)をあえて提出したのだろう。今でこそ、二一世紀初頭のドバイ現象はよく知られているが、彼らは半歩早く建築展の現場にその新しい情報を届けたのである。

二〇〇八年のヴェネツィア・ビエンナーレは、筆者も日本館のコミッショナーとして参加したときである。アーロン・ベッキイがディレクターとなり、「アウト・ゼア——建物を超えた建築」のテーマを掲げ、前衛的なデザインの系譜をたどるものだった。このときはコープヒンメルブラウやザハ・ハディドの初期作品からデジタル建築までが集合し、インスタレーションも多く、美術展を想起させるにぎやかな会場が出現する。イタリア館では、「実験建築」を特集し、マデロン・ヴリーゼンドープの一九六七年から二〇〇八年までのドローイングやオブジェが並ぶ部屋がつくられた［写真3］。『錯乱のニューヨーク』のエンパイアステートビルとクライスラービルのベッドインなど、一連の挿絵を描いたアーティストである。展示が「シュルレアリスムの遊び場」と題されたように、摩天楼をモチーフにした幻想的

4｜イタリア館におけるOMAと保存の展示

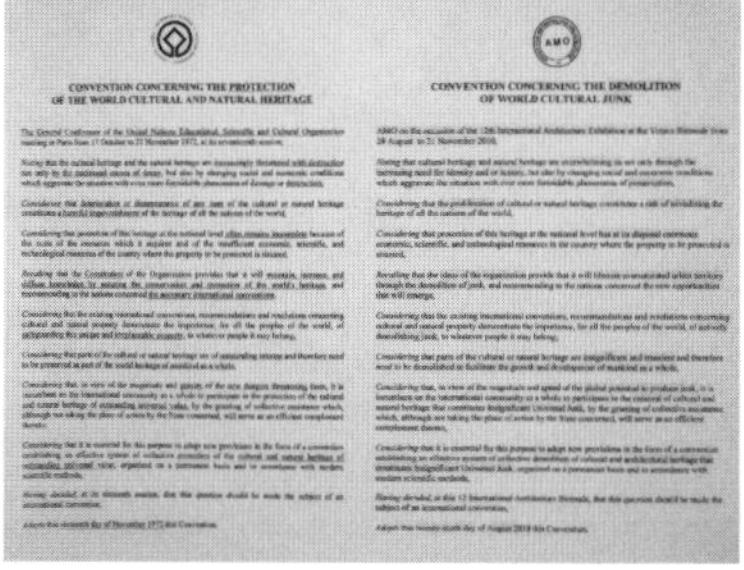

5｜『タイム』誌の表紙を飾った建築家
6｜AMO版の憲章

な彼女の作風は、精神分析的な建築論のイメージを演出するうえで大きな役割を果たしたが、その原画を一覧できる貴重な機会だった。なお、イタリア館では、ボルドーの住宅に関するドキュメント映像『コールハース ハウスライフ』も上映されている。

二〇一〇年は妹島和世がアジア人としても女性としても初のディレクターをつとめたことで話題になったときである。OMAは、定位置になっているが、イタリア館において「クロノカオス」、すなわち保存をテーマにした展示を行う［写真4］。開発を肯定する彼らの方向性から考えると、やや想定外の内容であり、意表をつくのだが、なるほど、破壊と保存は表裏の関係だ。破壊を考えることは、どこを保存するのかを考えることでもある。そうしたテーマのズラしこそが、OMAの醍醐味だろう。二部屋を使い、片方にはオランダの議事堂や中国の国立博物館など、保存に関わるOMAの二六のプロジェクト、階段を登ったもう一方には保存をめぐるいくつかのトピックをとりあげる［写真5］。思わず笑ったのは、世界遺産の保護のための憲章や基準を記した文章を改ざんし、AMOによる世界「がらくた」の破壊のためのテキストに変え、両者を並べたパートだ。例えば、「建物の種類のとくに優れた事例」を「建物の種類の平均的な事例」という風に［写真6］。そしてビエンナーレ第一回のテーマ「過去の現前」以降、保存はほとんど注意を払われていなかったが、OMAは最初から過去に関心を抱き続けていたと述べる［写真7］。たしかにコールハースの著作『錯乱のニューヨーク』は、すでに起きた出来事を再解釈しながら、未来に開くアクロバティックな理論だったし、モダニズムの巨匠ル・コルビュジエやミースを下敷きとするデザインも試みてきた。なお、

7 ― 鑑賞者が紙をちぎって持ち帰ることができる展示

8 | イタリア館に展示された「パブリック・ワークス」
9 | 建築プロジェクトに関するドキュメント
10 | セルジー・ポントワーズのプロジェクト展示

意外だが、それまでビエンナーレでは受賞していなかったコールハースは、二〇一〇年に初めて金獅子を受賞するが、生涯業績賞の枠組だった。

二〇一二年、ディレクターのデヴィッド・チッパーフィールドが設定したテーマは、「コモン・グラウンド(共通の基盤)」である。やはりイタリア館において、OMAは「パブリック・ワークス——公務員による建築」の展示を行うが、全体テーマに呼応しながら、またもニヤリとさせられる切り口だった。ヨーロッパの五ヵ国(イギリス、オランダ、ドイツ、フランス、イタリア)の一九六〇年代後半から一九七〇年代初頭の一五作品を紹介するが、スター建築家の派手なデザインではない[写真8]。ノスタルジーさえ感じさせる古き良きモダニズムだ。すなわち、OMAは公的機関のアノニマスな建築家たちが設計したものを選び、今や失われたコモン・グラウンドを再発見しようとする。かつて資本主義の社会において、スターではない建築家が摩天楼をデザインしたように、今度は公務員の建築家として公共施設を手がけた歴史を掘り起こす[写真9、10]。つまり、世界の共通基盤となった二〇世紀半ばのモダニズムの再読ということになるが、コールハースが全体のディレクターとなる二〇一四年のヴェネツィア・ビエンナーレ国際建築展は、これを拡大して全体で試みることになるのではないか。

Part.2

Media and Theory 2

Taro Igarashi

ふつうではない建築のドキュメント

五十嵐太郎

建築家の映像

レム・コールハースを論じようとすれば、多面体的な活動ゆえに、さまざまな視点がとりうるだろう。したがって、ここでは彼に関する映像作品に限定して論じたい。

拙著の『映画的建築／建築的映画』（春秋社）でも指摘したのだが、建築家の映画、あるいはドキュメントは難しい。なぜなら、アーティストとは違い、創作に悩んだり、働く姿が絵になりにくいからだ。実際、建築家がパソコンの画面、昔ならば製図板に向かう様子は地味である。アーティストが直接的に作品を制作する場合、それ自体が強度をもったオリジナルであるがゆえに、たとえ途中だとしても、また自分で壊したとしても、画面に緊張感が漂う。だが、建築家は、スケッチを描いたり、模型に指示をするわけで、間接的にならざるをえない。もっとも、フランク・ゲーリーは例外的だった。ドキュメント映画『スケッチ・オブ・フランク・ゲーリー』（二〇〇五）において、彼がスタッフに指示しながら、紙のスタディ模型に手を入れるシーンは、まるでファッション・デザイナーのようであり、絵になる。オブジェ的な造形をつくる作風がそうなのだが、やはり古典的なアーティストに近いからだろう。

では、その対極というべき位置にあるコールハースの映像をつくるとすれば、どうなるのか。日本版が二〇〇九年一月にリリースされたマーカス・ハイディングスフェルダーとミン・デシュ監督の『レム・コールハース：ア・カインド・オブ・アーキテクト』（二〇〇七）と、『コールハースハウスライフ』（二〇〇八）の二作品をとりあげよう。いずれも、本人のキャラクターを反映してか、やはり通常の建築映画とは大きく異なっているからだ。

過剰な情報を編集すること

フランク・ロイド・ライトやジャン・ヌーヴェルのＤＶＤ映像を見ると、彼らの代表作の紹介が入っており、実際の空間を紹介している。とくに現場を訪れるのが難しい建築、あるいはすでにとり壊されて、失われた建築だと、こうした動画はたいへんにありがたい。だが、『ア・カインド・オブ・アーキテクト』は、通常の建築映画とは違い、撮影時に最新作だったベルリンのオランダ大使館をのぞき、空間のシークエンスを追体験しながら、完成した建築を説明するようなシーンがほとんど存在しない。静止画や模型などの映像はあるのだが、むしろ、まなざしはレム自身に焦点が向けられる［**写真1、2**］。

作品では、建築巨人のプロジェクト、著作、コンペ案、本人のインタビュー、関係者の証言などが、圧倒的に高密度な情報が矢継ぎ早に示され、駆け抜けていく。しかも編集のマニエリスムというべき映像処理の手数の多さ。決してシンプルではない。無駄に多いとも言えるのだが、こうした「more is more」の手法は、まさにコールハースの手つきそのものである。彼は、編集者のように、あらゆるものを飲み込みながら、それらの遺伝子を組み換え、的確にそして刺激的にアウトプットを行うからだ。こうした新しい建築家のモデルはいったん提示されると、なるほどと思うのだが、シアトル公共図書館やカサ・ダ・ムジカなど、学生が表層的なレベルでデザインを模倣できても、実際に組織のレベルで同じような設計を進めるのは難しい。

　この作品は、コールハースの生い立ちから北京のCCTVまでの軌跡を網羅しており、彼の入門映像としてもおすすめである。もっとも、あまりにも情報が多いから、一度の鑑賞によって、すべての内容を理解するのは不可能だろう。再度、見なおす必要が生じる、過剰に情報が詰め込まれた映像の感覚は、『新世紀エヴァンゲリオン』のようだ。いずれも引用の織物として作品がつくられ、繰り返して鑑賞されることを前提としている。もっとも、内容は初心者向けだけではない。すでにある程度、コールハースを知っている人にとっても、レアな映像や新ネタを楽しむことができる。例えば、彼が建築家をめざす前に脚本家をやっていたり、ジャーナリストだったことは経歴にも書かれているが、具体的にどのような活動を展開したかはよく知られていない。

1｜『A Kind of Architect』より

2｜『A Kind of Architect』より

　筆者は、本作で初めて当時のフィルムを鑑賞することができた（若き日のコールハースの姿も見ることができる！）。また彼がハーグ・ポスト紙の記者だったときのエピソードも興味深い。とりわけ、一九六六年にシチュアシオニストの建築家コンスタントにインタビューを行い、建築に開眼したというのは、貴重な発言である。シュルレアリスムの流れを汲む、アクティヴィスト的な文化運動のシュチュアシオニストから、コールハースへの補助線を引くことができるからだ。コンスタントは、ニューバビロンというプロジェクトにおいて、新しい社会の都市イメージを構想した。もっとも、両者の資本主義に対する態度は正反対である。言うまでもなく、シチュアシオニストは反資本主義であり、コールハースはそれをあえて肯定するところから出発するからだ。

またAAスクールで学んでいた時代に、論文を執筆し、コールハースがベルリンの壁をテーマに選び、それが「エクソダス、あるいは建築の自発的な囚人」のプロジェクト(ロンドンの中心部で自らを壁で閉じ込めるゲーテッド・コミュニティ)に反映されたことも、彼の原点を知るうえで重要な情報である。早い段階から、純粋に美学的なデザインではなく、やはり社会的な意味から建築を考えていたことがうかがえるからだ。ともあれ、『ア・カインド・オブ・アーキテクト』は、さまざまな解読に開かれている。

ちなみに、DVDの特典映像も興味深い。編集なしの映像では、ピント外れの質問を浴びせる社会学者に対し、いつのまにか逆インタビューをしているコールハースの意地悪い性格や、日常のふるまいなども観察できる。

家政婦の目撃した現代住宅

一方、ボルドーの住宅(一九九八)を撮影したイラ・ベカ監督の『コールハース ハウスライフ』は、美的なオブジェとしてではなく、建築の日常を伝えようとする「LIVING ARCHITECTURE」シリーズの第一弾である(まだ日本版はリリースされていない)。これは欲張りな『ア・カインド・オブ・アーキテクト』とは対照的に、ひとつの建築の空間を徹底的に映し出す、きわめてシンプルな設定だ。映像としての最大の特徴は、設計した建築家でもなく、暮らしている施主でもなく、ここで働く家政婦の視点から前衛的な現代住宅が紹介されていることだろう[写真3、4、5]。コールハースは不在であり、映像のなかでもいわゆる建築的な説明がない。すなわち、『Landscape of Architecture』シリーズの第二弾がヴィラ・ダラヴァの形式をていねいに解説するような教育的な

3 |『コールハース ハウスライフ』付属ブックレットのカバー
Koolhaas Houselife, a film by Ila Bêka & Louise Lemoine.

4 | 家政婦が小気味よく住宅の欠点を指摘してまわる(『コールハース ハウスライフ』より)
Koolhaas Houselife,
a film by Ila Bêka & Louise Lemoine.

シーンは皆無である。一応、作品中に建築の見学ツアーも挿入されるが、肝心のガイドの説明はカットしており、あくまでも素人の視線から語られる。しかし、ヴェネチア・ビエンナーレ国際建築展2008のイタリア館では、ユーモラスな『ハイスライフ』は上映されており、笑い声のたえない、人気コンテンツになっていた。

冒頭では、フロアごと上昇する舞台装置のようなエレベータにのって、バケツ、ホウキ、掃除機などの道具一式に囲まれた家政婦が颯爽と登場する。実際、車椅子の主人が亡くなった現在、彼女が最も長くこの家で過ごしているようだ。幸せな生活が終わった後、編集者の妻もボルドーの住宅に戻ることは少ない。つまり、主が不在の家である。家政婦は思い出の器となった建築の面倒を見る墓守のような役割も担っているのかもしれない。さて、カーテンを開けるところから彼女の一日は始まる。シュトラウスの楽曲「こうもり」にのって、ワルツで踊るかのように、窓やトップライトの開閉など、メカニカルな部位が動く。その際、テレビの画面には、モダニズムをパロディ化し、住宅の機械仕かけがうまく作動しなくなるジャック・タチ監督の『ぼくの伯父さん』(一九五八)が映っている。なるほど、ボルドーの住宅でも、ジョイスティクと呼ぶ屋外の棒状の開閉ボタンやスイッチなど、あちこちで不具合が生じ、家政婦は困惑していた。

5｜家政婦のふるまいを通じて、建築の日常的な表情が露わになる(『コールハース ハウスライフ』より)
Koolhaas Houselife, a film by Ila Bêka & Louise Lemoine.

エレベータで上下移動しながら、フロアをぶち抜く巨大な本棚の書籍を整理したり、大きな体を揺らしながら、スロープをジグザグに歩くなど、家政婦による一連の動きをカメラが追いかける。なめまわすように、空間の隅々に彼女の手が届く。これは毎日の労働によって身体化した習慣的な動作だろう。まさに住宅の空間がアフォードする振り付けなのだ。この映像は、掃除を通じて、床や壁など、建築のあらゆる表面に触れる作品である。なるほど、彼女がいない見学ツアーのシーンでも、雨で濡れた多くの靴と床ばかりを映していた。カメラ一名、音響一名というミニマムな撮影の体制が、手を休めることなく、しゃべり続ける家政婦を親密な距離で記録する。『ア・カインド・オブ・アーキテクト』において、コールハースは建築における人の動きをコレオグラフィにたとえていたが、さすがに掃除機を抱えて螺旋階段を苦労して昇る、家政婦のふるまいまでは予想しなかっただろう。

この映画で、もっとも驚かされるのは、建

築の欠陥を紹介していることだ。通常は隠される内容だし、そもそも建築家は嫌がって、こうしたシーンを許可しないだろう。しかし、家政婦は、容赦なく、欠点を指摘する。例えば、ここで鉄筋の錆が進行しているとか、大きな窓ガラスが割れていたことも語られた。雨が降ると、水漏れの対策のために、バケツや容器、食器がずらりと窓沿いに並ぶ。地下にも水が流れる。住宅の検査のために、ホースで水を流してチェックすると、大騒ぎだ。テレビの上から水があふれ出し、「事件の生中継ですね」と言いながら、慌ててバケツを運ぶ。筆者の知るかぎり、ここまであからさまに不具合を隠さない建築系の映像は他にない。

『ハウスライフ』を見ながら思い出したのは、ロッテルダムのクンストハル(一九九二)を訪れたときのエピソードであ

る。美術館の内部を見学していたら、警備員がやってきて、建築の関係者だとわかると、あちこちの案内を始めた。そしてグレーチングの床はハイヒールがひっかかって困るとか、スカートのなかが見えてしまうとか、建物のさまざまな問題をうれしそうに説明したのである。村野藤吾やライトの建築など、すばらしさを語る案内者は多いのだが、その逆は珍しい。もっとも、それは偽悪的なコールハースの建築にふさわしいように思われた。自分の家のように毎日掃除する家政婦も、グレーの壁だらけの空間はごめんだね、墓だけで十分だと悪態をつきながらも、顔は怒っていない。言葉とは裏腹な内面を示すシーンだが、映像はそうした一瞬を逃さない。それは出来の悪い子どもほど手がかかり、愛しいという表情のようにも見える。

メトロポリスのビッグな出版・編集者

建築家レム・コールハースのケース・スタディ

Part.2
Media and Theory 3

瀧本雅志
Masashi Takimoto

Part.2
Media and
Theory
3

一九九〇年代以降の出版や編集について考えるうえで、建築家のレム・コールハースの思考や活動は、たいへん興味深いケースを示しているように思われる。コールハースが出版や編集を活発に行い、それが彼の建築と切りはなしがたい重要な活動であることは、建築の世界ではよく知られた事実だ。だが、そのことのアクチュアルな意味は、建築の観点からばかりでなく、出版・編集の現況を問う方向からも問い直されてよいだろう。以下で見るように、コールハースの出版や編集への関わり方はじつにタイムリーだ。コールハースの出版・編集に対する考え方やアプローチを確認することは、その建築を理解するだけでなく、九〇年代以降の出版・編集の行方を探るうえですくなからぬ意味を持つにちがいない。そもそもコールハースが現代の建築をリードしているのも、建築と出版・編集の複合が必至となるような先鋭的な思考のためだろう。そして注目すべきことに、コールハースのもとでは建築も出版・編集も、従来とはいくぶん異なる営為へとその質を変えているようなのだ。コールハースは、建築と出版・編集、そして両者の関係がドラスティックに変容している時代にあって、その新たな波を積極的にサーフする姿勢をとっていると言えよう。彼の活動は、状況の変化へのクリティカルな意識にドライヴされており、さらには自ら状況の再編を挑発的に仕掛けている向きさえも認められるのだ。もちろん、こう述べてもコールハースという名を聞き慣れない者にとっては、意味不明で唐突な印象を否めないかもしれない。よって、まずは出版や編集のキャリアにとくに注目しながら、コールハースのプロフィールをふり返ってみよう。そしてそのなかで、コールハースの出版・編集に対する問題意識も少しずつ探ってゆくことにしたい。

■

レム・コールハースは、一九四四年オランダのロッテルダムに生まれた。父はジャーナリストで、のちに小説家となった人物。母は演劇の衣装や舞台をつくる仕事をしており、母方の祖父ディルク・ローゼンバーグDirk RoosenburgはＫＬＭやフィリップスの本社ビル等を設計した著名な建築家である。それゆえ、家系や家庭環境を重視する者であれば、コールハースにおける建築と出版・編集との関わりの源をここに見出すかもしれない。だが、それとともに興味深いのは、コールハース自身が建築の道に進む以前にジャーナリストの職に就いていたことだろう。高校を出てすぐの時期に、彼はアート、スポーツ、社会、政治等のさまざまな記事を手がけ、フェリーニやル・コルビュジエへのインタビューも行っている。また同じころ、映画のシナリオも何本か書いているが、このことも意外に重要な影響を後のキャリアに与えたかもしれない。その後、一九六八年にロンドンの建築学校AAスクールに入学。影響を受けた教師のなかにアーキグラムのメンバーがいたことは見逃せない。アーキグラムは、当時建築界のビートルズとも呼ばれたポップなグループで、グラフィカルな自主制作雑誌にSFめいた自由なプロジェクトを発表し、六〇年代のいわゆるアンビルトの建築思潮（＝現実には建たない建築の可能性を探る思考）を先導した。七二年からはアメリカに留学し、七五年まで当地に滞在。ニューヨークのマンハッタンを調査し、その成果は後ほど詳述する著書『錯乱のニューヨーク』へと数年後（七八年）に結実する。七五年にはヨーロッパへ戻り、現在まで続く建築事務所OMA（＝Office for Metropolitan Architecture）を友人たちと設立。こうして、いずれもメトロポリス（＝大都市）へと関わる出版活動（＝『錯乱のニューヨーク』）と建築活動（＝OMA）が、時期的に交錯して始動していることに注目しよう。コールハースの事務所OMAは主要なコンペへの参加や実作で次第に評価を集めはじめ、特にEU統合後のヨーロッパでその思考が真価を発揮するようになる。とはいえ、コールハースが一躍ブレイクしたのは、九五年に刊行された電話帳サイズの書籍『S,M,L,XL』によってだろう。この本の売り上げは、あの分厚い造本にして現在まで約一四万部を数えるというが、それは何よりその編集方針と掲載された文章がきわめてユニークなためであった。

この点について、すこしくわしく見てゆこう。先のアーキグラムの話にもつながるが、この本のコンセプトのひとつは、実現されなかった作品にもリアリティを認めるところにあった。実際に建った建築と計画段階に留まった建築は、ページ上では等しい扱いを受ける。プランという語は（英語やフランス語では）計画のほかに平面という意味も持つが、可能的な計画プランと現勢化した計画プランは、どちらも同じページ平面（＝プラン）上のイメージとして提示されたのである。また、『S,M,L,XL』ではその書名のとおり、小は家から極大は都市に至るまでのスケールに応じて、作品が分類され並べられていた。従来の建築家の作品集のように、テーマやビルディング・タイプ（＝建物の用途別種類）によって作品をソートする編集は、あえて行わなかったのだ。しかも、各作品が整然としたレイアウトで単に解説や説明を付されてすまされるのではない。『S,M,L,XL』では、現代の建築や都市に関する論考、エッセイ、マニフェスト、日記、キーワード集などの多様な文章が、ページ枠に制限されず自在なデザインのもとで掲載される。そして、それらの文はさらに多彩なビジュアルと縦横に交錯させられ、ページ平面どうしのランダムな接続が組織されていたのである。重要なのは、こうした文字とイメージのマッシヴな集積について、コールハースが次のように述べていたことだろう。それらこそ、今日の建築的状

況やグローバリゼーションの事態を照明するものであるのだ、と。

この最後の点は、また後でくわしく検討するとして、とりあえず先へ進もう。一九九五年以降、コールハースはハーバード大学で教鞭をとり、学生とともに都市や社会に関するリサーチを行うようになる。それらの研究もまた出版物にされ、中国の珠江デルタを分析した『The Great Leap Forward』、そして現代社会におけるショッピングの意味を問い直した『Guide to Shopping』が二〇〇一年に刊行された。このころからコールハースは、現代の建築・都市プロジェクトにおけるリサーチの重要性を鑑みて、シンクタンクAMO(=OMAの鏡像とも評される)を始動させる。AMOはリサーチのほか、建築施設内の文化・情報プログラム、広告や広報やインターネット上のメディア戦略、ビジネス・コンサルティング等にも携わる。例えば、ファッション・ブランドのプラダの建築プロジェクトでもAMOはOMAと協働。その経緯は、『Projects for Prada』(二〇〇一年)という本にまとめられた。このように、(ハーバードで教える以前から)リサーチに大きな比重が与えられるのも、コールハースの特徴のひとつと言えよう。そして、その作業は出版・編集の活動とごく密接かつ不可分にリンクしているのである(AMOは、雑誌『Wired』のコンサルティングも引き受けている)。

今世紀に入ると、コールハースの仕事はますます増大する。出版物もおそるべき量が絶えずアウトプットされてゆくが、じつを言えば、ここまで挙げてきたものにしても、全体のごく一部でしかなかったのだ。コールハースは単行本以外にも、展覧会や文化イベント用の刊行物、個別の建築プロジェクトのドキュメント、建築雑誌への編集協力やページ制作、講演やインタビューの再録等にも多く関わってきた。しかも最近では、自分たちで立ち上げた雑誌『Volume』さえも企画・編集している。もちろん、コールハースは『錯乱のニューヨーク』以降もなお、現代の最も刺激的な建築・都市理論家のひとりであり続ける。論文やエッセイも随時執筆し、そのいくつかは新たな建築・都市の概念を打ち出して、注目と期待を集めている。念のために言

い添えておこう。コールハースは建物自体の評価も俄然高く、実作も当然数多くこなしている。この四、五年の間に着工や竣工がなされたものだけでも、シアトルの公立図書館、ベルリンのオランダ大使館、北京の中国中央電視台等々、きわめてインパクトの強い作品が世界各地に点在するのだ(コールハースは単に建築の論客というわけではないのだ)。こうした超過密スケジュールのなかで、コールハースが関与する出版・編集物の量は、従来の建築家に見られたレベルをはるかに突き抜けている。この過剰さは、それだけですでに建築と出版・編集の新たな関係の到来を告げていると言えよう。そ

して、両者の間を高速で幾度も往復し、双方を並走させるコールハースの活動は、互いの領域をシャッフルしながら溶融させつつ、各々の営為の意味さえ変えているようなのだ（コールハースの出版・編集活動は、マルチな才能とか充実した余技などといった水準とは、確実に質を異にしている）。

ちなみに、ここ数年のコールハースが政治・経済への挑発的な関与を深めていることにも言及しておこう。例えば、AMOはEUからの依頼に応えて、そのビジュアル・アイデンティティの模索に参加。二〇〇一年には加盟国が増えても容易に変更可能なEU旗を提案するが、それは何と各国の国旗の色を縦に引き伸ばし、バーコード状に並べた代物であった（経済的・情報的な含意をアイロニカルに示しつつ、それはなかなかに美しい！）。また、二〇〇四年にはブリュッセル等でEUを表象するイメージの検討のために展覧会を開催。そこでは、「ヨーロッパとヨーロッパ連合の歴史」があくどい絵巻風ビジュアルにされて展示された（翌年、雑誌『Volume』第一号の付録冊子として出版）。そして同じ二〇〇四年には、書籍『Content』が同名の展覧会の内容を受けるかたちで刊行される。この本は『S,M,L,XL』以後の作品集の意味合いも持つが、わざとB級雑誌ふうにデザインされ、猥雑さが芬々と発散された。表紙には、OMA設計の中国中央電視台を背景にジョージ・ブッシュ、金正日、サダム・フセイン。そして彼らは各々、マクドナルド、ランボー、ターミネーターの扮装で描かれていたのだ。きりがないので、あといくつかに留めよう。二〇〇六年には、OMAが設計した建物の竣工後の使用状況をテーマにしてムック的な本が上梓される。そのタイトルは、『Post-Occupancy（＝占領後）』だ。また、コールハースが「ビッグネスと速度」という文章で、グローバリゼーションに対して認めたキー・イメージも偽悪的で強烈だ。世界は、円（¥）とユーロ（€）とドル（$）で覆われている。よって、それらを総合すればYESだとコールハースは言うのだ。このように、いまやコールハースはエキサイティングなひとつのメディアと化しつつある。時代の寵児というより、むしろトリックスターと言うべきか？　いずれにせよ、スター建築家でありつつ、旧来のカテゴリーでは形容しがたい活動をコールハースが自演していることが分かるだろう。そして、その確信犯的な身ぶりにおいて、出版・編集は明らかに大きな戦略的意味を占めているのだ。

当然ながら、こうなるとコールハースについて書かれた文章も多くなり、彼をテーマとした雑誌や書籍も増殖の一途を辿る。例えばまず、邦訳もある『What is OMA?』（二〇〇三年／邦訳二〇〇五年）を挙げておこう。この本は「レム・コールハースとはいったい何者なのか？」をテーマとしたアンソロジーであり、いわゆる建築畑の人間以外に哲学者、現代美術のディレクター、SF

小説家などが論考を寄せている。また、美術評論家のハル・フォスターがその著書『Design and Crime（デザインと犯罪）』（二〇〇三年）のなかで、コールハースの資本主義との共犯を論難している激しい口調も忘れがたい。一方、マルクス主義の文化批評で有名なフレドリック・ジェイムソンも、『時間の種子』（一九九四年）でコールハースの建築を論じている。ジェイムソンは、ポストモダンにおける新たな「全体性」のカテゴリーを考察するうえで、コールハースの「ビッグネス」という概念（正確に言えば、それは翌年の『S,M,L,XL』で発表されるので、この概念へと定式化される考え方）を検討しているのだ。これまで見たように、出版・編集へのコールハースの関わりは、個人的な執筆活動から事務所によるディレクションにいたるまで、公私さまざまなレベルに渡っている。そして、それらコールハース自身が関わった出版物のほかに、コールハースに関わる出版物がいまや加速度的に増えているのだ。その典型的な例として、コールハースが特集された雑誌に、コールハース執筆の論文がほかのコールハース論とともに掲載され、その特集にコールハースの事務所が編集協力するケースを考えてみよう。ここでは、出版・編集におけるコールハースの公私や主客の区分はかなり交錯している。もちろん、著名人においてこの手の事態は、現代のメディア社会では類例に事欠かないとも言える。だが、すくなくともコールハースとOMAとAMOの境界は不分明であり、コールハースにおける出版（publication）は、私的な内面（private）を外の公（public）へ向けて表出するという以上に、コールハース自身の公私そして内と外を攪拌しているのである（じっさい、コールハースの関わった出版物は、著者がコールハースかOMAかAMOか分からないこともあり、明記されていないことも少なくない）。よって、コールハースとは、出版のための戦略シナリオを編み続ける個人的・集団的なノベリスト（＝新奇なプロジェクトの仕掛け人）の名であるとも言えよう。だからこそ、コールハースの関係する出版・編集の量的レベルはあのように尋常でなくなるのだ。そこでは、建築についての出版・編集が行われるという以上に、建築という方位のうちで出版・編集の組織がたえず再編されながら稼動している。

[redacted]

なるほど、コールハースとはグローバル化した資本主義の波に阿ったブランドネームにすぎないと難じる者もなかにはいる（例えば、上述のフォスター）。しかし、波をいかにサーフするかにこそ、その波への批判的関与の可能性も存するかもしれず、そのためには出版・編集が必須のサーフ・ボードとなるのかもしれない。

■

ところで、昨年（＝二〇〇七年）に発行された『El Croquis』（スペインの建築雑誌）の第一三四・一三五合併号は、コールハースの特集号だった。そのなかに、コールハースの関わった出版物の量が一九七五年から二〇〇六年にいたるまで、大よそのところカウントされたページがある。どの程度のものか、参考までに一瞥してみよう。その計数によれば、コールハース（もしくはOMA）が直接関与したとされる出版物（＝個別のプロジェクトのドキュメント、単行本、作品集やリサーチ結果等の出版プロジェクト）の総量は、一九九四年以降は年あたり二五〇―五〇〇ページに上る。そして、コールハースについての出版物は、ここ数年月五〇〇頁をほぼコンスタントに超えているのだ。ちなみに、これらのデータは、出版物の表紙写真がびっしりとレイアウトされたビジュアル年表上にグラフ化されて示されている、大判の雑誌で六頁が充てられており、視覚的にもそのすごさはすぐさま実感されるだろう。

とはいえ、ここでもうひとつ注目してみたいことがある。それは、そもそもこうした企画が組まれたのが、コールハースへのインタビュー記事の一環としてだったことだ。記事のタイトルは、「Architecture of Publication（出版・公表の建築）」。インタビュアーは、あのビアトリス・コロミーナである。

コールハースへのインタビューを出版（Publication）をテーマにしてコロミーナが行ったのは、本論と似た理由からのようだ。コールハースにとって、出版は常に建築と不可分の重要な活動であったこと。だがそれにもかかわらず、その面でのしっかりした考察がこれまでなかったためなのだ。コロミーナは、現在プリンストン大学で教えるスペイン出身の建築史家である。その仕事のひとつには、まさに建築と出版の関係を問題にした『Privacy and Publicity: Modern Architecture as Mass Media（マスメディアとしての近代建築　アドルフ・ロースとル・コルビュジエ）』（一九九四／邦訳一九九六）がある。おそらく件のインタビューは、この本の思考の延長線上で行われていると見て間違いない。記事のタイトル、最初に述べられるインタビューの主旨、実際に行われた会話のディテール等から、そう推測するのにさほどかたくない。よって、この著書でのコロミーナの考えを少し確認してみよう。そうすることで、コロミーナがどのような意味でコールハースの出版・編集に注目しているのかを、よりくわしく考えられればと思う。それにまた、結局のところここまでわれわれは、コールハースのプロフィールや出版物の量しかおもに問題にしてこなかった。ここからは、コールハースにおける建築と出版・編集の意味を、質的そして理論的な面から検討してゆこう。そのためにも、コロミーナの思考をトレースすることは、参考材料や準備作業になるはずだ。それをステップにして、コールハースの根本的な問題意識へも徐々にアプローチを試みてゆきたい。うまくゆくなら、それはコールハースとともに、現在の時代状況やメディア環境を考えることにもつながるかもしれない。

なお、以下に記す『Privacy and Publicity』の主旨は、目下の議論にあわせて適宜パラフ

レーズや補足を加えることとする。

■

さて、近代建築について大まかにとらえるところから始めよう。それ以前の建築との違いとしては、鉄骨やコンクリートの使用がやはり決定的だろう。鉄骨とコンクリートのおかげで近代建築は、水平の層をつくる各階の床面と、それを支える垂直の細い柱(および階段)とによって、基本的には建てられるようになった。つまりは、石積みの場合とは違い、壁は床の荷重を支える役割から解放されたのである。極端に言えば、壁はなくても各階の床面は柱で支持され、建築はじゅうぶんに建つ。よって、壁の垂直面を床の水平面と自由に組み合わせることが可能となったのだ。こうして建築は、自由な平面の組立てから構成されるものへと性格を変える。そして重要なのは、それらの平面がイメージの平面へとメディア化してゆくことだろう。というのも、以上の条件から、近代建築では石壁のときとは異なり、壁に大きな開口部を設けることも可能となるからだ。コロミーナが注目するのは、そうしてできた広い窓が、映画のスクリーンと同じように機能することである。つまり、それは外部の公的な世界を映像化し、それを私的な内部空間へ向けて映し出す(publicなものがprivateになる)。また他方、窓は外部の公的な世界へ向けて、内部の映像を上演するようにもなるだろう(privateなものがpublicになる)。それに、内も外も同じように平坦な面からなる近代建築では、建物の外部性とは、見られる側となって映像化されることにほかならない。そして、そうしたprivateなイメージのpublication(出版)やpublicity(広告・広報)もまた、近代建築が生産され流通する現場となるのである。

　コロミーナによれば、近代の建築家たちが自分の建物の写真映りにデリケートになったのも、まさにそのためである。そして、だからこそル・コルビュジエのように、出版や編集を自身の建築に欠かせない活動とする者さえ登場してきたのだ。近代建築において、建築はイメージを見るための装置となり、またメディアにおいて見られるイメージとなる。そして、内外の境界をなす壁はイメージ平面のスクリーンと化し、privateとpublicが錯綜する平面の組立てがいまや建築行為となるのである。コロミーナは、この点についてこう述べている。近代建築は、「内部とも外部ともつかぬ空間、私的(private)とも公的(public)ともつかぬ空間」を出現させた……。ところで、思い出そう。プラン(plan)という語は、計画や平面の意味を持つのだった。ところが、planには(フランス語では)さらに映画のショットの意味もある。よって、自由なイメージ平面の複合から成る近代建築は、いくつものショット(plan)がモンタージュされた映画的構成物とも言えるだろう。換言するなら、建築における内部と外部のかつての立体的隔たりは、両者の関係性の場であるスクリーンへと解消し平滑化する。そして、建築がイメージ平面(plan)の自由なモンタージュ計画(plan)となるかぎりにおいて、それはイメージの出版・編集(publication)とも区別しがたい行為に変わるだろう。

およそこうした考えを背景に、コロミーナはコールハースへのインタビューを行ったことだろう。コロミーナは、そうした議論を『Privacy and Publicity』ではとくにル・コルビュジエやアドルフ・ロースに即して行っていたが、こと現代建築家のコールハースの場合はどうかにも関心があったのだろう。はたして、コールハースはコロミーナが論じたような近代建築と出版の関係性のライン上で、出版活動を営んでいるのかどうか？　コールハースが近代建築の場合とは異なる意味で出版に取り組んでいるのだとすれば、それはなぜであり、また出版はどういう意味を持つものに変じているか？　いったいコールハースは、建築と出版の関係性に何らかの明快な見解やセオリーを持っているのかどうか？　コールハースがあのように建築と出版・編集を複合させる背景には、どのような戦略的思考や時代認識が働いているのか？　……おそらくコロミーナが聞きたかったこれらの問題について、しかしコールハースはあまりしっかりした答を返してはいない。なるほど、コロミーナはコールハースの出版・編集活動について、これまで必ずしも明かされていなかった事実までもインタビューで聞き出している。だが、コールハースは上のような質問にコロミーナが入りかけると、意外に当たり前の答を淡々と返すか、もしくは具体的な事実の方向へ話を進めてしまう。もちろん、それにはインタビューという形式ゆえの限界もあるだろう。しかし、いずれにしても、われわれとしてはこの問題の考察をさらに進めるには、いま一度コールハース自身の文章や談話に立ち返る必要があると言えそうだ。そして、そこからコールハースの建築をめぐる思考に潜在する出版・編集論を現勢化させてゆかねばなるまい……。では、われわれはどこからスタートしたらよいのか？　とりあえずここでは、あの『錯乱のニューヨーク』を入り口に選んでみよう。この本は一九八〇年には売り切れたそうで、その後しばらくは絶版の状態が続いたらしい。理由は定かではないが(版元が図版を消失したためとも、コールハースがその時期建築に専念したかったためとも言われるが……)、そのためそれはいっとき伝説の書の観を呈したようだ。再版はようやく一九九四年になって現れ、以降この書物はかつて以上に大きな注目を集めることとなる。われわれには、まずはこうした事実自体がじつに示唆的に思われるのだ……。

一九九五年は、バブル経済が崩壊してから数年が経ち、阪神・淡路大震災や地下鉄サリン事件が世を驚かせた年である。周知のように、この年を少なくとも日本におけ

る（実質的な）一九九〇年代の始まりと見なす論者も少なくはない。それはバブル破綻後の不景気が実感を帯びはじめる時期であるとともに、インターネットの普及率もこの頃から飛躍的な上昇の段階を迎える。また、Windows95が新たなパソコンの時代を喧伝したのも、まさにこの同じ年である。『錯乱のニューヨーク』が再び注目されるようになるのは、そうした時代の転換期である（それには、むろん『S,M,L,XL』の好評も関係しているだろう）。邦訳もまた、刊行されたのがちょうど一九九五年だ。そして、われわれとしてはその前年、つまり『錯乱のニューヨーク』が再版された年に、近代の表象空間の起源を眼差した松浦寿輝の『平面論』が出版されていることも忘れられない。というのも、近代的なイメージの生成を回顧しようとしたこの本で松浦は、それが結局のところ「平面」の問題であることを告げていたからである。近代的なイメージを「平面」のプロブレマティクから捉えるその議論は、われわれの目下の問題とも大きく重なり合う。ところが松浦は、そうした「平面」を出現させた近代の表象空間が、いまや緩やかに閉じられつつあるかもしれないとも呟いていたのである。

　『錯乱のニューヨーク』を検討するとき、そうした背景を見落とすことはできない。というのも、じつにこの本もまたある種の「平面論」なのだ。だが、こちらは閉じられるかもしれないどころか、九〇年代以降の世界へ向けて、グローバルに接続しいく度も開かれてゆくタイプの「平面」がテーマだ。このように、ひとつの「平面論」が現れてはつつましやかに身を潜めようとするとき、それとすれ違いざまに、もうひとつの「平面論」が回帰して新たな時代と賑々しく共鳴すること。それは、九〇年代以降の出版・編集について考えるとき、きわめて徴候的な出来事と言えるだろう。じっさい、松浦の本にしてもたとえばマラルメなども論じていたのであり、近代の表象空間という大きな問題を扱いつつも、ページ平面や出版・編集にも関わる本だったのだ。

　では、『錯乱のニューヨーク』では、どう平面が論じられているだろうか。それはおもに二段階で反復されて語られている。まず第一にコールハースが語る平面、それはニューヨークはマンハッタンの条理化された土地区画である。一個の島にほかならない広さが限定された土地であるマンハッタン。そこで、いかに土地の投機を抑えつつ、人びとの期待と欲望はそれとして活性化させ、集住や過密の魅力と利点を築いてゆくか。そうした問題を解くべくグリッド化された敷地平面は、当初の予想以上に、このメトロポリスの将来を決定づけるマトリックスとなった。というのも、それは建物に対して水平方向への限界を課す。よって、拡張のフロンティアは、自然垂直に空へと向かわざるをえない。こうして林立する摩天楼が出現し、過密の文化が常にヒートアップしてゆく……。もっとも、こうしたアーバニズムのプログラムを、マンハッタン自身がついに明確に定式化することはなかった。そこでコールハースは、マンハッタンに代わってこの都市のplanをふり返り、それを宣言し直す役を買って出る。つまり、『錯乱のニューヨーク』はマンハッタンの「レトロアクティヴ(回顧的・遡及的)なマニフェスト」なのだ。そして、コールハースは「マンハッタンのゴーストライター」を自認しているのである。

じっさい、グリッドはまた、各ブロックにほかのブロックとの差異化を迫ることにもなろう。そのおかげで、マンハッタンは全体主義化の危険からつねに免れ、各ブロックは覇を競いながら、多様なエピソードのモザイクでメトロポリスを彩ってゆく。コールハースはといえば、そうしたエピソードの断片を集めて編集し、一貫したアーバニズムの論理のもとにそれらを提示し直すのだ。ここでのコールハースの狙いは、マンハッタンを具体例とする過密の文化の青写真を描くことにある。それは、伝統的な都市ともモダニズムが計画した都市とも異なる、挑発的なアーバニズムを発動させることができるだろう。このように、コールハースは都市の過去をリサーチし、そのデータを都市発展の筋書きにまとめ、さらにはそれを自身のプロジェクトの提案へと延長させてゆく(本書最後の「虚構としての結論」では、コールハース自身が考えたマンハッタンのためのいくつかのプロジェクト案が示される)。それゆえ、『錯乱のニューヨーク』は単なる都市論というより、都市の諸平面(plan)が展開してゆくためのシナリオ・ライティングなのだ。そして、そうしたシナリオの出版・編集は、それ自体が建築・都市プロジェクトのプレゼンテーションにつながってゆく。

第二の平面、もしくは第n番目の平面は、摩天楼の各フロアである。この床平面は、建物の敷地となる第一の平面を反復し累乗化したものだ。摩天楼のなかでは、地面が人工的に再生産され、自然とのつながりを断たれた別世界の大地が数多く(フロア平面として)再創造される。このように敷地が累乗化されるなか、メトロポリスの欲望のポテンシャルもまた上昇し、高密度の文化が加熱の度を高めてゆくのだ。画期的なのは、各フロアどうしにまったく関連性が必要ないことだろう。それぞれのフロアは個々独立に自らのプロットを編み、複数の平面=計画(plan)が垂直に分裂しつつ同時進行するのだ。要するに、各フロアではまったく違った生活様式、別個のビジネス、異質のイデオロギー、相容れない過去や伝統が展開される。それらの組合せは予測不能で不安定であり、それがまた都市を駆動する動力にもなるのである。とはいえ、気をつけよう。摩天楼のなかの空間性をひときわ大きく左右しているのは、あるひとつの装置かもしれない。コールハースの慧眼が光るのはこうした論点でもあ

り、建築史では不当にも軽視されてきたその要素に、いまやスポットを大きくあてるのだ。高層建築には必須のアイテム、それは各フロア間を移動するエレベーターである。それは、自然から切断された人工世界をまさに実現するエアコンとともに、コールハースが注目する恐るべき装置なのだ。なぜなら、エレベーターは何ら建築的な手段に頼ることなく、各フロア間の自由で機械的な接続を可能にする。そして、それはまた、映画と建築の親密な関係を取りもつことにもなるだろう。

コールハースは、一九三〇年代に高層ホテルがハリウッドのお気に入りの題材となったことに言及している。いやむしろ、高層ホテルそのものが映画のような存在となったのだ。事実、そこでは並行するさまざまなフロアのエピソードや登場人物や事件の映像が、思いがけない出会いを遂げて互いに組合されてゆく。ただひとり、区画ブロックだけがそれらのストーリー全体を枠取り、それらに一貫性を与えることだろう。逆説的ではあるが、フロアの数が垂直軸に沿って増えれば増えるほど、それらは単一のビルのフォルムへとまとまってゆく。そして、そのなかでエレベーターは、各フロア平面＝ショット(plan)を機械的な方法でつなげ、ひとつの活動画に仕立ててゆく映画的装置となるのだ。それゆえ、メトロポリスにおける映画のシナリオライターは、エレベーターを利用して諸planを一個の連続的構築物(＝脚本ストーリー)にまとめるという意味から、ほとんどその活動は建築家に似ているだろう。また、過密都市の建築家は、エレベーターに頼りつつ、非建築的なやり方で敷地をn乗化し各フロア平面をつなげてゆくことから、旧来的な意味での建築家より映画作家へと接近するだろう。

だとすれば、先に見たコロミーナの議論と同じような話を、ここでもう一度繰り返してしまったことになるだろうか？　近代における建築と映画と出版・編集との共犯的な同形性？　とはいえ、摩天楼にはそれとの看過し難い違いが確かに含まれていたように思われるのだ。じっさい、『錯乱のニューヨーク』の論点は近代建築と摩天楼の区別にあったのだし、コロミーナにしてもインタビューではその点にこそ切り込みたかったのではないだろうか？　見直してみよう。摩天楼ではフロア平面どうしが垂直分裂したまま、その接続関係がランダムに組み換えられるのだった。それは、階段という建築的手段で移動を規定された近代建築の家とでは、ずいぶん空間性が異なっている。また、それが過密を回避したモダニズムの都市建築(例えば、ル・コルビュジエの『輝く都市』)と別物であることは、コールハースがまさに強調しようとしていたことである。そもそも『錯乱のニューヨーク』のねらいは、大文字の近代建築からは抑圧されてきたマンハッタンの摩天楼という「破廉

恥な建築」、もしくはスペクタクルな「建築のエクスタシー」を、オールタナティヴなアーバニズムとして理論化することにあった。要するに、ニューヨークの錯乱性を、コールハースはフル・オープンにしようとしたのだ。そして、そうなったときに見出されるマンハッタンの真の可能性を、コールハースはマンハッタニズムとしてマニフェストしたのである。

そうした意味からも、摩天楼のアーバニズムが一九三〇年代末以降は失速したとコールハースが考えていることは、きわめて重要である。つまり、そのアーバニズムには現代につながる可能性があったのに、挫折の憂き目を見たとコールハースは理解しているのだ。映画の話に戻るなら、一九三〇年代の摩天楼はたしかにハリウッド映画と親密なランデヴーを交わしただろう。だが、じつを言えば、摩天楼には完結した映画作品に相当するものは本来なかったはずなのだ。というのも、あったのはただ、垂直に分裂して山積みされた床平面＝ショットだけだからだ。そして、それらはエレベーターによって、終わることなく無秩序につなぎ直されてゆくだろう。それでもあえて映画との親和性を説きたいのであれば、古典的ハリウッド映画よりむしろ、平面どうしが有機的にではなく（つなぎ間違いのもとで）齟齬を含みつつつなげられてゆく現代的な映画（＝ネオレアリスモ〜ヌーヴェル・ヴァーグなど）の方に、それは似ているだろう。だとすれば、こうも考えられはしないか。つまり、摩天楼の文化が一九三〇年代末以降に失速したのは、それが古典的ハリウッド映画に近いレベルに留まったこととパラレルな事態ではないか、と。

錯乱性を全開にしなかったがゆえに、（クラシックな）映画的であるに終わったマンハッタニズム。つまりは、いささか強弁に聞こえかねないにせよ、摩天楼の真の可能性について、いまや次のように言明してみたくなる。それは映画的というより、本来はコンピュータ環境的なのだ。マンハッタンの代理を務めたコールハースにさらに代わって、われわれは「レトロアクティヴ」に『錯乱のニューヨーク』の議論をそう定式化してみよう。事実、パソコン画面ではさまざまな平面（＝ウィンドウ）が必ずしも互いに関連性を持たないまま、構築的・建築的な関係なしにつながり合う。そうした空間性は、（エレベーターによって）すでに摩天楼の各フロア間で実現されていたものの、まだ映画的にしか使用されないまま失速のときを迎えたのだ。またさらに、パソコンの画面はパソコンという枠のなかに閉鎖されずに、各々が自由に外部と接続して己のコンテンツを絶えず更新してゆく「ウィンドウ＝窓」としての平面だ。ところが、たぶんそうした平面性は、摩天楼の各フロアでも当時から望まれていたに違いないのだ。いまから振り返るなら、初版時の一九七八年に『錯乱のニューヨーク』のコールハースは、

マンハッタンの真の可能性をコンピュータ環境と重ね合わせて論じることが充分にはできなかったのだと思える（可能ならそう論じた方がよい内容を、じつは論じていたにもかかわらず……）。『錯乱のニューヨーク』がデジタル・メディアの加速する一九九四年に再浮上し、その可能性を示してゆくのは、だから徴候的と言えるのだ（ちなみに、コロミーナの『Privacy and Publicity』が刊行されたのは一九九四年である）。

マンハッタニズムの建物は本来コンピュータ環境的であり、ウィンドウ（ズ）的な平面どうしをつねに組み換え可能な状態でさしあたり収容する枠組みであるだろう。またそれは、ひいては近代建築（および近代建築的平面）さえも（ということは映画的planさえも）絶えず再編へと開かれた状態でフレーミングするマルチメディア的な容器であるだろう。コンピュータの画面は、質的に異なる多数のウィンドウ（ズ）平面を収容するパッケージ平面であるが、そのような性能の平面として機能する建物。それこそが、摩天楼の可能性を真に発揮させた現代の建築であるだろう。建築が平面的であり、しかも平面を複数含む（厚みを持った）平面であるというパラドックス。それは、平面によって構築される空間性、そして建築のplanを以前とは確実に変えるはずである。

続けて、マンハッタニズムとモダニズムの違いをもうひとつ確認しよう。それは、建築の内部と外部に関わる問題だ。いまや建築の内と外は、錯綜したり溶融したりするという以上に、関係が断絶するだろう。モノリス化した摩天楼や高層ビルでは、容れ物である外部とそこに入る内容との間に確たる対応関係はなくなるのだ。「建築的ロボトミー」、そうコールハースは、こうした内と外の懸隔を形容している。先にも触れたように、容器となる外側の建物は、内側の諸平面を枠取り、それらにとりあえずのまとまりを与えるだけなのだ。とりわけ建築が巨大になるときには、中心と周辺、あるいは建物のコアとスキンはかけ離れ、外部は建物の内実をもはや公表（publish）しなくなる。そして、そうした建物の「全体性」についてコールハースが誂えた概念が、先にジェイムソンとの関連で述べた「ビッグネス」なのである。ところが、そうした「ビッグ」な建築では、建築家はもはや全体を制御しえないし、そう試みるのもナンセンスとなるだろう。内部の諸平面のコネクションやネットワークにしても、それはユーザーたちの動向に委ねられるのだ。立面図のことをエレベーションというが、エレベーターによって各フロア平面どうしの固定的なヒエラルキーは（すくなくとも価値のうえでは）失われた。それらは、事実上は同じレベルで、いわばスーパーフラットに横並びとなったのである（むろん空間的な垂直的関係は残っているが、後で述べるようにその関係もコールハースはなし崩しにするだろう）。とはいえ、建築家の役割がそれで皆無になったわけではもちろんない。こうした「ビッグ」な建築は、その有無を言わさぬマッスによって、強力な印象を外へ向けて放つからだ。そのため、巨大パッケージとしての建築物の外的イメージを、建築家はうまく考慮してアレンジしなければならない。逆に言えば、建物の外部はもはや内部と断絶したのだから、内部空間を表象する義務から解かれた純然たるパブリシティとして、外向きのイメージを用いることが許されるのだ（ヴェンチューリの「ラスベガス」についての議論が思い出される）。それに、なにしろそうした建物は諸々のイメージ平面を収めた「テナント」である。よって、建築のブランド化や建物のビジュアル・アイデンティティが自然と要求されるだろう。

　よって、コールハースにしたがえば、いまや建築の課題はおもに以下のようになる。第一に、建物のなかにおいては、必要とされるコンテンツを展開するために適用（＝アプリケート）されるような、そうしたアプリケーション的なウィンドウ平面のプログラムをあらかじめゆるく設定しておくこと（＝数種の平面が立ち上がるための基本プログラムのみ、いくつか用意すること）。またさらには、それら平面間での、あるいはそれらと外部との間での、自由で効率的な接続関係を有機的・建築的ではないやり方（＝エレベーター的方法）で保証すること。そして最後に、建物の外的イメージを、ブランドやアイデンティティの広告・公表（publicity）として発信してゆくこと。……では、それらを具体的に進めるうえでの手法はどうなるのか？　当然ながら、それは旧来の建築とはまったく異なるやり方を要請せざるをえまい。

■

ここで、『S,M,L,XL』へと移動してみよう。というよりも、われわれは「ビッグネス」に言及することで、この本にじつはもう接続していたのだ。そうした接続のルートは、とはいえわれわれの恣意で開かれたわけでもない。「ビッグネス」という文章が発表されたのは、ほかならぬ『S,M,L,XL』においてであるのだし、そこではこのセオリーが暗黙のうちに『錯乱のニューヨーク』に含まれていたものであることが、コールハース自身によって確認されているのだ。だとすれば、やはり『錯乱のニューヨーク』に潜在していた可能性は、『S,M,L,XL』で一九九五年（！）に現勢化するわけである。『S,M,L,XL』は、まさに『錯乱のニューヨーク』のリバイバルに同期しているのだ。では、『S,M,L,XL』ではコンピュータ環境的な真のマンハッタニズムは開花しているのだろうか？　……ここで、『S,M,L,XL』について先に記したことを思い返してみよう。コールハースにとってこの本は、自らの実施作品を広く対外的に公表することのみを意図したものではなかった。そこでのページ上のリアリティは、現実に対応物がないもの（つまりアンビルトのもの）も含めてどれも等

価だった。しかも決定的なのは、それらのリアリティが建築や都市のそれに等しいと述べられていたことである。コールハースは、この本における文字やイメージの集積が建築や都市の現況を(再)構成していると考えていた。だとすれば、そこでの出版・編集作業は、建築レポートや都市リサーチの意味合いを帯びることになろう。また逆に、建築や都市の現実の(再)構成は、それらに関するデータを編集・出版する過程で形を成してくる。その意味で、『S,M,L,XL』という本のなかでは、リサーチ、編集・出版、建築・都市プロジェクトは、互いに区別しがたい同様のplanとして重なり合う。一方、コールハースの活動全体のなかで考えるなら、リサーチのプロセス、編集・出版のプロセス、建築・都市プロジェクト立案のプロセスは、一連のデータの情報処理過程のなかでの諸段階を成すものとなる(また建物を実際に建てることも、現実の都市・建築のデータを再編するプロセスのひとつである)。言い換えるなら、『S,M,L,XL』という出版物のなかでは、摩天楼という建物のなかがそうであるように、さまざまなplan(=リサーチ、編集・出版、建築・都市プロジェクト)が共時的に重なり合う(=ビッグな建物としての出版物)。そして、コールハースの活動においては、各営為(=リサーチ、「狭義の」編集・出版、建築・都市プロジェクト)が、一連のデータ処理もしくは情報の(広義の)編集過程の諸段階として、通時的につながり合うのである(=情報の「広義の」編集・出版行為としての建築活動)。

　こうして、建築のリアリティはデータのリアリアティから発するということになる。いやむしろ発するというより、データから成るコンテンツを建築活動の諸段階で再編し反復する手法こそが、いまや最も現実的となるのだ。ジェイムソンは、コールハースのそうしたやり方について、建築は建物を取り巻くカオスや混乱を反復するほかないのだと述べている。メトロポリスの情報のカオスから、建築や都市のモニタリングによって集められたリサーチ・データ。そのデータからコンテンツを得たモニター画面(plan)を、そのまま編集されたページ平面(plan)、あるいは建築・都市プロジェクトの計画(plan)へと、適宜再編しながらシミュレートしてゆくこと。そうした建築は事実

リアリティに関わっており、決して現実ばなれしたものなどではない(それはいわば超・現実的なのであり、その意味で『錯乱のニューヨーク』のコールハースは、ダリについて語っていたのだ)。むしろ、それは建築や都市に関する諸データ間の関係性、あるいは諸データを規定する構造やプログラムを(再)編(「再」編集)する作業にほかならず、つまりは建築や都市への批判的な関与となるのである。念のために述べておくなら、これはコールハースが建物をつくる際にじっさい採られている手法である。そのことを確認すべく、続けて具体例にいくつか触れてみよう。

　二〇〇三年竣工の《シアトル公立図書

館》(公立の原語はpublic)。このプロジェクトでは、まずリサーチによって、個々のアクティヴィティや蔵書の各カテゴリーに必要なスペースが割り出される。そうした空間の割り出しは、それぞれが占める重要性の余地のシミュレーションによる。そして、それら各々のための余地は、重要性によって大きさの異なる「store」「parking」「biography」「geneology」等々の文字ラベルで表され、それら広さの違ったラベルの配置と組合せのなかから、建物の形態やスペース配分が決定されてゆくのである。つまり、建築の設計計画(plan)は、必要スペースの異なる複数の文字を平面(plan)上で(あるいは平面へと)編集すること、あるいはグラフィック・デザインを施して配置してゆくことに等しい。すくなくとも、そうした手続きが採られているように見えるプレゼンテーションが、このプロジェクトを紹介した出版物のページ平面上ではなされている(そして、それはコールハースの他のプロジェクトでもしばしば見られるやり方だ)。コールハースが出版物と建築物の間にさしたるリアリティの違いを認めていないことは、上でも触れた。ところが、そうした思考はこの建物のサイン計画にもはっきり反映されているのである。

　この部分を担当したのは、ほかでもない『S,M,L,XL』の編集デザインを手がけたデザイナー、ブルース・マウである。マウの仕事は、建物内のサインつまり文字の配置によるグラフィック・デザインであると同時に、サインを含む情報性を持った平面つまりは建物のplanの一部の設計(=デザイン)ともなっているのだ。これは、単にグラフィック・デザインを空間へとブローアップしたとか、建築に適用したとか言える類のものではなかろう。図書館は情報スペースであるから、壁や床という平面上での文字デザイン(=サイン計画)は、それ自体として建築のデザインであるのだ(ひいては、蔵書された本の文字もまた、情報空間の建築素材となるだろう)。マウが単なるグラフィック・デザイナーとは言えない広範な活動を行い、コールハースとのコラボレーションも緊密であることは、ここでは詳しく触れられない(拙論「デザインの起源2」[岡山県立大学デザイン学部紀要二〇〇六所収]などを参照されたい)。だが、いずれにしてもマウは、この建築のリサーチやコンセプトワークにも参加しており、その意図は「情報と建築の境界を消去」することにあったのだ。つまり、マウは情報のグラフィック・デザインと建築の設計デザインを変わらないものに進んでしている。そしてコールハースもまた、これからの図書館がインターネット等の情報空間から切りはなされてはいられない旨を設計要件として認めていたのだ。コールハースの考えでは、「現実および仮想空間は、相乗りの状態で、同じ建物の部分として」捉えるべきである。図書館の各フロア平面は、パソコンのウィンドウ画面と同じく、諸々の情報空間のなかのある水準をなす平面でしかな

いのだ。また他方、仮想空間をモニタリングしたじっさいのパソコン画面の方も、情報空間的建物（＝図書館等）の一部となるだろう。そしてこれは、建物が大なり小なり情報スペースとなる現代において、もはや図書館だけにかぎった話ではないのである。

先に紹介したアンソロジー『What is OMA?』で、オランダ建築博物館のディレクターのアーロン・ベッキーは、「データはグラフィック・デザインによって形を与えられることになる」と述べている。データはグラフィック・デザインの過程を経ることで、単なる散乱した情報では終わらず、あるフォルムや布置を形成するのだ。データから何らかのフォルムやイメージ平面を決定するために有効なプロセス（＝情報処理）として、グラフィック・デザインを活用してゆくこと。ベッキーの見たところでは、そうした「データ・イメージング」の手法をコールハースのもとにもたらしたのは、ほかならぬマウなのである。なるほど、建築はフォルムの決定に関わらざるをえないが、たしかにグラフィカルなデザインによってこそ、データは情報空間の海からあるレベルの平面へと浮上してデータの配置planができてくる。重要なのは、そうしたデータの処理によるイメージ平面のデザイン作業が、今日ではそのまま建築デザインにもなりうることだろう（パソコン画面で建築設計を行う環境では、まさにそうだ）。ベッキーが言うには、「建物はもはや、かつてそれらの建設を導いた情報の墓場ではなく、データの継続的な操作と管理を可能にする開放的な構造になった」のだ。そして、コールハースにおける建築設計とは、そうした流動的なデータの海をサーフしながらの「三次元的なグラフィック・デザイン」であるだろう。

これは、おそらく看過できないラディカルな変化と同調している。単に出版・編集や建築にかぎった話ではなく、「平面（plan）」一般にとってのただならぬ問題を進行させているはずなのだ。というのも、それは三次元的な二次元、二次元的な三次元を増殖させているからだ。要するに、次元間の差異はいまや溶解してきているのである。すべてがデータの絶えざる流れのなかにあるいま、二次元である平面はその流れのなかへと溶け出している。平面間の差異や境界は溶融し、データの海のなかで流動的につながり合うのだ。よって、ジャンルやディシプリン間の差異は徐々にメルトダウンしてゆくだろう。そして、平面どうしがいわば弁証法的に平面のレベルを超越しながら立ち上げてゆくものであった三次元の建築空間も、いまや輪郭の解けた平面どうしからでは堅固に立体的には立ち上がりにくいのだ。むろん、建築はこうしたなかで、全面的な流動状態から回避するためのせめてもの壁を提供してくれてはいる。だが、それは何度も述べたように、とりあえずもの「全体性」を与える枠組みにしかならな

いのだ。しかも、それはパソコン画面のように平面的になってしまっていることを再認しよう。この平面に含まれる多数の諸平面は、多形倒錯的な接続関係を結びつつ全方位的に交錯している。また、各々の平面はタイムデートの異なる自己の多様なバージョンを己のうちにいくつも含んでいるのだ（時間軸までが溶け出している）。

　スリリングなのは、こうした状況がコールハースの建物では偽悪的なまでに具体化されていることだ。そこでは、かつての摩天楼の平面性にさらなる変形が遠慮なく加えられている。コールハースにとって転機となったのは、彼自身の語るところによれば、EU統合後のヨーロッパだった。このときコールハースは、摩天楼の垂直に分裂したフロア平面を水平方向に分散させることのできる好機にめぐり会えたのだという。つまり、価値のうえでは横並びの関係にあった摩天楼の各フロア平面が、現実の土地で本当に水平に並びうるケースが見出されたのである。例えば、ラ・ヴィレット公園の計画。ここでは、敷地の上にさまざまな活動のplanがカタログ状に横展開された。まさにそれは、敷地というひとつの平面が多数の平面を（垂直的立体的にではなく水平的に）含む状態となり、また平面どうしは水平方向への（エレベーター的な）ランダムかつ機械的な接続を交わしたのである。フロア平面の垂直分裂にくわえて新たに水平分裂。よって、建築の諸平面は四方八方に分裂可能となる。建物のなかは、かつてのように垂直に各階が段階的な層をなしているのではない。そうする必要から逃れられたのは、もちろん施工技術の進歩も関係しているが、それとともにCADによるパソコン画面上でのデザイン作業がこの方向を進めたはずである（これはコールハース以外の現代建築にも言えることだろう）。このための例としては、《フランス国立図書館案》を挙げておこう。建物のなかには、大きくヴォイドが設けられている。そのなかを、歪んだ器官めいたさまざまな形の容器が、各々何階ということもなく雑多に浮遊し接続している。こうして、フロア平面はまさしく整数的な次元秩序（＝n階）を喪失するのである。そのほかにもコールハースの建築では、n階とn＋1階の間に傾斜したフロアが現れたり、どちらが上階とも言えないフロア平面間の関係が組まれている例がしばしば見出される。例えば、前者のひとつは《エデュカトリアム》である。また、《ゼーブルグのフェリー・ターミナル案》に見られる螺旋状の通路なども、フロア平面の整数次元を緩やかに崩していると言えよう（そうした例は、横浜の大桟橋など、ここ数年の現代建築に多く見られる特徴になってきた）。

　とはいえ、こうした「平面」の危機とは、平面が消失したことを意味するのではない。むしろ、情報データの海の表層に現れた一過性の水面あるいは波としてしか、平面が存在しなくなっている事態を指してい

るのだ。そうした浮動的な平面のためのあくまで当座的な区分として、建物のフロア平面、編集・出版のページ平面、グラフィック・イメージの平面、等々の旧来の区分が使用されるにすぎない。そして、それらは電子データの仮想空間の平面とも、まさに全方位的に溶け合わさるのである。ことによると、われわれは二次元(出版・編集)と三次元(建築)が峻別された空間にもはや存在していないのかもしれない。二次元的三次元という非整数次元の空間に置かれて、われわれはデータのカオスのなかをサーフしているのだ(もしくは流されている?)。そして、二次元と三次元との差異がなくなってきた以上、建築(三次元)が出版・編集(二次元)的になり、出版・編集が建築的になったとしても何ら不思議はない。問題は、それを今後の出版・編集にとっての新たな可能性として考えるかどうかだろう。言うまでもなく本論は、出版・編集の領域の単なる溶解ではなく、そのより良い再編に参与しようとしている。コールハースは、その意味でよくも悪くも参考になる「ビッグ」な出版・編集者であるに違いないのだ。

■

コールハースの紹介から少しずつ歩を進めた本論は、いつのまにかずいぶん大仰な方向へ逸脱してしまったようだ。そして、その逸脱はスタート地点への帰路を、もはや容易には見出せそうにない。とはいえ、それは従来の出版・編集の輪郭も建築の境域も溶解させずにはおかない状況の現場へと、コールハースがわれわれを避けがたく誘ったためでもあろう。その現場に現在われわれはこうして置かれているのだし、そこからセーフティな場所に戻ることは、もう望もうにもできないのだ。また、こうも言えよう。現在では、すべての分野の作業がデジタルなデータのデザイン・オペレーションと化してきている。グラフィックもファッションもプロダクトもイメージも、はたまた教養や人生や生命までもが、デザインの対象となる時代なのだ(事実、大学のなかには教養デザインやライフデザインなどを謳う学科も登場してきている)。そうした趨勢にあっては、どのような活動も同じようにデザインとなり、情報の流れのなかでつながり合うほかはない。そして、コールハースという徴候的なケースの考察は、旧来はかなり隔たっているかに見えた建築と出版・編集までもが、互いの領域を溶け合わせていることを、はっきり再認させずにはおかなかったのである。

　こうして、あらゆる領域の差異がなし崩しにされ、しかもそれらが資本とデジタル情報のプログラムでコントロールされているかもしれない状況。そうした現況への異論や抵抗は、偏狭な保守に陥らないかぎりは、当然試みられてもよいはずだ。だがそれにしても、高速で変容する時代環境への動体視力がますます不可欠となっていることもたしかであろう。いや現状認識が

必要という以上に、それはますますサバイバルのための鍵となりつつあるのかもしれない。そのため、これまでの出版・編集に疎い者からすれば、そうした問題意識のみを頼りに、とりあえずものレポートを試みることしかなす術がなかった。また、それが出版・編集論という場へのせめてもの貢献となることを望んでもいたのだ。もしくは、貢献にならないにせよ、ささやかな一興としての「叩き台」にはなること？だが、これがジャンル間の流動性に乗っかった掴み所のない議論であるなら、「叩く」だけの手応えが感じられない怖れもある。

[筆者付記]

初出は別の箇所で示したように、大阪芸術大学主宰の出版・編集論の研究会の論集である。この会は、主に同大学の文芸学科の関係者が多く集うかたちで組織されていたため、本論の中心的な読者としては、日本文学・出版・編集の研究者や教育者、そして学外の作家や編集者たちがまず想定されていた。レムを出版・編集者として議論のテーマにしたのはもちろん、とくに本文の最初で、レムの経歴の説明にかなりの紙幅を費やしたのも、おもにそうした事情による。今回の掲載に際しては、鹿島出版会の川尻氏と改稿の適否について、幾度か意見交換を重ねたが、ほぼ当初のまま加筆や修正を最小限に留めることを、最終的にはむしろ最善と判断した。

執筆時期は、あのCCTVの炎上に先立つ二〇〇八年である。以降、レムの挑発的で偽悪的なインパクトは、善悪の彼岸を行く（中国を顕著とした）グローバリゼーションの（いっそうの超）現実主義のなかで、失速もしくは以前よりは平凡化するが、本論の扱っているのはそれ以前の時期に留まる。もっとも、レムの「建築」を「三次元のグラフィック・デザイン」と見る筆者の考えは、その後も根本的には変わっていない。むしろ、レム以外にも（必ずしもレムと「戦略」は同一でないながらも）その曖昧なる傾向がいっそう拡がったとさえ考えている。

なお、本論が「日本」の話をしながら「世界」におけるレムの議論をしている不適切な印象を与えかねない点についても、補足しておこう。むろん、筆者当人も自覚するとおり、たぶんそのとおりなのだが、しかしそれもまた、ニーズに合わせた選択（松浦寿輝の『平面論』について述べたのも、その重要性にくわえて、研究会にこの本を知っていそうなメンバーが多かったことによる）なのであって、一九九五

年が決定的な転機であること自体は、「世界的に」見ても何ら揺らがない。執筆の条件が異なれば、他の例を挙げることを選んだだろう。実際、当時の筆者にひどくインパクトを与えていたのは、二〇〇七年に水野和夫が著した『人々はなぜグローバル経済の本質を見誤るのか』（日本経済新聞出版社）での時代認識だった。「世界」における一九九五年は、本文にも記したインターネットとWidows95によるIT革命だけではない。それとリンクして、この本によるなら、「一九九五年を境に戦後経済の常識の多くが通用しなく」なったのだ。この年に米国の財務長官に就任したロバート・ルービンの採った「強いドル政策」により、以降「世界」は、金融経済がメインとなって実物経済を振り回す逆転が常態化する。つまり、われわれのグローバルな「世界」は、ヴァーチュアルが優位となり、ヴァーチュアルに実体的なものが包摂される状況が始まるのだ。こうしたエコノミーと連動もしくは一体化し、建築や都市（および出版・編集等々）で同様のエコノミーを扇動したのが、他ならぬレムだったと言えよう。

主要参考文献

・五十嵐太郎編『Readings: 1 建築の書物／都市の書物』ＩＮＡＸ出版、一九九九年
・ビアトリス・コロミーナ著、松畑強訳『マスメディアとしての近代建築』鹿島出版会、一九九六年
・レム・コールハース著、鈴木圭介訳『錯乱のニューヨーク』筑摩書房、一九九五年
・ディヤン・スジック著、東郷えりか訳『巨大建築という欲望』紀伊國屋書店、二〇〇七年
・白井宏昌＋アンドレ・シュミット著『BIG BAN BEIJING』鹿島出版会、二〇〇七年
・ヴェロニク・パテヴ編、橋本啓子訳『What IS OMA――レム・コールハースとOMAについての省察』、TOTO出版、二〇〇五年
・フレドリック・ジェイムソン著、松浦俊輔・小野木明恵訳『時間の種子』青土社、一九九八年
・松浦寿輝『平面論』岩波書店、一九九四年
・ラファエル・モネオ『現代建築家8人の設計戦略と理論の探求』（『a+u』二〇〇八年六月臨時増刊）、エー・アンド・ユー
・ロバート・ヴェンチューリ著、石井和紘・伊藤公文訳『ラスベガス』鹿島出版会、一九七八年
・岸田省吾監訳、秋吉正雄訳『建築家の講義　レム・コールハース』丸善、二〇〇六年
・「特集　レム・コールハース変動する視座」『建築文化』二〇〇三年四月号（六六四号）、彰国社
・『OMA@work.1972-2000』（『a+u』二〇〇〇年五月号臨時増刊）、エー・アンド・ユー
・Hal Foster, *Design and Crime*, Verso, 2002.
・OMA, Rem Koolhaas, and Bruce Mau, *S,M,L,XL*, Monacelli Press, 1995.
・Rem Koolhaas, *Great Leap Forward*, Taschen, 2001.
・Rem Koolhaas, *The Harvard Design School Guide to Shopping*, Taschen, 2001.
・Rem Koolhaas, *Project for Prada Part1*, Fondazione Prada, 2001.
・Rem Koolhaas, AMOMA, *Content*, Taschen, 2004.
・AMO/Rem Koolhaas, *Post-Occupancy(Domus d'autore)*, Domus, 2006.
・Rem Koolhaas, *Ole Bouman, and Mark Wigley*, Volume No.1, Columbia University GSAPP/Archis, 2006.
・*El Croquis* 134/135, 2007.

Part.2
Media and Theory 4
Masaaki Iwamoto

『S,M,L,XL』試論
その〈概念的大小〉の射程について

岩元真明

序——〈物理的大小〉と〈概念的大小〉

このマッシブな本は建築についての小説だ。(…)本のタイトルであるスモール、ミディアム、ラージ、エクストララージはこの本のフレームワークでもある。プロジェクトとエッセイはスケールに従って並べられている。

——『S,M,L,XL』の背表紙より抜粋[＊1]

一九九五年に出版された『S,M,L,XL』は一九七〇年代から九〇年代半ばにかけてのコールハース／OMAの活動の集大成である。一般的な建築作品集や理論書とは異なり、『S,M,L,XL』には竣工写真やドローイングはもとより、模型写真、エッセイ、日記、旅行記、漫画、俳句など、形式も内容もさまざまなコンテンツが含まれている。それらが「スケールにしたがって」、つまり小さいものから大きなものへと並べられていることが同書の最大の特徴である。機能や形態などにかかわらず作品を〈S〉、〈M〉、〈L〉、〈XL〉の各章に分類することで、『S,M,L,XL』では一見すると無関係な要素が隣り合う。機能主義的なビルディングタイプ別の分類(類型的分類)とは一線を画し、『S,M,L,XL』はそれ自体が混交と過密、近接と衝突という、『錯乱のニューヨーク』[＊2]から現在まで持続するコールハースの問題系を体現しているのだ。

以上は『S,M,L,XL』の一般的な理解である。しかし、同書に収められたプロジェクトを詳細に吟味していくと、〈S〉、〈M〉、〈L〉、〈XL〉という四つのカテゴリーが単純にサイズ(床面積や高さ)の大小によって決められているわけではないことに気づく。つまり、何平方メートル以上の面積のプロジェクトが〈M〉、何メートル以上の高さのプロジェクトが〈L〉、といったように境界を定量的に示すことができない。それどころか、〈M〉章に収められたプロジェクトが〈XL〉章のプロジェクトよりも物理的に大きいといったケースも多々ある。このような事実から、『S,M,L,XL』の四つのカテゴリーは単なる物理的な大小だけではなく、概念によっても切り分けられていると考えられる。コーリン・ロウが建築の透明性を「実(literal)の透明性」と「虚(phenomenal)の透明性」に分類したように、スケールにも実と虚があると言えるかもしれない。ここでは、前者を〈物理的大小〉、後者を〈概念的大小〉と呼び分けることにする。

八束はじめは、コールハースの文章が「統計などを使って一見科学的な装いは持っている」が、実際は結論ありきの恣意的なものであると批判している[＊3]。結論

＊1｜Rem Koolhaas and Bruce Mau, *S,M,L,XL*, New York/Rotterdam, Monacelli Press, 1995.

＊2｜Rem Koolhaas, *Delirious New York : A Retrospective Manifesto for Manhattan*, Thames & Hudson, 1978.(邦訳はレム・コールハース著、鈴木圭介訳『錯乱のニューヨーク』筑摩書房、一九九五)

＊3｜八束はじめ他「建築理論の失効／都市理論の変容」『建築雑誌』二〇〇八年三月号(一二三号、通巻一五七四)所収、九頁。

＊4｜『錯乱のニューヨーク』三九四頁。

ありきかどうかはいずれ考えるとして、コールハースがあたかも〈物理的大小〉にしたがって内容を並べたかのように見せかけつつ、実際には〈概念的大小〉を適用しているのは事実である。このような恣意性は『錯乱のニューヨーク』の全体を貫く偏執症的批判方法の論理――「あらゆる事実、出来事、強制、観察は、病んだ精神によって単一の思考体系の中にからめ取られ、しかもそれらが完全に自らの仮説を確認し強化する形で『理解される』」[＊4]――と通底している。

　本稿では『S,M,L,XL』に潜在する〈概念的大小〉の存在を明るみに出し、コールハースの理論と実践を分析する真の尺度を手に入れることをめざす。そこから、〈物理的大小〉を超えて、現代の都市と建築に適用可能な方法論が抽出されるだろう。

〈特異点〉

次頁のグラフ[図1]は『S,M,L,XL』に収録された三五の主要プロジェクトを面積の大きさという〈物理的大小〉にしたがって並べ替えたものである[＊5]。建築については延床面積を、都市計画については対象敷地の面積を比較しており、小住宅から国土計画までという著しくスケールの異なるプロジェクト群を一枚のグラフに表現するために、縦軸には対数軸を用いている。

　グラフを見ると、面積という〈物理的大小〉と〈S〉、〈M〉、〈L〉、〈XL〉という四つのカテゴリーが一致していないことは一目瞭然である。〈S〉と〈XL〉はそれぞれ概ねグラフの始まりと終わりに集まっているが、とくに〈M〉と〈L〉は前後のカテゴリーと入り乱れている。ただし、カテゴリーが進むにつれて床面積が上昇していく一定の傾向は見られる。〈S〉のプロジェクトはひとつの例外をのぞいて一〇〇〇平方メートル以下、〈M〉のプロジェクトはすべて六〇〇〇平方メートル以上で概ね三万五〇〇〇平方メートル以下、〈L〉のプロジェクトは概ね三万五〇〇〇平方メートル以上で一五万平方メートル以下、〈XL〉のプロジェクトは概ね二五万平方メートル以上である。ここでは、以上の区切りを〈物理的大小〉の境界線として暫定的に設定しておく。

　〈物理的大小〉と〈概念的大小〉に「ずれ」が生じているプロジェクトをここでは〈特異点〉と呼ぶことにする。例えば、〈XL〉のプロジェクトに匹敵する規模であるにもかかわらず〈M〉に分類されている《オフィス・シティ》(一九八九)や、面積的には〈M〉や〈L〉に近いにもかかわらず〈XL〉に分類されている《ザック・ダントン・オフィスタ

＊5　各プロジェクトの床面積を把握するために以下の文献を利用した。
一　S,M,L,XL.
二　*International Architect*, No.3, 1980.11.
三　*L'architecture d'aujourd'hui*, No.238, 1985.04.
四　「特集　レム・コールハース」『a+u』一九八八年一〇月号(二一七号)、エー・アンド・ユー。
五　Jacques Lucan ed., *OMA/Rem Koolhaas: Architecture 1970-1990*, Princeton Architectural Press, 1991.
六　Rem Koolhaas, *Living Vivre Leben*, Birkhäuser, 1998
七　「特集　レム・コールハース／OMAの楽しい知識」『建築文化』一九九五年一月号、彰国社。
八　『OMA@work.1972-2000』(『a+u』二〇〇〇年五月号臨時増刊)、エー・アンド・ユー。

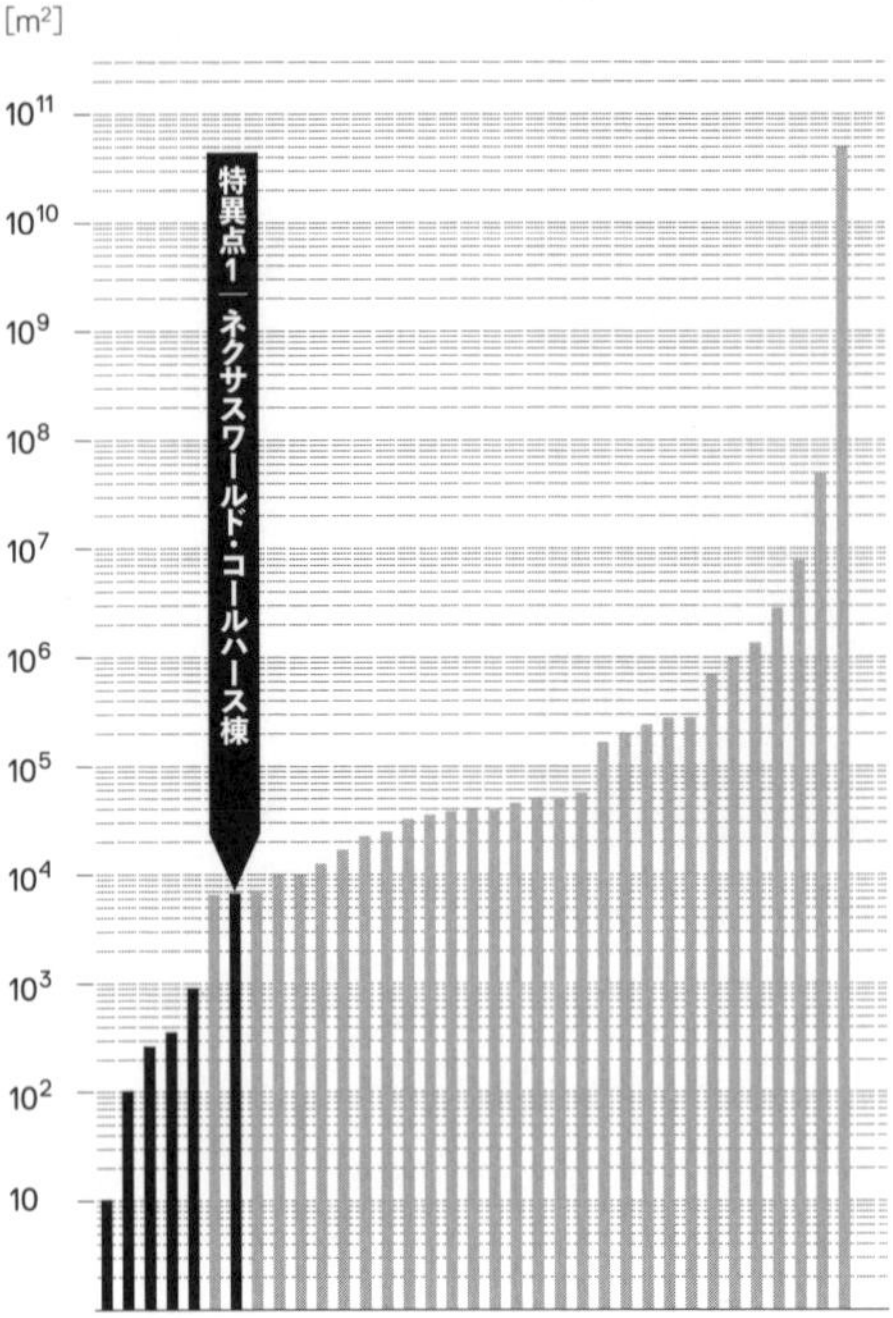

Fig.1.1：〈S〉章のプロジェクト

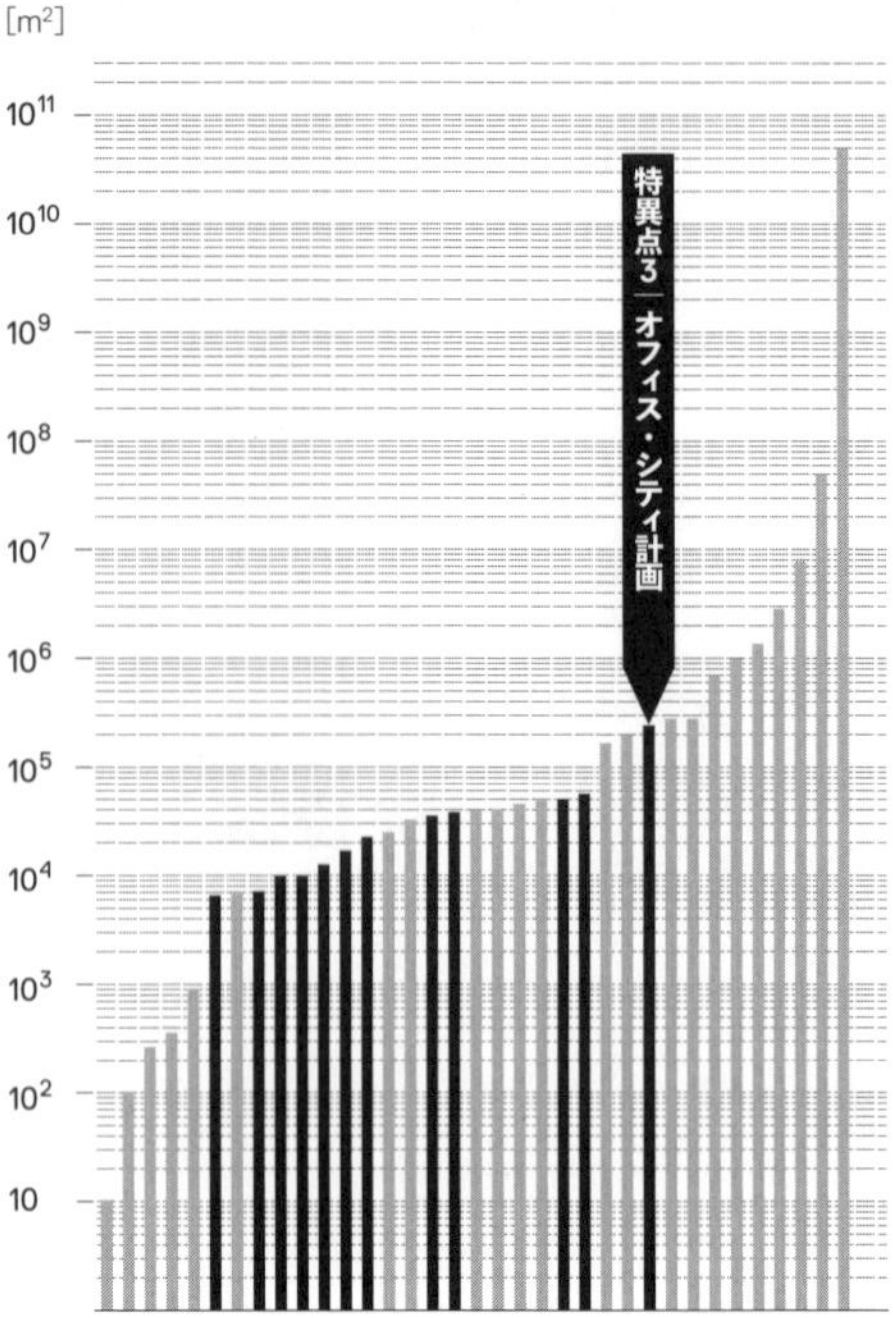

Fig.1.2：〈M〉章のプロジェクト

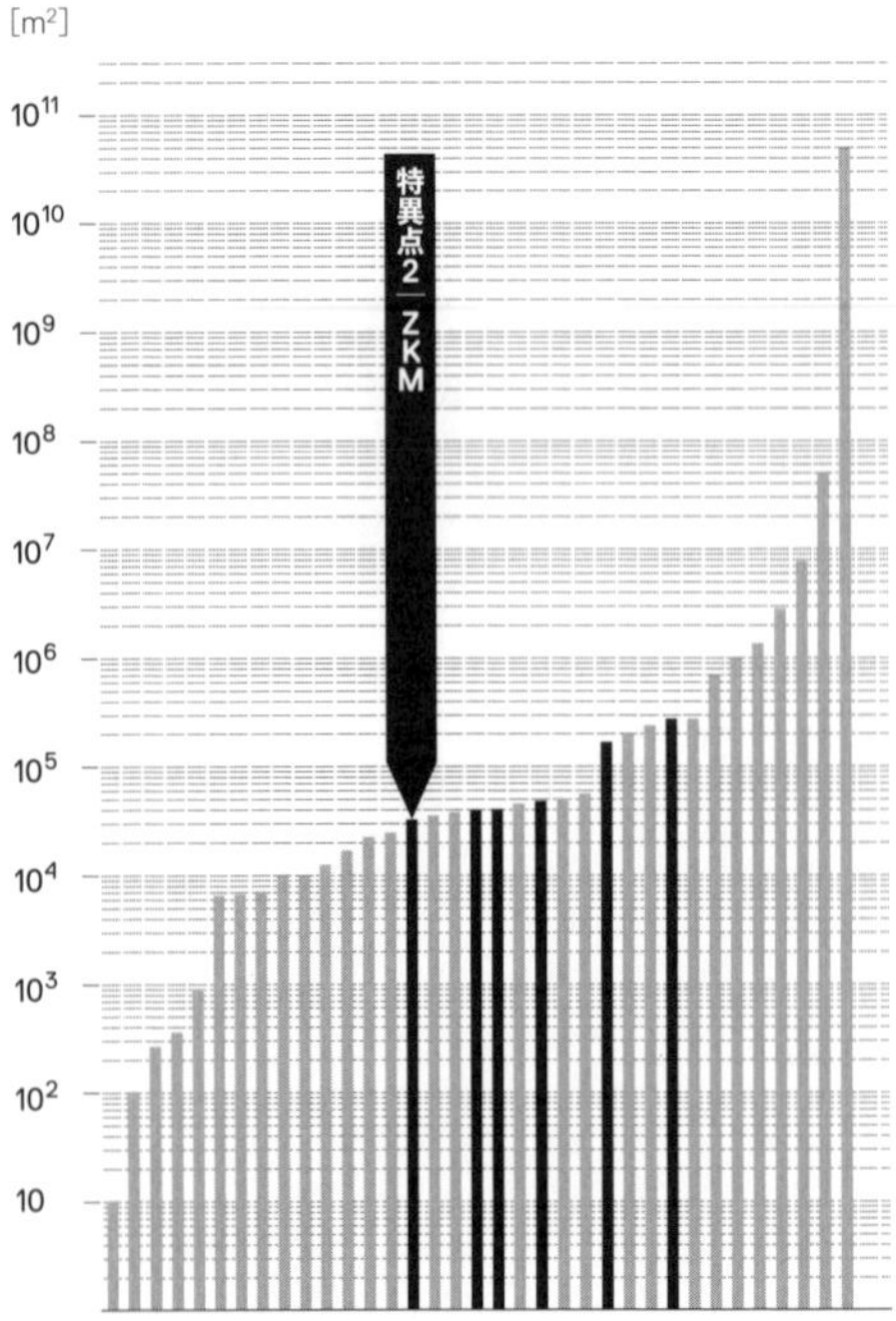

Fig.1.3：〈L〉章のプロジェクト

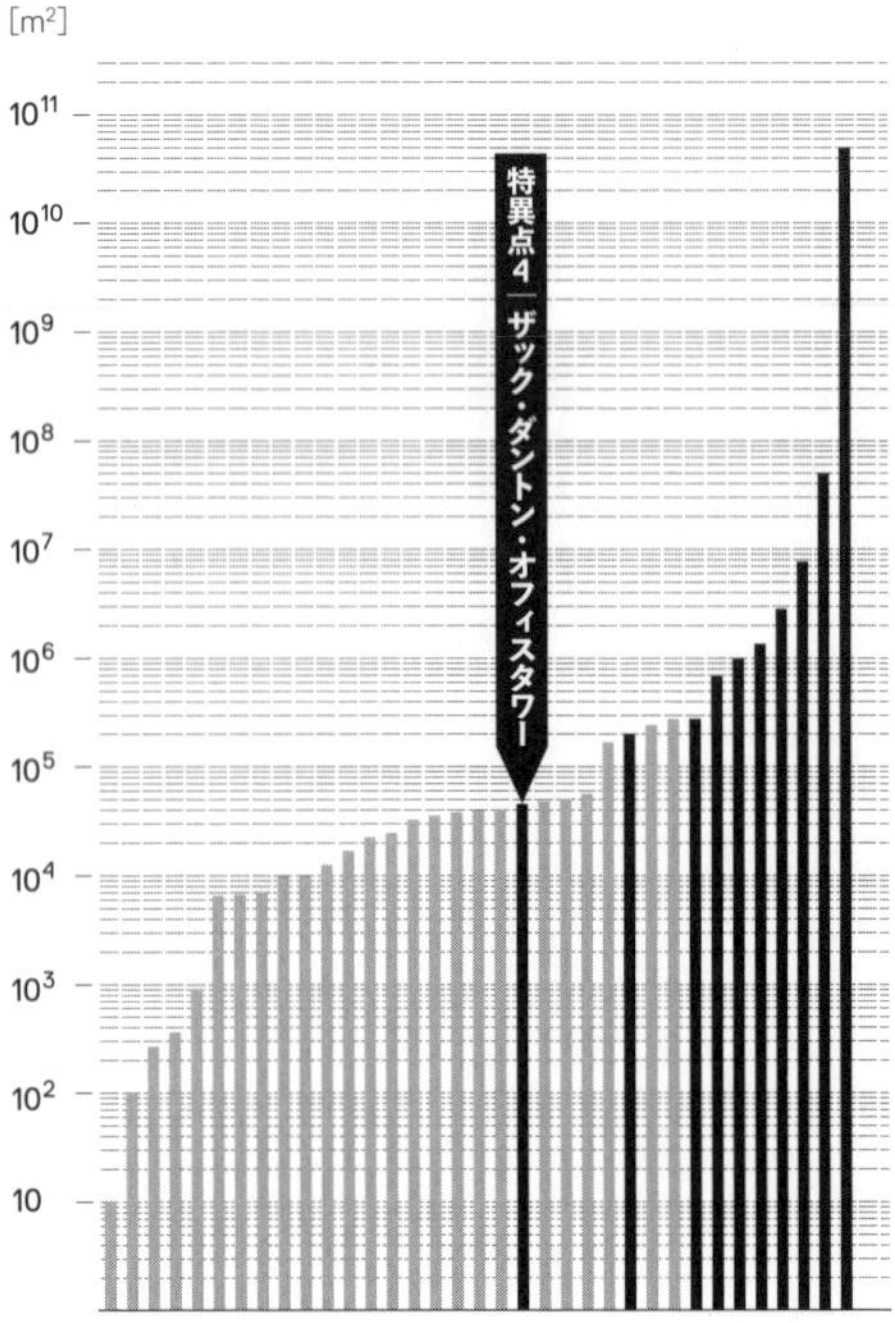

Fig.1.4：〈XL〉章のプロジェクト

ワー》(一九九二)などは典型的な〈特異点〉である。新聞記者のように客観的事実を重んじるコールハースが〈物理的大小〉を知らずして『S,M,L,XL』を編集したとは考えにくい。つまり、〈特異点〉は、コールハースが〈物理的大小〉よりも〈概念的大小〉を優先した結果生じたものと考えられる。このような恣意性が如実に表れる〈特異点〉のプロジェクトは〈概念的大小〉を理解するうえで重要な役割を果たす。

なお、グラフには著者の推測がいくらか含まれている。OMAは必ずしもプロジェクトの面積を発表しないからである。いくつかのプロジェクトを分析するためには、縮尺のある平面図や断面図から面積を概算することが余儀なくされた。また、都市計画のプロジェクトのなかには、発表された図面の情報をもとにグーグルアースを用いて敷地を確認し、その面積を概算したものもある。プロジェクトの面積がかならずしも公表されていないという事実は、類型的分類よりもスケールにしたがった分類が正当であると印象づけるために、コールハースが恣意的な操作を行っている証左かもしれない。

一 〈S〉と〈M〉の境界——閉じた小宇宙から都市建築へ

特異点1:《ネクサスワールド・コールハース棟》(〈S〉、一九九一年)

磯崎新のマスタープランのもと、福岡に竣工した集合住宅。ほかの建築家が担当した住棟が垂直方向に反復していくスラブ状、あるいは高層の建築であるのに対して、《コールハース棟》は三階建てと低層であり、トリプレットの住戸を水平方向に反復した構成である。各住戸は独立した中庭を持ち、全体は重厚な擬石の外壁によって外部に対して閉ざされている。

〈S〉——閉じた小宇宙

《ネクサスワールド・コールハース棟》は『S,M,L,XL』で最初に現れる〈特異点〉であり、その延床面積は〈S〉章のほかのプロジェクトよりもはるかに大きく、むしろ〈M〉のプロジェクトに接近している。まず手始めに、なぜ《コールハース棟》が〈S〉に分類されているのか考察してみよう。

《コールハース棟》のプログラムは「住宅」である。そして、『S,M,L,XL』では、ひとつの例外をのぞいて住宅はすべて〈S〉に分類されている。ただし、ここで住宅には機械的に〈S〉のカテゴリーが与えられていると考えるのは早計であろう。『S,M,L,XL』は、まさにこのような類型的な捉え方に対抗するために書かれたものなのだから。

それでは、比較のために〈S〉に分類されていない唯一の住宅、ベルリンの《コッホ通り／フリードリヒ通りの集合住宅コンペ案》(一九八〇)を見てみよう。このプロジェクトは〈M〉章に収められているが、じつは《コールハース棟》と規模が近い。また、低層住戸を高密度に敷き詰める配置計画や、独立した中庭を持つ住戸計画など、両者には多くの共通点が認められる。メゾネット、あるいはトリプレットの形式によって上下階が同一住戸に属している点も同じである。

しかし、両者には決定的な違いがひとつある。それは都市に対する姿勢である。《コールハース棟》はマッシブな外壁によって周囲に対して閉ざされた計画であった。一方、《コッホ通り／フリードリヒ通りの集合住宅》では、コンペの敷地に二本の街路が挿入されており、所与の中庭型街区が意図的に崩されている。このような操作は、一九世紀的な中庭型街区を再現するというヨゼフ・パウル・クライフスが牽引したベルリンの再開発の流れに対するカウンタープロポーザルであった。ふたつのプロジェクトを比べると、前者は周囲に対して閉じた小宇宙《コスモロジー》を構築しているのに対して、後者は都市的提案を行っていると言える。ここで、バルト・フェルスハフェルによるコールハースの住宅に関する指摘を引用したい。

> コールハースにとって、住宅とは「密かに住む」場所である。住宅は様々なやり方で、周囲の環境あるいは都市から顔をそむけ、離れて建つことで、それらとの関係を断ち切る。近代以前の住居の多くは、閉じられた存在を形づくり、「中心」(暖炉、煙突、階段、屋根など)を取り囲むように建つことで、周囲の環境との関係を断ち切っていた。この「中心」は、生活のあらゆる面を象徴的に絡み合わせるものであり、ゆえに「中心」は住宅自体を「小宇宙」に変える働きをもつ。[*6]

たしかに、コールハースの住宅には中庭に対して内向きに開かれたものが多い。そして、ベルリンと福岡の集合住宅の相違は、この内向性こそが〈S〉と〈M〉という〈概念的大小〉を分かつ境界線であることを示唆している。つまり、〈S〉とは都市との関係が断ち切られた閉じた小宇宙《コスモロジー》を形成する建築のカテゴリーであり、都市が発生する以前から集落や町などに存在していた前近代的なスケールなのであ

*6 ―バルト・フェルスハフェル著「レム・コールハースの生き残りの論理：OMAの最初の住宅」(ヴェロニク・パテヴ編、橋本啓子訳『WHAT IS OMA レム・コールハースとOMAについての考察』所収、TOTO出版、二〇〇五、二四二頁)。

る。〈S〉に収められたテクストはコールハースの日本滞在記や、母からの伝聞に基づくミースの挿話、クライアントとのやりとりから始まるダラヴァ邸の建設記録など、一人称的なものが多いが、この事実もまた、〈S〉がパーソナルな小宇宙《コスモロジー》のスケールであることを傍証しているかのようである。

〈M〉——都市と近代

翻って、〈M〉に収められたすべてのプロジェクトは、何らかのかたちで周辺と都市的な関わり合いを持っている。直方体の建物ヴォリュームに街路が貫通した《クンストハル》(一九九二)はその好例と言えるだろう。なお、《クンストハル》は〈M〉のなかでは最も床面積の小さいプロジェクトであり、《コールハース棟》との差は一〇〇〇平方メートルにも満たない。

さらに、〈S〉が前近代的な次元であったのに対して、〈M〉では建築に近代性《モダニティ》が刻印されはじめる。一九九〇年に発表されたOMA／コールハースの初期作品集[*7]では、プロジェクトは〈新即物主義〉、〈水平的プロジェクト〉、〈垂直的プロジェクト〉という三つの見出しで分類されており、〈新即物主義〉に収められたプロジェクトは『S,M,L,XL』の〈M〉章の内容とほぼ重なっている。新即物主義(ノイエザッハリヒカイト)とは、表現主義に対する反動として一九二〇年代に生まれた美術・建築の運動であり、近代社会の無名性や匿名性を客観的、即物的に表現することがその目的であった。コールハースは「われらの『新即物主義』」[*8]というテクストを発表した一九八〇年前後から、この新即物主義の再解釈と現代化を試みており、近代主義《モダニズム》という教条的な主義に回収されることなく近代化《モダニゼーション》を継続するという彼独自の歴史観を展開してきた。

かくして、〈M〉章に収められたテクストの多くは近代化の可能性を再検討するものとなった。たとえば、《コッホ通り／フリードリヒ通りの集合住宅》の設計意図を説明する「難破船」[*9]というテクストは、難破船のように宙づりになったミースやメンデルゾーンのアンビルトの計画を再解釈することで、近代都市計画の未知の可能性を探るものであった。また、《オランダ国会議事堂》コンペ案に添えられた「最後の一押し《ファイナル・プッシュ》」[*10]というテクストは、当時支配的であった建築運動であるポストモダニズム、コンテクスチュアリズム、合理主義の三者をまとめて批判し、あえて近代化の継続を主張するものであった。

なかでも重要なのは「基準平面」[*11]というアメリカの高層オフィスビルに関する考察である。タイトルの〈基

*7｜OMA/Rem Koolhaas: *Architecture 1970-1990*. Milan, Electa, 1980.

*8｜Rem Koolhaas, *La rostra nuova sobrietà* (Our 'New Sobriety'), in *La presenza del passato. Prima mostra internazionale di architettura*. Corderia dell'Arsenale. La Biennale di Venezia. Settore Architettura. Milan, Electa, 1980.
「われらの『新即物主義』」は、一九八〇年のベネチア・ビエンナーレに際して発表されたテクストである。コールハースは一九八〇年代に建築界を席巻した表現主義的、形態主義的運動であるポストモダニズムに抗い、彼なりの「新しい」新即物主義を構築することをめざしたと言える。

*9｜Rem Koolhaas, Shipwrecked, 1980 (S,M,L,XL, p.254)

*10｜Rem Koolhaas, Final Push, 1978 (S,M,L,XL, p.278)

*11｜Rem Koolhaas, Typical Plan, 1993 (S,M,L,XL, p.334)

準平面（Typical Plan）〉という言葉は、オフィスの反復階を示す〈基準階平面（Typical Floor Plan）〉から〈階（Floor）〉を抜き取ってつくられた造語である。コールハースはアメリカで生まれた高層オフィスビルを「人を収容する」という機能しか持たない抽象的な存在として捉え、そこから〈基準平面〉という概念を生み出した。コールハースは述べる。

基準平面はアメリカの発明だ。それは零度の建築、個性や特性をすべて剥ぎ取られた建築だ。それは新世界に属している[＊12]。

基準平面は反復を暗示する。それは第nの平面だ。基準《ティピカル》となるためには、大量でなければならない[＊13]。

ヴァルター・ベンヤミンが写真や映画などの大量生産品にアウラなき近代の美学を見出したのと同様に、コールハースは〈基準平面〉の反復に没個性の美学とでも言うべきものを発見した。そして、この美学はコールハース流の新即物主義と接続され、〈M〉のプロジェクトを生み出す原動力となった。〈基準平面〉の考えが反映された《モルガン銀行コンペ案》（一九八五年）やフランクフルトの《オフィス・シティ計画》（一九八九年）はその典型であり、前者はミース風のドローイングで描かれ、後者にはエルンスト・マイからの影響が認められる[＊14]。それらは、インターナショナル・スタイルの建築言語を意図的に流用し、その凡庸さを通して近代性を表現する試みであった。

■

これまでの考察をまとめると、〈M〉という〈概念的大小〉は次のように定義することができるだろう。〈M〉とは都市と建築が関わりを持ち始めた都市建築のカテゴリーであり、そこには近代性が刻印される。とくに、大量の反復を前提とする没個性の美学は〈M〉から現れる建築の特性であり、裏を返せば〈S〉はいまだ個性の美学が通用するパラダイムなのである。

＊12｜*Ibid.*（S,M,L,XL, p.335）拙訳
＊13｜*Ibid.*（S,M,L,XL, p.342）拙訳
＊14｜《オフィス・シティ》については以下を参照。Robert Gragiani, trans. Stephen Piccolo, *Rem Koolhaas / OMA The Construction of Merveilles*, EPFL Press, 2008.

二 〈M〉と〈L〉の境界——〈ビッグネス〉の理論

特異点2：《カールスルーエ・メディアテクノロジー・アートセンター（ZKM）》〈L〉、一九八九年

ドイツ、カールスルーエに計画されたアートセンターのコンペ案。階全体をまるごと覆うトラスの構造体を用いることで、多数の構造に支

配された階と、構造から解放された無柱の階が互い違いに生じる断面構成が提案された。ファサードの一面は巨大な投影スクリーンとなっている。OMAはコンペに勝利したものの、予算の大幅な超過などを理由に反対運動が起こり、プロジェクトは中止に至った。

特異点3：《オフィス・シティ計画》（〈M〉、一九八九年）
フランクフルト空港に隣接する土地に計画された、一万五〇〇〇人を収める巨大オフィスのコンペ案。高速道路やインターチェンジがつくりだす周囲の風景に触発され、全長二・五キロにも及ぶ細長いヴォリュームが提案された。空港に近い敷地条件のため、高さは二八メートル以内に抑えられている。

一九八九年に計画された《ZKM》と《オフィス・シティ》というふたつのアンビルトのプロジェクトは、〈M〉と〈L〉の境界を探るうえで重要な〈特異点〉である。前者は、〈物理的大小〉から見れば〈M〉に分類されてもよいはずであるが〈L〉に分類されている。一方、《ZKM》よりはるかに大きい一二万平方メートルという延床面積を誇る《オフィス・シティ》は、〈XL〉に匹敵する規模にもかかわらず〈M〉に分類されている。

上記ふたつにかぎらず、〈M〉と〈L〉の章に収められたプロジェクトは〈物理的大小〉から見れば入り乱れており、とても「スケールに従って」並べられているとは言えない。しかし、〈概念的大小〉という観点から見れば、両者の境界は〈L〉章の冒頭に収められた「ビッグネス、あるいは大きいことの問題」と題されたテクストにおいてきわめて明快に示されている。

> 一定のスケールを超えると、建築は〈ビッグネス〉という性質を身につける［＊15］。

巨大な文字で書かれたこの一文は、〈ビッグネス〉という概念が建築にもたらすパラダイムシフトの宣言である。そして、続く文章において、〈ビッグネス〉の理論は以下の五つの定理にまとめられる。すなわち、〈ビッグネス〉とは従来の建築的操作で制御できない臨界量を超えた巨大な建物であり（第一定理）、そこで用いられるエレベーターなどの機械的手段もまた、古典的な建築手法を無効化する（第二定理）。さらに、〈ビッグネス〉では中身《コア》と覆い《エンベロープ》の距離が広がることで外部が内部を表現するという古典的な倫理観が崩れ（第三

＊15｜Rem Koolhaas, Bigness, 1994 (S,M,L,XL, p.495) 拙訳。なお、「ビッグネス」は『建築文化』一九九五年一月号において一部訳出されている。

定理)、巨大化した建物は善悪を超えた非道徳の領域へと突入する(第四定理)。最後に、以上すべての帰結として、〈ビッグネス〉はいかなる都市組織の一部でもなくなる(第五定理)。

　コールハースはこれらの〈ビッグネス〉の理論が『錯乱のニューヨーク』で描かれたマンハッタンの摩天楼に潜在的に含まれていたと述べている。具体的には、巨大摩天楼の「自己モニュメント化」(第四定理に相当)や、意図的に内外を乖離させる「建築的ロボトミー」の手法(第三定理に相当)、巨大な室内における「都市の中の都市」(第五定理に相当)などが彼の念頭にあるのだろう。また、〈M〉に収められた「基準平面」も〈ビッグネス〉の存在を予感させるテクストであった。「〈基準平面〉は奥行きが深い。それは、外部——いわゆる現実世界——との接触が、人間の幸福や生存のための必須条件であるというナイーブなヒューマニズム的前提を乗り越えて進化してきた」[*16]という一節は、「ビッグネス」の第三定理、あるいは『錯乱のニューヨーク』の「建築的ロボトミー」と共鳴している。

　それでは〈特異点〉の分析に戻ろう。《ZKM》の巨大な直方体のヴォリュームには外部から切り離された空想的なプログラムが並列される。ファサードのスクリーンもまた「建築的ロボトミー」を応用したものと言えるだろう。コールハースは述べている。

> ZKMは、巨大で奥行きの深い、新たな建物のためのマニフェストである。そこでは、近頃の建築では分離してしまった諸要素が、「構成」あるいは「美意識」といった基準にはよらない方法で組み合わされている。(…)[*17]

《ZKM》は、ほぼ同時期に計画された《フランス国立図書館》コンペ案や《ゼーブルグ海上ターミナル案》と同様に〈ビッグネス〉の理論を体現した建築であった。つまり、〈概念的大小〉から言えば《ZKM》が〈L〉に分類されることは必然なのである。それでは《オフィス・シティ》はどうか。細長い帯状のヴォリュームから構成される《オフィス・シティ》では内外の乖離は生じず、「奥行きの深い」室内も生まれない。《オフィス・シティ》はその巨大な規模にもかかわらず、いまだ近代建築の理論が通用する次元にとどまっているのである。コールハースは〈ビッグネス〉が近代建築の理論を無効にすると述べているが、これは裏を返すと〈S〉と〈M〉は近代建築の理論が通用する世界であるということである。

　今度は〈L〉に収められた唯一の実現作である《コングレスポ》を分析してみよう。《コングレスポ》の平面は横倒

*16｜Typical Plan (S,M,L,XL, p.339) 拙訳
*17｜『a+u』二〇〇〇年五月号臨時増刊、二五四頁。本稿の文脈に沿うよう一部の訳語を変更した。

しにしたエッフェル塔よりも大きく、面積的には〈L〉にふさわしい。しかし、高さという観点から見ればそれは三階建てにすぎず、高層ビルとさえ呼べない。《コングレスポ》は、コールハースの〈概念的大小〉において高さやフロアの数が〈L〉の要件ではないことをほのめかしているのだ。ここで、「ビッグネス」の第三定理の基礎となった建築的ロボトミーのロジックを振り返っておきたい。

> 数学的にいえば、三次元の事物の内容積は三乗的に増大するのに対し、それを包む表面の方は二乗的にしか増大しない。つまり建物の表面は、表現すべき内部の増大に比して、どんどん小さくならざるを得ない[*18]。

*18—『錯乱のニューヨーク』一六八頁。

『錯乱のニューヨーク』の段階では、コールハースは摩天楼という三次元的に巨大な建築にのみ注目しているが、じつは建築的ロボトミーは二次元的に巨大な建築にも生じる。なぜなら、二次元の事物の面積は二乗的に増大するのに対し、それを包む周長の方は一乗的にしか増大しないからである。『S,M,L,XL』のコールハースは、この二次元的な巨大さにも意識的である。「基準平面」で論じられた「奥行きの深い平面(Deep Plan)」は、まさに二次元的な建築的ロボトミーを引き起こした空間であった。同様に、《コングレスポ》でも二次元的な建築的ロボトミーが生じ、幻惑的な「奥行きの深い平面」が生まれている。低層であっても、それは外部が内部を表現することのない、臨界量を突破した建築なのである。なお、〈ビッグネス〉が内包する巨大な室内はエアコンや低熱照明、エレベーターなどの技術的進化によって支えられた存在であり、これらは『錯乱のニューヨーク』で描かれた「空想世界のテクノロジー」と通底している。〈L〉とは、コールハースがニューヨークの摩天楼に見いだした新世界、すなわち、近代建築を超克する「マンハッタニズム」の次元と言えるだろう。

三 〈L〉と〈XL〉の境界——都市となる建築、建築となる都市

特異点4：《ザック・ダントン・オフィスタワー》（〈XL〉、一九九一年）

パリのラ・デファンスに計画された三二階建ての超高層ビルの計画。基本的には標準的なオフィス空間を反復する構成だが、一九階部分が横にずれて大きく張り出し、パリの大都市軸を指し示している。また、上部の一三層分はパリの中心部に引き寄せられて微かに回転してい

る。コンペの勝利案であり確認申請まで行ったが、実現には至らなかった。

都市となる建築

〈XL〉章に収められているプロジェクトは、《ザック・ダントン・オフィスタワー》をのぞいてすべて都市計画的スケールのマスタープランである。〈物理的大小〉で言えば〈M〉と〈L〉の境界付近に当たる《ザック・ダントン・オフィスタワー》が〈XL〉に分類されている理由は、それが『S,M,L,XL』に掲載された唯一の「摩天楼」だからということ以外には考えられない。ここからは、ひとつの仮説が導かれる。おそらく、コールハースにとって摩天楼はつねに〈XL〉なのである。コールハースは『錯乱のニューヨーク』に引き続き、『S,M,L,XL』でも依然として摩天楼を特別視しているのだ[*19]。

この時点で「〈XL〉とは都市計画と摩天楼を含むスケールである」と結論することはたやすい。しかし、それでは一種の類型的な分類へと逆戻りしてしまい、コールハースの〈概念的大小〉の本質を見失うことになる。そこで、再び〈ビッグネス〉について考えてみたい。先述したとおり、〈ビッグネス〉は〈M〉から〈L〉へと移行するパラダイムシフトの表現である。しかし、〈ビッグネス〉が〈L〉というカテゴリーを定義するものであると誤解してはいけない。「ビッグネス」は〈M〉以降の次元について書かれたものであり、その内容は〈L〉と〈XL〉を包含していると見るべきである。〈M〉の「基準平面」に登場した「奥行きの深い平面」という概念は〈ビッグネス〉の存在を予告するものであった。同様に、「ビッグネス」の次の一文には来たるべき〈XL〉に関する予言が含まれている。

ビッグネスはもはや都市を必要としない。それは都市と拮抗する。それは都市を表現し、都市を占有する。言ってしまえば、それは都市なのだ[*20]。

「都市と拮抗する、都市を表現する、都市を占有する」。これらの表現は、〈ビッグネス〉の定理を理解した後には当然のこととして受け取れる。しかし、コールハースの真骨頂は「それは都市なのだ」という大いなる飛躍である。ここにおいて、都市／建築という最大にして最後の類型が無効化される。そして、この飛躍こそが〈L〉と〈XL〉の境界線を示していると考えられる。都市と拮抗する建築は〈L〉

*19｜OMAのホームページではプロジェクトが類型的に整理されているが、摩天楼にのみ「XL towers」という特別なカテゴリーが与えられている。
*20｜Bigness (S,M,L,XL, p.515) 拙訳

であり、都市自体となった建築は〈XL〉なのではないだろうか。

いくつかの例を挙げよう。〈XL〉に収められた《ラ・ヴィレット公園コンペ案》は、多様なプログラムを帯状に配置することで都市的な過密を表現する提案であったが、その平面図は摩天楼の断面図を横倒しにすることでつくられたものであった。また、《横浜デザインフォーラム》の提案は、巨大な敷地全体を大屋根で覆い込むという都市計画とも建築ともつかぬものであった。このように、一個の建築が都市自体となるというコールハースの考えは、建築家が達しうる最高度のメガロマニアを示している。

建築となる都市

一方、〈XL〉の章に収録されたテクストの多くは「現実の都市が建築になる」というコインの裏側を描き出すものである。「アトランタ」[*21]というテクストでは、スカイブリッジとアトリウムという手法によって「ダウンタウン（都心部）の代用品」となった建築が描写される――「一度システムに入り込んだら、ダウンタウンの残りの部分に行く理由などなくなる」。「シンガポール・ソングラインズ」[*22]で描かれたシンガポールの発展史も示唆的である。一九六〇年にシンガポールに創設された住宅開発公社は「島まるごとをひとつのハウジング・プロジェクトにしてしまう」[*23]。さらに、一九六〇年終わりごろの開発プロジェクトは「伝統的なアジア風街路生活《ストリートライフ》が満ちあふれ」、「都市の多元性を収め、建築の中に都市生活を英雄的に取り込んで強化したもの」[*24]であった。

〈XL〉を締めくくる「ジェネリック・シティ」[*25]は、アトランタやシンガポールなどの二〇世紀後半に発展を遂げた新興都市の状況を総括するテクストであり、「都市が建築になる」最終地点を示している。コールハースが描く〈ジェネリック・シティ〉は無限に広がる都市であり、歴史を持たず、計画が成り立たず、それゆえアイデンティティを持たない、無個性なグローバリズムの産物である。この〈ジェネリック・シティ〉において、コールハースはとうとう「街路は死に絶えた」と宣言し、「摩天楼は最終的かつ究極的なタイポロジーとなる」と述べた。ここから導かれる帰結はもはや明白である。街路の死のあとに残るもの。それは建築である。

結論を述べよう。〈XL〉とは都市と建築の境界が消失したカテゴリーであり、そこでは建築は都市となり、都市は建築となる。それは、一九九一年のソ連崩壊以降、グローバリズムを背景として加速したポスト建築的、ポスト都市的な現代状況なのである。

*21｜Rem Koolhaas, Atlanta, 1994 (S,M,L,XL, p.832) 本稿の引用部分は拙訳による。
*22｜Rem Koolhaas, Singapore Songlines: Thirty years of Tabula Rasa, 1995 (S,M,L,XL, p.1008)（邦訳はレム・コールハース著、太田佳代子+八束はじめ訳『新加被歌的路《シンガポール・ソングラインズ》』、『10+1』五〇号所収、INAX出版、二〇〇八）
*23｜『新加被歌的路《シンガポール・ソングラインズ》』p.182
*24｜Ibid. p.193
*25｜Rem Koolhaas, The Generic City, 1994 (S,M,L,XL, p.1238)。本稿の引用部分は拙訳による。

四 〈概念的大小〉の射程

ふたつの物語

〈S〉は前近代的な閉じた小宇宙《コスモロジー》、すなわち、都市から切り離された建築のスケールであった。〈M〉は都市と関わり始める建築の次元であり、そこには近代特有の没個性の美学が刻印されていた。〈L〉は都市と拮抗する存在となった建築の次元であり、マンハッタンの摩天楼に予言的に現れていたスケールであった。そして、〈XL〉は建築がさらに巨大化して都市と建築の境界が消失する、現代的状況を示すカテゴリーであった[**図2**]。

図2

S	都市と関わらない建築	前近代（都市成立以前）
M	都市に関わる建築	近代（モダニズム、新即物主義）
L	都市と拮抗する建築	アメリカ的近代（マンハッタニズム）
XL	都市との境界が消失する建築	現代（グローバリズム）

一見ランダムに見える『S,M,L,XL』は緻密に構成された「建築についての小説」である。そして、〈概念的大小〉は、ふたつのプロットが絡み合った複雑なシナリオを解き明かす鍵となる。ひとつ目のプロットは建築が都市に目覚め、都市と拮抗し、最後には都市と溶け合う「建築と都市」の物語であり、もうひとつは前近代、近代、アメリカ的近代からグローバル化した現代へと至る「建築と近代化」の物語である。なお、それは建築や都市が徐々にアイデンティティを失っていく悲劇でもある。『S,M,L,XL』において、引き裂かれた「建築」と「都市」は再び交叉するが、その時世界は光彩を失いつつあった。

都市と近代の奪還

なぜコールハースは、このような〈概念的大小〉の物語を描き出したのであろうか。この問いに答えるために、『S,M,L,XL』へと至る時代背景について簡単に振り返っておきたい。

一九六〇年代、モダニズムの理論は綻びを見せはじめた。それが単調で生気のない風景を生み出してしまったことはもはや明らかであり、世界中の前衛建築家たちは異なる道を模索した[＊26]。『錯乱のニューヨーク』もその例外ではなく、モダニズムの教義と矛盾する用途混交と過密をあえて主張し、マンハッタニズムというもうひとつの近代を描き出すものであった。

しかし、モダニズムに対する異議申し立てはコールハースが思い描く姿とは正反対の方向、すなわち、都市計画と巨大建築の否定へと向かっていった。この流れを導いた立役者のひとりとして『アメリカ大都市の死と生』（一九六一年）［＊27］を著したジェイン・ジェイコブズが挙げられる。用途混交、高密度、都市の多様性を称揚する彼女の考えはコールハースの理論と多くの点で共通しているが、両者にはひとつの埋めがたい溝が存在する。《輝く都市》にトラウマを持つジェイコブズは、大規模開発と巨大建築を否定したのである。ジャーナリストである彼女がはじめた巨大プロジェクトへの攻撃は多くの支持を勝ち取り、「ヒューマンスケール」や「街並みとの調和」は時代の合い言葉となった［＊28］。

近代建築・都市計画の失敗と、巨大プロジェクトに批判的な世論を背景として、建築家には態度表明が迫られた。一部の建築家は巨大建築を時代の要請として捉え、計画概念の失効以後も理論無きままにその建設を続けた。他方、モダニズムを否定し、保守的な歴史主義に回帰したり、内向的世界に耽溺したりする者も現れ、そのなかからポストモダニズムの潮流が生まれた。いずれにせよ、巨大建築という問題に正面から取り組む建築家はいなかった。日本では、一九七二年に神代雄一郎が「巨大建築論争」を巻き起こしたが、当時の組織設計事務所の建築家から反発を受け、建設的な展開をみることはなかった［＊29］。また、磯崎新が「都市からの撤退」と呼んだ一九六八年以降の状況も、これらの文脈と接続するものである。

『S,M,L,XL』は、このような都市計画と巨大建築に対する不信に抗うものと言えるだろう。〈ビッグネス〉は、巨大建築に対する人々の思考停止への挑戦であり、〈ジェネリック・シティ〉はモダニズムの都市計画にとどめを刺すと同時に、新たな方法論を導く端緒となる。コールハースはモダニズムの計画概念を退ける傍ら、近代化《モダニゼーション》の流れには身を任せた。そこでは、〈概念的大小〉が「建築」と「都市」と「近代」のリンクを取り戻すための道標として立ち現れる。

五　スケールの横断——「トラジェクトリー」と「ヴォイドの戦略」

『S,M,L,XL』の最後を飾る《ジュシュー図書館》コンペ案は、〈物理的大小〉で言えば〈M〉に相当する。しかし、このプロジェクトには、唯一「PS（後記）」という特別な断章が与えられている［＊30］。その理由はおそらく、このプロジェクトが概

＊26｜一九六〇年代の前衛によるモダニズムへの「異議申し立て」については以下を参照。磯崎新『建築の解体——一九六八年の建築情況』美術出版社、一九七五。

＊27｜Jane Jacobs, *The Death and Life of Great American Cities*, 1961（邦訳はジェイン・ジェイコブズ著、山形浩生訳『アメリカ大都市の死と生』、鹿島出版会、二〇一〇）。

＊28｜ジェイコブズとコールハースの比較については、以下の拙稿を参照。「大都市のゴッドマザー——ジェイン・ジェイコブズ『アメリカ大都市の死と生』書評」、「10+1 web site」二〇一一年四月号所収。

＊29｜青井哲人「神代雄一郎、その批評精神の軌跡」、「10+1 web site」二〇一三年六月号所収。

念的には〈XL〉に属しているからである。《ジュシュー図書館》コンペ案の平面は巨大な正方形であり、〈L〉の要件である内外の乖離が生じている。さらに、各フロアの平面は折り曲げられて、地上から屋上まで連続する「トラジェクトリー」という動線空間がつくられる。ボードレール的な遊歩者《フラヌール》がさまよう大通り《ブールヴァール》として構想されたこの「トラジェクトリー」は、都市の死にゆく街路の機能を担保する。《ジュシュー図書館》コンペ案は物理的には小さいが、「建築が都市になる」という〈XL〉のテーマを純粋に表現しているのだ。

〈概念的大小〉はスケールの異なる建築の断絶を示すものであった。コールハースは〈ビッグネス〉では〈M〉以前の手法、つまりモダニズムの建築言語がお払い箱になると宣言した。だからこそ、彼は実践を通して、〈L〉や〈XL〉のカテゴリーに適用可能な建築言語を模索した。「トラジェクトリー」や「ヴォイドの戦略」といった設計手法はその成果と言えるだろう。興味深いのは、巨大なスケールのプロジェクトで発見されたこれらの手法が、後に物理的規模の小さいプロジェクトにも応用されていったことである。コールハースは〈M〉の手法が〈L〉や〈XL〉では通用しない、とは述べたが、〈L〉や〈XL〉の手法が〈M〉で通用しない、と述べたわけではない。コールハースの議論にしたがえば、大きなスケールで適用可能な手法は従来の建築言語から逸脱したものであり、アメリカ的近代、あるいはグローバル化した現代に適合するものである。当然、このような手法は小さなスケールのプロジェクトにも現代性を与えうる。〈ビッグネス〉に立ち向かうために考案され、後により小さな規模に応用された手法は、スケールの異なる建築の断絶を乗り越えて、〈S〉から〈XL〉までを貫く新しいロジックを構築する。中規模の《ジュシュー図書館》が概念的に〈XL〉となるように、そこでは小住宅もまた概念的には〈XL〉となりうるのかもしれない。

それではOMAが用いた、スケールを横断する手法を具体的に分析してみよう。マッスに立体的な動線空間を挿入する手法、すなわち「トラジェクトリー」は、《クンストハル》において潜在的に表現され、《ジュシュー図書館コンペ案》を経て、二〇〇〇年代に《在ベルリン・オランダ大使館》や《中国中央電視台（CCTV）》などのプロジェクトを生み出した。建物の物理的規模が異なっても「トラジェクトリー」に込められた意味は変わらない。それは建築の内側に再構築された大都市の街路である。

密実としたソリッドからヴォイドをくり抜くという「ヴォイドの戦略」もさまざまなスケールに応用された。そもそもは《ムラン・セナールの新都市計画》で発見

*30 『S,M,L,XL』では「前戯（Foreplay）」と呼ばれる章において一九七八年以前の仕事がまとめられており、〈XL〉に続く「PS（後記）」という断章に《ジュシュー図書館コンペ案》が収録されている。ここには『錯乱のニューヨーク』との構成的類似を指摘することができる。『錯乱のニューヨーク』でも、本論は摩天楼登場以前を描く「前史」と「補遺 虚構としての結論」に挟まれていた。なお、「補遺 虚構としての結論」で描かれたアンビルトのプロジェクトは『錯乱のニューヨーク』以後のコールハース／OMAの仕事を方向づけるものであった。同様に、実現することのなかった《ジュシュー図書館コンペ案》もまた、『S,M,L,XL』以後の計画を生み出す原動力となった。

されたこの手法は、《フランス国立図書館》コンペ案で巨大建築に応用され、さらには《アルメラ・ブロック6》という〈物理的大小〉で言えば〈M〉サイズのプロジェクトや、《Y2K》と呼ばれる個人邸にまで適用された。なお、隕石のようなソリッドから直方体のヴォイドをくりぬいた《Y2K》の造形は、後に再び拡大コピーされて《カサ・ダ・ムジカ》というコンサートホールとなっている。ソリッドとヴォイドに込められた意味もまた、いかなるスケールにおいても変わることはない。それは、基準／非基準、アイデンティティ／ジェネリック、束縛／自由、商業／公共などの二項対立の表現であり、「ヴォイドの戦略」は両者を包摂する弁証法なのである[＊31]。

六　スケールの超克——「ズーム」と「フラクタル」

最後に、スケールの断絶を乗り越えるもうひとつの建築操作について考察したい。『S,M,L,XL』の出版以降から現在にかけて、OMAは「バインディング（束ね合わせ）」、「スタッキング（積み重ね）」などの手法を多用している。そこには、あるスケールの建築を複数組み合わせることで、次のスケールの建築を生み出すという共通点がある。

　具体例を見ていこう。『S,M,L,XL』出版直後の一九九六年に計画された《ユニバーサル本社ビル》や《ハイパービルディング》、一九九八年に設計が始まり二〇一三年に竣工した《デ・ロッテルダム》などのプロジェクトには明らかな共通点がある。これらの計画では、タワーと呼ばれる複数の高層ヴォリュームを組み合わせることで超巨大な全体がつくられているのである。《ユニバーサル本社ビル》では複数のタワーが巨大な水平プラットフォーム——横倒ししたタワー——によって結合されている。一方、バンコクに計画された《ハイパービルディング》はスレンダーなタワーを束ね合わせたものである。そして、高さ一五〇メートル、四四階建ての《デ・ロッテルダム》では、タワーを前後左右に積み重ねることで一六万二〇〇〇平方メートルにもおよぶ巨大な全体がつくられている。タワーを組み合わせるという建築手法はOMAが超高層ビルを設計する際の常套手段となり、二〇〇二年に計画されたシンガポールの《スコッツタワー》や、二〇一三年に竣工した《深圳証券取引所》など、その例は枚挙に暇が無い。

　一方、二〇一四年に竣工するシンガポールの《インターレース》では、ヴァイセンホーフ・ジートルンクのミー

＊31—「ヴォイドの戦略」に関しては、以下の拙稿を参照。難波和彦×岩元真明「「ヴォイドの戦略」の可能性——その同型性を通して」、『ユリイカ』二〇〇九年六月号所収。

ス棟のような〈M〉サイズの直方体ブロックを三六個積み重ねることで延床一七万平方メートルにもおよぶ巨大な集合住宅がつくられている。それぞれのブロックは六層分の大きさを持つ直方体であり、それらは蜂の巣状に、正六角形を描くように配置される。ブロック自体のデザインはきわめてオーソドックスであり、積み重ねていく際の幾何学も単純だが、結果として生まれた構築物の外観はきわめて複雑な印象を与える。スケールが巨大なため視界に全貌を収めることができない。単純なシステムでも人間の目ではその一部しか捉えることができない。《インターレース》は〈M〉サイズの建物を大量に積み重ねることで臨界量を突破しているのである。

　さらに、二〇〇六年に計画された《ラス・アル・ハイマーのマウンテン・リゾート》では〈S〉サイズの小さなユニットを積み重ねることで巨大なホテルの全体がつくられている。反対に、二〇〇四年に計画された新宿のモード学園コンペ案《ヴァーティカル・キャンパス》では、超高層ビルが小さなユニットに細分化されている。ピクセル化などと呼ばれるこの方法は、スケールの飛躍を引き起こすという点ではスタッキングと同様の意味を持つ。スタッキングではスケールが小さなものを組み合わせることで高次のスケールに達し、ピクセル化ではスケールが大きなものを細分化することで低次のスケールに達するのである。なお、このようなスケール操作は巨大建築に限るものではなく、二〇一三年に完成した《コーチ表参道店》では、棚を集合させることで店舗の全体がつくられている。そこでは、〈XS〉とでも呼べるような家具的スケールを集合化することで〈S〉サイズの建築が生み出されているのだ。

　このようなOMAのスケール操作を連続して見ていくと、ひとつの考えに行き当たる。コールハースは『S,M,L,XL』で〈概念的大小〉を定義することにより、スケールの壁を乗り超えようとした。そのヒントを与えたのは、二〇世紀後半にマンデルブローによって定義された「フラクタル幾何学」の出現ではないか。図形の部分と全体が自己相似を引き起こすフラクタル幾何学であれば、〈S〉、〈M〉、〈L〉、〈XL〉をすべて包摂することができるのではないだろうか。『S,M,L,XL』には「辞書」と呼ばれる用語集が収められており、その「フラクタル」の項目には以下のように書かれている。「ズーム（ZOOM）を見よ」［＊32］。

ズーム（ZOOM）
フォルクスワーゲンにどんどん近づいていくことを想像してみよう。虫眼鏡で、そして顕微鏡でズームインしていくのだ。まず、その表面はどんどん滑らかになっていく。丸みを帯びたバンパーやボンネットなどが視界から消え去るからだ。しかし、さらに微視的に眺めると、鉄の表面はそれ自身が一見ランダムに凸凹したものであることを示しはじめる。それはカオス的に見える［＊33］。

低次のスケールを組み合わせて高次のスケールに達する方法と、高次のスケールを細分化して低次のスケールに至る方法。これらをあわせて「ズームの方法」と呼ぶことができるだろう。そして、コールハースの辞書にしたがえば、「ズーム」は「フラクタル」と関連している。図形の部分と全体が自己相似になっているフラクタル図形のように、「ズームの方法」を適用した『S,M,L,XL』以降のOMAのプロジェクト群は、より大きな全体の一部分の表現と言えるだろう。その全体は、「フラクタルの方法」とでも名付けられるべきものである。

マンデルブローは「フラクタル」という概念を生み出すことによって、線形性を中心に回っていた近代科学に一石を投じた。一九七〇年代の終わりごろからコンピュータが描き出したフラクタル図形は多くの人びとを魅了し、圧倒した。これもまた、飛躍的に発達した計算能力というテクノロジーに裏打ちされた量の問題に関わるものであった。同様に、OMAの「フラクタルの方法」は、膨大な量を扱い、複雑性をはらみつつも、その一部分を見るときわめて単純な原理からつくられている。それは、カオス的な様相を呈した現代都市に切り込み、近代以前の設計手法を現代的に再構築する可能性を含んでいる。「フラクタルの方法」を通して、一度は無効化してしまった〈S〉や〈M〉の建築言語にも新しい可能性が開かれるのだ。ここで、「フラクタル」に関わる「ジェネリック・シティ」の一節を引用しておこう。

〈ジェネリック・シティ〉はフラクタルで、まったく同じ単純な構造モジュールをエンドレスに繰り返したものである。それは、極小の存在から再構築することができる。デスクトップ・コンピュータから、あるいは一枚のディスクからでさえ［＊34］。

「ズームの方法」や「フラクタルの方法」は、カオス的な都市である〈ジェネリック・シティ〉から霊感を得たものと言えるかもしれない。しかし、それは〈ジェネリック・シティ〉を超えて、〈XXL〉へと達する可能性をはらんでいる。

都市を超える存在は、都市ではなく、建築から生まれるのかもしれない。

＊32｜S,M,L,XL, p.556.
＊33｜S,M,L,XL, p.1302. 拙訳。

付記「ホワイトシート：夢」に関する覚え書き

川が終わるところまでくると、そこには巨大な深淵が横たわっていた。ためらいつつも、私たちは、縁越しに奥底を覗いた。

「ああ、思ったほど深くないね」と私は言った。

「うん」彼は言った。

*34 | The Generic City, S,M,L,XL, p.1251. 拙訳。

「そうでもないな。壁も思ったほど急じゃない。すごく注意すれば、歩いて下に降りられるよ。斜めに歩くことになるかもしれないけど、うまくやれると思うよ」。

そこで、互いを励まし合いながら、私たちは下降を始めた。そして、最初からわかっていたことだが、当然のように私たちは転落した。崖を転がり落ちながら、私は自分たちが小さな原っぱに墜落しそうだとわかった。わずかばかりの芝生の上では、沢山の人びとがピクニックを楽しんでいた——一枚の大きな白いシートの上に、その全員が座っていた。

転落しながら私は考えた。「どうやって着地しようか。どうすればうまく人をよけられるかな。どうすれば、ピクニックをむちゃくちゃにせずに墜落できるだろう」。

私は頭の中で軌道を計算した。それは、とてもうまくいくように思われた。

私は地面に衝突し、二、三度飛び跳ねた。うまく全員をよけることができた。しかし、最後の瞬間に、カカトに嫌な、柔らかな感触を覚えた。

「ちくしょう、ヤン、何かにぶつかった！」勇気を振り絞ってカカトに触れてみると、べっとりとした血糊が指先についた。

振り返って、地面に開いた小さな穴を見た。そこには、頭部がぐちゃぐちゃに割れた赤ん坊が横たわっていた。[*35]

〈XL〉の冒頭の見開きに収められた「ホワイトシート——夢 一九八一年」というテクストには、コールハースの奇妙な夢が描かれている。光沢のある白いページに薄いグレーのインクで印刷された文章は、それ自体が夢のようにおぼろげである。『S,M,L,XL』で最も謎めいたこのテクストに、ひとつの解釈を試みてみよう。

表題を信じれば、テクストが書かれた（あるいは夢を見た）のは一九八一年である。それは、『錯乱のニューヨーク』出版の三年後、OMAの設立から数年しか経っていない頃である。夢のなかでコールハースは自らの意志で落下へと至る（当時のパートナーであったヤン・フォールベルグも巻き込んでいる）。当然、重力に逆らうことはできない。せめて着地だけはと、コールハースは悪あがきするが、それすら操ることは叶わず、コールハースは赤ん坊の頭を砕くことになる。「Kの物語」［＊36］というエッセイにおいて、マシュー・スタドラーは「この完璧な夢が、K（コールハースのことである）の実践と文章のひな型になっていると述べるのは行きすぎだろうか」［＊37］と述べている。このとき、彼の念頭にあるのは〈ビッグネス〉の理論である。スタドラーは述べる。

「ビッグネス」は我々を新たな関係性の枠組みに招き入れたのだ。［…］彼が描写し招き寄せたのは、恒久的なシステムをもたず、権威あるいは制御の可能性をもたない世界であった［＊38］。

コールハースが自ら招き寄せた「落下」は、制御不能となった〈ビッグネス〉の悲劇を意味している、とスタドラーは考えた。この解釈において、コールハースはビッグネスの発見者であると同時に、その存在を意識したうえでの、最初の犠牲者となる。しかし、近年のコールハース／OMAの実践を見ると、彼らが〈ビッグネス〉を克服したと言わないまでも、〈ビッグネス〉に切り込みえた、と言うことはできそうである。結果論ではあるが、スタドラーによる夢の解釈はいくぶん悲観的で、コールハース／OMAを過小評価するものであった。それでは、この謎に満ちた夢をどのように理解すれば良いのだろうか。ヒントは、テクストのなかに隠されているように思われる。

1『S,M,L,XL』の全体は「スケール」に関する物語である。

2 コールハースが落下した先には「ピクニック」をする人びとがいた。

「スケール」と「ピクニック」という言葉からは、イームズ夫妻が一九七七年に発表した《パワーズ・オブ・テン（Powers of Ten）》というショートフィルムが連想される。タイトルのPowersという言葉は「力」ではなく「べき乗」を意味する。つまり、タイトルを翻訳すると「一〇のべき乗」となる。

この映像では、まず原っぱに「シートを広げて」、「ピクニック」をしている男女の姿が映し出される。次に、映像は正方形に区切られ、横たわった男を中心とした縦横一メートル×一メートルの範囲を示す。カメラは少しずつ上空へとしりぞき、一〇秒後には一〇メートル×一〇メートルの範囲を、次の一〇秒後には一〇〇メートル×一〇〇メートルの範囲を映し出す。カメラは上昇を続け、ついには銀河系を超え、銀河団をおさめるに至る（一〇の二四乗の次元）。そこからは、巻き戻しのようにして一メートル×一メートルの次元に戻り、今

＊35｜Rem Koolhaas, The White Sheet: Dream, 1981 (*S,M,L,XL*, p.828). 拙訳。なお、訳出時には『WHAT IS OMA レム・コールハースとOMAについての考察』の二〇五–二〇七頁を参照した。
＊36｜Matthew Stadler, The Story of K, 2003（邦訳はマシュー・スタドラー著、橋本啓子訳「Kの物語」、『WHAT IS OMA レム・コールハースとOMAについての考察』所収）。
＊37｜*Ibid.* p.207.
＊38｜*Ibid.* p.204.

度はミクロの世界へと突入していく。

夢から覚めた、あるいは、後にこの夢を思い返したコールハースは、イームズ夫妻の《パワーズ・オブ・テン》と自身の夢の類似性に気がついたのではないだろうか。脚本家を志したほどのコールハースが、著名なデザイナーが制作したフィルムを知らなかったとは思えない。しかも映像が発表された当時、コールハースはアメリカにいたのだから。そして、いつのころからか、コールハースは夢の啓示に取り憑かれたのではないか。夢の中の落下。それは巨大スケールからヒューマンスケールへの落下であり、赤ん坊の砕かれた頭部は、〈XL〉が破壊した旧来のスケールの世界ではないか、と。

「べき乗」的に展開するシームレスなスケールは、コールハースの落下、すなわち〈XL〉の衝撃によって破壊された。そこには、〈物理的大小〉に対する〈概念的大小〉の暴力が表れている。さらに言えば、夢の内容はイームズ的ラブ・アンド・ピースな、古き良き一九七〇年代を破壊することも意味しているのではないか。幸せそうに横たわるカップル。しかし、赤ん坊の頭は砕かれた。そこには、カウンターカルチャー（コールハースにとっては、AAスクールから『錯乱のニューヨーク』に至る青春時代）からの離脱が表現されているのかもしれない。

スタドラーがコールハースの落下を〈ビッグネス〉と結びつけたのは間違いなく正しい。しかしこの夢は、制御不能となった〈XL〉を描く悲劇ではない。それは、旧来のスケール観、旧来の建築手法、そして、同時代の文化すら破壊し、新たな価値観を築き上げる〈XL〉の可能性を暗示しているのではないだろうか。

Part.2 Media and Theory Column

『VOLUME』再読

「拡張」後の建築領域を担うもの

榊原充大（RAD）

Part.2
Media and Theory
Column

Mitsuhiro Sakakibara (RAD)

レム・コールハース／AMOが、オランダの出版社Archis、コロンビア大学のリサーチ組織C-LABとともに二〇〇五年から届ける季刊誌『VOLUME』。コールハースと雑誌と言えば、日本の大衆誌を模した展覧会カタログ『レム・コールハースのジェネリック・シティ』［＊1］や、チープな雑誌風の書籍『Content』［＊2］などが思い浮かぶだろう。そんなコールハースが実際に雑誌を手がけている。

「建築は自らを超えていかなければならない」と創刊号で打ち出す『VOLUME』は、「to go beyond」をテーマに、社会と建築へとアプローチする雑誌である［図1］。ここでは、同誌からふたつのことについて考えていく。コールハース／AMOにとって同誌はどのようなものとしてあるか、ということと、彼らの貢献とともに同誌がいかなる「場」を生み出しているか、ということである。まずは同誌を概説することからはじめよう。

『VOLUME』は、建築家とそのオフィスの現在的な定義を探り、サイクルを破壊し、自身のアジェンダを確立しはじめるためのマニフェストだ［＊3］。

「超えること」という『VOLUME』のテーマの背景には、コールハースが同誌創刊にあてた論考「Beyond the Office」において述べる、建築や建築家の役割が軽んじられ、市場に従属するようになった現在的状況がある。そのような背景に対し、同誌は、各号各特集において、「建築領域を拡張する」ために、さまざまな切り口から社会と建築の関係性を問うていく。

興味深いのは各特集の設定の仕方だ。三者間の共同による特集は、創刊号「Beyond」特集を筆頭に、現在的な権力構造に建築を通してアプローチする「Power Building」［図2］、台頭する中国の世界における立ち位置を探る「Ubiquitous China」、社会の高齢化をいかに受け止め、またいかに抗うかを考える「Aging」など。各号は、建築家のみならず、社会学者やアーティストなどへのインタビューや、多様な分野からの寄稿が並ぶ、領域を問わない誌面となっている。

そのなかでコールハースが問題にするのは、グローバリゼーションのただなかにおいて、「スターアーキテクト」にも等しく課せられる「建設費の数パーセント」という前時代的なフィーの足かせをはめられた建築家が、次の仕事のために新たな敷地を求め続ける、という「サイクル」の乗

＊1 レム・コールハース編『TNProbe vol.2 OMA／レム・コールハースのジェネリック・シティ』TNプローブ、一九九五年。
＊2 OMA, *Content*, Taschen, 2004.

1｜『VOLUME』1号「Beyond」特集（2005年）。皮肉にも「売りづらい」という声によってストップしてしまったが、創刊数号は雑誌のほかに、冊子、DVD、ニュースペーパー、ポストカードといった、多様な情報とその「届け方」がプラスティック・ボックスにパッケージされていた。同誌のねらいを物理的に支える創造的なアイデアだ
2｜『VOLUME』6号「Power Building」特集（2006年）。5号から7号は「Architecture of Power」がシリーズテーマとなっており、6号は第2部にあたる
3｜『Al Manakh』1号（手前：2007年）と2号（奥：2010年）

り越えだ。その実現のために彼はこう語る。「建築をおおよそいかなる領域にも適応可能なもの、そうした領域からの介入も歓待できるくらいの余白を持つものとしてとらえなければならない」[＊4]と。

OMAからシンクタンク部門AMOを独立させた背景を一面で示唆するこの考えは、同時に、『VOLUME』という「場」の性質を言い表してもいる。状況に応じて変化する概念としての建築をまとめること、そして多様な主体による思考を束ねること。

建築領域の拡張をめざす『VOLUME』ではあるが、各号はそれぞれ建築を批評するものというより、いわば現代社会を見ていくための参照点として建築をとらえている。問われているのは建築家そのものではなく、建築による社会問題の解決といったことでもなく、むしろ、建築というレンズを通して見た社会のありようだ。では、同誌の視座は、誰に何をもたらしてくれるのだろうか？

> 今日批評家であるということは、自身の持ち場を巡回している間に出会い損ねたアイデアや、仕留め損ねた怪物の輸出を悔やむことに等しい[＊5]。

『VOLUME』のなかでAMOが中心となった代表的なものに、湾岸諸国[＊6]の開発状況に関するリサーチをまとめた特別号『Al Manakh』が、同誌一二号、二三号として刊行されている[図3]。その序文に掲載されているのがここで引いたコールハースの発言だ。同特集は、八〇年代のシンガポール、九〇年代の中国のように、とりたてて議論されないうちに急激な発展を遂げた地域の開発力学に光を当てているわけだが、上の一文は、現在「批評」なるものの効果をコールハース自身がどのようにとらえているかを示唆するものでもある。

AMOの寄稿としては上記のほかに、ヨーロッパの歴史が対面してきた三〇〇〇年をパノラマで見せる冊子が同誌創刊号についてくる[＊7]。AMOのデザインによるEU旗、通称「EUバーコード」に結実する、EUのイメージ戦略プロジェクトを紹介する展覧会をまとめたものだ。あらゆる人びとにとって把握が容易というわけではない複数国家の連合体に、どのようなアイデンティティを持たせるのかを問うている。また、「Power Building」特集においては、エルミタージュ美術館の未来に関するコンサルティングプロジェクトを紹介する記事を寄せている[＊8]。彼らの仕事とともに、ここ二〇年のミュージアム「バブル」として顕在化する、市場が牽引した「拡張」と、非商業的な「オーセンティシティ」という、アートをめぐるふたつの権力を描き出す試みだ。欧州気候財団との共同による、二〇五〇年までにヨーロッパがCO_2排出量を八〇パーセント減少するための道筋を提案する「Roadmap 2050」プロジェクトを概説する寄稿もある[＊9]。

これまでの建築の用語によって把握することが困難なこれらのプロジェクトと対照的に、OMAによるCCTV建設にまつわる寄稿をコールハースが「Ubiquitous China」特集に寄せている[＊10]。自身の建築をプレゼンテーションするというよりも、同建築を中国で実現するなかで見え

＊3｜Rem Koolhaas, "Beyond the Office," in VOLUME #1, Archis, 2005.
＊4｜*Ibid.*
＊5｜Rem Koolhaas, "Last Chance?," in VOLUME #12, Al Manakh 1, Archis, 2007.
＊6｜具体的には、アブダビ、ドーハ、ドバイ、クエートといった都市を指している。
＊7｜AMO, "HISTORY OF EUROPE AND THE EUROPEAN UNION," in VOLUME #1, Archis, 2005.
＊8｜AMO, "Power of Restraint," in VOLUME #6, Archis, 2006.
＊9｜AMO, "Roadmap 2050 A Practical Guide to a Prosperous, Low-carbon Europe," in VOLUME #25, Archis, 2010.

てきた力学や、他地域にも共通の課題を中国という文脈から考察していく。

こうした寄稿のなかでしばしば目につくのは、建築家を「変化をもたらす者」ととらえていることである。「建てること」への言及はない。コールハース／AMOは『VOLUME』において、現在そうとらえられている建築家という職能を問いなおすのではなく、すでに「超えている」自身の取り組みを組上に上げ、個々のプロジェクトを取り巻く社会的文化的状況の諸側面を描き出す。その舞台が雑誌というメディアであるがゆえに、それが他者の活動や言説と（シリーズにおいても、各号においても）並置されるということが重要だ。各特集のもたらす多様な視座は、彼らにとっておそらくこれまでにない文脈で自身の活動を紹介する試みであり、その並置のなかで彼らによる個々の取り組みが、「建築」という領域を測る参照点を読者に提供してくれる。

「to go beyond」を掲げる『VOLUME』という「場」が総体として提示するのは、建築という観点から見た社会の多様な諸側面において「乗り越えるべき課題」とはどのようなものか、という問いである。その課題はあらかじめ明確になっているわけではない。とりわけ、そこで求められる「変化」をもたらす職能がどのような人（たち）に担われているのか、担われるべきなのかには注目しなければならない。「建築家」をどう更新すべきかは二義的な問題であり、AMOはその点で「拡張した建築領域」を担う人たちのモデルとしてある。同誌は批評家のみのためではなく、建築家のみのためでもなく、実践者のため、そして「これから」を考えるために届けられている。［図4、5、6］

4｜『VOLUME』16号「Engineering Society」特集（2008年）。同号には、OMAのレニエ・デ・グラーフへのインタビュー「Up-Tempo Urbanism」が掲載されている

5｜『VOLUME』27号「AGING」特集（2011年）。同号にはAMOによる2010年ベネツィア・ビエンナーレのための「保存」にまつわるリサーチとして、黒川紀章の《中銀カプセルタワービル》を背景に、建材寿命をまとめた記事「Construction Materials Lifespan in Years」が掲載されている

6｜『VOLUME』30号「PRIVATIZE!」特集（2012年）。文字どおり、1980年代から90年代、そして2000年台初頭にかけて輝かしい将来のための途としてあった「市場」と、進むべきものとしてあった「民営化」を再考している

*10｜Rem Koolhaas, "Found in Translation," in VOLUME #8, Archis, 2006.

メディアと理論 5

Part.2

Media and Theory 5

Kazuaki Hattori

図義通りの建築

コールハース・妹島・青木・藤本

服部一晃

建築を一枚の図式で語り終えること

レム・コールハースは日本の建築を根底から変えた。そう言い切ってもいい。しかし、コールハースの大都市やショッピングに関する理論、自前の研究機関をもち企業ブランディングまでをこなす新しい建築家像といった、彼の思想的コアに当たる部分が日本の建築を変えたわけではなかった。それらの精緻で大胆な議論、次々と繰り出すキャッチーなコンセプトは、気軽に真似するにはコールハースすぎた。コールハースの思想や議論を引き継ぐのであれば、それらを逼迫した個人的問題として引き受け、自分自身の実感から再発見できる人でないかぎり、縮小版コールハース以上のものにはなれない。建築家はみなそれがわかっているから、簡単にコールハースの真似ごとをするわけにはいかなかった。

　ではコールハースの何が日本の建築を変えたのか。ふつう、物事は誤読可能なものから広まっていくものである。他人の議論を誤読するのも無理ではないが、それよりは他人の描いた絵を誤読するほうがずっと簡単だ。つまり、建築の場合、誰かの描いたドローイングや模型表現をコピーし、オリジナルの文脈から引き剥がして各々の個人的問題に用いるということが起こる。ドローイングや模型表現は、いちいち出典を明記する必要のない共有財として、スピーディーに建築表現の新陳代謝に用いられるのである。ある意味では、そのような共有財を生み出せるかどうかに建築家の命運がかかっていると言ってもいい。コールハースもまた、彼自身の文脈を超越した共有財を生み出したからこそ、日本の建築に決定的な影響を与えたのだ。そう、コールハースといえば図式(=**ダイアグラム**)である。《ラ・ヴィレット公園》や《フランス国立図書館》の幻のコールハース案といえば誰でも頭に浮かぶあの図である。

　コールハース最大の発明は図式——と言うとわかったような気になるが、初めて図式と呼ばれる絵の描き方を発明したのは、おそらく猿である。それなら、図式を建築表現に初めて用いたのがコールハースかと言えば、それもなんだか違う。ミケランジェロもルドゥーもロッシもアルド・ファン・アイクも、十分図式的な建築をつくってきたはずだ。図式的建築も誰かひとりの功績に還元できるものではない。では何がコールハースのオリジナルなのかといえば、それは図式そのものではなく、**建築を一枚の図式で語り終えること**を許した点にある。コールハースは、自分の建築を、そのコンセプトから実際の空間体験にいたるまでのすべてを、ただ一枚の図式で雄弁に語り終えた初めての人物なのである。わかりにくいかも

[redacted]

しれないが、これは大きな跳躍だった。なぜなら、多面的な問題を抱えた総合芸術であるところの建築が、誰にでもわかる白と黒の塗り絵に変わったことで、建築を想像する敷居が大きく下がったからである。「こんな風に考えてもいいんだ、こんなやり方でも怒られないんだ。これなら俺にもできる」と日本の建築家たちに思わせた男。それがレム・コールハースである。

　たとえばル・コルビュジエは新時代の住宅である《サヴォア邸》を説明するために、ただ一枚の図式だけですべてを説明し終えただろうか？　そう、レム・コールハースは読み解きがむずかしい建築家と思われがちだが、むしろ「誰よりも建築を単純化した人物」と考えるほうが正しい。知性のコールハースを神格化し彼の蒔いた謎解きを楽しむのもいいが、コールハースをそうとらえているかぎり本質は見えてこない。もちろん、コールハースが単純な図式にいたるまでの思考過程は複雑で、大都市や資本主義といった暴力的なものへの高度な批評があっての図式である。しかし、そうは言ってもやはり図式だ。子どもでも描ける。思えば建築というのは過去から現在に向かって、どんどん単純化している。もしモダニズム以前に自分が建築家をめざしたとすれば、あの細かい装飾の線を決めるワンストロークまで自分で決めなきゃいけないのかと途方に暮れる。だがモダニズムが装飾を排したことで建築は一気に簡素になり、続く時代に「すべてが建築だ」ということになると、建築は定義づけゲームに変わった。そして、コールハースの登場で、建築はついに図式になった。その間、建築家と呼ばれる人の数は増え続け、競争は激化した。今、コールハース以降である妹島和世や藤本壮介の建築を思えば、それらがずいぶんと真似しやすくなったということは、建築の歴史を考えるうえでけっこう本質的な話なのである。

図式、日本へ渡る

コールハースが、鮮やかな図式を用いて、建築を容易にした。それが私の認識である。そして、その功績は多くの日本人建築家に勇気と希望を与えた。

　コールハースは、私にとってはみんなの財産みたいなもので、コールハースがやったことはあまりにすごいものだから、みんながそれを目指して使ってもいいヴォキャブラリーだ、と感じているんです。まぁ全部じゃないにしても。パリの図書館のコンペを見てしまったら、あれは絶対にコールハースが始めて、発明した結果、みんなの……。(…)
少なくとも私としては、図書館案を見た時点で、当分あれ以上のことは考えられないなというぐらいのことを、コールハースに対して思っています。[*1]

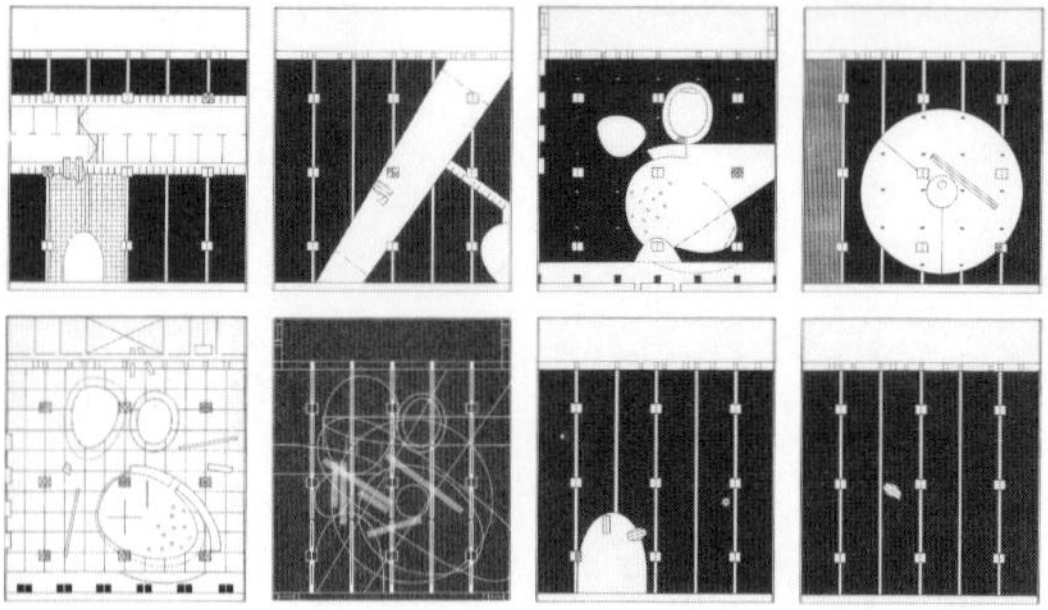

1｜《TRÈS-GRANDE-BIBLIOTHÈQUE》の図式、一九八九年

一九八九年の年末、妹島和世は翌年三月に事務所を畳もうと考えていた。《PLATFORM III》の計画が一一月にストップし、ほかに新しい仕事がなかった。妹島は年明け二月の初旬に《日仏文化会館》のコンペ案を数名で提出し、望みの薄いラストチャンス、《再春館製薬女子寮》のコンペのための設計を始めた。ほぼ時を同じくして、二月九日、東京工業大学百年記念館においてコールハースの講演会が行われた。当時、コールハースは前年に《フランス国立図書館コンペ案》を発表したばかりで、講演会はこの図書館案のプレゼンテーションを中心に進んだ。均質なスラブにさまざまな形のヴォイドを削り取ったその図式は、単純で力強く、見る者を魅了した[図1]。

結局、妹島は事務所の存亡を賭けた《再春館》コンペで一等を取った。妹島の提案は、図式という思考法、ストライプや楕円といったコールハースの形態言語を全面的に用いた案だった。このような背景を経て一九九一年に完成した《再春館》は、新時代の感性から生まれた建築として大きな反響を得ることになる。そう、コールハースの図式は、妹島という特異点を通してまず日本に渡ってきたのである。

《再春館》と《エクソダス》

図式を完璧に使いこなした最初の日本人建築家が、妹島和世である。本人が認めているように、図式はコールハースから教わったものだ。だが、一体、コールハースから妹島に受け渡された図式とは、何だったのか。

*1｜妹島和世、二川幸夫『妹島和世読本――1998』A.D.A.EDITA Tokyo、一九九八年、三〇二-三〇三頁。

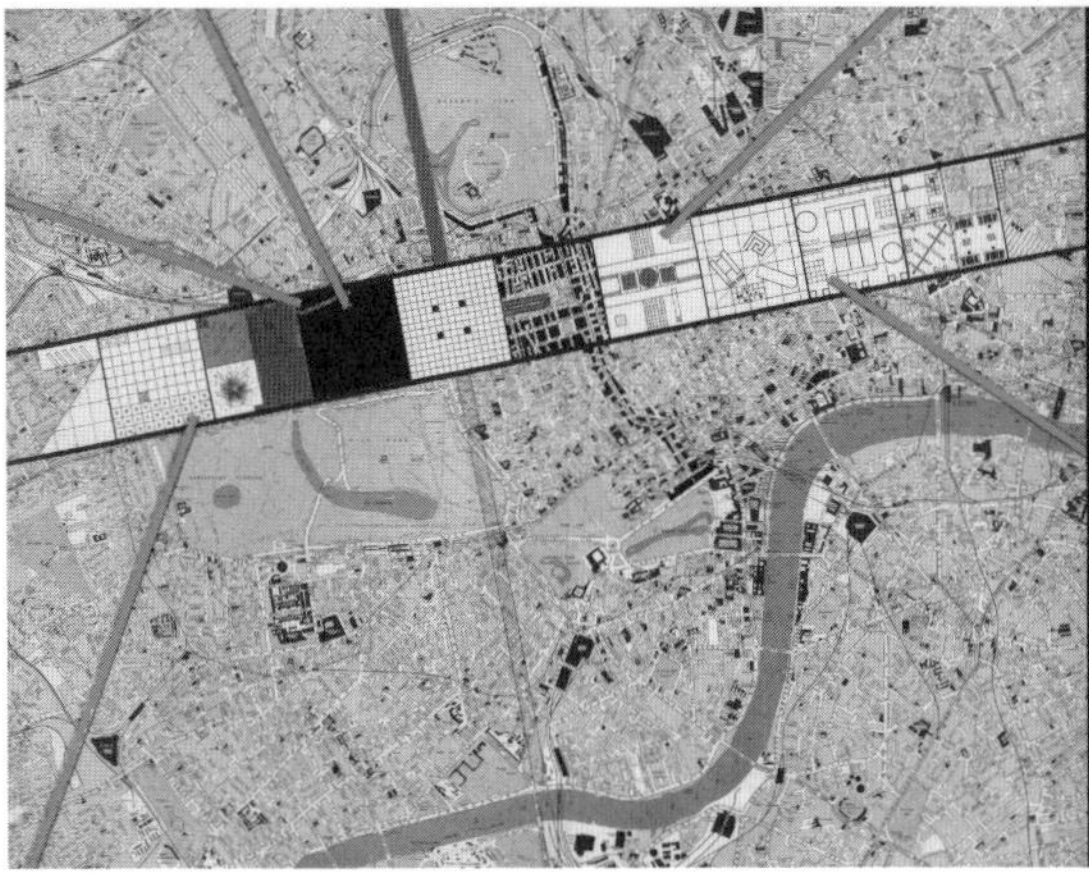

3 —《エクソダス》ロンドンを切り裂く二枚の壁、一九七二年

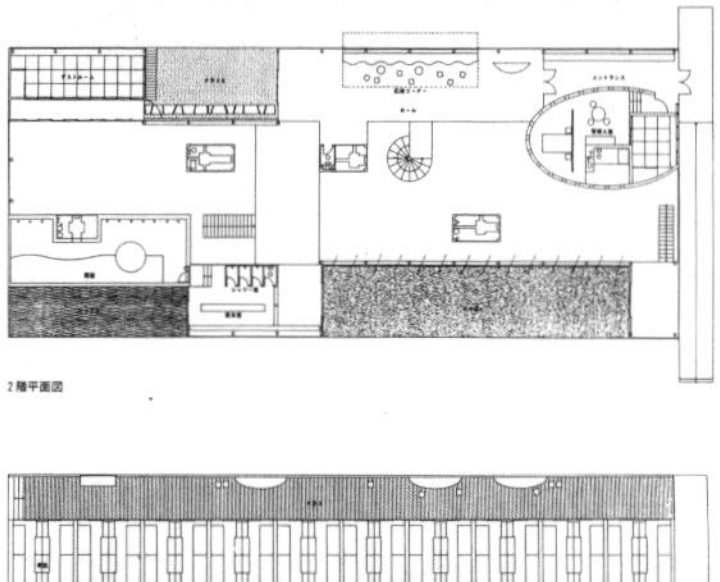

2 |《再春館製薬女子寮》の平面図、1990年

《再春館》の平面は、真ん中にリビングスペース、両端に寝室群という三つのストライプで出来ている[図2]。配列複製される退屈な部屋を切り裂く二枚の壁と、壁に挟まれた空っぽのスペース。そうとらえれば、この構成はコールハースの《エクソダス》と同じである。《エクソダス、または建築の自発的な捕囚たち(Exodus, or The Voluntary Prisoners of Architecture)》(一九七二年)は、コールハースとエリア・ゼンゲリスによってロンドンのAAスクールで制作された架空のプロジェクトである。このプロジェクトは、ロンドンの市街地を切り裂く平行する二枚の壁に挟まれた巨大な土地に「大都市の低俗な理想が蓄えられているゾーン」を挿入することによって、ロンドン市民が自発的に壁の内側へと脱出してしまうというアイロニカルなストーリーを視覚化したものである[図3]。《エクソダス》と《再春館》。このふたつは、シニカルか積極的かという違いを問わなければ、同じ図式である——。さて、果たしてこの読み解きは、正しいだろうか。妹島はコールハースのように考えた結果として《再春館》の図式を決めたのだろうか。

結論から言えば、妹島がコールハースから学んだのは「図式で建築をつくること」であって、個々の図そのものではない。両者の図式には大きな違いがある。まず、家元であるコールハースの図式は大きく分けて二種類ある。《ラ・ヴィレット公園》の水平になった「垂直分裂」[図4]、そして《フランス国会図書館》の「ヴォイドの戦略」である。前者はまったく異なるアクティビティを無媒介に隣接させるもので、後者は何もない空間をマスから穿つものである。前者はストライプ状のレイヤ、後者は凡庸なる世界(=「地」)からヴォイド(=「図」)を刳り抜いたもの、ようするに黒と白の二項対立、ポシェの図式になる。

一方、当時の妹島が考えていたのは、建築を構成するあらゆる要素が互いに等価な関係を結んでいる状態、何ひとつとしてほかと関係を断ったりほかに勝ったりする特権的な要素がない、理想的な均衡状態はどのようにつくれるか、ということだった。なぜそんなややこしいことを考えていたのか簡単には説明できないが、ともかくそれが妹島の逼迫した個人的問題だった。レイヤでもなく図と地でもなく、等価なA・B・C・D……。これに応える図式は「垂直分裂」とも「ヴォイドの戦略」とも違うはずである。妹島にとって重要だったのは、複数要素間の「関係」だった。

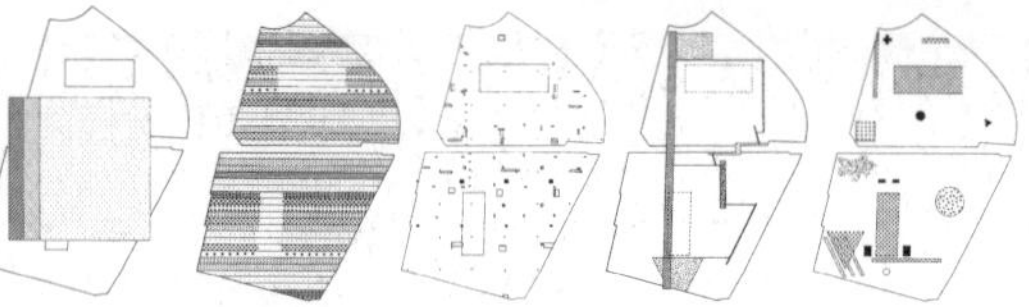

4｜《PARC DE LA VILETTE》の図式、一九八二年

プラットフォームから図式へ

もともと妹島は、最初期の作品である《PLATFORM》シリーズ（一九八八–九〇年）において、JRの高架駅のプラットフォームのような質をつくり出したいと考えていた。宙に浮かぶ地面と平行な屋根の下、離散的にばら撒かれた家具の間を人や情報が通過していく、流動的な場である［図5］。しかし、その具体的すぎるイメージは、《再春館》のような複雑なプログラムを要求する複合建築の設計には使えそうになかった。同じ質を獲得するための、もっと別の方法はないか。妹島は《再春館》を設計するにあたって、ふたつのことを決めた。ひとつは、施主から与えられた設計条件を受け入れること、もうひとつは、その設計条件をどういう単位に切り分け、その単位をどう配置するかということだけに設計行為のすべてを集中することだった。妹島のこの決断は、自らの感覚的な「よい空間」を抽象化した。つまり、プラットフォームは、適切に設定された単位の適切な配置によっても獲得できるという予感である。自分自身の課題を、具体的なイメージではなく、そのように単純化した図式で考えてみてもいい、それでうまくいくかもしれない。妹島がそのように考えることができたのは、コールハースがいたからである。

5｜《PLATFORM》の図式、1988年

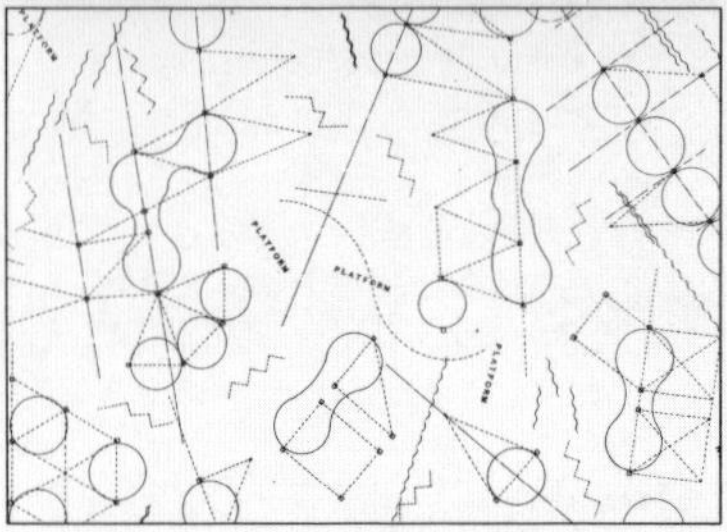

　妹島はその年のSDレビューに、アクリルで作った図式の模型を提出する。実際の空間の縮小模型ではなく、図式をわざわざ模型にしたのである［図6］。その模型は、寝室群（R）と共用スペース（S）を横軸と縦軸にとって、考えられる機能単位（RとSをさ

＊2―妹島和世「設計ノート」新建築社『新建築』一九九一年一〇月号、二二四―二二五頁。

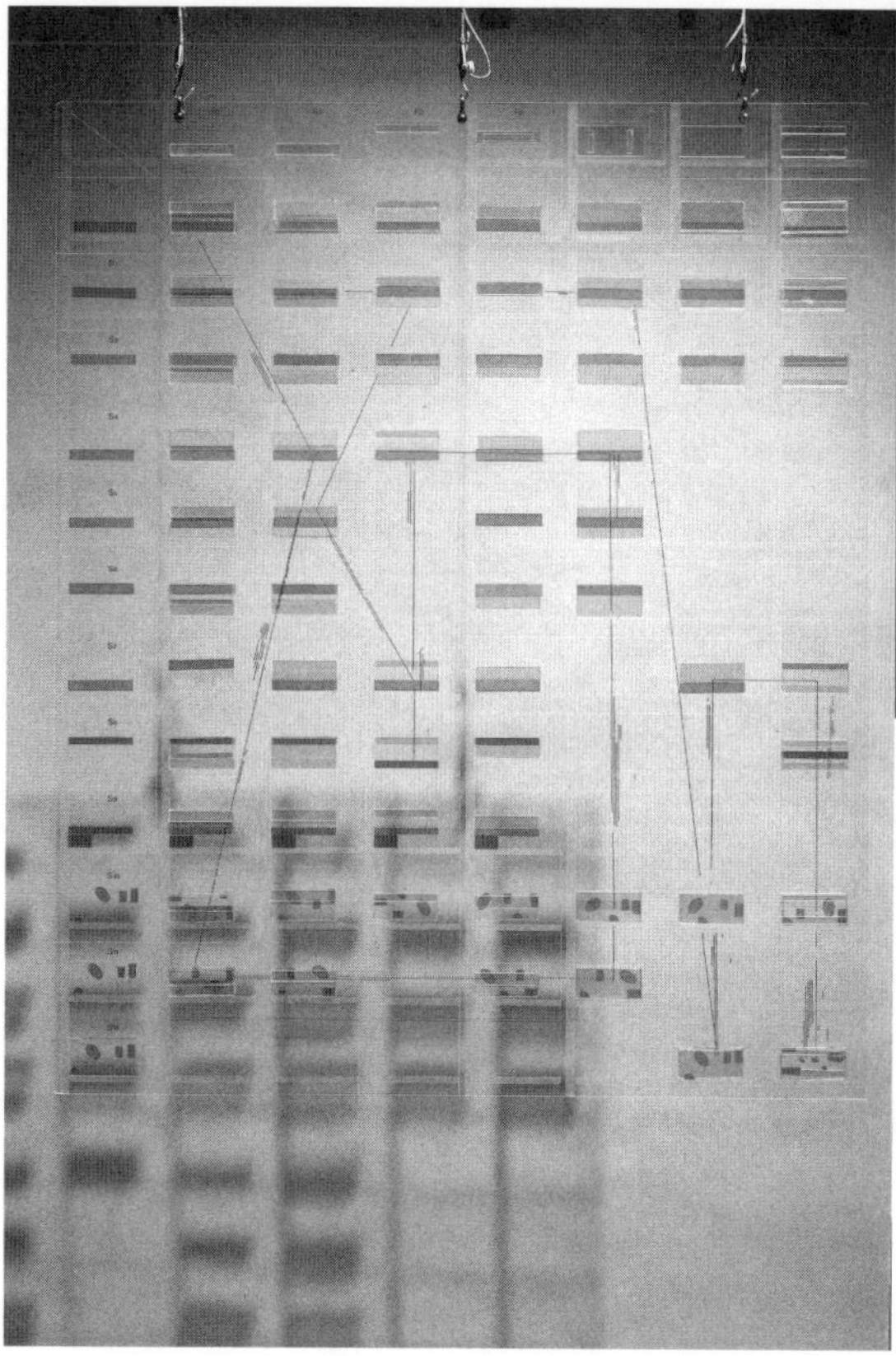

6―《再春館製薬女子寮》の図式ダイヤグラム模型、一九九〇年

らに分割した最小単位）の分割と位置関係を示すものだった。結局、妹島は「敷地全体に、機能が平面的・断面的にできる限り等分布状態に置かれる」案［＊2］、つまり感覚的にプラットフォームに最も近い案を採用するのだが、ここで特筆すべき点はむしろ、妹島が最終決定案ではなく、約六〇パターンの可能性が並列されている思考過程のほうを模型にしたことである。妹島は、結果としての建築よりも、**建築を一枚の図式で語り終えること**の楽しさ、新しいツールに出会った喜びをアクリル模型で表現していたのである。この瞬間、日本の建築もまた、ただ一枚の図式で語り終えてもいいことになった。ただし、それは暴力的な隣接でも、白黒の二項対立でもなく、複数の要素間の関係図式としてであった。

図式とは、世界を記述する曼荼羅である。だから図式は、使う人がどのように世界を理解しているかによってまったく異なった容貌を見せる。《フランス国会図書館》において、コールハースは世界を凡庸さと特別な空虚との対立でとらえた。《再春館》において、妹島は異なるものが等分布状態にある世界を理想だととらえた。両者の図式は、図としては別物である。だが、図式を用いるということは、世界を単純なストーリーに縮減することであり、その点で両者は共通している。私的なストーリーから始めるほかない、二〇世紀末の建築の素直な姿である。

コールハース・ブーム

《再春館》からの数年、つまり一九九〇年代前半は、第一次コールハース・ブームと呼べる時代だった。だが、

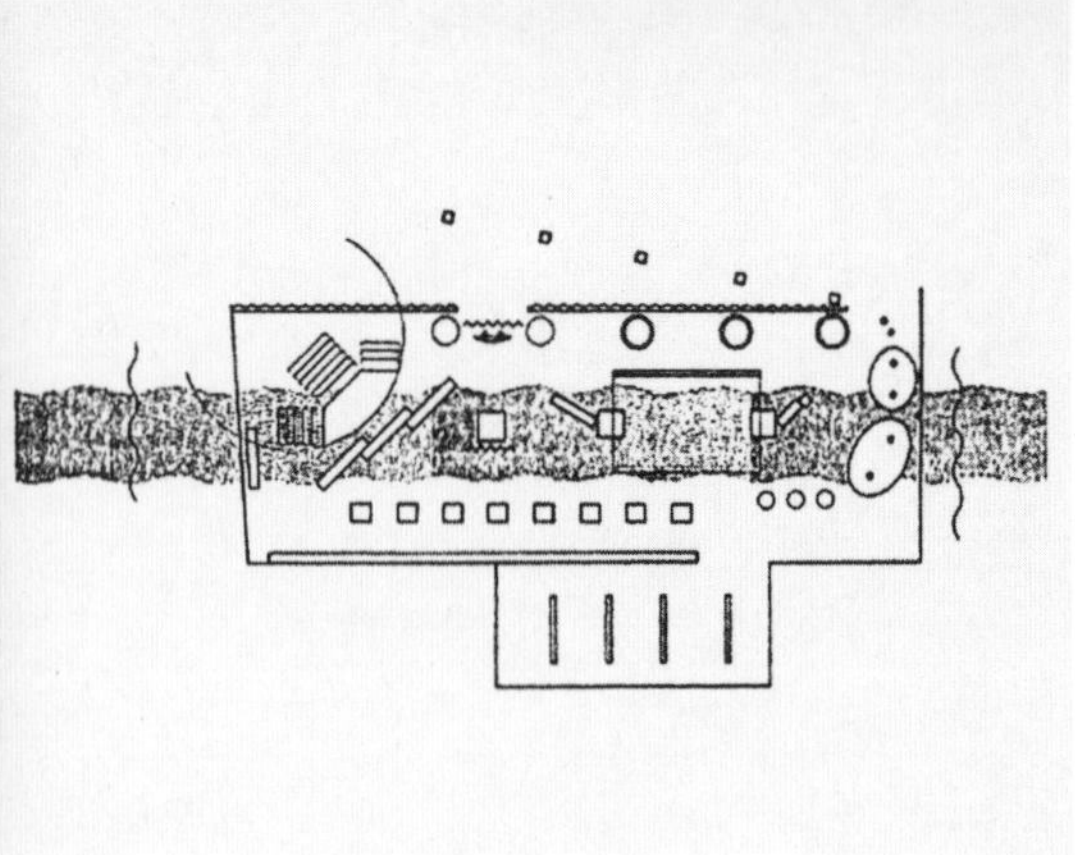

7 ―《Europaria Japan展会場構成》のストライプ、一九八九年

8 |《アパートメントのプロトタイプ》の三分割、1991年。『建築文化』1996年1月号p.80に掲載の図をトレース

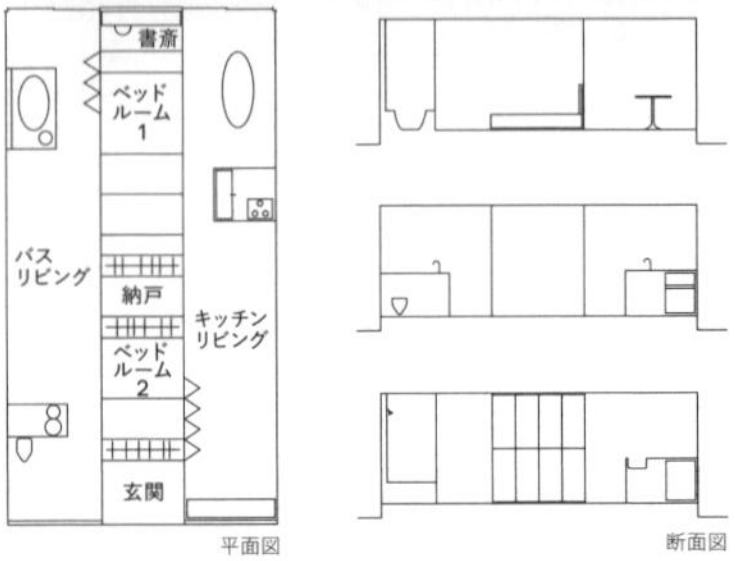

なぜ妹島はブームの先陣を切ることになったのか。

《エクソダス》が日本の雑誌で紹介されるのは、一九七七年一〇月の『a+u』誌「特集アンビルト・イングランド」が最初だが、当時大学生だった妹島はこれを見て強い印象を受けている。さらに、卒業して伊東豊雄の事務所に入社してからは、妹島にとってコールハースのプロジェクトはぐっと身近になった。伊東とコールハースとは、伊東が《シルバーハット》の計画案をプレゼンテーションした一九八二年の「P3カンファレンス」以来交流があり、一九八八年のギャラリー・間でのコールハース展のオープニングでも病欠の磯崎新に代わって伊東が乾杯の音頭を取った。また、展覧会と同時に『a+u』誌で特集が組まれ、急遽東京と大阪で講演会が開催されたことで、コールハースの思想が日本に初めて本格的に紹介される。その後、《再春館》の完成と同年の一九九一年には日本で初の実作《ネクサス・ワールド・レム・コールハース棟》が完成する。このように、コールハースの日本へのファースト・インパクトは八〇年代から九〇年初頭にあったと言えるが、妹島はその間に多感な学生時代、修行時代、独立を経験したことになる。実際、《再春館》に先立つ「Europaria '89 Japan」展の会場構成[図7]や、同時期の《アパートメントのプロトタイプ》(一九九一年)[図8]などでもストライプの図式を試しているように、コールハースの影響をまともに受け、そのまま独立して試す機会があったという点で、妹島はコールハースに恵まれていたのである。

《再春館》からの数年、コールハース・ブームを牽引したのは妹島和世ばかりではなかった。一九九一年に事務所を立ち上げた青木淳もまた、コールハースの図式を習得し実作で試していた。青木は、当初「動線体」という概念を提出していた。動線体とは道のように繋がっていくワンルームのことだが、これはコールハースが一九九二年に完成させた《クンストハル》や《ジュシュー図書館コンペ案》[図9]に素早く反応したものだ

9｜《JESSIEU TWO LIBRARIES》模型写真、一九九二年。

10｜《地下横断帯》の図式、1994年

11｜《潟博物館》

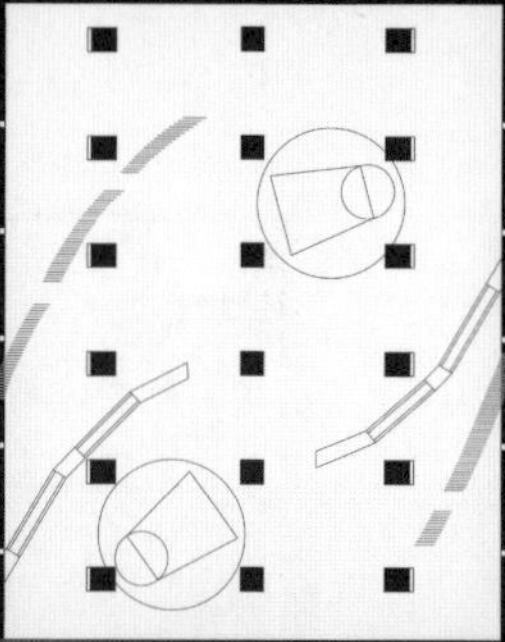

ろう。一九九四年の《地下横断帯》の白黒の図[図10]は、コールハースの図式に極めて接近している。また、動線体の集大成的作品である《潟博物館》(一九九七年)[図11]も、コールハースの《ゼーブルグのフェリーターミナルコンペ案》(一九八九年)[図12]を彷彿とさせるものだった。ただし、青木にとっての動線体は、地としての黒を切り裂く白である必要はなかった。青木の興味は白の

12｜《ZEEBRUGGE SEA TERMINAL》、1989.

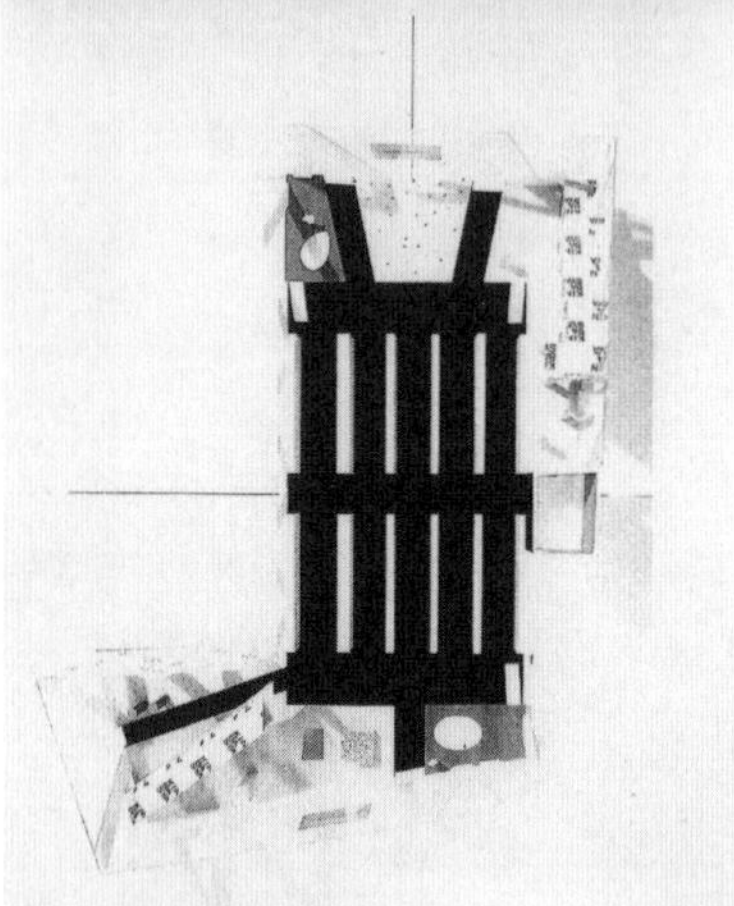

13｜《パチンコパーラーI》の白黒図式、1992年。

ほうだけにあった。その結果、《潟博物館》の反省を踏まえて「動線体」は「原っぱ」に変わる。

一方の妹島も《再春館》以降さらにコールハースに近づく。建築を構成するすべての要素を等価にしたい妹島だが、人が行き交うプラットフォームのイメージを図式のなかでどう扱ったらいいか悩んでいた。プラットフォームのイメージを特定の部屋に投影してしまうと、逆説的にプラットフォームがほかに対して優位に立ってしまうのである。《再春館》で言えば、ストライプの真ん中の帯が、どうしても特権的になってしまうのを避けられなかった。結果、《再春館》以降の三年間は、プラットフォームを行き交う人を「動線」として図式に固定するようになる。動線時代の幕開けである《那須野ヶ原ハーモニーホールコンペ案》(一九九一年)について西沢立衛は、「スタディの過程で、マジックで駐車場プランを描いて、周りを真っ黒に塗って車路を切り込ませた図ができたときに、今までと違う方法がヴィジュアルとして出てきた」[*3]と述べているが、これはそのままコールハースのヴォイドの戦略である。しかし、《パチンコパーラーI》(一九九三年)[図13]の完成後、妹島もまた動線から離れていった。青木と同様、妹島にとっても、何かを切り裂く必要がなかったのである。

図義通りの建築

もうここまでくると、コールハースがどういう思想でどういう図式を使ったかということが、ほとんど意味をなさなくなっている。それほどまでに図式は日本に定着し、日本的誤読をされ終えたのである。とくに、第一次コールハース・ブームの牽引者である妹島と青木が、ともにコールハースを参照しながら、コールハース的な黒い背景を捨てていった

*3｜貝島桃代+藤岡務+陸鐘驍「妹島和世建築設計事務所――1本の線のオリジナリティ」A.D.A EDITA Tokyo『GA JAPAN』五号、一九九三年一〇月、三〇七頁。

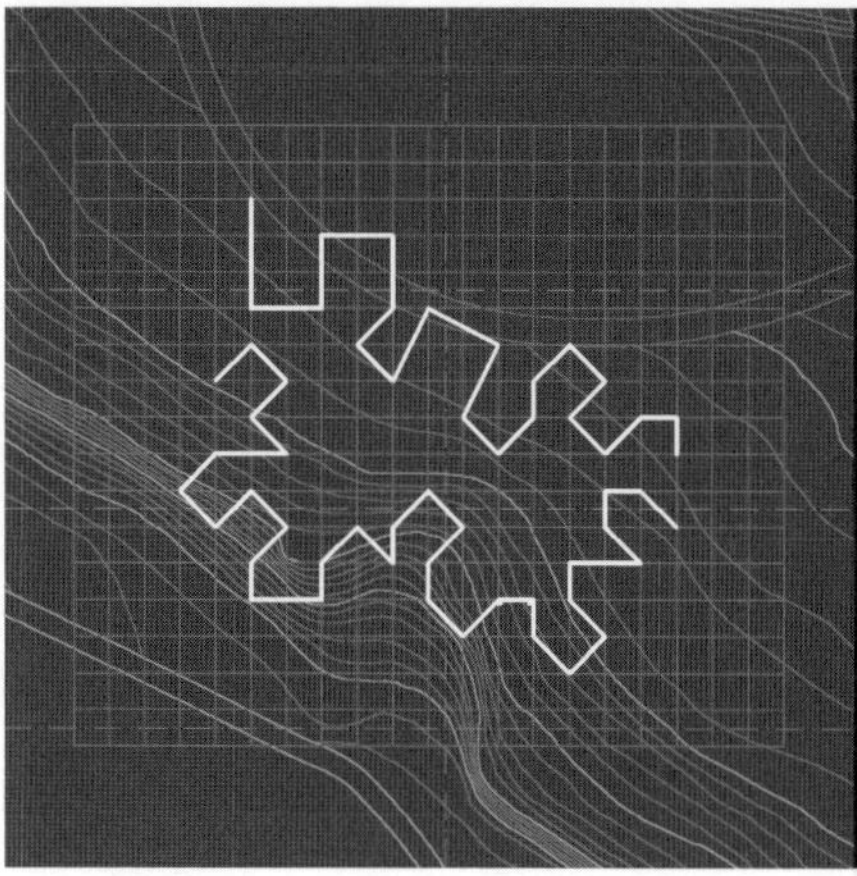

15 —《青森県立美術館》藤本壮介案の図式、二〇〇〇年

14 |《青森県立美術館》の断面図式、2000年

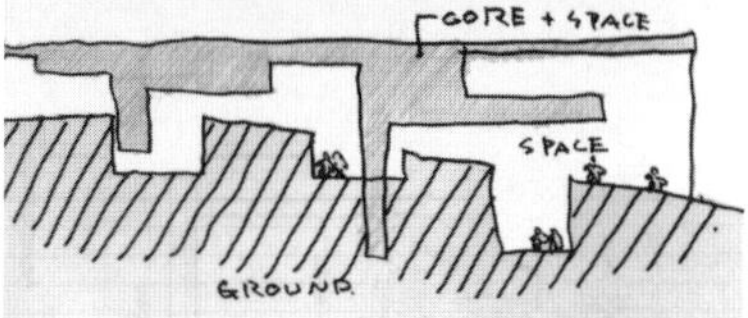

ことは重要である。彼らの興味はいかに白——プラットフォームであり原っぱであるもの——をつくり出すかのほうにあり、それはつまり、現実とは別の理想の世界をつくろうとしていたことを意味している。

　二〇〇〇年、記念すべきミレニアムを飾る《青森県立美術館》コンペは青木が一等を勝ち取ったが、二等にまだ名の知れていなかった藤本壮介が入選している。この対決は、日本の図式建築を語るうえではずせないものである。当時、青木にとって図式とは根拠のないルールであり、その無根拠性こそがとくに美術館において重要だと考えていた。だから、図式には何の意味もなかった。青木は見慣れた白黒の図式を断面に用いることで、平面に偏りがちだった図式を三次元化し、見事勝利を納める[図14]。一方の藤本案も、不完全な四角形がひと筆書きでつながっていくという完全に図式的な平面である。藤本案の図式は「外に開いた場所と内に開いた場所が順々に繰り返される」という図形的意味以外に意味をもたない、あっけらかんとしたものだ[図15]。つまり、この対決は「無根拠な図式VS図的に面白そうな図式」なのである。図式が何者をも暗示しない。図式が図形的意味の外部に意味を持たない。字義どおりならぬ、**図義通り**というのが、日本的図式の完成形である。

　こうしてコールハースから始まった図式は、先行する妹島とやや遅れて登場した青木によって日本化され、二〇〇〇年の藤本壮介によって完成する。これ以降、あらゆる図式が、図としての面白さという点において探求されつくすことになった。建築は一枚の図式であり、その図式が図形的意味の外部に意味を持たないのだから、真に建築は図式になったのである。

図式は現代のバロックか？

図義通りの建築は日本のお家芸となった。日本の建築家たちは、現実にとらわれない新しくて豊かな空間を次々と生み出した。しかし、似たような傾向は世界的に進んでおり、ざっくばらんに状況を言えば、「藤本とBIGによって図式をやりつくされ、次どうしようかと模索する若手」といった雰囲気だ。あらためてコールハースの図式を思い返せば、かえってオリジナルであるコールハースのほうが特殊だったと言わざるをえない。つまり、コールハースの図式は理想世界の図式ではなく、現実に介入する図式、図義の外にまで意味の広がった図式だったということである。だからコールハースの図式は、替えの効く数十種類にはならない。少々建築の新鮮味がなくなるほどに、不変である。だが、それゆえ同じ図式を建築以外のあらゆる問いに対して用いることができるのである。

コールハースのジャンクスペースについてのエッセイにある一文――Minimum is the ultimate ornament, the most self-righteous crime, the contemporary Baroque.（ミニマムとは究極の装飾、最も独善的な犯罪、現代のバロックだ）――は、日本の建築家に向けた言葉ではないものの、どこかドキッとする響きがある。このミニマムを、そっくり「図式建築」に変えても違和感はない。きっとコールハースは図式建築の喧騒を苦々しく見ていることだろう。図式建築の是非はそれぞれが判断すべきことだが、コールハースによって産み落とされた図式建築が次のステップに進むとしたら、図式が図義以外のどれほど多くの意味に接続できるかという原点に戻ることなのかもしれない。

Part.2
Media and Theory 6
Tatsuya Kikuchi

レム・コールハース／OMAのエディット戦略

菊地尊也

一、はじめに

新聞記者としての出自を持ち、かつては映画脚本家を志していたレム・コールハースは、建築家として活動する現在もなお、現代都市のリサーチや新たな建築プログラムの提案、建築界の要人たちへのインタビューといった編集的な活動に取り組んでいる。非建築の領域にも及ぶその営みの多くは、コールハース率いる設計事務所OMAと対をなすシンクタンクAMOによって執り行われている。彼によればAMOとは、建物を実現するための現実的《アクチュアル》な実践に臨むOMAの活動から、仮想的《ヴァーチュアル》な建築的思考を分離するために設けられた組織である［*1］。ときにAMOによる研究調査がOMAの仕事に活かされることもあるため、両者の活動は完全に切り離されているわけではない。彼らにとって建築的思考は、建築と非建築の領域を包括するデザインを実践するために不可欠な要素となっている。

本稿で焦点をあてるのは、その活動のアウトプットとして制作される、ダイアグラムと書籍というふたつの編集物である。前者は建築の新たな可能性を創出するための設計ツールであり、後者は都市・建築の今日的状況をドキュメントする刊行物である。両者は建築的思考という包摂的な思惟のもとで制作されている点で共通している。だとすれば、そこに通底するエディット戦略というものもまた存在するのではないだろうか。その共通項の有無を確かめることが本稿の目的である。

二、ダイアグラム

建築界では一般的に、建築形態の成り立ちや諸機能の相互関係、動線の流れを図解するものとしてダイアグラムが用いられている。OMAのダイアグラムにもそうした用途があるが、特徴的なのはそのデザインである。建築雑誌にしばしば掲載される、プログラム別に色分けされた太字の書体を断面や平面の簡略図に重ね合わせたOMAのダイアグラムは、一目見てそれが彼らのものであるとわかるほどに洗練されている。その多くはプログラムと建築のヴォリュームの構成が一致して図示されているため、ダイアグラムがそのまま建築化しているような印象さえ与える。とはいえそれは、彼らのダイアグラムのもたらす視覚効果のひとつにすぎない。この図式性の背後には、より根本的な思想が潜んでいる。彼のあまりにも有名な建築空間論である「ジャンクスペース」(二〇〇二)には、その一端が現れている。

*1｜Rem Koolhaas, *INDEX*, No.25, September, 2000, New York City.
http://www.indexmagazine.com/interviews/rem_koolhaas.shtml

*2｜Rem Koolhaas, Junkspace, *October*, vol.100, Spring, 2002, p.182.拙訳。なお、訳出時には土居純訳（『OMA@work.1972-2000』所収、『a+u』二〇〇〇年五月号臨時増刊、エー・アンド・ユー、二五一三一頁）を参照した。「ジャンクスペース」は複数のメディアで発表され、そのたびに細かな改訂が繰り返されている。テキストそれ自体が、文中にあるような「永続的進化」を体現しているのである。

*3｜一九九五年以降のOMA／AMOによる進行中のプロジェクトを収録した作品集『Content』(二〇〇四)では、彼らのこれまでの設計方法が「ユニヴァーサル・モダニゼーション・パテント」という特許申請書を模した形式にまとめられている。

冗長性と必然性とが乖離する中では、平面図《プラン》はあいにく事態を悪化させるばかりで、たちまち絶望の淵へと人を追い込む。ダイアグラムだけがどうにかこれに耐えられる説明を与えてくれる。そこには構成《コンフィギュレーション》への忠誠心や耐性など微塵もない。「初期」条件もない。建築は「永続的進化」を明らかにするためのコマ撮りされたシークエンスに変わった……［＊2］。

この文章からわかるのは、コールハースがダイアグラムというものを、制作現場のただなかでアイデアをそのつど可視化し、デザインを進化させるための仮の足場とみなしているということだ。この「永続的進化」を明示する具体例のひとつが、OMA／AMOのプロジェクトを展示した「Content」展（二〇〇三）である。ミース・ファン・デル・ローエの遺作であるベルリンの《新国立ギャラリー》（一九六八）で開催されたこの展覧会の会場構成には、OMAの過去の計画である《ムラン・セナール新都市計画》（一九八七）で開発されたダイアグラムが採用されている。パリ郊外の敷地に開発の手を加えない「帯の集合体」を設け、その残余にあたる「群島」部分のみを開発するというのが《ムラン・セナール》における提案内容だった［図1］。計画と無計画の領域を総体的に把握するその手法は「ヴォイドの戦略」と呼ばれ、後のOMAの都市・建築プロジェクトにもしばしば適用されている［＊3］。

これを《新国立ギャラリー》で展開することで、「Content」展の会場は複数の展示スペースと動線部に分割された。その境界はAMOによるグラフィックがあしらわれた一・五メートルの壁で仕切られている。重要なのは、実際の会場写真や模型写真と照応すると分かるとおり、仕切り壁の配置がオリジナルのダイアグラムの形状とは異なっていることだ［図2］。模型を用いて構成を検討し、さらに実地での調整を加えたことで生じたのだと思われるこの変化は、コールハースのダイアグラムが「コマ撮りされたシークエンス」の一断片であることを端

他の建築家による模倣を牽制するこのアイロニカルなプレゼンテーションのひとつとして、「ヴォイドの戦略Ⅰ（平面計画）」と名付けられた書類では、《ムラン・セナール》のダイアグラムが扱われている。以下を参考。Rem Koolhaas, &&&/Simon Brown and Jon Link, *Content*, Taschen, 2004, p.74.

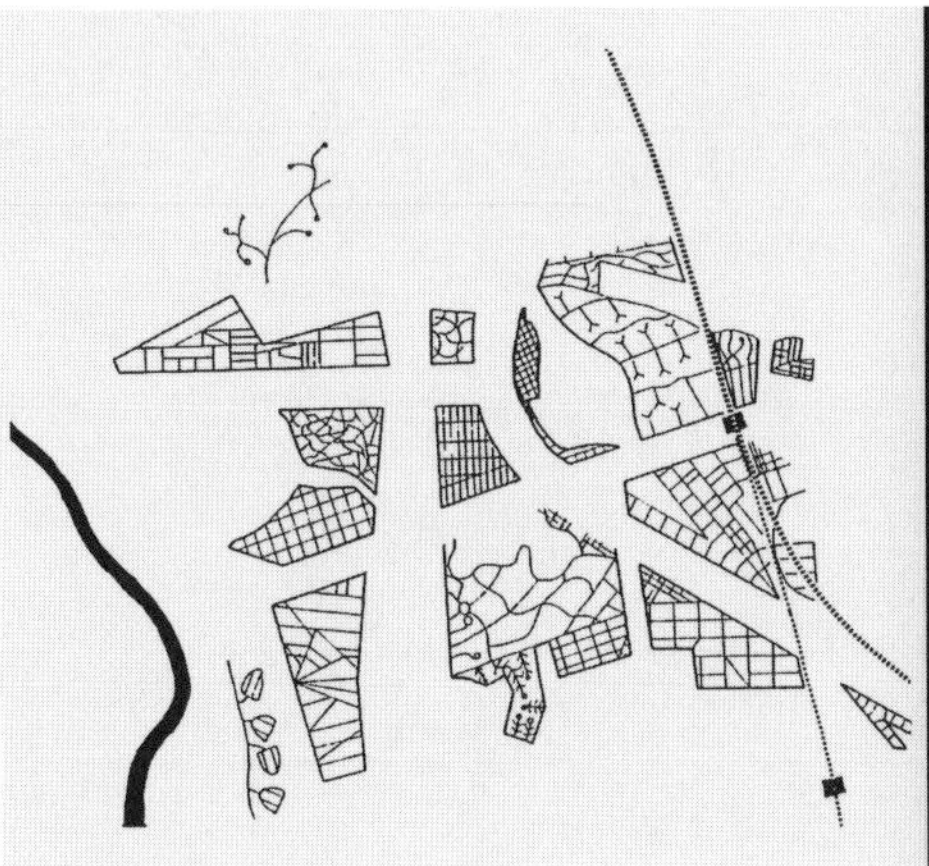

1｜《ムラン・セナール新都市計画》（一九八七）のダイアグラム
出典＝Jacques Lucan ed., *OMA/Rem Koolhaas: Architecture 1970-1990*, Princeton Architectural Press, 1991, p.116.

2｜「Content」展（2003）会場の模型写真

的に示している。

かたちの自在な変換を特徴とするコールハースのダイアグラムは批判の対象となることもある。たとえばニューヨークの建築批評誌『Log』に多くの論考を寄せている建築家のピエール・ヴィットリオ・アウレリは、コールハースのダイアグラムが、世界の表象を創造したり削除するための道具であり、本来は還元不能な都市の複雑性や矛盾を、建築家自身の「新たな」理論によって連続的に変化、再起動できる単純なものに還元していると論じている［＊4］。さらに建築家のピーター・アイゼンマンは、近年のOMAのダイアグラムがもはやロゴやブランドのようなものでしかなく、建築形態の即時性と大衆性を増長し、建築の精密な読解を放棄させるものになりかねないと説いている［＊5］。

ふたりの批判者の根幹には、政治経済を中心とする非建築の欲望に触まれつつある現代の建築的状況に対する危機意識があるのだろう。とはいえ、ダイアグラムが建築化するまでに、制作の現場でどのような試行錯誤が生じているのかを確かめることなく、これらの批判を鵜呑みにするのも性急である。

コールハースのダイアグラム／建築の真正性を確かめるためには、その編集現場のただなかで駆動する彼の建築的思考の精度こそを問わなければならない。

III『S,M,L,XL』

OMAの巨大な建築作品集『S,M,L,XL』（一九九五）の各コンテンツの配列は、スケールの序列という明快なフレームに規定されている。この枠組みの機能は、建築のプログラムを編成するOMAのダイアグラムの特性に限りなく近いといえる。のみならず、そこには先述の「永続的進化」に相当する、過去の資料に対するカットやアレンジが積極的に施されている。『S,M,L,XL』の制作には、建築設計におけるダイアグラムの編集に似たプロセスがあるのではないだろうか。一九九七年のある対談でコールハースは、以下のような『S,M,L,XL』の制作に関する興味深いコメントを残している。

本をつくるには、必ずポジティヴなプログラムとネガティヴなプログラムがある。つまり、これをやってみよう、という何かがある反面、そこで排除されていくものの総体というもの［原文ママ］もあるわけで、僕たちの場合は、何をやり遂げたいかよりも、何を排除したいかのほうが重要だったと言える［＊6］。

作品集の編纂にあたり過去の資料を取捨選択する操作は他の建築家も行っていることだが、『S,M,L,XL』における過剰なまでの「排除」の意

＊4｜Pier Vittorio Aureli, After Diagrams, Log, no.6, Anyone Corporation, 2005, pp.5-9.
＊5｜Peter Eisenman, *Ten Canonical Buildings: 1950-2000*, Rizzoli, 2008, pp.200-228.
＊6｜レム・コールハース、磯崎新「アイデンティティ・ゼロの風景——ビッグネスそしてジェネリック・シティへ」（磯崎新編『オペラシティの彼方に——エッジを測量する17の対話』所収、NTT出版、一九九七、一七九頁）。
＊7｜後者の操作に関しては、それが意図的であったことが、『S,M,L,XL』出版後のあるインタビューで明らかにされている。『S,M,L,XL』に掲載されている「ホワイトシート」なる日記（コールハースが見た夢の内容が綴られている）と、《アイ・ブレイン》のプロジェクトとの間に「文脈を読み取らなければ」知りえない「接点」があるとコールハースは述べている。ちなみに「ホワイトシート」にはかつてOMAの一員だったヤン・フォールベルグ（一九四五—

識は他に類を見ない。たとえば建築雑誌などの別の媒体には掲載されている《フランス国立図書館》設計競技案（一九八九）の外観を示す線画や、八〇年代にOMAが実現させた数少ない大規模プロジェクトのひとつである《アイ・プレイン計画》（一九八一―一九八八）が未掲載であったりする［＊7］。アレンジの例としては、《エクソダス、あるいは建築の自発的囚人》（一九七二）のセクションに大きく掲載されている、壁の向こう側に聳える複数のエンパイア・ステート・ビルを背景に囚人たちが一列になって走る光景を描いたコラージュが挙げられる。そこでは発表時の資料が左右反転されているのだ［＊8］。

こうした操作の痕跡は、建築以外のジャンルから拝借された数多の思わせぶりな引用物と同様に、『S,M,L,XL』の読者にさまざまな読解可能性をもたらすだろう。その可能性の一端を掴むため、《一九八九年パリ万国博覧会》（一九八三、以下《パリ万博》と記す）のセクションに焦点を絞る。

ミッテラン大統領によるグラン・プロジェのひとつである《パリ万博》は、フランス革命二〇〇周年を祝うものとしてパリ西部のシトロエン工場跡地、およびセーヌ川を挟んだ東部のトルビアック地区（その左岸部は一九八九年のフランス国立図書館コンペの敷地となる）での二拠点開催が予定されていた。企画自体はラ・ヴィレット公園設計競技の審査と同時期の一九八二年から始まり、後にOMAやジャン・ヌーヴェルなどの建築家たちが次々に招かれた。しかし史上七度目の開催となるはずであったパリでの博覧会は、二年ほどの計画期間を経た後、経済的、および大統領の交代という政治的理由により中止となってしまう［＊9］。

『S,M,L,XL』における《パリ万博》のページには、パビリオンの配置を示した西部会場のプランと模型写真、見開きいっぱいに引き伸ばした五枚のコラージュ（そこには一九三九年ニューヨーク万博のジオラマ「フューチュラマ」の写真も取り込まれている）、そして「彼らの新即物主義《ニュー・ソブラエティ》」と題する以下の内容のエッセイが載っている。

《パリ万博》はOMAが参加したときにはすでに、立方体のパビリオンを密集させ、戦後は機能停止していた環状道路を交通手段として活用するという計画が練られていた。彼らはこれに対案を提出した。それは環状道路を閉鎖し、特定の順路を設けることなくカオスな状況を生み出すというものだった。会場デザインは敷地全体をグリッドで仕切り、一ヵ国につき一区画を与え、財政的に余裕のない国々のことも考慮して展示内容は各国の裁量に任せることにした。三週間のうちに制作されたその提案は、一枚のプランと電話帳サイズの資料によって簡潔にプレゼンされた。エッセイは以下の文章で締めくくられている。

一九八三）が登場するのだが、彼は《アイ・プレイン》の主要メンバーでもあった。おそらく《アイ・プレイン》のカットには、プロジェクトの完了を待たずしてこの世を去ったフォールベルグに対する哀悼の意が込められているのだと思われる。A Conversation with Rem Koolhaas, *The Critical Landscape*, 010 Publishers, 1997, pp.218-236. 邦訳は和田京子訳（『X-KnowledgeHOME』六号所収、エクスナレッジ、二〇〇二、二五頁。

＊8｜ここでの反転のアレンジの理由は不明である。単なるミスかもしれないし、コールハースがロンドンのAAスクールを離れアメリカへ旅立つ契機にもなったこの作品が制作された七〇年代初頭と、ヨーロッパで中心的に活動を展開した九〇年代初頭との間で何らかの「転回」があったことを暗示しているのかもしれない。

＊9｜以下を参考。岡部憲明「消えたパリ万博1989」『建築文化』一九九九年二月号、彰国社、一六〇―一六一頁。

ラ・ヴィレット公園が我々の社会主義政権の初期の高揚感を具現化したものであったとすれば、パリ万博はその後にやってくる彼らの新即物主義の時代への節目となりえたかもしれない。[…]結局この計画は、左と右あるいは現実論と想像力との永遠に終わることのない闘争《ストラグル》のうちにどこかへと消え去った[＊10]。

四、「排除されていくもの」

一九九〇年にパリのエレクタ・モニトゥール社から出版された、ジャック・リュカン編著によるOMAの作品集『OMA - Rem Koolhaas』には、『S,M,L,XL』よりも詳細な《パリ万博》の計画概要が記載されている。とくに東部会場はインフォメーションエリアとして計画されており、来場者の自由な散策を可能にする情報端末や、セーヌ川を利用した交通インフラ、および出来事を誘発させるシステムを導入しようとしていたことが窺える。この東部会場に関する具体的内容が『S,M,L,XL』ではカットされているのだ。さらに『OMA - Rem Koolhaas』には、セーヌ川の交通方法や各種装置の配置を示したコレオグラフィのようなダイアグラムも掲載されている[図3]。同じダイアグラムとはいえど、先述の《ムラン・セナール》とはコンセプトが異なる。セーヌ川は本来、建築家が計画を企てるような場所ではなく、言うなれば《ムラン・セナール》の提案で示された無計画の領域に相当するフィールドである。そこでの人びとの動きや出来事を水面下から制御するために案出された《パリ万博》のダイアグラムは、《ムラン・セナール》のダイアグラムのような計画と無計画の領域を設定する区分図ではなく、無計画の領域での出来事を事前に計画するシステム図である。

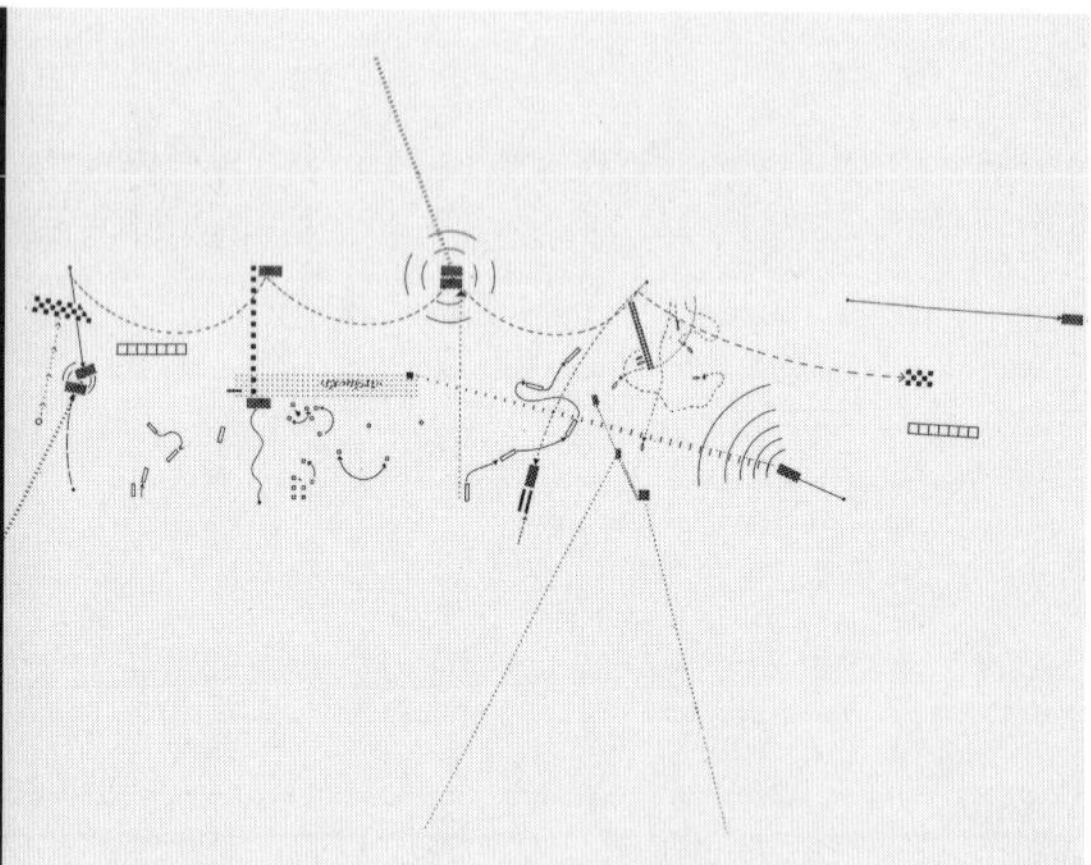

3 ―《パリ万博》(一九八三)の東部会場のダイアグラム
出典＝Jacques Lucan ed., OMA - *Rem Koolhaas*, Princeton Architectural Press, 1991, p.105.

＊10 ｜ Rem Koolhaas, Their New Sobriety, S,M,L,XL, pp.941-943. 拙訳。訳出には『広告――恋する芸術と科学』(博報堂発行)一四－一五頁の中山裕人訳を参考にした。

＊11 ｜ Rem Koolhaas, From Bauhaus to Rem Koolhaas, WIRED, July, 1996. 拙訳。

＊12 ―《パリ万博》のシステム図と縁の深い人物として、OMAの共同設立メンバーのひとり、エリア・ゼンゲリス(一九三七－)の名を挙げておきたい。AAスクール時代のコールハースの師でもあったこのギリシア人は、八〇年代半ばを過ぎたあたりにOMAを離脱する。その契機は《ラ・ヴィレット公園》設計競技(一九八二)のさなかに生じたコールハースとの口論にあった。翌年の《パリ万博》

歴史上、万博は鉄骨構造やモータリゼーションなどの技術が開拓する新たな風景を提示し続けてきた。そこでシステムやテクノロジーに関連づけてプレゼンすることは不自然ではなかったはずだ。にもかかわらず、この図は排除された。そこにはどのような理由があったのだろうか。

ひとつの手がかりとして、『S,M,L,XL』の読者を《パリ万博》の来場者に見立て、OMAがかつて企てようとしたカオスな都市的状況を誌上で再現するため、出来事を密かに制御するシステム図の存在をあえて露出させなかった、という解釈はどうだろうか。しかし、コールハースが過去の失敗したプロジェクトのコンセプトの正当性に固執するとは思えない。そのことは、あるインタビューにおける下記のコメントからも明らかだ。

> [『S,M,L,XL』の]目的のひとつは、結実しなかった建築を調査することにある。失敗の裏の意味、すなわち計画の計算と誤算の両方を示すことに我々は関心を持っていた[*11]。

大都市にカオスを招くことが《パリ万博》の「計算」であり、プロジェクトの消失が「誤算」にあたる。この過去の語り直しは、二〇世紀前半のマンハッタンの繁栄と衰退を描出した『錯乱のニューヨーク』(一九七八)における過去遡及的な執筆方法に由来する。『S,M,L,XL』では分析対象が自身となることで、現在的で主観的な視点に依拠した事実関係の再解釈に加え、今後の自身の活動方針を吟味するというフィードバック的な意味合いを伴うものとなっている。

この観点から考えると、排除の理由に関するもうひとつの解釈が浮かび上がる。実際のところ、中止の直接的原因であるミッテラン大統領の交代という状況の変化の前では、出来事を事前に計画するシステム図のコンセプトは無力であった。この揺るぎない事実を反映し、建築家の不能性の経験を語らずにして伝えるために、排除は執行されたのではないだろうか。だとすれば、コラージュの引き伸ばしのアレンジは、来ることのなかった祝祭への感傷的な雰囲気を強調するために為されたものではない。そこに現前しているのは、当時のコールハースらによる制御の思考が消失する瞬間の風景である[*12]。

を最後に、彼らはギリシアとロッテルダムで別々にOMAの活動を進めていくようになる。排除されたシステム図がゼンゲリスによって考案されたものかは定かではない。しかしながら、一九八五年に彼がOMAのプロジェクトとしてコールハース抜きで取り組んだ、ギリシアのケファロニア島での《クタヴォス湾改修計画》の資料にも、《パリ万博》と似たシステム図を確認することができる。それは工場の排水により汚染された湾を可動のインフラ装置によって浄化し、そのエネルギーを用いてボートやウィンドサーフィンのための水上公園とする計画だった。湾の周囲に五つの発着場を設け、太陽光発電や風力タービンなどのエネルギー装置を水面に配置し、水上の移動をインフラ面から制御する。《ムラン・セナール》の「群島」の比喩を用いるなら、《クタヴォス湾》のコンセプトは、工業化が進む「島」(=計画の領域)から「海」(=無計画の領域)への汚染を食い止めつつ、さらにそこを公共的な空間へと転化しようとする試みであると解釈できる。

五、おわりに

ダイアグラムと書籍に共通するコールハースの編集方法について、以下の二点にまとめることができる。

第一に、現在的で主観的な視点に依拠しながら過去を描出すること。このことは、ダイアグラムの編集においては既存のモデルを別のモデルへ変換する「永続的進化」のプロセスに、書籍の編集では過去の計画の失敗をフィードバックする過去遡及的な記述法にそれぞれ示されている。

第二に、計画に対する節度を保ちながらその不能性を受け入れること。ダイアグラムの編集では《ムラン・セナール》の区分図に象徴される無計画の場所を保持することで、書籍の編集では『S,M,L,XL』における《パリ万博》のシステム図を排除することでそれぞれ実践されていた。

　これらのエディット戦略は、俯瞰的な立場から複雑な状況を整理する全能性をコールハースに付与するためのものであるというよりも、むしろ自らの活動に意図的に課した制約であると言ったほうが正しい。この原則は、仮想的な建築的思考が現実的な諸実践へ接続可能かどうかを問う際の判定基準となる。それゆえ彼らの編集的な活動は、情報を自在に組み替える戯れに終始するものではないし、過去の感傷への慰撫や将来の仕事の獲得を主目的に据えてもいない。複数の他者の欲望がうずまく状況に身を投じつつ、その局所に自らの足場を築き、世界と対峙するために、コールハースの編集物は存在している。

メディアと理論7

Part.2
Media and
Theory
7
Hinako
Izuhara

OMAの建築写真

現実／超現実／記録

出原日向子

ル・コルビュジエは紙上に自分の理想の建築の姿を描いた［＊1］。モダニズムの建築には「正解の写真」がある。正対で捉えられた《サヴォア邸》、水盤の向こう側にみえる《バルセロナ・パヴィリオン》、俯瞰で眺める《代々木体育館》…。

現代では竣工と同時にさまざまな建築・報道メディア、ウェブ上に写真が掲載され、ひとつのイメージに限定することは難しい。レム・コールハースはそのメディア戦略がつねに注目される建築家であり、その設計方法でさえメディアと切りはなしがたく結びついている。OMAの建築、と言われてあなたは何をイメージするだろう。カラフルな《ラ・ヴィレット公園》のドローイング、《カサ・ダ・ムジカ》の設計プロセスが示された模型、あるいは燃えさかり黒焦げになった《TVCC》？

メディア上のイメージ

コールハースは反復を嫌い、同じ建築を異なる方法で記述する［＊2］。一九九五年出版の『S,M,L,XL』ではすべてのプロジェクトが異なる方法で解説されている。ここでは「現実の建築」は重要ではない。アンビルトの《ZKM》に建築写真［＊3］は存在しないが、精巧につくり込まれた模型の内観を写した写真がその代役を務めている。《コングレクスポ》では、建築写真に一枚模型写真がまぎれ込んでいる。《フランス国立図書館》のコンセプチュアルな模型写真は実現した建築とは切りはなされて、「メディア上の建築」の印象を強めている。これらの写真はすべてオランダ人写真家ハンス・ウェルレマンによるもので、彼はロッテルダムにあるOMAの事務所を定期的に訪れ、模型写真を撮っていくという［写真1］。彼が撮影した建築写真は現実味がなく、映画のセットのようで、影・人物・光の反射といった建築写真で敬遠されがちなものが見られる。《ケース・スタディ・ハウス#22》に代表される建築写真の大家ジュリアス・シュルマンの写真ではモデルたちのポーズ・照明が自然に演出され、明るく理想的な生活が演出されている。ところが、ウェルレマンの写真は不自然さに満ちており、《ダラヴァ邸》の写真はさながらサスペンスドラマのワンシーンのようだ［写真2］。寝室では反射するガラスに映った男が女性を眺め、屋上では娘が着衣のままプールに浸かり、庭先には不穏な人影がちらつく。カーテンがたなびく部屋で向かい合うル・コルビュジエとミース・ファン・デル・ローエの家具やい

＊1｜「出版・印刷メディアというものを、すでにある文化を単に広めるものとしてだけでなく、それ自身の論理を持った文脈として理解するようになったのである」（ビアトリス・コロミーナ著、松畑強訳『マス・メディアとしての近代建築』鹿島出版会、一九九六、八七頁）。

＊2｜ビアトリス・コロミーナとの対談においてコールハースは、建築を『錯乱のニューヨーク』は区画、『S,M,L,XL』はスケール、『CONTENT』は西洋と東洋、『domus d'autore: Post-Occupancy』はインターネットによって分類したと述べている（『El Croquis 131/132』）。

＊3｜本論では、模型写真と区別するために実現した建築を写した写真を建築写真と定義している。従来的な無人でアオリをきかせた写真は「」つきの「建築写真」とした。

く本もの柱が落ちる庭を遊歩するキリン［＊4］。これらの写真はこの住宅における生活の「再現」でもなければ、建築のコンセプトを明確に示したものでもない。ウェルレマンの撮影した建築写真によって、『S,M,L,XL』では竣工した建築にさえも一種のフィクション性が与えられ、ありのままではない建築の姿をメディア上に映し出すことに成功している。

レイアウト／動線

図版が所狭しとレイアウトされた『S,M,L,XL』をデザイナーのブルース・マウ抜きに語ることは難しい。多くの写真は見開き裁ち落としで、ときには容赦なく上から別の画像が重ねられている。何枚かの写真はほかの建築雑誌にも掲載されたものだが、そのレイアウトによって写真のイメージはずいぶん異なって見える。ル・コルビュジエがパルテノン神殿と車を併置させたレイアウト［＊5］を拡張し、マウとコールハースはOMAの建築とギリシャの彫像、オランダ絵画、報道写真からポップアートまでを同等に並べている。

二〇〇四年に出版された『domus d'autore: Post-Occupancy』（以下『Post-Occupancy』）では建築が建築家の手を離れたあとの姿をメディア化することで、現実に建築を建てることの意味が問いかけられた。2×4によるレイアウトデザインはシンプルで余白が多く建築雑誌らしい。図版はカラーの建築写真のみで、ダイヤグラムやスケッチといった竣工前のアウトプットは収録されていない。唯一模型写真が載っている《カサ・ダ・

＊4｜『S,M,L,XL』には一枚のみの収録だが《ダラヴァ邸》では竣工後、キリンが庭にいる写真が数枚撮影されている。日本で出版されたものとしては『建築の20世紀』（デルファイ研究所、一九九八）二二九頁などでみることができる。

＊5｜ル・コルビュジエ-ソーニエ著、樋口清訳『建築へ［新装普及版］』（中央公論美術出版、二〇一一）。

1｜ハンス・ウェルレマンによる《フランス国立図書館》模型写真

次頁：

2｜ハンス・ウェルレマンによる《ダラヴァ邸》の写真

ムジカ》では同じアングルの模型写真と建築写真が並べられている。《カサ・ダ・ムジカ》はもともと住宅プロジェクトであった《Y2K》を七倍に拡大することでコンサートホールに転用したプロジェクトであり、スケールがコンセプトのひとつになっている。模型写真VS建築写真という構成は、言い換えればアンビルトVS.ビルトの対比でもある。

『Post-Occupancy』では写真が現実の動線に沿って並べられているが、『S,M,L,XL』ではプロジェクトごとに建築写真のレイアウトが使い分けられている。《ネクサスワールド》コールハース棟は、俯瞰から徐々にアイレベル、室内へと入り込んでいく構成（カラーで撮影されたものも白黒写真で収録されている）、《オランダ・ダンス・シアター》は、模型・CGでのシミュレーションから工事現場、そして完成した建築へと至る製作の時間軸に沿って、《コングレスポ》では工事現場、模型写真、建築写真がそれぞれの空間ごとに構成され、《クンストハル》では『Post-Occupancy』と同じく建物に与えられた明確な動線に沿って移動するが、かといって建物の「追体験」を意味することにはならない。写真はそれ単体で歴史的・空間的な意味を持つことがない［＊6］ために、誌面上のレイアウトによって、現実には不可能な意味を作り出すことができる。ここではすでに複数の撮影者によって撮られた写真から選びレイアウトすることで、現実の建築における個人的な体験ではなく複数の目による客観的な動線が描き出されている。

建築のリアリティとは何か

『S,M,L,XL』は「アンビルト・ビルトを同等の地位に置き、プロジェクトのリアリティを表明した」［＊7］書籍である。一方『Post-Occupancy』の序文でもコールハースは「リアリティを明らかにするために、記録者として信頼をおける他者の目を通してみた」と述べている。しかし、両者で追求されている「リアリティ」は異なるように思われる。

『Post-Occupancy』には、テレビ・新聞といったメディアで各建築が報道された際の写真や監視カメラの映像が掲載されている。ファウンド・フォトの作家としても知られるハンス＝ペーター・フェルドマンは、《在ベルリンオランダ大使館》で働く人びとに焦点を当て、オフィス空間――（トラジェクトリー上には出てこない）ジェネリックな空間――ばかりを写しており、そこでは竣工直前にベッヒャー・スクール出身の写真家カンディダ・ヘーファーが撮影し

＊6｜「写真は時間だけでなく、空間の薄片でもある。写真映像に支配された世界では、境界（「フレーミング」）はすべて任意のものに思われる。どんなものも、（…）することができる。要するに主題をちがったふうに切り取ることがかんじんなのである。（逆にまたどんなものも、他のどんなものとも隣り合わせにすることができる）」（スーザン・ソンタグ著、近藤耕人訳『写真論』晶文社、一九七九、三〇頁）。

＊7｜*El Cloquis*, No.131/132, El Cloquis, 2006.

＊8｜OMA/ Rem Koolhaas, *The Dutch Embassy in Berlin*, NAi Publishers, 2004.

＊9｜「もし人物が建築写真に入ることを嫌うとすれば、それは第一には写るべき建物への視線の焦点化を妨げるからであるとともに、見る者の意識を建築写真の焦点たるべき建築から逸らし、その人物が焦点を奪うからである」（戸田穣著「建築のなかの／建築のような」10+1Web

た建築のポートレート的な写真［＊8］と対照的に、建築は背景へと後退している。これは「建築写真」に人が写り込んだ際の問題である［＊9］が、しかし使用者に委ねられた後の建築の姿を写すという趣旨には適した写真でもある。《シアトル公立図書館》でも無名の使用者がウェブ上にアップした図書館の写真が掲載されている。総じて『Post-Occupancy』では一枚の写真から読み取れる情報は少なく、使用者の姿が写り、パースは歪み放題で「建築写真」から逸脱しているどころか、むしろヘタな写真が多い。ここでOMA／AMOはそういった建築の断片的な一部分を写した写真を組み合わせることで、建築の全体像を描くことを試みている。ヴァルター・ベンヤミンが述べたような「実際に見るよりも写真で見たほうが理解しやすい」［＊10］建築の時代は遠ざかり、ビッグネス《巨大化した》建築はもはや部分的な経験としてしか見ることはできない。

他者の目線

『S,M,L,XL』と『Post-Occupancy』の示す「リアリティ」の差異は、撮影者らの作家性からも浮き彫りになる。

ウェルレマンの写真はフィクショナルで、作為的な要素を見出せるという点で絵画写真《タブロー》［＊11］の系譜に位置づけられる。『S,M,L,XL』におけるリアリティとは、現実《リアル》を演出し非現実《フィクション》と組み合わせることで写真のなかにだけ存在する超現実《シュルレアリスム》である。

対して『Post-Occupancy』でコールハース自らの依頼によって起用されたフェルドマンは、一枚の写真よりも写真集というまとまりを重視する作家であり、かつ決定的瞬間を否定するような作風を持つ。また、ここで彼は、コールハースの特異な建築を大量のスナップ写真によって、遠く離れた私たちの日常《リアル》と地続きのジェネリックな空間として提示している。唯一『Post-Occupancy』中の建築をすべて写し、近年OMAの建築を撮影することも多い建築写真家のイワン・バーンは、第一三回ヴェネツィア・ビエンナーレ建築展（二〇一二）でアーバン・シンクタンクとともに、《torre david gran horizonte》というシリーズを発表している。これは、ベネズエラの不法占拠されたビルを調査したプロジェクトで、そこで生活する人びとと建築の関係が写されている。建築家が放棄した後の建築の記録であり『Post-Occupancy』とも通ずるテーマを持っ

［http://10plus1.jp/monthly/2010/07/issue1.php］）。
＊10｜ヴァルター・ベンヤミン著、久保哲司編訳『図説　写真小史』、ちくま学芸文庫、一九九八。
＊11｜現代写真のうち一枚の中に物語が集約されたもののことを言う（シャーロット・コットン著、大橋悦子・大木美智子訳『現代写真論』晶文社、二〇一〇）。
＊12｜《ボルドーの家》を撮影したホンマタカシは「ジェネリックとスペシフィックを分けないことのほうに興味がある――『ジェネリック・シティ』が出版された時、自分がやりたいことに近い感じがした」と述べている。（ホンマタカシ「写真における時間と空間」『時間のデザイン』鹿島出版会、二〇一三、三三頁）。
＊13｜「建築雑誌によっては、写真家の個人名さえでていないものもある。写真家の無名性も建築写真が中立であることの偽装であろう」（磯達雄著「転位する建築写真」『10＋1』二三号「特集　建築写真」、INAX出版、二〇〇一）。

ている。『Post-Occupancy』が示すリアリティとは、建築家の「作品」とスラム街の生活、あるいはジェネリックな建物をもフラットに語る記録の手段であると言えよう［＊12／**写真3**］。

エピローグ

建築写真はしばしば無記名で載せられることもあるが［＊13］、コールハースの書籍では撮影者が必ず記されており、なかにはペトラ・ブレーゼやOMA内部の人間など「写真家」ではない人物によるものも散見される。こうした、さまざまな撮影者を採用するというコールハースの姿勢からは、彼の質問好きな性格とも通じて、他者からの目線に対し意識的なコールハースの姿が浮かび上がってくる。

「建築写真」が垂直・水平性を堅持し、無人であったのはその資料性を保つためであった［＊14］。しかしコールハース自身は文章を書くとき、「建築写真」から逃れたところに資料性を見出している。『錯乱のニューヨーク』では、膨大な量のポストカードとニューヨーク市立図書館に所蔵されたマイクロフィルムをもとに文章を書き上げた。あるいは、『プロジェクト・ジャパン』でも、客観的に記録された報道写真や雑誌の記事など、これまで建築メディア上では注目されなかった写真を「発掘」している［＊15］。これらの写真はいずれも建築家のコントロールが効かないものであり、他者の目線が含まれている。コールハースは、撮影者の作家性を限定せずに雑多に写真を書籍に収録することで、建築家のコントロールの外にある建築の「リアリティ」さえも自らの手でさまざまに描き出そうとしているのではないだろうか。

3｜イワン・バーンによる《シアトル公立図書館》の写真

＊14｜「この建築がどういうものであるかを視覚的に伝達しようとする実用へのまなざしがある」（金子隆一「写真のなかの建築」最終回「建築写真の世界」『建築知識』一九九四年一一月号）。

＊15｜「コールハースは写真の洞察力がずば抜けていて、たとえば黒川さんと三島由紀夫の関係を何枚かの写真で見抜いたりもしました。これまで誰も気づかなかったのに。そこから日本のアイコンと建築の関係、虚構の世界で育まれていった男性像と建築家の関係といったものが見えてきました」（『森美術館〈メタボリズムの未来都市展：戦後日本・今甦る復興の夢とビジョン〉を語る』八束はじめ／太田佳代子 http://artscape.jp/focus/10012486_1638.htmlより）。

Part.3
Data

Part.3

Data

データから読む
レム・コールハース／
OMA

Part.3
Data
1

Taro
Igarashi
+
Taro igarashi
Laboratory

レム・コールハース／OMA 主要用語辞典

編・執筆＝五十嵐太郎

執筆＝東北大学・五十嵐太郎研究室
堀口徹［助教］｜吉川彰布｜市川紘司｜植松久達｜許正殷｜岡村和明
菊地尊也｜石井勇貴｜大橋秀允｜朴真珠｜出原日向子｜志賀浩平｜川崎亮

レム・コールハースは、OMAやAMO、ハーバード大学のリサーチなどを通じて、新しい都市と建築の現実を理解するために数多くの概念を提示してきた。建築のデザインだけではない。言葉の製造マシーンであるかのようだ。そこでなるべく多くの関連書籍から主要なキーワードをピックアップし、用語集を作成した。なお、事務所のスタッフや共同研究者など、コールハース自身が書いていないテキストからも抜粋したが、彼の名を冠した書籍の場合、基本的な認識が共有されていると判断して、一緒に収録している。共同体制による新用語のコピーライト化も、彼の特徴だろう。［五十嵐］

01｜アーバサイド（殺都市剤）｜Urbicide

*『Content』三八－三九頁など

建つものすべていずれは崩れる。崩壊とは建築に対する暴力である。ドン・キホーテによる風車の攻撃はコミカルだが、現実はそうではない。たとえば、戦時下では急速な建築の暴力が執行される。ビル・ミラードは、戦争やテロ、反乱がとりうる形式のなかに、集団殺戮や民族虐殺を含めるように、都市に対する計画的な攻撃、すなわちアーバサイドも入れてよいのではないのかという。もっとも、アーバサイドは建築やその使用者に対する憎しみをかならずしも意味するのではなく、都市に対する無礼や忘却によっても引き起こされる。［吉川＋五十嵐］

02｜アーバニズム

*『S,M,L,XL』九五九－九七一頁／『コールハースは語る』八〇頁／『10+1』一九号、一六五－一七二頁

レムは建築と都市計画（アーバニズム）はまったく別モノであり、同時に語り得るような次元にはないと主張している。数多くの都市計画が構想された二〇世紀前半とはほとんど真逆の認識である。挑発的に、「都市はもはや存在しない」とさえ言いきる。ラゴスやイスタンブールに顕著なように、都市は建築家によるコントロールから、ことごとくすり抜けていく。誰もその全体像を把握することはできない。逆説的に、そうしたポスト・アーバニズムの世界には、唯一、建築のみが残されている。［市川］

03 アブドバイ(Abu Dubai)

*『Volume 23: Al Manakh Gulf Continued』九四–一〇五頁

二〇〇八年の経済危機の際にドバイが痛手を負った際、近隣のアブダビがドバイを支援した。アブダビでは、ドバイにない大学や医療機関、文化施設が備わっている。さらに今後アブダビにつくられる新しい空港は、ドバイとアブダビを結ぶ高速鉄道と繋がり、両都市の連接に拍車をかけるものとなる。通称アブドバイとされるこの接続関係について、今後はドバイとアブダビが、ワシントンDCとニューヨークのように、お互いに満たされない部分を補填し合うだろうと、レムたちは予測した。[吉川]

04 ¥€$体制

*『Anything』(英語版)一八〇–一八八頁

円、ユーロ、ドル。世界の三大通貨の頭字語を繋ぎ合わせて、レムは「YES=イエス」と頷いてみせる。つまり、¥€$体制とは、市場経済が世界が席巻した現代社会を示すキャッチフレーズであると同時に、良識的な建築家のように「ノー」と背を向けず、揶揄されながらもその波に乗ることを辞さない、レムのスタンスそのものと言えるだろう。¥€$体制において建築は、美術館ではなく、たとえば資本主義の神殿、ショッピングの空間について加味することをまぬがれえない。新しい商業の原理は、教会や学校、空港のような巨大インフラ、あるいは建築の最も神聖なモニュメントであったバルセロナ・パヴィリオンにまで浸透している。また、速度や流動性を特徴とする¥€$体制は、コストのかかる設計行為に際して、多面的な情報のリサーチを不可欠なものとする。設計組織であるOMAとシンクタンクであるAMOの併設という、特異なレムの活動形態は、この文脈から理解されるだろう。[市川]

05 インタビュー・マラソン

*『城市・建築・思想 Rem Koolhaas and Hans Ulrich Obrist Interviewed China's Leading Figures』

レムが、精力的に活動するキュレーターのハンス・ウルリッヒ・オブリストとともに行った実験的イヴェント。ブライアン・イーノやザハ・ハディドら計六二名の作家と二四時間ぶっ続けで対話するというもの。レムと構造家セシル・バルモンドが二〇〇六年に設計したサーペンタイン・ギャラリー・パビリオン(ロンドン)にて実施された。二〇〇九年には、中国のキュレーター欧寧の招きを受け、深圳香港都市・建築ビエンナーレにて再演。中国各地から集まった三〇名のアーティストや建築家、活動家たちに対して、八時間におよぶインタビューが行われた。中国が改革開放政策をとって三〇年、もっともドラスティックな変化を果たした深圳市の特質や、都市化とは逆行する「農村主義」などが議題になっている。レムとオブリストは、近年では一九六〇年代日本の建築運動メタボリズムに関わった人びとに取材した書籍『プロジェクト・ジャパン』をまとめるなど、世界各地で精力的にインタビューを展開している。[市川]

06｜インフラレッド｜赤外線（Infrared）

*『HARVARD PROJECT ON THE CITY, 1. GREAT LEAP FORWARD』七〇六頁

インフラレッドとは赤外線のことだが、ここで赤とは共産主義をさす。それゆえ、珠江三角洲のリサーチをまとめた書物も赤い本である。赤色よりも波長が長く、可視化されない赤外線の光は、現在の中国におけるダブルスタンダードの戦略をあらわす。つまり、共産主義の体制を維持しながらも、そこからはみでる資本主義を抱え込むこと。これは一九世紀の理想主義と二一世紀の現実をつなぐ、歴史の反転であるという。［吉川＋五十嵐］

07｜ヴォイド

*『S,M,L,XL』六〇二―六六二頁

「ヴォイドの戦略」によって、パリ・セーヌ川辺のフランス国立図書館コンペ案は考案された。映画館や閲覧室といった情報体＝不定形のヴォイドが、書庫である巨大な直方体のヴォリュームを掻きとるようにして浮かぶ。つまり、書庫という「地」に対し、プログラムという「図」の穴を自由に穿つという操作である。落選案ながら、どこにつくるかではなく、どこをくり抜くかというヴォイドの概念は、建築界に多大な影響を与えた。［朴＋岡村］

08｜ウォールペーパー｜壁紙（Wallpaper）

*『PROJECTS FOR PRADA PART 1』

柔軟に素早く、衣替えをするためのアプリケーション。単なる壁紙であることを超えて、つねに新しい価値観を表明し、消費者を飽きさせないために、エピセンターが纏うべきインターフェイスのこと。また壁紙だけでなく、建築よりも素早く変身することができるショップを構成するエレメントの総体も意味する。［堀口］

09｜ウルトラ・モダン

*『BIG BANG BEIJING』一二一―一二三頁

OMAスタッフのアンドレ・シュミットは、中国の住宅市場のスタイルは、「ウルトラ・モダン」と「ヨーロッパのお城」という両極端なふたつだという。現代的な都会人のために、「セントラル・パーク」などのニューヨークの地名からとった住宅が氾濫する一方、ルイ一四世調のインテリアと外観をもち、「シャトー・リージェンシー」といった名前の住宅が販売される。デザインやアイデアは、西欧の近代的、あるいは歴史的なスタイルから借用する。だが、これはアイロニカルなポストモダンの引用と違う。繁栄の象徴を追う、純粋な欲望から生まれたものだ。ゆえに、歴史や社会など、どんな背景も理解する必要はない。レムは「現代都市の真に超標準的な状況が中国で生まれている」と語る。［植松］

10｜エスカレーター

*『PROJECT ON THE CITY 2 HARVARD DESIGN SCHOOL GUIDE TO SHOPPING』三三七頁

レムたちによれば、エレベーターが建築における空間構成の概念を無効化しつつも、各フロアという空間の分節をより強化していたのに対して、エスカレーターは建築における階層や分節を無効にし、連続性と流動性をもたらすという。またオーティスが一九四八年に発明した効率的な商業施設のためのダイアグラムを、ル・コルビュジエが一九一四年に描いた理想的な住宅のためのドミノ・ダイアグラムの階段をエレベーターに置き換えたものとして捉え、いずれも後続の建築のための重要なモデルを提示したとして同等に評価する。［堀口］

11｜エピセンター｜震源地（Epicenters）

*『PROJECTS FOR PRADA PART1』

プラダ・プロジェクトにおいて、AMOが提示した新しいタイプの旗艦店の概念。世界中がショッピングで覆われているなかで、あえてショッピング以外の経験を提供し、価値を体現する場のこと。それは世界展開するブランドの数を増やす店舗拡張とは異なり、ブランドのみならず、店舗としての独自性も含め差異を特化していくベクトルをもつ。そこでステージ、ストリート、ライブラリー、薬局、ギャラリー、クラブ、アーカイブ、クリニック、ラボラトリーなど、多様な要素で構成される店舗を超えた店舗となる。プラダのエピセンターは、ミラノ、ニューヨーク、ロサンゼルス、東京などで建設された。［堀口］

12｜エレベーター

*『建築家の講義 レム・コールハース』六頁／『錯乱のニューヨーク』三八、一三六頁

エレベーターという発明品は、ボタンひとつでどのフロアにも移動でき、五階も三〇階も平等にしてしまう。一八五一年のロンドン万博において大衆に演劇仕立ての見せ物として紹介されたエレベーターは、後に鋼構造と出会うことで、積層された人工大地＝高層ビルを可能にした。エレベーターは、建築の内部において、ある地点とある地点を機械的に接続し、空間を構成しようとする建築家の本能を嘲笑するだろう。壮麗な吹抜けのバロック階段など、人の移動を形成する建築的な手段に関する教養を切り崩すからだ。［許＋菊地］

13｜カーテンウォー｜カーテンウォール戦争（CURTAIN WAR）

*『HARVARD PROJECT ON THE CITY, 1. GREAT LEAP FORWARD』二一七頁

中国では、カーテンウォールによる建築の戦争（ウォー）が勃発している。相手に引けを取らないために、できるだけ多様なガラスパネルのシステムを用いる建築同士の仁義なき戦い。ときにはファサードの背後のプログラムを識別するために、カーテンウォールを使い分けることもある。もはやカーテンウォールは精密なファサードをつくるためのものではない。むしろ、過剰さへと向かう。こうした状況をレムたちは「ニュー・バロック」と呼ぶ。［吉川］

14 — 過密

＊『錯乱のニューヨーク』一五三頁など

マンハッタニズムの空間原理のすべての引き金となるのは、過密の文化である。『錯乱のニューヨーク』では、オランダからの入植者にも触れられているが、海に浸食されるオランダも土地に苦しむ、過密の都市だった。ゆえに、レムの出自とニューヨーク論が重なる地平において、この本は書かれた。彼は断言する。マンハッタンにおいて求められるのは過密の解消ではない、と。円滑に機能する過密が求められているのだ。［石井＋五十嵐］

15 — 協力的競合（Coopetition）

＊『PROJECT ON THE CITY 2 HARVARD DESIGN SCHOOL GUIDE TO SHOPPING』二〇六頁

協力（Cooperation）と競合（Competition）という相反する市場原理の共存のこと。本来、競合する企業同士が共通の目的に向けて、競合しない部分を確認したうえで部分的な協力体制を敷くことを意味するが、レムたちはこれを都市成長のための戦略的メカニズムとして解釈する。たとえば、レムたちの解釈によれば、シンガポール政府は、それまで行ってきた計画的な業種別商業配置に代わる国家的政策として、協力的競合という方程式を採用し、あえて複数の商業拠点を競合させることで、国全体を巨大な「ショッピングセンター」として再建し、アジアにおける経済的地位を確立しようとしているのだ。［堀口］

16 — グリッド

＊『錯乱のニューヨーク』二六–三〇頁、三二六–三二八頁

レムは、あらかじめ設定されたマンハッタンのグリッドに着目する。グリッドの等質性は、伝統的なデザインの手法を無効化すると同時に、あらゆる全体主義の介入を排除する。建築が管理を受ける最大のエリアは、二〇二八の個々のブロックであり、多様性の共存を許容する。そのイメージは「囚われの球を持つ都市」のドローイングにも顕著だ。グリッドは相互に断絶された孤島であり、それぞれの自由を最大限に担保する。ラ・ヴィレット公園のコンペ案におけるバーコード状のレイヤーも同等の機能を果たす。［植松＋五十嵐］

17 — グルーエン・アーバニズム（Gruen Urbanism）

レムたちは、ショッピング・モールの生みの親であるヴィクター・グルーエンの本当の野心は、商業空間にとどまるものではなく、モールというビルディングタイプを用いて都市を現代的に再構築することだった、と述べる。グルーエンは、都心の交通混雑や無秩序な開発と距離を置いた郊外に、諸問題を解消し得る複合的な場としてショッピング・モールを構築した。そして郊外で培養されたショッピング・モールのモデルを都心に外科移植することを考えていた。ショッピング・モールのモデルの移植による都市再生は、す

*『PROJECT ON THE CITY 2 HARVARD DESIGN SCHOOL GUIDE TO SHOPPING』三八一頁

でにグルーエンによりプログラムされていた結末だったわけである。［堀口］

18｜グローバリゼーション

*『S,M,L,XL』三六三－三六九頁（とくに三六七頁）／R.Koolhaas, 'Architecture and Globalization', *Reflections on Architectural Practices in the Nineties*, Princeton Architectural Press, 1996.

かつてのモダニズムが最初の国際的な建築運動だったとすれば、現在の建築は明らかに未曾有のグローバリゼーションの影響下にある。空前のレベルで、建築家は世界を転々として飛びまわり、新しい現実と向きあう。レムによれば、それは誰かの煽動や予測をはるかに超える革命である。たとえば、バブル期の日本において、アルド・ロッシはホテルを手がけたが、レムはそれが本国イタリアにあるロッシの作品以上にロッシらしく、しかも日本的であると評価し、こうした逆説的な状況もグローバリゼーションのあらわれだという。［朴＋岡村］

19｜群島（Archipelago）

*『錯乱のニューヨーク』四九〇頁／『El Croquis 134/35 Rem Koolhaas - AMOMA II』三七九頁

『錯乱のニューヨーク』の補遺に収められた「囚われの球を持つ都市」には、グリッドで分割された場所に複数のイデオロギーを持つ建築がひしめき合うさまが描かれている。レムはこれを「群島状態」と呼び、「それぞれに自分の価値を主張すれば、それだけシステムとしての群島の統一性は強調される」と述べた。幼少期に過ごしたインドネシアの小島が連なる風景から、この群島への気づきを得たとレムはいう。このコンセプトはその後のレムの実践でも用いられ、緑地に単一の機能のみをもつ複数の「島」を浮かべたマレーシアの「ペナン都市計画案」（二〇〇四）は顕著な例のひとつだ。他にもOMAとAMOの関係を示す組織図では、周囲にマイクロソフトやハーバード大学などの複数の機関が配置され、「群島」的な様相を呈している。さらにレムが七〇年代に師事したO・M・ウンガースによる、西ベルリンの都市計画案「緑の群島――都市の中の都市」（一九七八）でも群島は重要な概念だった。都市の幾つかの部分を残しつつ、他の部分は緑地にするこの提案は、縮小傾向にあった西ベルリンの危機的状況に抗うのではなく、受け入れたうえで都市を発展させようとするものである。都市の状況の良し悪しをいちど判断保留にして計画を遂行するレムの態度は、ウンガースの思想に通じるところがある。［志賀＋菊地］

20｜建築頂部（roof top）

現代の北京の高層建築には、特徴的な意匠が認められる。「近代」のボディの上に「伝統」の冠を載せた建築の出現だ。世界中を覆いつくすカーテンウォール建築のヴォリュームと、昔風の屋根の合体。ときには「金」や「福」といった巨大な漢字も冠に使う。積み木のように単純かつ力強い手法である。日本の帝冠様式

*『BIG BANG BEIJING』一一二—一一三頁

はナショナリズムを背景としていたが、北京の建築頂部は多様性がポイントであり、ほかとの差別化をはかる"超"資本主義の差異のゲームに組み込まれている。[植松]

21—建築的ロボトミー

*『錯乱のニューヨーク』一二五頁

ロボトミーとは、精神的な疾患のある患者に対し、前頭葉と脳の残りの部分のつながりを外科的に切除し、人間的な感情を奪う手術のこと。レムが唱える建築的ロボトミーとは、建築の外部と内部を分離することであり、外部は内部の表出とすべきモダニズムの原理と正反対だ。それゆえ、ニューヨークの摩天楼は、建築的ロボトミーにより、ファサードとは関係なく、その内部において自由なプログラムを展開できる。[石井]

22—ゴーストライター

*『錯乱のニューヨーク』一三、一四頁

ヨーロッパのアヴァンギャルドたちは、実作が少なくても、芸術的意志を語ったマニフェストを掲げて新しい建築運動が興したが、アメリカでは建築家が語る以前に経済状況が新しい現実を生み出していた。レムは、語らなかった摩天楼の建築家を、記録を残すのには忙しすぎた「波瀾万丈の人生を送った映画スター」に喩える。そこでレムは、代わりに自分を彼らのゴーストライターであると定義し、ヨーロッパに対抗して、マンハッタニズムというマニフェストを事後的に仕立て上げた。[許+菊地]

23—コピーライト

*『MUTATIONS』三一三頁など

レムは次々と造語をつくり、既存の言葉にも新しい意味を与えて再定義する。『HARVARD PROJECT ON THE CITY』では、巻末に用語集をもうけ、それぞれの言葉には©のマークもつく。それはなぜか。レムたちは、都市が今までにないスピードで変異している現在、われわれの語彙も再点検しなければならないという。新しい都市のリアルを語り、解釈するのに必要な語彙が不足している。こうした事態に対処すべく、彼らは随時、新用語を発表し、それにコピーライトをもうけ、所有権を明確にしている。言葉が先行するのではなく、現実の後から言葉が与えられるのは、『錯乱のニューヨーク』でもそうだった。[吉川]

24—差異が激化する都市（City of Exacerbated Difference／COED©）

伝統的な都市は、全体としてのバランスや調和、あるいは均質性をめざしているが、「差異をこじらせた都市」（COED©）は真逆である。それぞれの部分がほかの部分に対して、最大限の差異が実現されるよう追求していく。ばらばらなのだ。マンハッタニズムが建築の内部におけるプログラムの多様性を確保していたとすれば、COED©は都市計画のスケールにおいて展開する。ゆえに、理想を求め、整然とした手法にならって計画されるユートピアとは違う。偶然や欠陥の可能性を活用するところに、その真意がある。モデルとなっている中国の珠江三角洲の都市を見ると、野蛮に思えるかもしれない。だが、実際はとても繊細でデリケートである。ささいな変更でさえも、その相違をふたたび強調すべく、全体のバランスを保つためにすべて調整し直さなければならないからだ。［吉川］

*『HARVARD PROJECT ON THE CITY, 1. GREAT LEAP FORWARD』七〇四頁

25｜ジェネリック・シティ

*『S,M,L,XL』一二三八―一二六七頁

ジェネリック・シティとは、グローバリゼーションによって世界中に増加しつつある無個性な都市に対してレムが与えた名前である。「無印都市」などと訳される。まず、そこには場所的な特徴がない。中心も周縁もなく、無個性な風景が永遠に続いていくような都市像である。空港は世界中の都市に存在し、どこでも同じような風景になっているが、それはジェネリック・シティの具体例と言える。次に、総体として極めて不安定であることが特徴としてあげられる。さまざまな人種、文化の混成で成り立ち、人びとはノマドのようにつねに移動しつづける。さらに都市が自分自身でメンテナンスを行うかのように、建物はものすごい早さで建て替えられる。つまり、計画概念は無効であり、すべてが流動的なのである。レムは赤道付近の都市、特にシンガポールにこのような不安定さを見出す。このような都市像は振り返るべき過去を必要とせず、恒常的な歴史の空白の上に成り立つ。［岡村］

26｜城壁都市

*『アジアが都市を超える』一六二―一七一頁

OMAアジアの代表であるアーロン・タンは、悪名高い九龍城（現存せず）を城壁都市と呼ぶ。それはリゾーム状の構造をもち、非整合的な、読解不能の存在だという。建築的な特徴としては、ビルを拡張するケージ、水平の隙間（ヴォイド）、迷宮的な階段などが挙げられる。城壁都市は、建築的非決定性の見本であり、永遠に暴走し続けるエンジンなのだ。［五十嵐］

27｜ジャンクスペース

「二〇世紀のために近代建築を発明したことは失敗である」と、挑発的に語るレムは、近代建築の副産物として、われわれが生みだし続けてきた建築物の総体をジャンクスペースと呼ぶ。それは建築史がとりあげない三種の神器（エスカレーター、エアコン、石膏ボード）により、どこまでも続く連続的な空間である。また瞬

*『PROJECT ON THE CITY II HARVARD DESIGN SCHOOL GUIDE TO SHOPPING』四〇八頁／『OMA@work』（『a+u』二〇〇〇年五月号臨時増刊）一六-三一頁

時に取り替えられる材料が、建築史には登場しない動詞（折り曲げる、糊付けする、溶かすなど）により結び合わされたパッチワーク空間でもある。そこでは構造も装飾も、公も私も、高級なものも低俗なものも、無秩序に混在する。「モア・イズ・モア」と加算式でつくられ、ヒエラルキーも構成もない。規制なき資本主義経済において自然発生的に生成された作者不在のなんでもありの世界だ。しかも快適さと快楽を提供する、人工環境の楽園である。レムによれば、その過剰に対して、ミニマムにより批判することも、結局はジャンクスペースに寄生する独善的な態度でしかないという。ジャンクスペースは、すべてを呑み込む。［堀口］

28｜自由浮動面（Free Floating Plane）

*『OMA/Experience©』（『a+u』二〇〇三年一一月号臨時増刊）

ロサンゼルス・カウンティ美術館（LACMA）のプロジェクトで導入された概念。ゲーリーのビルバオ・グッゲンハイム美術館のようなオブジェ的造形とは、対極的なプログラムの戦略である。OMAのパートナー、オレ・スケーレンは、自由浮動面をこう説明する。かつて世界の各大陸がひとつながりだったという考え方に触発されたもので、分離した美術館のコンテンツを、四つの平行する帯から構成されるキュレーション用の同一平面に展示するものだ。［五十嵐］

29｜ショッピング

*『PROJECT ON THE CITY II HARVARD DESIGN SCHOOL GUIDE TO SHOPPING』一二九頁

レムたちは、ショッピング抜きでは二一世紀の生活空間を語ることはできないと述べる。ショッピングは都市を構成する一要素ではなく、いまや都市を成立させる必要条件であり、しかも都市的な状況は商業活動の内部においてこそ生起するという逆転現象として捉えている。都心、郊外、ストリート、空港、駅、美術館、病院、学校、インターネット、そして軍事にいたるすべての活動領域がショッピングの論理で構築され、配置されている。ショッピングとは、市場経済がその支配力を日常の空間に定着させる媒体であり、われわれの生活環境だけでなく、われわれの価値観、行動原則、見た目をもかたちづくる。ショッピングは、社会や欲望とともにつねに進化しており、歴史的を遡ってみても、古代都市のアゴラ、一九世紀パリのパサージュ、百貨店、モール、インターネット・ショッピングなど、人類の営みの主流として逆照射することもできる。［堀口］

30｜深圳・スピード（SHENZHEN SPEED）

かつては漁村だったが、経済特区に指定され、爆発的に発展した都市・深圳。ここでは「スピーディなデ

*『HARVARD PROJECT ON THE CITY, I. GREAT LEAP FORWARD』一八一頁など

ザイン」が熱狂的に実施されている。ゆえに、建築家も時間という縮尺によって互いを評価しあう。例えば、五人のデザイナー×一夜+コンピュータ二台=三〇〇世帯分の住宅である。結果、ディテールへ向ける時間などなく、どうでもいい問題になった。中国の建築家も、「深圳・スピード」についていこうと、ますます加速している。なお、「深圳・スピード」という言葉は、この都市を訪れた詩人の作品に由来する。[吉川]

31 神託的な魔術(ORACULAR MAGIC)

*『HARVARD PROJECT ON THE CITY, I. GREAT LEAP FORWARD』七〇七頁

共産主義と儒教の混ざった思想と実践にもとづく、予測不能な方法によって、目標や契約を定めること。資本主義とは異なるマーケットの基礎として、このシステムは新たな経済状況のなかで機能している。[吉川]

32 ストレス・テスト(stresstest)

*『Volume 23: Al Manakh Gulf Continued』四頁

二〇〇〇年代のドバイは開発業者にとって何でもありの実験場と化していたが、ドバイ・ショックを通過した現在、ブルジュ・ハリファ、ビジネスベイなどの計画は、破綻を招くものと批判されている。しかし、レムは「ドバイモデルは地に落ちた」というありがちな非難を、西洋的な視座からの惰性的な批判でしかないと反論した。レムの目には、ドバイが「決して繰り返されることの無いプロトタイプ」であり、深いレベルでのリアリティをもつものとして今なお映る。七〇年代以降の近代化を端緒とするドバイの実験からは、今日の混乱の兆候のただなかでさえ「未来の輪郭」を読み取れると、レムはいう。中東地域の未だ尽きぬ潜在的なエネルギーを観測するために、彼らのリサーチは耐久試験というべきドバイ・ショック以降も変わらぬスタンスで続けられた。[吉川]

33 精神分析的プログラミング(Psychoprogramming)

*『PROJECT ON THE CITY II HARVARD DESIGN SCHOOL GUIDE TO SHOPPING』五五九頁

集団的無意識を商品に反映させるためのプログラム。ヨーロッパで発展した精神分析とアメリカで発展した社会工学の融合である。消費者の心理や行動を制御するのではなく、消費者の気まぐれを完璧なまでの柔軟性によって追いかけることを目的とする。文化、教育、政治といったあらゆる都市機能がショッピングと同義と考えられる現在、リアルタイムの市場調査等による徹底した統計データが描き出す消費者心理の地理的分布は、階層、政治的な傾向、年齢性別といった分布以上に価値をもち始めており、消費者心理も人間工学と同様、建築デザインや都市計画における重要な分野となりつつある。[堀口]

34 占有以後（post-occupancy）

*『domus d'autore: Post-Occupancy』

現行の建築メディアが取りこぼしている実際の建築の使用状況をドキュメントする方法。これまでレムは、既存の都市・建築をリサーチの対象としたが、『domus d'autore: Post-Occupancy』では自身の建築作品四題（在ベルリンオランダ大使館、シアトル公立図書館、イリノイ工科大学マコーミック・トリビューン・センター、カサ・ダ・ムジカ）に焦点を当てた。「尊敬すべき」無名の使用者のコメント、ウェブ上の写真、複数の写真家・アーティストによるスナップショットなどを集めることで、「著者が不在のなかで何が起こるのかを、功績ではなく事実として占有以後のリアリティを、明らかにしよう」と試みる。レムはメディアを、スターアーキテクトを祭り上げるものとしてではなく、他者の目には建築がどのように映るのかを示す鏡として用いた。［出原］

35 ダーティ・リアリズム

*『S,M,L,XL』五七一―五七五頁

批評家のリアンヌ・ルフェーブル、アレグザンダー・ツォニスらによって、レムは、汚れた現実と向きあうダーティ・リアリズムの建築と形容された。なるほど、そうした傾向は、グローバリズムの容赦ない現実を包み隠すことなく反映させた建築や、必要以上にきれいに納められていないディテールからうかがえる。レム自身は、時代の変化や権力者の交替によって、一貫性なく破壊と建設が行われた六〇年以後のハーグの現実を、ダーティ・リアリズムと題して描き出す。［岡村］

36 ダイアグラム

*『行動主義――レム・コールハースドキュメント』四〇八―四〇九頁

レムによる実際の建築は、ダイアグラムがそのまま立体化したような印象を与える。それはクライアントとのコミュニケーションのためではなく、プロジェクトをラディカルにするための道具だという。彼によれば、ダイアグラムは量の問題を扱う重要なツールとなり、建築の外観にまで立ち現れることになる。そしてダイアグラムを「われわれの課題が何であるかを提示し、さらにそれを先へ進めるための小さなマシーン」と述べる。［岡村］

37 大躍進（GREAT LEAP FORWARD）

中国の珠江三角洲（PRD＝Pearl River Delta）は、未曾有の巨大さだけを見ても、二一世紀において重要な存在であり、今までに類のない激しい速度で開発が進む。共産主義と資本主義を実験的に融合させることによって、新たな都市概念が登場する。レムは、一九五〇年代末に毛沢東が推進した農工業の増産政策「大躍進」を（結果は失敗したが）、ＰＲＤのリサーチ本のタイトルに掲げ、過去のスローガンを現代的な文脈から復活

させた。［吉川］

*『HARVARD PROJECT ON THE CITY, I. GREAT LEAP FORWARD』七〇六頁など

38｜ダウンタウン・アスレチック・クラブ

*『錯乱のニューヨーク』二五八–二六九頁

マンハッタンでは、モダニズム的な単一機能の建築ではなく、娯楽施設、ロッカー室、医療施設、プール、食堂、ダンスフロア、寝室までも内部に抱え込む、摩天楼が登場した。その結果、ある階では「裸でグローブをつけたままオイスターを食べる」といった奇妙な出来事も起きるだろう。レムは、これを描いたお気に入りのイラストを、マンハッタニズムの絵解きとしてよく使う。この施設は、過密文化から生まれた肉体改造器である。［菊地］

39｜タブラ・ラサ

*『S,M,L,XL』(ラ・デファンスのコンペ)一〇九一–一一三五頁／同書(タブラ・ラサの実験台)一〇三五頁／『Anyhow』一七四頁(「中国ではタブラ・ラサそのものが開発の対称となりうる」)

建築において、タブラ・ラサをつくるとは、その土地の歴史を消し去ることを意味する。都市計画のヴォイドというべきか。レムは、パリ、ラ・デファンスのコンペにおいて、七五〇ヘクタールもの敷地を駅や大学、公園をのぞき、二五年かけて段階的に白紙に還し、グリッドをつくることを提案した。さらにシンガポールを「タブラ・ラサの実験台」として描き、近年の中国の状況を「タブラ・ラサそのものが開発の対象となりうる」と述べ、デザインの手法として肯定的に語る。［岡村］

40｜たぶん(Maybe)

*『Content』二五七頁

ジェフリー・イナバによれば、いわゆるポスト共産主義のソ連や中国は、すでに拒否としての「No」からイケイケの「¥€$」へと急激に転換したと思われていたが、実際のところその中間である「Maybe」(たぶん)という態度もつくり出したようだ。たとえば、中国のマーケット経済に対する長期的かつ日和見的な実験は、戦略的に優位に立つための警戒であると認識すべきだろう。容認と拒否、反抗と遵守、立案と修正の間をさまよう様相は、¥€$体制における都市化の手法に代わるものだ。［吉川］

41｜突然変異

レムは突然変異を好む。「MUTATIONS」展では、ラゴスなどの都市の変異を論じ、『錯乱のニューヨーク』でも、ポジティブな意味で使う。空間の巨大さとそれに伴う過度の人工環境の形成は、その内部に予想外の文化的な突然変異を引き起こす。たとえば、ラジオシティ・ミュージックホールは、ブロックひとつ分ほどの大劇場をもち、人間が声や肉体を使って演ずることを無意味にする。それゆえ、従来の演出概念は否定

*『錯乱のニューヨーク』九頁、三五二―三五四頁

され、等間隔で幾列にも並ぶ女性のハイキックという抽象的な運動がもたらされた。［植松］

42―人形遣い

*『プロジェクト・ジャパン――メタボリズムは語る…』三〇一頁

一九六〇年の世界デザイン会議において事務局長を務めた浅田孝は、当時丹下健三事務所のナンバー・ツーとして活躍していた。彼はメタボリズムのメンバー同士を引き合わせ、「メタボリズム一九六〇」のマニフェストづくりのための会議に頻繁に参加するなど、メタボリズムの活動に深く関わりながらも、「メタボリズム一九六〇」の正式メンバーとしては参加していない。世界デザイン会議でも名だたる建築家を日本に招聘するなど、中心的な役割を担いつつ、あくまでも裏方としてメンバー達を支えた浅田を、レムは人形遣いと評した。［川崎］

43―根なし草

*『建築家の講義 レム・コールハース』五六、八七頁

速く！　安く！　制御不能なグローバリゼーションの到来により、ゆるやかで奥の深い進展を遂げた世界の人びとはみな地面から完全に引きはがされ、地球規模に拡大したシステムの上での根なし草となる。建築家は、どこへ行っても部外者であり、従来の「土地」や「場所」といった概念が無効のまったくの思いつきのつくりものとしての建築をばらまく。レムは、こうした不可避な状況こそが、アメリカに新たな建築形式をもたらしたと考える。［許＋菊地］

44―パラドックス

『OMA/Experience©』（『a+u』二〇〇一年一月号臨時増刊）

コールハースは、矛盾するものの衝突を好む。ユニバーサル・ビルディングのプロジェクトでは、クライアントの過去の歴史を踏まえ、ミース的な抽象性・永遠性と、ラルフ・アースキンのような社会的・プログラム的な野心を融合させる。そして建物が想像力をかきたてるためには、秩序と混沌、あるいは不変性と一過性のいずれもが必要だという。ヴェンチューリが意匠の対立性だとすれば、コールハースはプログラムの矛盾を推奨している。［五十嵐］

45―針と球

針は最小の敷地面積で最大の高さを得ようとする内部なき建造物であり、球は最小の表面積で最大のヴォリュームをもつ。レムによれば、マンハッタンの歴史において、ふたつの形態は姿を変えて繰り返し現れる。たとえば、一八五三年の水晶宮とラッティング展望台、一九〇六年のグローブタワー、そして一九三九年の

＊『錯乱のニューヨーク』三二〇頁

ニューヨーク万博のトライロンとペリスフィアなどだ。球と針は、形態的ヴォキャブラリーの両極であり、針は球になろうと欲し、球は針になろうとする。ゆえに、マンハッタニズムは球と針の弁証法であるという。［石井］

46―反転したミダス王

＊『コールハースは語る』七五―七八頁

ハンス・ウルリッヒ・オブリストとの対談のなかでレムは、建築家を「反転したミダス王」と喩える。ギリシア神話に登場するミダスは、触れるものすべてを純粋な黄金に変える力をディオニュソスから得るが、それゆえに食物を口にすることもままならず苦しむ。柄谷行人も建築の不純さに言及していたが、レムは、建築家が目を向けると、誠実さや即興性が失われるという。この比喩は、従来の計画概念を捨て、即興性や日常的な出来事に応答する建築を構想したセドリック・プライスへの批判でもある。［市川＋五十嵐］

47―ビッグネス

＊『S,M,L,XL』四九五―五一六頁

建築はそのスケールがあまりに巨大となったとき、ビッグネスという属性を帯びる。そこでは古典的な、もしくはヒューマニズム的なあらゆる建築の試みが無意味なものとなる。建築の内部機能をファサードに表出させる試みなどが、その最たる例だろう。ビッグネスはほとんど都市を呑み込んでしまった建築であり、その内部では通常考えられなかったようなプログラムの衝突や異種交配を発生させる。このようなビッグネスの理論は、マンハッタニズムを言明した時点で暗に胚胎していたが、今やビッグネスはアメリカだけの現象に止まらない。既存の都市的なコンテクストから独立する性質によって、資本主義の拡大と並行するように、いたるところで建造されている。レムはこのような現状を悲観しない。ビッグネスこそが建築にとっての「最後の砦」であり、新たな始まりであると考えている。必要とされるのは、ビッグネスが何をなしてきたのか、そして今後、建築家によって何を可能にしていくのかを明らかにする、新しい理論的な枠組である。［市川］

48―フォトショップ

＊『MUTATIONS』三二〇頁

レムは、フォトショップの操作のように、現代中国の建築や都市が生産されていると指摘する。深い思慮を必要とせず、誰にでも切り貼りや複製ができるデザイン。なるほど、たとえば、深圳はフォトショップ建築の宝庫である。どこかの建築雑誌で紹介された作品がすぐにパクリのネタになってしまう。どんな視覚素材でも合成できるフォトショップのように、簡単にコラージュできるデジタル・イメージと現実の境界も危うくなっている。［五十嵐］

49 プロジェクト・ジャパン

*『プロジェクト・ジャパン――メタボリズムは語る…』

一九六〇年以降の日本における高度経済成長に伴い、日本の構造的弱点を克服しようとする、国家レベルでの総合的な開発計画が動き出した。「プロジェクト・ジャパン」とは、この列島全体の改革を総括した名称である。丹下研究室出身の建設官僚、下河辺淳を筆頭に一連の全国総合開発計画が練られ、各分野の識者が集められたが、そのなかにはメタボリストたちも含まれ、実際に建設が真剣に検討されたプロジェクトも多く提案された。レムはハンス・ウルリッヒ・オブリストとともに、メタボリズムの関係者たちへのインタビューを通じて、単なる前衛デザインとしての理解だけでなく、当時の経済状況や国土問題、戦前からの連続性などを再検証しつつ、メタボリズムの再読を試みた。［川崎］

50 並列都市（city of juxtaposition）

*『BIG BANG BEIJING』六―七頁

オリンピックを契機に、都市の変貌をさらに加速させた北京。OMAは、現在進行形都市の北京を「破壊と建設をごちゃまぜにした舞台セット」と称し、無秩序にも思える都市計画を、新と旧が織りなすとびきりのパフォーマンスとみなす。その結果、共産主義と「超」資本主義、ローテクとハイテク、貧と富、農民と都市住民、伝統と近代、無秩序と抑制など、これらの相反する概念が、ひとつの都市社会のなかで並列している。［植松］

51 変換（Transformations）

*『OMA@work』（『a+u』二〇〇〇年五月号臨時増刊）一〇六頁

あるプロジェクトのために考えられたコンセプトをそのスケールを変化させることで、敷地、環境などさまざまな諸条件の異なる、まったく別のプロジェクトにおいて用いること。たとえば、Y2Kの住宅において考えられたコンセプトは、カサ・ダ・ムジカというポルトのコンサート・ホールにおいて新しいかたちとなって出現した。住宅の諸機能が埋め込まれた部屋群に囲まれた大きなトンネルのような空洞は、シューボックス型のコンサート・ホールへと転用される。［大橋］

52 偏執症的批判方法（Paranoid-Critical Method/PCM）

偏執症的批判方法（PCM）とは、シュルレアリスムの画家サルバドール・ダリの造語で、あらゆる物事を単一の思考体系に取り込み、結局は自らの妄想を確認・強化するかたちで理解することである。そこでは証明不可能な理論的過程のための証拠を捏造さえするだろう。ダリとル・コルビュジエは、一九三〇年代のほぼ同時期にニューヨークを訪れた。前者は、彼が介入する前からそこがすでにPCM的な都市であったことを発見し、後者は自分の考える理想都市を正当化するために、マンハッタンの摩天楼はまだ小さいと中傷した（もっと高くすれば、敷地に余裕が生まれ、緑の領域が増える）。レムはこのふたりの偏執症患者を通じて、来るべきマンハッタニズムの可能性を過去から透視しようとした。もっとも、『錯乱のニューヨーク』において、この都市で起こったさまざまな事件をマンハッタニズムの証拠として強引に列挙するなど、レム自身が偏執症患者であることがうかがえる。［菊地］

*『錯乱のニューヨーク』三九一－四六六頁、五四二頁

53｜ポチョムキン街道（POTEMKIN CORRIDOR）

*『HARVARD PROJECT ON THE CITY, 1. GREAT LEAPFORWARD』七〇七－七〇八頁

一八世紀末にロシアの女帝が視察旅行をした際、大臣のポチョムキンの指示により、彼女の通り道に実際よりも大きく、美しい村を見せかけでつくったと伝えられる。これはアドルフ・ロースも紹介していたエピソードだが、毛沢東の「大躍進」政策のときも、魔法にかけられたように、彼の移動した跡に理想が実現したかのようなエリアが出現した。そして今日、差異をこじらせた都市群は、発展した街道によって繋がっており、最小限の物資を投入することで、最大限の領域をおおう効率的な状況をもたらしている。［吉川］

54｜マンハッタニズム

*『錯乱のニューヨーク』九－一二頁、三〇〇頁

二〇世紀の前半、（左翼的な）ヨーロッパのモダニズムとは異なり、資本主義経済のドライブが同時代のマンハッタンに新しい現実を生み出していたことを、当時の摩天楼の建築家の代弁者として、レム自身が掲げる回顧的なマニフェスト。ヴェンチューリが古典主義やラスベガスに着想を得て、ポストモダンの建築論を執筆したのに対し、レムはアメリカの近過去に遡及しながら、すでに存在していた反モダニズム的な論理を抽出した。経済効率や欲望を前提とした、あらゆるレベルでの「過密の創造」を基盤にしたメトロポリス的アーバニズムである。とりわけ、ロックフェラー・センターは、究極のマンハッタニズムを実現した完全な建築と賞賛された。内部と外部の分裂という建築的ロボトミー、上階と下階の垂直分裂によるロックフェラーは、高密度化された都市が自動的に建築を生産するイメージとして捉えられ、制御不能な資本主義の欲望のアイコンとして捉えられる。［植松］

55｜ミニマム

モダニズムの美学では、最小限のものを用いることで、建築を機能美へと近づけようとするが、レムはそれに対し、「ミニマムとは、究極の装飾、はなはだ独善的な犯罪、現代版バロックである。それは美の表れではなく、罪悪感の表れだ」と指摘。アドルフ・ロースの装飾は犯罪であるというテーゼをひっくり返す。レムによれば、

空港のような空虚な空間は広大なジャンクスペースを必要とし、ミニマムは崇高美に近づけるどころか、消費のやましさを軽減すること、不都合なことを水に流すことにすぎず、逆にレベルを落とす、と語る。[大橋]

*『OMA@work』(『a+u』二〇〇〇年五月号臨時増刊)三二頁

56 ゆっくり進め(GO-SLOW)

*『MUTATIONS』六八五頁

“GO-SLOW”、すなわち「ゆっくり進め」とは、ラゴスにおける道路の機能不全からもたらされる。つまり、慢性的な交通渋滞である。だが、啓蒙的な近代主義者になって、これを解決すべきだと言うのではない。むしろ、渋滞によって道路が異なる機能を獲得することに注目する。道路の上で商売が生まれ、マーケットが興り、経済活動で活気に満ちあふれる。そしてバス停、モスク、工場さえも、高速道路のまわりに出現するのだ。[吉川]

57 ユビキタス・ディスプレイ(Ubiquitous Display)

*『PROJECTS FOR PRADA PART 1』

プラダのエピセンターで提案されたIn Store IT(ショップ内の情報テクノロジー)のひとつ。床や壁に接触せずに天井から吊られたスクリーンであり、ハンガーでディスプレイされた洋服と同じように扱うことができる。スタッフの携帯端末、商品に着いたRFIDタグ、顧客カード、そして顧客データベースと連動しており、さまざまな局面で必要な情報を表示できる。ネットを経由した遠隔地からも操作でき、また店員が携帯端末から操作することもできる。またスクリーンセーバーとしてファッションショーが流れる。[堀口]

58 より多いことはいいことだ(More is More)

*『HARVARD PROJECT ON THE CITY, 1. GREAT LEAP FORWARD』七〇七頁

ミースの禁欲的なアフォリズム“Less is More”からヴェンチューリのアイロニカルな言葉“Less is Bore”を経由して、中国の珠江三角洲では“More is More”というべき状況が発生している。より少ないことは美しく、豊かであるというモダニズムの原理は通用しない。より多いことはいいことなのだ。毎年、五〇〇キロ四方もの都市の構築物が生産されている。すでに充足していても、どんどん増やし、詰め込むという新しい原理。[吉川]

59 ラゴス

レムが目をつけたことによって、それまで建築界ではほとんど話題にあがったことがない西アフリカの巨大都市ラゴスが一躍注目を集めた。むろん、西洋の近代的な都市計画手法にもとづく「都市」という概念に照らしあわせれば、インフラ、社会秩序、団体組織、そして生活設備が不十分であり、ここは失敗した都市

＊『MUTATIONS』六五二－六五三頁

である。ただの混乱に見えるかもしれない。だが、それにもかかわらず、ラゴスは見事に機能している。近代都市に必要な特徴のすべてが転化されている。ゆえに、われわれは都市の概念が変容したと考えるべきなのだ。ラゴスとは、従来の計画概念が失効した都市の代名詞なのである。ここではアフリカ流のやり方で、すでに近代化を遂げているのだ。いや、単にもうひとつの近代化というべきではない。レムは予言的な指摘を行う。ラゴスがわれわれに追いつきつつあるというのではない。むしろ、われわれがラゴスに追いつこうとしているのかもしれない、と。［吉川＋五十嵐］

60｜リプレイスケープ（Replascape™）

＊『PROJECT ON THE CITY II HARVARD DESIGN SCHOOL GUIDE TO SHOPPING』六一九頁

Replascape™とは、カリフォルニアの人工樹木製造会社Preserved Treescape International社の登録商標である。本物と合成物のハイブリッドとしての新しい自然。Replascape™をめぐり述べられるのは、テクノロジーにより増強された自然の複製品だ。オーセンティックな自然を模倣し、それに置き換えられる（リプレイス）商品化された自然である。施工、荷重、メンテナンス、消費者心理への働きかけなど、本物の自然を建築内外に配置するよりもはるかに効率的で効果的な結果が得られるという。モダニストが夢見た建築と自然との統合が実現可能。レムたちの定義では、植物にかぎらず、空気（酸素密度）、音響など、消費者の無意識に働きかけるトータルな環境要素も含意する。［堀口］

61｜六本木ヒルズ（Roppongi Hills）

＊『Content』五〇九頁

レムは、ル・コルビュジエのヴィジョンを焼き直した森ビルのアーバニズムに批判的である。六本木ヒルズに対して、彼は二〇世紀の建築で失敗とされたすべてを見事に再現したと述べ、その姿を「趣旨のない、ただ資力で遂行された高くそびえ建つ肥満」と切り捨てる。さらには「日本の長い眠りから抜け出そうとするなかで暫定的かつ混沌とした魅力的な都市がお金によってミイラ化された永遠のホラー屋敷である」と締めくくり、痛烈に叩く。［吉川］

Part.3
Data
2
Masaaki
Iwamoto
+
Shuma
Tei

コールハース／OMA／AMO主要著作解題

編・執筆＝岩元真明
執筆＝丁周磨

『錯乱のニューヨーク（Delirious New York: A Retroactive Manifesto for Manhattan）』
—
1978

コールハースにとっての原点であるのみならず、建築評論界においてもひとつの衝撃となった記念すべき著作。ニューヨークという理念不在のアーバニズムを定式化するために、元脚本家でもあるコールハースは都市の「ゴーストライター」となることを決意する。彼はマンハッタンで起きた数々の建築的事件をレトロアクティブ（遡及的）に読み解いていく。

モダニストの建築家たちにとって、アーバニズムとは交通、密度、衛生といった要素を制御することであった。しかしコールハースがマンハッタンに見出したのは、人間の欲望とテクノロジーが無限に蓄積し過密化していくという、コントロールを超えた自律的な成長過程である。コールハースはこれを「マンハッタニズム」と名づけ、モダニズムの対極として示した。これが、彼の発見した大都市のマニフェストであり、もうひとつの建築の近代である。

コールハースは、ル・コルビュジエとサルバドール・ダリというふたりのヨーロッパ人が同時期にニューヨークを訪れたことに注目する。ここでモダニストとシュルレアリストによる奇妙な寓話が繰り広げられる。彼らはそれぞれの理論をもってマンハッタニズムに挑戦するが、ル・コルビュジエのモダニズムはマンハッタニズムに呑み込まれ、ダリはマンハッタンがすでにシュルレアリスムを体現していることを見出してしまう。

これらふたりとは対照的に、マンハッタニズムに意志を委ねたマイナーな建築が本書では鍵を握る。近代建築史から抜け落ちたウォルドーフ・アストリア・ホテルやダウンタウン・アスレチック・クラブは、マンハッタニズムの理論構築の足がかりとなり、コールハースが「天才なき傑作」と呼んだロックフェラーセンターは、最大限の過密、プログラムの混交、建築内外の分裂、擬似的な世界を内包した、マンハッタニズムのハイライトとなる。

本の最後に収められているのは、「補遺——虚構としての結論」という名のプロジェクト集である。都市自身が生み出したはずのマンハッタニズムという理論は、いつのまにかコールハースの建築へと昇華する。［丁］

『錯乱のニューヨーク』から一七年を経て、コールハースは大著『S,M,L,XL』を発表する。カナダ人のデザイナー、ブルース・マウとの協働を通して生まれた約一四〇〇ページの分厚い本は一九七〇年代半ばから九〇年代半ばにかけてのコールハース／OMAの活動の集大成であり、外見のインパクトにふさわしい巨大な影響を建築界に与えた。

『S,M,L,XL』
—
1995

本書では、AAスクールにおけるコールハースの卒業設計（エクソダス）にはじまり、数々のプロジェクトのドローイングや模型写真、ミースやベルリンの壁に関する小論、ポストモダニズムに対する痛烈な批判、アトランタやシンガポールに関する都市論、コンセプトの生まれる瞬間を描いた日記の抜粋、日本滞在記、プロジェクトのしがらみを描いた漫画まで、形式も表現も雑多な大量のコンテンツがひしめき合う。コールハースは、これらのコンテンツを「スケール」にしたがって分類し、小さなものから大きなものへと、すなわち、S、M、L、XLの順に並べ変えた。機能や形態ではなくスケールで都市と建築を切断する方法は、モダニズムの機能主義とポストモダニズムの形態主義双方に対するカウンタープロポーザルと言えるだろう。

　本書で最重要のエッセイのひとつに、「ビッグネス、または大きいことの問題」が挙げられる。コールハースは、臨界点を超えたスケールの建築を「ビッグ

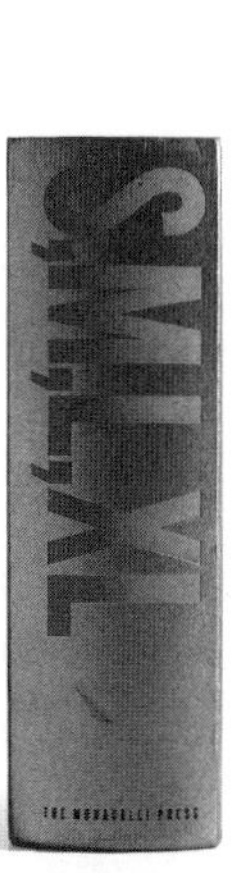

ネス」と名づけ、そこでは旧来の建築手法・美学・倫理観が成立しないことを明らかにした。ビッグネスはもはや都市の一部ではなく、都市と競合する存在となり、果ては都市を呑み込む。ビッグネスは都市と建築という区分を超越し、無秩序や拡散が支配的な現代において、あらゆる矛盾を包み込み、混濁の中で「全体」を再構築する可能性を孕む。グローバル経済が加速した一九九〇年代以降、コールハースはビッグネスの理論構築と実践に取り組み続けている。都市・建築に関するあらゆるコンテンツを呑み込んだ『S,M,L,XL』は、それ自体が混交と過密、近接と衝突という、ビッグネスの可能性を検証する実験と言えるだろう。［岩元］

『建築家の講義　レム・コールハース（Rem Koolhaas Conversations with Students）』——1996

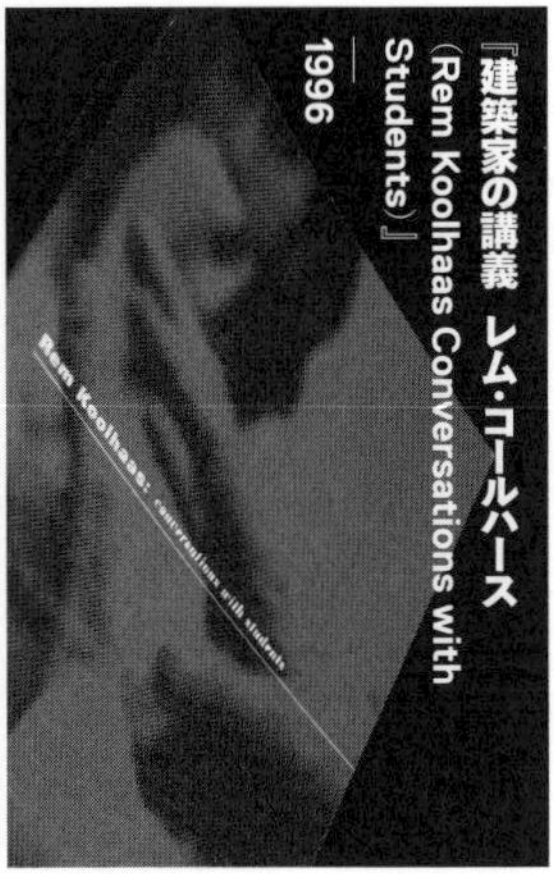

本書には、一九九一年一月にテキサス州ヒューストンのライス大学で行われたコールハースの講義と、それに続く学生との対話が収められている。『錯乱のニューヨーク』から『S,M,L,XL』の間の約二〇年間は、ジャック・リュカン編集による作品集（*OMA / Rem Koolhaas*, Princeton University Press, 1991.）があるものの、コールハースの言説をまとまって伝える書籍は数少ない。それゆえ、本書に収められた講義と、学生からの質問に応じて述べられたコールハースの言葉は、彼の思考過程を追跡するうえで興味深い。

　『錯乱のニューヨーク』で見出された問題が、いかにして建築の実践に移されたか。これが講義の中心的テーマである。初めて「過密」というテーマに実践的に取り組んだパリの《ラ・ヴィレット公園コンペ案》（一九八二年）から始まり、《ゼーブルグの海上ター

ミナル》、《フランス国立図書館》、《カールスルーエ・メディアテクノロジー・アートセンター(ZKM)》という一九八九年に取り組んだ三つのコンペ案が続けて紹介される。ヨーロッパにおけるこれらの大規模プロジェクトを通して、コールハースはフロア間の分裂症状やコアとファサードの乖離といった、かつてマンハッタンの摩天楼で見出された問題が世界的に波及していると語る。「巨大なスケール」にともなう諸問題は、一九九二年のEC経済圏の統合以来、ヨーロッパにも確実に影を落とし始めていた。

「建築は危険な職業である」という言葉から始まる講義は、終始若者たちを挑発するような調子を帯びている。後半の学生との対話において、コールハースは講義が行われたヒューストンにかぎらず、パリ郊外やアトランタ、東京やソウルなどの都市では同質性

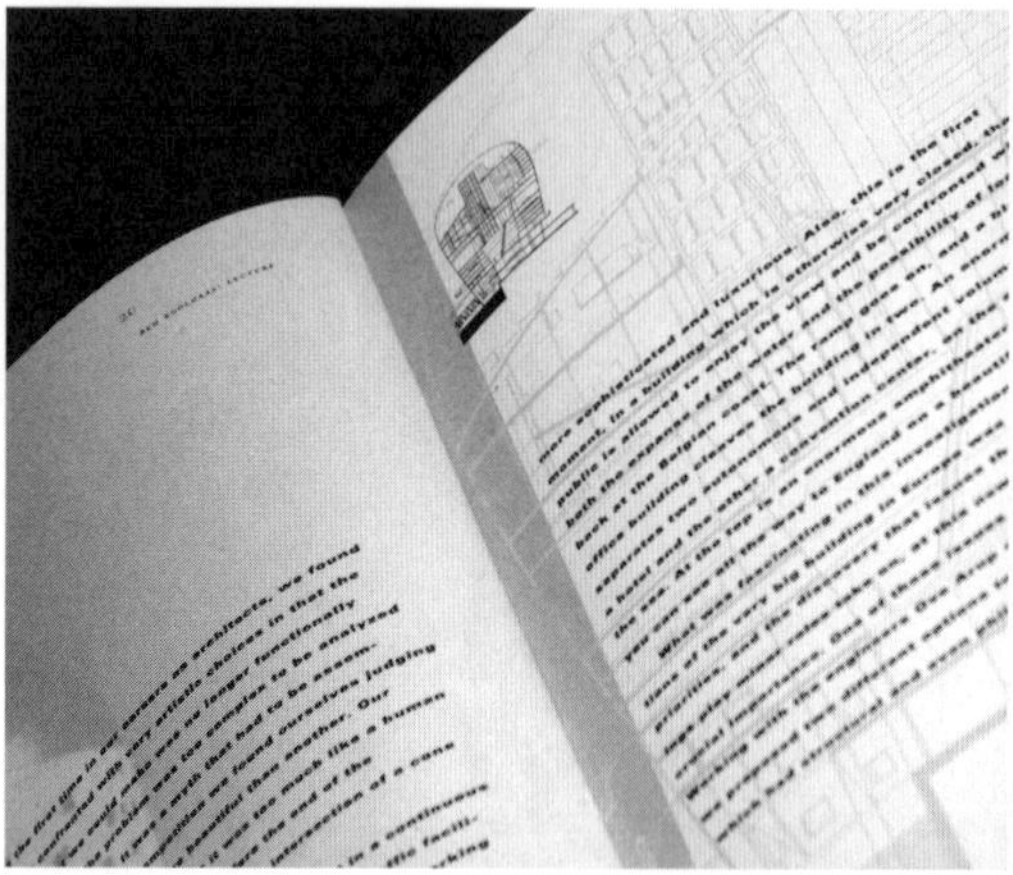

が見出されると指摘し、グローバル化した状況において建築家の役割がますます小さくなっていると断言する。モダニストたちが抱いたユートピアを捨て、われわれは今起きている変化を直視しなければならないのだ。ここで一端が示された新興都市における同質性の発見はのちに「ジェネリック・シティ」へと展開し、九〇年代以降のコールハースの理論と実践の重要なバックグラウンドとなった。楽観と悲観をともに排し、冷静に現代都市の状況を見つめることで、コールハースは「建築という危険な職業」の新しい可能性を模索するのである。[岩元]

『Living, Vivre, Leben』
1998

本書はOMAの住宅作品に焦点を当てた「Living」展にあわせて出版された作品集であり、一九八八年からの一〇年間に竣工した五つのプロジェクトがまとめられている(ロッテルダムの《パティオ・ヴィラ》、パリの《ダラヴァ邸》、ホールテンの《オランダの家》、フロアラックの《ボルドーの家》、福岡の《ネクサスワールド集合住宅》)。プロジェクトをひとつずつ順番に紹介するのではなく、五つの住宅の平面図・断面図・立面図を同一の縮尺で並べるレイアウトは、『S,M,L,XL』や『Guide to Shopping』でも利用される手法であり、スケールを

比較することに対するコールハースの執着を物語っている。

コールハースにとって、小規模の住宅はより大きなスケールの建築を設計するための実験場となる。《ダラヴァ邸》の箱形の構成や、《オランダの家》のフロアの「ズレ」、《ボルドーの家》におけるヴォイドとソリッドの対比などの方法は、後に大規模プロジェクトにも応用された。ここでは、『錯乱のニューヨーク』において、コニーアイランドがマンハッタンの孵化器となったことが思い起こされる。

本書収録のジャック・リュカンのエッセイは、

コールハースの思考の連続性のなかで《ボルドーの家》を解読することを試みている。洞窟のような地下、透明な中間階、重いコンクリートの箱が浮かぶ上階。このような対比的な空間の積層に、リュカンは『錯乱のニューヨーク』で描かれた摩天楼内部でのフロア間の分裂を重ね合わせている。異なったアクティビティとシナリオを並列化する手法は、《ZKM》や《コングレスポ》などの数多くの巨大建築で展開されたが、小規模の住宅もその例外ではないのだ。

　コールハースは巨大プロジェクトの建築家としてのイメージが強く、その壮大な理論に目がいきがちだ。しかし、本書に収められた住宅群からは、モノとしての建築にこだわる一面が垣間見える。インテリア・デザイナーのペトラ・ブレーゼや家具デザイナーのマールテン・ヴァン・セーヴェレン、構造家セシル・バルモンドとの協働を通して生まれた住宅は、コールハースの建築プロセスの縮図と言えるだろう。［岩元］

『Mutations』
2001

二〇〇一年に開催された「ミューテーションズ（Mutations : Cities on the move）」展のカタログ。現代のグローバリゼーションとアーバニズムというテーマのもと、コールハース率いるハーバード大学デザインスクール（GSD）の学生らによる都市リサーチなどがまとめられている。

　話はまず古代ローマから始まる。ローマ都市のインフラとモニュメントをカタログ化することで、同一システムによって各地に植民都市が建設された状況が示される。ローマ植民都市の世界的普及は、二〇〇〇年の歳月を超えて現代のグローバリゼーションによる都市の均質化と重なるのだ。これらふたつの時代に見出される、無限に拡大しアイデンティティを喪失した都市＝「ジェネリック・シティ」が、本書を貫く最大のテーマとなる。アメリカの都市と郊外、そしてショッピングに関するリサーチでは、資本主義とインフラの展開とともに都市がジェネリックになっていった過程が示されるが、今やヨーロッパもその潮流と無縁ではない。「ヨーロッパの不安定な状況」と題された報告では、歴史的都市とはほど遠い、郊外の平凡な風景が描写される。展覧会のカタログという性格上、単独で見ると現状報告となりかねないリサーチが、ジェネリックという概念によって新たな都市的・建築的価値観の提示としてまとめられている。

　コールハースは、ジェネリック・シティという「非歴史」のなかで生きることは冒険的である、と積極的に評価したうえで、その興味を中国の珠江デルタ地域やナイジェリアのラゴスへと向かわせる。たとえば珠江デルタの諸都市は、十数年の間に超高層で埋め尽くされ、またラゴスではあらゆる近代的インフラが不在のまま都市の流動性は増大しているという。これまでのアーバニズムの概念を跳ね除けてしまう都市の現代が、数十枚におよぶ美しいカラー写真から確かなリアリティをもって伝えられている。

　『Mutations』が出版された二〇〇一年以降、コールハース／OMA／AMOによる出版が急増する。本書は、同時期に進められた『Guide to Shopping』や『Great Leap Forward』の内容も多く含んでおり、

二〇〇〇年前後に行われたリサーチのダイジェスト版ともいえる。なお、全訳ではないが、東京での「ミューテーションズ」展に合わせて出版された日本語版も存在する。[丁]

一九九九年から現在に至るまで、コールハースはイタリアの老舗ファッション・ブランドであるプラダのプロジェクトに関わり続けている。家族経営からスタートしたプラダは一九九〇年代にグローバル企業へと変貌を遂げた。コールハースに与えられた課題は、この転身に形を与えることであった。本書に掲載されたプロジェクトはブランド・アイデンティティの構築から、店舗の展開戦略やIT戦略の提案、アメリカでの旗艦店の設計、什器のデザイン、広告グラフィックと幅広い。それらは、一九九八年に創設されたAMOというシンクタンクの存在なしでは不可能であった。OMA／AMOは一連のプラダのプロジェクトを通して、建築の領域を広げたと言えるだろう。
　本書はAMOによる徹底的なプラダの現状分析からはじまる。ミラノ本店の研究、既存店舗の平面とプログラムの研究、世界における店舗の分布に関する調査。これらのリサーチからコールハースらが導

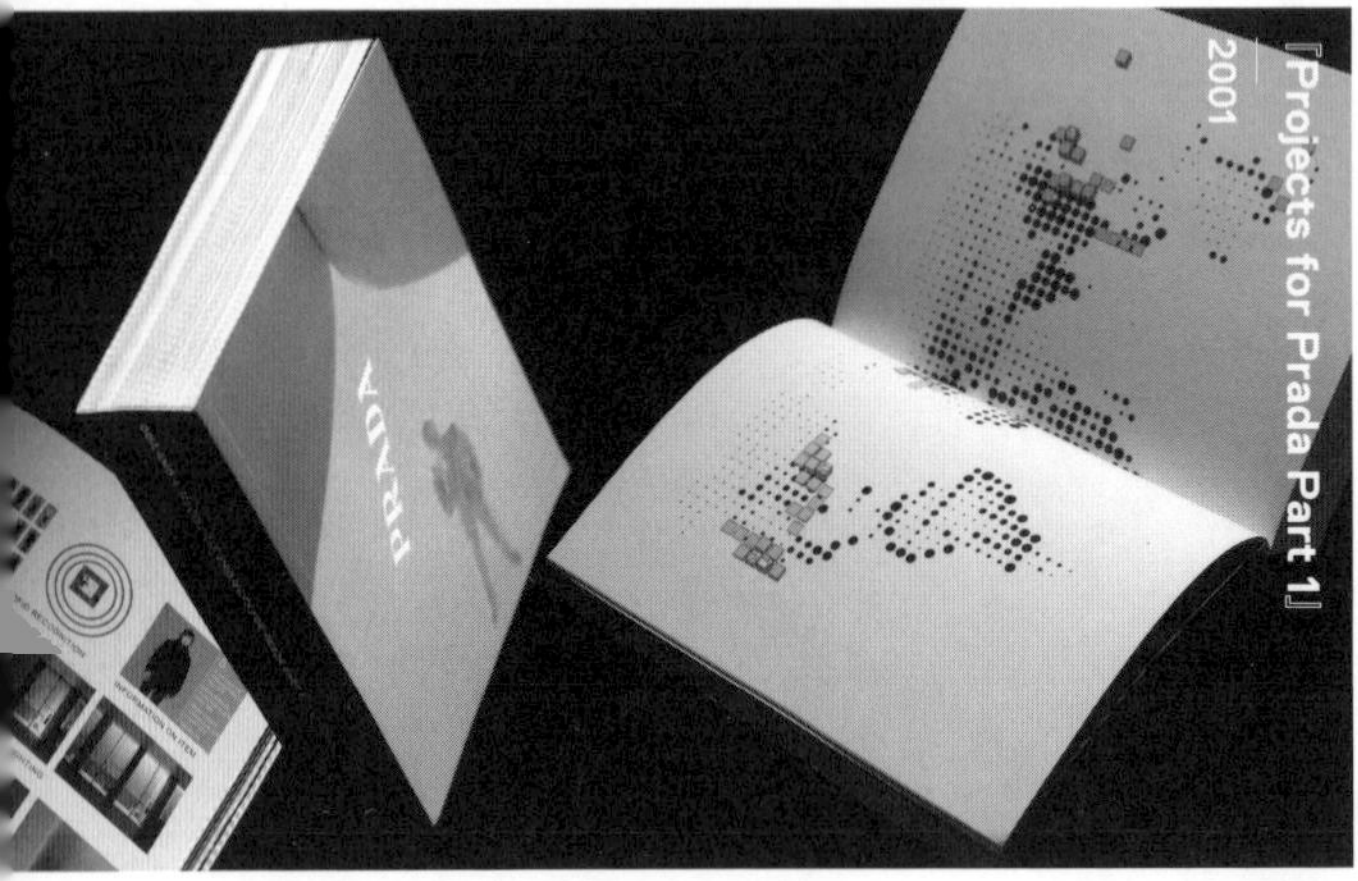

『Projects for Prada Part 1』
2001

き出した戦略は、「エピセンター」と呼ばれる特別な店舗をかぎられた都市（ミラノ、ニューヨーク、ロサンゼルス、サンフランシスコ、東京）で展開することであった。「ノン・コマーシャル」をコンセプトに掲げるエピセンターは、さまざまな文化活動の受け皿となる。商業的なストアが世界中で増殖するなか、非商業的なエピセンターはラグジュアリーブランドにつきまとう固定観念を払いのけ、アイデンティティの平板化を食い止める存在となるのだ。事業の拡大とアイデンティティの更新を両立させる図式的な店舗展開戦略は、あたかもOMAの都市計画――たとえば《ムラン・セナール新都市》の「ヴォイドの戦略」のようである。

　プラダ・プロジェクトはいまだに継続中である。二〇〇六年以来、AMOはファッション・ショーのキャットウォークを数多く設計している。各都市のエピセンターで開催された「ウェイスト・ダウン」展などの展覧会企画、韓国の仮設建築《プラダ・トランスフォーマー》（二〇〇九年）の設計、ルックブックの制

作などもOMA／AMOが担当しており、これらの仕事は二〇一〇年に出版された『プラダ』(ミウッチャ・プラダ他著)で報告された。また、プラダ財団アート・センターのプロジェクトの経過は『Unveiling The Prada Foundation』(2008)にまとめられている。[岩元]

『Harvard Design School Project on the City I: Great Leap Forward』 2001

一九九五年にハーバード大学デザインスクールに招かれたコールハースは、現代都市のリサーチをテーマとするスタジオ教育に着手した。本書は「プロジェクト・オン・ザ・シティ」と名づけられたリサーチ・シリーズの第一弾であり、中国珠江デルタで行われた一九九六–九七年のフィールド・ワークの成果をまとめたものである。

開放政策以降、香港の後背地である珠江デルタは人類史上未曾有の発展を遂げた。「Great Leap Forward(大躍進)」という書名は、毛沢東による大躍進政策と、現代の文字通りの大躍進を掛けたものである。皮肉なことに、現在の珠江デルタの成長を生み出した改革開放は、大躍進政策で疲弊した経済を立て直すために生まれた政府方針であった。タイトルが暗示するように、本書の関心は市場に開放された社会主義国家がどのような都市を生み出すかという点に集中している(芸が細かいことに、ページの縁取りは赤から白へグラデーションで移り変わっていく)。

コールハースは研究の成果として、「差異が激化する都市city of exacerbated difference(COED©)」と呼ぶべき都市状況を明らかにした。それは、あらゆる要素が競争者との差異をめざす、パニック状態のアーバニズムとして定義される。COED©ではあらかじめ定められた計画は形骸化し、まぐれあたりに期待する楽観主義が支配する。一方、そこでは細部のかすかな変化すらも全体の均衡に影響を及ぼす。このような計画不在の繊細さのなかに、コールハースは猛烈な変化に耐えうる都市の柔軟性を見出そうとしている。

COED©は、「ジェネリック・シティ」に向き合おうとする、コールハースのストラグルの第一歩と言えるだろう。それ以前の都市に関するコールハースの著作は、抽象的理論と個人的描写の域を超えていなかった。本書は、ハーバードの学生たちの存在なくしては不可能であった徹底的なリサーチを通して、都市に具体的に着手した方法上の転機を示している。なお、一九九六年に東京のTNプローブで開催されたシンポジウムの記録『アジアが都市を超える』には、本書の問題系を語ったコールハースのスピーチが掲載されている。[岩元]

コールハースとハーバード大学デザインスクールによるリサーチ・シリーズの第二弾。「ガイド」といいつつも、各リサーチが系統的に並べられているわけではなく、あたかも辞典のようにアルファベット順に収められている。

「ショッピングは、おそらく公共活動に残された最後の領域である」という言葉から本書は幕を開ける。近代のエリート主義的建築家たちはショッピングという行為を無視し続けてきた。一九七〇年代になるとヴェンチューリ夫妻のように大衆文化に目を向ける建築家も現れたが、その思想はポストモダニズムとしてひとり歩きし、結局はエリート主義に舞い戻った。コールハースはこのような歴史に対して、建築家たちは二〇世紀のアーバニズムへ貢献する機会を逃してしまったと厳しい指摘を入れる。一方、本書で頻繁に登場するのは、一九五〇年代にアメリカのショッピングモールを完成させたヴィクター・グルーエンや、現代のモールデザインのカリスマ、ジョン・ジャーディといった、近現代建築史から見れば亜流の人物たちである。彼らがショッピングへの理論・実践を通してアーバニズムへ積極的に介入してきたのに対し、消費文化を黙殺したモダニストは現実の都市をリアルに描写することができなかったのだ。そこで、コールハースはエアコンやエスカレーターといった建築がこれまで取り上げてこなかった話題を拾い集めることで、「ショッピング」というもうひとつの近代建築史を記述しようと試みたのである。

『Harvard Design School Project on the City II: The Harvard School Guide to Shopping』
—
2001

本書はさまざまな切り口からショッピングを繙く研究書であり、なかには、われわれ日本人にとって興味深い「Depato（デパート）」や「Tokyo Metabolism（トーキョー・メタボリズム）」といった項目もある。日本においてはデパートが大衆生活の近代化、西洋化を大きく牽引したというおなじみのストーリーだが、彼ら欧米人には驚きをもって受け入れられたのであろう。これはデパートという建築がショッピングを介してアーバニズムに大きく貢献しているという、本書にはもってこいの例と言えるかもしれない。[了]

プラダの広告から幕を開ける『Content』は、一九九六年から二〇〇四年までのコールハース／OMA／AMOの活動をまとめた著作である。重厚な『S,M,L,XL』に対して、「密度・安さ・使い捨て」をめざす本書は、広告収入を利用したおそらく初めての建築書であり、ヨーロッパではわずか九ユーロで販売された（ちなみに、広告主のほとんどはコールハースの関係者である）。

『Content』
—
2004

「『Content』は瞬間のプロダクトである……」。時代遅れになることをおそれず、当時の旬な話題を詰め込んだ本書はスローな建築に対する批判である。建設という年月を要するプロセスから解放されることで、「建築」はあらゆるものに対応可能な思考法へと還元される。本書には、プラダのコンサルティングやEUのアイデンティティのリサーチなど、直接は建物に結びつかないプロジェクトも多く掲載されているが、これらは建設のスローさやクライアントの思惑に囚われない、自由な思考を展開するシンクタンク・AMOの達成と言えるだろう。コールハースはチープな雑誌風につくりこまれた本書によって、スピード感あふれる「編集者」という新しい建築家像を提示した。

ヘルツォーク&ド・ムーロンとのコラボレーション、《カサ・ダ・ムジカ》や《CCTV（中国中央電視台）》などのプロジェクト、六本木ヒルズを批判するエッセイ、カリスマ主婦マーサ・スチュアートへのインタビューなど、本書も内容が盛りだくさんだが、その多くは「Go East（東へ）」という標語のもと、地理的近接性にしたがって並べられている。いわば、アメリカ西海岸から東京へと至る地球一周旅行である。『S,M,L,XL』におけるスケールにしたがった分類とは異なり、地理的分類は多分に政治的である。「Go East」は、ベルリンの壁の崩壊にはじまり、九・一一以降顕著となった現代社会の方向性とも言えるだろう。本書には当時アメリカ大統領だったブッシュへの批判や、ラゴス州知事へのインタビュー、都市計画と戦争犯罪の関係についてのエッセイなど、政治的なテクストも多数含まれる。

地理的配置を方法論とする『Content』において、「AMO ATLAS」というリサーチ・レポートは目玉企画と言えるだろう。GDP成長率にはじまり、米軍基地の数、マクドナルドの店舗数、宇宙飛行士の人数、超高層ビルの数など、多彩なデータを世界地図にマッピングすることで、現代における都市と建築の状況を明るみに出すアトラスは、コールハースの理論と実践の背景を描き出している。［岩元］

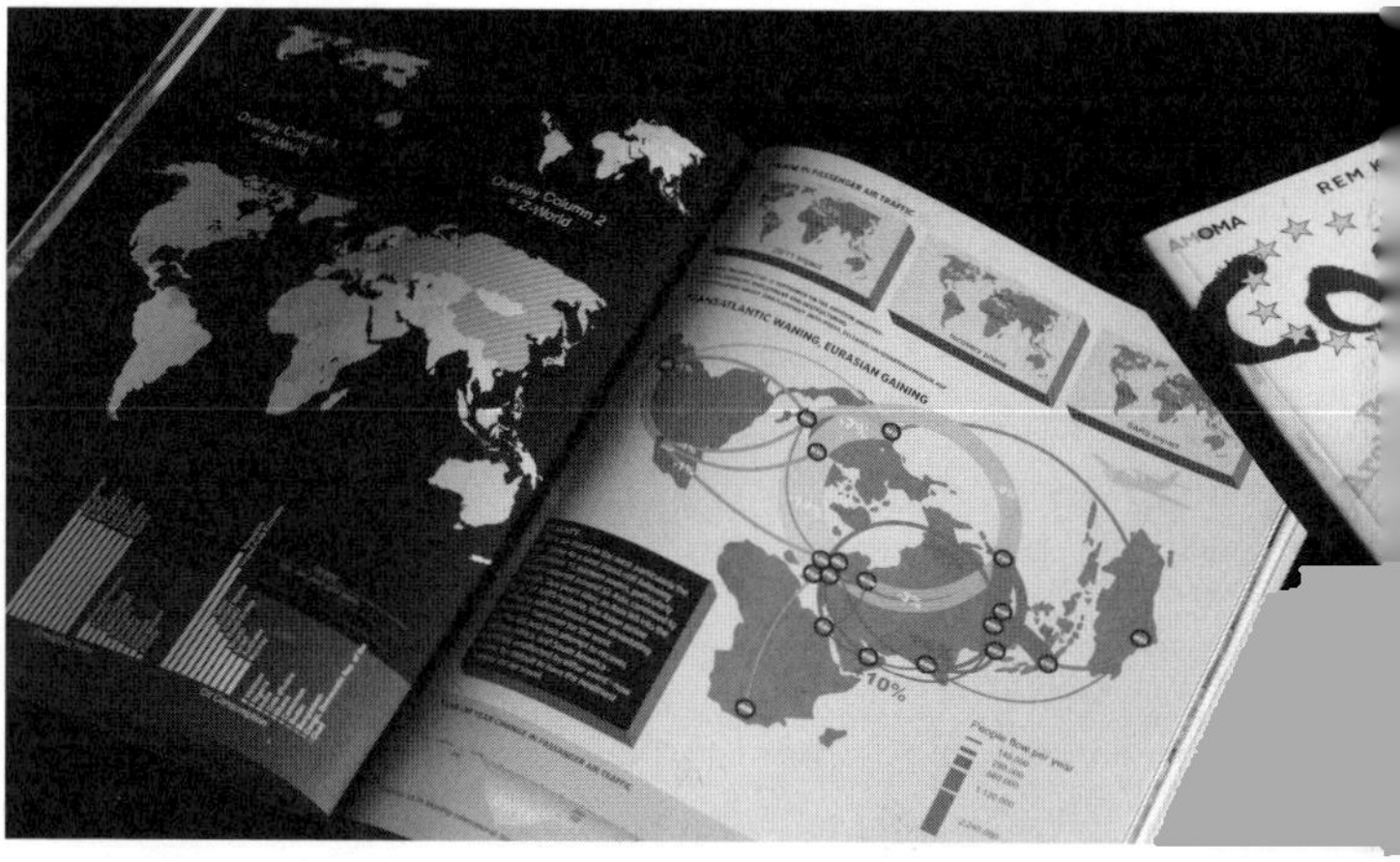

『Domus d'Autore: Post-Occupancy』
——2006

設計者以外のあらゆる観点から建築を描写することが本書の主題である。序文において、コールハースは建築家に対して広がりつつある社会の懐疑心を指摘する。現代の「スターアーキテクト」たちはクライアントやユーザーに無関心であり、倫理観と社会性を失い、注目はされるが重要視されない。コールハースはこのような状況への批判として、クライアントとユーザーに引き渡された後、すなわち「占有以後（post-occupancy）」の建築の描写を試みる。

本書では、二〇〇三年から二〇〇五年にかけて竣工した《在ベルリン・オランダ大使館》《シアトル公立図書館》《イリノイ工科大学マコーミック記念キャンパスセンター（MTCC）》、《カサ・ダ・ムジカ》の四つの建築の「占有以後」がさまざまな方法で表現される。新聞の切抜き、TV放映の記録、監視カメラの映像、インターネット上のチャットの記録、匿名性の高いブログ記事。これらは建築家のメディア操作を受けず、生々しい情報のまま提示される。例えば《MTCC》についての学生アンケート結果には次のような一文も含まれている。「僕はこの建物が好きじゃない……」

所収のテクストもまた、建築メディアへの批評を軸に展開する。《シアトル公立図書館》についての討論会では、クロード・パラン、ブルーノ・ラトゥール、H・U・オブリストらが、建築家のメディア操作の手法となった「建築写真」というメディアに批判を加えている。一方《カサ・ダ・ムジカ》に添えられたエッセイでは、哲学者ユベール・ダミッシュが写真を元に建築空間体験を描写する。多少毛色が違うのは、ベルリンに関するコールハース本人のエッセイだ。そこで彼は、ドイツ人建築家O・M・ウンガースを回想している。コールハースはウンガースのセミナーに所属し、コンペを協働したこともあった。都市の悲惨な歴史を与条件として受け入れつつ、メガロマニアックな構想を抱いたウンガースの繊細さと大胆さにコールハースは深く感銘を覚えたという。コールハースの修養時代を解き明かす小文である。

本書は、建築家に責任編集させるというコンセプトでイタリア『Domus』誌の特別号として出版された。コールハースは、建築メディア批判と最新プロジェクトの紹介を、伝統ある『Domus』という雑誌媒体を通して行うというアクロバットを成し遂げたのである。[岩元]

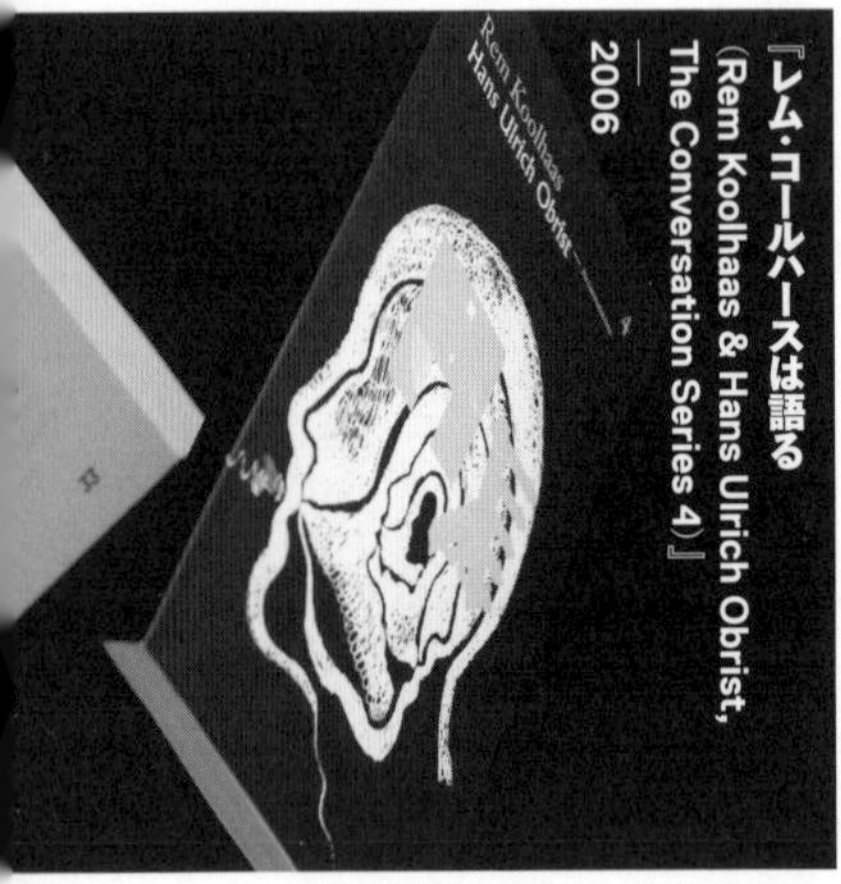

『レム・コールハースは語る
(Rem Koolhaas & Hans Ulrich Obrist, The Conversation Series 4)』
—
2006

互いに長い親交のあるコールハースと美術キュレーターのH・U・オブリストによる対談集。文字どおり世界を飛び回っているコールハースでしか得られない広範な見識や思考を堪能できる。

本書は中国、ヨーロッパ、都市間の問題、ソウル、ベルリンについての対談と続き、OMAの新作であるポルトのコンサートホール(《カサ・ダ・ムジカ》)についての対談で締めくくられる。コールハースの思考は、現代の抱えるさまざまなパラドクスを糾弾するのではなく、むしろそれを冷静に分析し、ありのままの姿で受容する。一般的には望ましくないような状況でも前提として受け入れ、そこから思考をスタートする柔軟さがあるのだ。それゆえ、彼の発言には意表をつかれることも多い。しばしば都市について語る彼が「建築と都市は同じ文脈では語れない」と言い切るのもひとつの例である。前者は人間による制御の試みであり、後者はその失敗の蓄積である、という説明には納得させられてしまう。

「今やあらゆる人間活動は資本に組み込まれてお

り、政治のみが最後の文化的領域である」。本書では、コールハースの政治的言動にも注目すべきであろう。例えば二〇〇一年、AMOはEU首脳らに招かれ、ヨーロッパのアイデンティティに関するリサーチを行っている。また、ベルリンでの都市計画やモニュメント建設に触れながら、政治におけるノスタルジーの危険性を指摘する発言も興味深い。彼は現在を記述することによってのみ、その先が見えると信じている。この姿勢は、二〇〇一年、ノスタルジーに縛られたワールド・トレード・センター跡地のコンペに参加せず、現代中国を象徴することになる《CCTV》に取り組んだという選択にはっきりと現れている。

コールハースはこれまで多くの文化人との対談を行ってきた。本書の翻訳者である瀧口範子による『行動主義』(TOTO出版、二〇〇四年)も対談とも言えるし、ヴェンチューリ(『Content』、『建築文化』二〇〇三年五月号)やクリストファー・アレグザンダー(『ARCH+』189号)との対談も発表されているので、そちらも参照されたい。[丁]

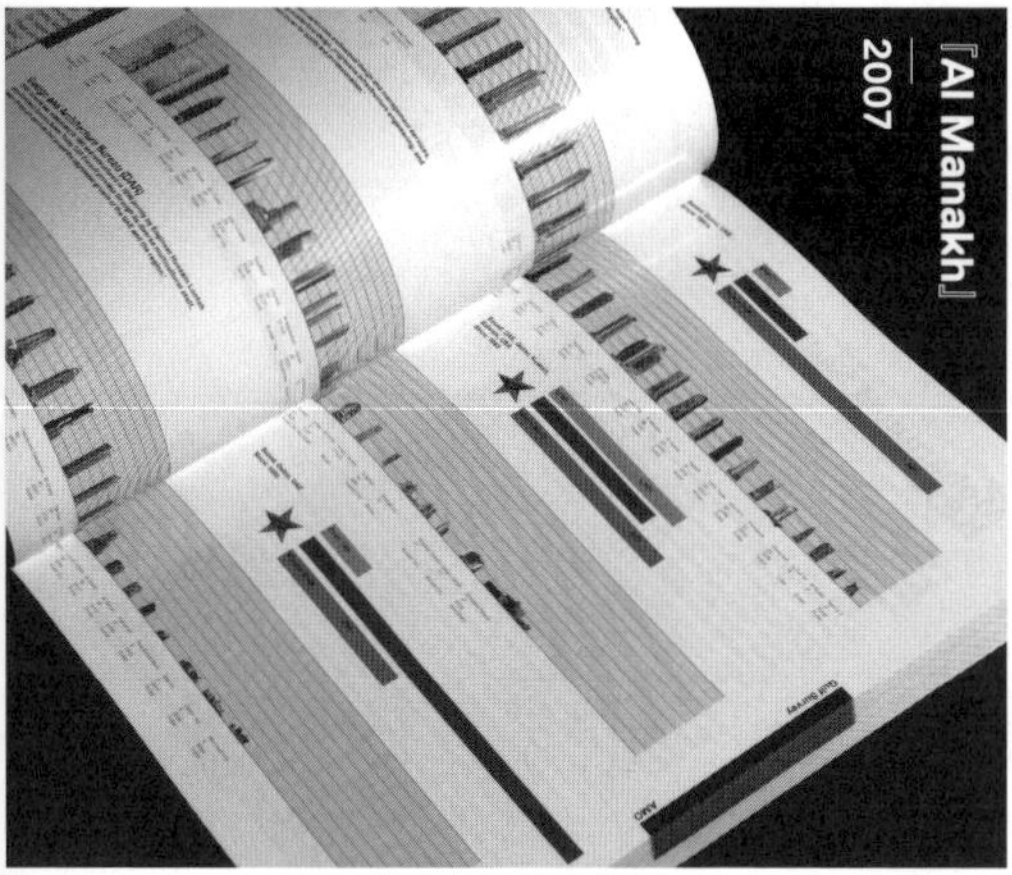

『Al Manakh』
2007

『Al Manakh』は二〇〇七年五月にドバイで開かれた国際デザイン・フォーラムに際して出版された。ドバイ政府に属するシンクタンクMoutamarat、オランダの建築系シンクタンクArchis、コールハース率いるAMOによる共著であり、湾岸諸国に関するリサーチを収録している。二〇一〇年には、同一チームによる『Al Manakh Gulf Continued』も刊行された。

砂漠の真ん中、あるいは海上という、コンテクストなき究極のタブラ・ラサ(白紙状態)。本書では、そこから生まれる湾岸諸国の都市が、アーバニズムの純粋形態を示すものであるという仮説が立てられる。ノー・コンテクストから立ち上がる高度資本主義の一夜城は、これまでの都市と建築の終焉であり、新しい始まりともなりうるのだ。

統計データやフィールド・ワークにもとづくAMOの広範なリサーチは、旧来の都市概念から大きく逸脱した湾岸諸国の都市の様相を描き出す。人口の八〇パーセントは外国人労働者が占め、都市はディベロッパーの開発のパッチワークとなり、建築の機能性と効率性が後退する一方で、アイコン性はこれまでになく重要なものとなる。総計二五〇以上、総面積二六万ヘクタールにもおよぶ開発リストは目も眩むばかりだ。湾岸諸国の開発とマンハッタンなどの既存都市を同一の縮尺で並べて比較することで、その途方もないスケールが明るみに出される。

AMOは開発をただ眺めるだけではなく、現地のディベロッパーや建築家に対するインタビューやリサーチを通して、その内部論理に迫ろうと模索する。とくに、ドバイにおけるモダニズムの先駆者ジョン・

ハリスに関するテクストがおもしろい。一九五〇年代、オイル発見以前にドバイに渡った英国人ジョン・ハリスは、病院や銀行の設計から都市のマスター・プランの制定まで、ドバイの近代化に決定的な影響を与えたという。当時のドバイでは、計画はヴィジョンではなく、近代化の要請であった。コールハースは、グローバリゼーションの打ち上げ花火のような湾岸諸国の現代建築よりも、実用的で匿名性の強い、当時のモダニズム建築に共感を寄せている。マンハッタンのモダニストたちに始まり、アトランタのジョン・ポートマン、ショッピングモールを生んだヴィクター・グルーエン、そして今度はドバイのジョン・ハリス。忘れ去られたモダニストたちによる都市創造は、次々と現代的文脈の中でよみがえる。「都市のゴーストライター」としてのコールハースは、ここでも健在である。[岩元]

「建築を変えた最後の運動、メタボリズムの歴史を、ほとんど教科書的に再構築するのが『プロジェクト・ジャパン』である」。本書では、コールハースとオブリストによるメタボリズムの中心人物へのインタビューを収めた九つの章と、メタボリズムの歴史をトピックごとにまとめた九つの章が交互に配置されている。読者はインタビューという現在と歴史記述という過去の間を往復しながら、メタボリストたちが織りなす群像劇のただなかに投げ込まれる。

インタビューでは、メタボリズムのメンバーであった菊竹清訓、川添登、槇文彦、黒川紀章、栄久庵憲司の五名に加え、彼らに近い存在であった磯崎新、メタボリストを支えた官僚・下河辺淳、丹下建三の遺族である加藤敏子、丹下孝子、丹下憲孝の一〇名が登場する。メタボリストたちの肉声は驚きの連続である。たとえば、菊竹は土地を奪われた地主の憤りから海上都市、空中都市へと向かったと吐露し、川添はメタボリズムという言葉がマルキシズムに発するものであったと振り返る。そして、コールハースが不在の中心と呼ぶ丹下建三の姿はメタボリストや遺族の証言から再構築され、この運動を世に送り出した生みの親であることが明らかにされる。一方、メタボリストたちの育ての親として描かれるのが、最後のインタビュイーである下河辺である。丹下研出身で建設省などで重職を歴任した下河辺は、丹下やメタボリストたちを影から支えた。発言はのらりくらりとしているが、官僚である彼は本書の重要な登場人物である。なぜなら、コールハースはメタボリズムという運動を政財界と建築家が一丸となって築きあげた前代未聞の国家形成計画——「プロジェクト・ジャパン」——として描き出そうとしているからである。

『プロジェクト・ジャパン　メタボリズムは語る…(Project Japan: Metabolism talks…)』
——2011

歴史記述のパートは、新聞や週刊誌からの切り抜きやチャーリー・コールハースが撮り下ろしたメタボリズム建築の現在など、豊富な図版とともに描かれる。とくに興味深いのは、関東大震災後の東京、広大無辺な満州国、戦後の焦土という三つのタブラ・ラサがメタボリズムの前史として描かれていることである。戦後の焼けただれた国土を見た丹下は、白い紙の上に新しい都市を描くという夢を抱いたが、現実には、焦土の背後には複雑な土地所有がいびつに残されていた。このような土地へのトラウマこそが、メタボリズムの原動力であったと本書では結論される。後記に掲げられた東日本大震災の被災地を見つめる伊東豊雄の写真は、冒頭で示された関東大震災直後の東京の姿と重なる。図らずも三・一一直後に出版された本書には、日本の復興へのヒントが秘められているのかもしれない。［岩元］

「ジェネリック・シティ（The Generic City）」
1994
「ジャンクスペース（Junkspace）」
2000

「ジェネリック・シティ」と「ジャンクスペース」は、一九九〇年代以降のコールハースの著作に繰り返し登場するエッセイである。両者は、グローバル経済の生み出した都市と建築に関する、価値判断抜きの冷静な分析と描写である。

九〇年代半ばに発表された「ジェネリック・シティ」において、コールハースは二〇世紀の新興都市に共通する特徴としてジェネリック（無印）を見出した。ジェネリック・シティは中心と周辺という関係を持たない無限に広がる都市であり、ヨーロッパの多くの都市と異なり歴史から自由であり、人口の多くを非定住者が占めるため不安定である。そこでは計画が成り立たず、機能されなくなったものはすぐに更新される。ジェネリック・シティはすべての雑多な差異をのみこみ、それでいてアイデンティティを持たない無個性な都市である。コールハースは、新興都市の特徴をジャーナリスティックに描写することで、現代において歴史的都市という理想にとらわれることの不毛さと、近代都市計画理論の失効を明らかにした。

「ジェネリック・シティ」において都市に見出した特徴は、約五年後、「ジャンクスペース」で空間論へと展開される。「近代化の生産した建造物は、近代建築ではなくジャンクスペースである」。コールハースは、ショッピングモールや空港など、資本主義の論理が物象化した空間をジャンクスペースと呼ぶ。書割りのような店舗の連続、方向感覚を狂わせる仕掛け。エアコンが生み出した切れ目のない空間では、いつでもどこかが改修中である。ジェネリック・シティ同様、ジャンクスペースには無限の拡張性・非歴史性・一時性・更新可能性が見出される。

ふたつのテクストで記述される都市／空間は、善悪を超えた現実である。コールハースは、スタイルへと回収されたモダニズムを批判し続ける一方、自身の仕事を一八世紀以来の近代化という流れの一部として位置づけている。彼がジェネリック・シティとジャンクスペースに目を向けるのは、それらが紛れもなく近代化の産物であり、現代都市空間を実質的に覆っている存在だからである。

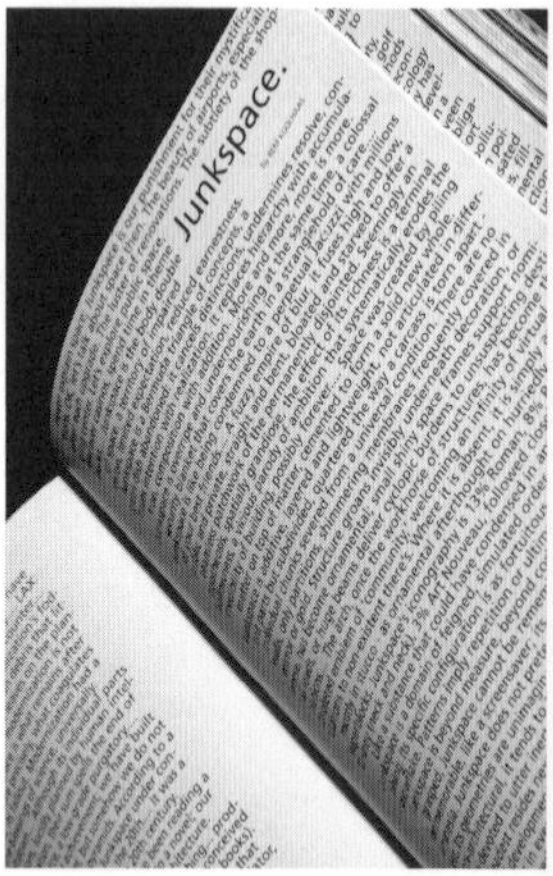

「ジェネリック・シティ」は『S,M,L,XL』(1995)に収録され、建築家のみならず、思想界にも影響を与えた。『レム・コールハースのジェネリック・シティ(無印都市)』(一九九五年)と『建築文化』一九九五年一月号ではその一部が邦訳されている。「ジャンクスペース」は『Guide to Shopping』(二〇〇一)、『Content』(二〇〇四)などに収録されており、『a+u』二〇〇〇年五月号で邦訳を読むことができる。[岩元]

本書はスペインの建築雑誌で、充実した図面や写真、大判でハードカバーという豪華な装丁で知られる。いわゆる全集の存在しないコールハース／OMAの建築を伝える、最も充実した作品録である。

　全四回の特集が組まれているが、それぞれの見所をざっと紹介しよう。最初の特集号(五六号)は一九九二年、『S,M,L,XL』の出版前である。作品は初期の住宅から一九九二年の《クンストハル》、そして当時進行中だった《コングレスポ》(フランス、リールの会議場)などが収められ、冒頭のインタビューはコールハースが事務所を立ち上げたころの経験が話題の中心だ。ビッグネスやスケールの問題といった以後重要となるキーワードはすでに現れているが、このときまでに実際に完成したプロジェクトはほとんどが住宅である。

　『S,M,L,XL』(一九九五)の出版をはさんで一九九六年に組まれた二回目の特集号では、完成した《コングレスポ》が冒頭を飾り、後半はソウルの《インチョン空港》、《ハーグの地下鉄駅》など、XLサイズの都市計画案が占める。彼らの手がけるプロジェクトの質が徐々に変わっていったことが伺えるだろう。

『El Croquis』
1992, 1996, 2006, 2007

　二〇〇六年の三回目の特集(No.131-132)。冒頭のテクストでは、『錯乱のニューヨーク』で提示されたコンセプトが、初期のプロジェクトや近作でどのように展開されたかが分析されている。紹介される作品は北京の《CCTV》をはじめとした巨大プロジェクトのオンパレードである。マンハッタンの摩天楼に始まる彼の思考の展開と、それとともに急成長を遂げたOMAの活動に読者は驚かされるだろう。

　最新の特集号(一三四－一三五号)でも巨大プロジェクトが目白押しだが、最後に収録されているコールハースと建築評論家ビアトリス・コロミーナとの対談も興味深い。ここでは最初の号であまり語られなかった、コールハースが建築を志す以前のエピソードに話が及ぶ。例えば、ジャーナリストから小説家に転向した父親の逸話や、その影響を受けてか、ジャーナリストとしてフェリーニやル・コルビュジエにインタビューをした彼自身の経験談などが語られる。

コールハースが自分のバックグラウンドをくわしく語るインタビューは珍しい。［丁］

OMAの系譜図

Part.3
Data
3
Taro igarashi
Laboratory

制作＝東北大学・五十嵐太郎研究室
菊地尊也｜塩田一弥｜根本周｜椚座基道｜出原日向子
構成＝中野豪雄

凡例

・組織名は英語、人物名は日本語、著名人は太字で表記した。

・■＝2回以上プロジェクトに関わっている者　□＝元OMAだが別の事務所を設立しプロジェクトに関わった者　◇＝プロジェクト時はOMAではなかったがその後OMAに加入した者

・「OMA・AMO」エリアにおける人名の配置は、原則としてに入所年に準じ、括弧内に独立後の事務所名と独立した年を付記した。
「建築プロジェクトで協働」と「建築外プロジェクトで協働」エリアにおける人名の配置は原則として関わりはじめた年のプロジェクト（建築、展覧会、書籍）のみを記載した。

特に高頻度でプロジェクトに関わっている者は文字サイズを大きくした。また、複数の重要なプロジェクトに参加している著名人については、一部重複を許して配置した。

	OMA・AMO出身者｜現パートナー	建築プロジェクトで協働	建築外プロジェクトで協働
1965 ↓			1,2,3,Group ヤン・デ・ボン　レネ・ダルダー フラン・プロメット ——1,2,3 RHAPSODY
1971 ↓		Dr.Caligari Cabinet of Metropolitan Architecture ■エリア・ゼンゲリス（AA School） ■ゾエ・ゼンゲリス ■マデロン・フリーセンドルフ ——EXODUS OR THE VOLUNTARYPRISONERS OF ARCHITECTURE	
↓ 1972		■O・M・ウンガース（コーネル大学） ——Rüsselsheim	
↓ 1974			■ピーター・アイゼンマン（IAUS） ——『Oppositions』
1975	**OMA設立**		
1976	■キース・クリスチャンセ（KCAP, 1989） ■ローリンダ・スピア（Arquitectonica, 1977） ■ベルナルド・フォード・ブレッシャー（Arquitectonica, 1977）		
↓ 1977	□**ザハ・ハディド**（Zaha Hadid Architect, 1980）		
↓ 1980	■クラース・キングマ（Kingma Roorda Architecten, 1989）		パオロ・ポルトゲージ ——VENEZIA BIENNALE 1980
1981	■ウィリアム・ヤン・ノイトリング（Neutelings Riedijk Architects, 1987） ■ウルド・オルダ（Kingma Roorda Architecten, 1989）	■ハンス・コルホフ ——CHECKPOINT CHARLIE APARTMENTS	
1982	■アレックス・ウォール（urbanmatters, 2006）	■チール・ファン・デル・ステル　■**ハンス・ウェルレマン** ——PARC DE LAVILLETTE	ヘリット・オールタイス ——『Ivan Leonidov』

1983

□ザベイル・デ・ヘイテル (XDGA, 1990)

1984

■マイク・ゴヤー (Gigon & Guyer, 1989)
■マティアス・ザウアーブルフ (Sauerbruch Hutton, 1989)

1985

■セシル・バルモンド (Ove Arup & Partners)
■ペトラ・ブレーゼ (Inside Outside)
——MORGAN BANK

1986

■クリスチャン・ラップ (Rapp+Rapp, 1999)

■イヴ・ブリュニエ
■ABT (Adviesbureau voor Bouwtechniek bv)
——CHECKPOINT CHARLIE APARTMENTS

■アート・ザイアー
——UITHOF

1987

■イヴ・ボリー
——VILLE NOUVELLE MELUN SENART

カール・ヴィニエ
——NETHERLAND DANCE THEATRE

1988

■星野文則 (Hoshino Architecture In., 1997)
■上原雄史 (zerodegree architecture, 2000)
■マールテ・ラマース (24H, 2001)

■ジャン・ヌーヴェル
ジャン=マリー・デュティルール
クロード・バスコーニ
■クリスチャン・ド・ポルザンパルク
フランソワ&マリー・デレ
篠原一男
——EURALILLE

■フランス・パーティシエス
■ヴィンセント・デ・ライク
■ロン・シュタイナー
——NETHERLANDS ARCHITECTURE INSTITUTE

■フランク・O・ゲーリー
■ピーター・アイゼンマン
ザハ・ハディド
コープ・ヒンメルブラウ
■ダニエル・リベスキンド
■ベルナール・チュミ
フィリップ・ジョンソン
——「Deconstructivism」展

■ドナルド・ファン・ダンシク
■Kappers Trimensi
■コア・ファン・デル・ハウト
——「OMA 1972-1988」展

OMA・AMO出身者｜現パートナー

1989
■エドゥアルド・アロヨ (NO.MAD, 1989)
■クリストフ・コーヌバート (PUSH, 1999)
■J・W・ファン・クレインバーグ (Monolab, 1999)
■リンツ・ダイクストラ (MAXWAN, 1993)
■フローレス・オークメイド (FAA, 2009)

1990
■ヴィニー・マース (MVRDV, 1993)
■ヤコブ・ファン・ライス (MVRDV, 1993)
■グロ・ボーネスモー (SPACE GROUP, 1999)
■サラ・ホワイティング (WW ARCHITECTURE, 1999)

1991
□アレハンドロ・ザエラ=ポロ (FOA, 1992)
■ファーシッド・ムサヴィ (FOA, 1992)
■ポール・JJ・ファン・デル・フォールト
(DaF-architecten, 1996)

建築プロジェクトで協働

1989
■Hectic Pictures
■ジェニファー・シグラー

1990
■クラウディ・コーナス

1991
石山修武
オスカー・トゥスケ
■クリスチャン・ド・ポルザンパルク
スティーブン・ホール
マーク・マック

■磯崎新

建築外プロジェクトで協働

1989
■ヘルマン・ヘーレ
リュック・リユーズ
エリック・ファン・ダーレ
ラーモン・クライン
——「THE FIRST DECADE」展

1990
■シエル・ファン・デル・シュテルト
■ヘト・パレイス・ヴァン・ブーム
ハード・ヴェルケン
——「OMA: Fin de siecle」展

■ジョス・ストープマン
——「OMA: Recent Work」展

■パトリス・グレ
——「Lille」「6projets」

アンセル・キーファー
イッセイミヤケ
ウォルター・デ・マリア
エットーレ・ソットサス
ゲイリー・ヒル
ジェニー・ホルツァー
ジェフ・クーンズ
シグマー・ポルケ
シンディー・シャーマン
フランク・ステラ
ブルース・ナウマン
ペーター・ストライケン
ルチーアノ・ファブロ
ロバート・ウィルソン
ロブ・ショルテ
ウィム・ベーレン
——「Energieen」展

ジャン=ルイス・コーエン
■ジャック・リュカン
デビッド・ブロック
■ユベール・ダミッシュ
——「OMA / Rem Koolhaas」:Architecture 1970-1990

1991
浅田彰
アレハンドロ・ザエラ=ポロ

——NEXUS WORLD HOUSING

■ De Weger
——IJ-OEVER

■ ヘルツォーク&ド・ムーロン

■ アンソニー・ヴィドラー
■ シンシア・デイヴィッドソン
イグナシ・デ・ソラ=モラレス・ルビオー
ウィリアム・ギブソン　ジョン・ライクマン
ジャック・デリダ　ダニエル・リベスキンド
ジル・ドゥルーズ　■ ピーター・アイゼンマン
ベルナール・チュミ
フレドリック・ジェイムソン
——ANY Conference

1992

■ ゲイリー・ベイツ (SPACE GROUP, 1999)
■ フロア・アーロン (Arons en Gelauff architects, 1996)
■ ジュリエット・ベッケリング
(Bekkering Adams Architects, 2005)

■ ローリー・マクゴーワン　■ ジャン・アタリ
——JUSSIEU - TWO LIBRARIES

■ グンター・フォン
——KUNSTHAL

オバー・メイヤール
——ZKM

■ テレンス・ライリー
——「Public Architecture」展

1993

■ ジーン・ギャング (Studio Gang Architects, 1997)

■ ヨープ・ファン・リースハウト
——STEDELIJK MUSEUM

1994

OMAアジア設立
■ アーロン・タン (RAD, 2001)
■ ロン・ウィット (WW ARCHITECTURE, 1999)
■ アンドレア・ボスチェッティ (Metrogramma, 1998)

■ マールテン・ファン・セーヴェレン
——GENT FORUM

Richard Gluckman Architects
■ Ove Arup & Partners
——TATE MODERN

■ 2×4

グロ・ボーネスモー
アーウィン・オラフ
——「Super and Popular」展

■ ロバート・ヤン・ファン・サンテン
■ dUCKS Scéno
■ ミシェル・コバ
■ レンツ・ファン・ルクセンブルフ
FM Delhay
——CONGREXPO

シンシア・デイヴィッドソン
ニーナ・ホーファー
鈴木明　マイケル・スピークス
アンソニー・ヴィドラー　チャールズ・ジェンクス
■ ロバート・E・ソモル　■ サンフォード・クインター
ジョナサン・クレーリー　■ マイケル・ロック
——『Any9: Urbanism and Architecture』

1995

■ オレ・シェーレン (Buro Ole Scheeren, 2010)
■ フェルナンド・ロメロ (FR-EE, 2010)
■ クリストス・マルコポロス (Studio n-1, 2000)

■ WEST8
——DUTCH HOUSE

■ Samoo Architects & Engineers
——H-PROJECT

■ Sulzer GmbH
——AIRPORT 2000

■ ブルース・マウ
ジェニファー・シグラー
——『S,M,L,XL』

荒木経惟
◇ 太田佳代子
貝島桃代
■ ディヴィッド・ディヒーリ
——『ジェネリック・シティ』

	OMA・AMO出身者｜現パートナー	建築プロジェクトで協働	建築外プロジェクトで協働
1996	■レニエ・デ・グラーフ □ジョシュア・プリンス・ラムス (REX, 2006) ■マティアス・ホールウィッシュ (HWKN, 2006) ■パトリック・O・デ・ローウィーア (Eijkingdelouwere, 2004) ■ポール・ナカザワ (Nakazawa Consultants, 1993) ■チョウ・ミンスク (Mass studies, 2003) ■キム・ヨン・ジュン (YO2 Architects, 1998) ■フィリップ・オズワルト (Philipp Oswalt Architects, 1998)	■ハウス&ロバートソン ■フランチェスコ・グネッキ・ルスコーニ Universal ——UNIVERSAL HEADQUARTERS ◇ダン・ウッド ——LUXOR THEATRE	パナソピット・メクヴィチャイ ヒジャス・ビン・カストゥーリ ■黒川紀章 リュー・タイカー チュア・テイク・ヒム 趙民 ■デイヴィッド・ディヒーリ 林章 ■ジェフリー・キプニス ■槇文彦 ——『アジアが都市を超える』
1997	■ジュリアン・デ・スメド (JDS, 2006) ■フェルナンド・ロメロ (LAR, 1999) ■ガリア・ソロモノフ (SAS, 2004)	■ヨープ・ファン・リースハウト ——EDUCATORIUM ■ビル・プリンス ——MoMA CHARETTE ■IWACO ——HANOI NEW TOWN MASTERPLAN	
1998	■重松象平 ■エレン・ファン・ルーン ■ビャルケ・インゲルス (BIG, 2005) ■ケイト・オルフ (SCAPE, 2004) ■オルガ・アレクサコバ (Buromoscow, 2004)	バーベル・カーン エバート・ファン・デル・ジー ——HAUS UM DIE SCHENKUNG ■フランク・O・ゲーリー ■ジャン・ヌーヴェル ——MERCEDES OFFICE VILLAGE	
1999	■マーカス・シェーファー (HOSOYA SCHAEFER ARCHITECTS, 2003) ■エレズ・エッラ (HQ architects, 2008) ■ダン・ウッド (Work Architecture Company/WORKac, 2003) ■ステファン・ペンディ (A12NU Foundation, 2008) ■アンドレアス・フーン (Buroberlin, 2007)	■ヘルツォーク&ド・ムーロン ——ASTOR PLACE HOTEL ■UAPS ——HAVAS SIEGE SOCIALE	■ホウ・ハンリュ ■ハンス・ウルリッヒ・オブリスト ——「CITIES ON THE MOVE」展
2000	AMO設立 ■ジェフリー・イナバ (INABA, 2004) ■ヨアン・デ・ヴァファター (JDWA, 2003) ■ユミコヤマダ (SANAA) ■エリック・チャン (Buro Ole Scheeren, 2010) ■ヒラリー・サンプル (MOS, 2003) ■ラパス・マーティン・ロドリゲス (fundc, 2002)	■Brand+Allen Architects ■Panelite PRADA ——PRADA SAN FRANCISCO ■Bruce LaFleur & Associates ltd. ——THE DISTRIBUTED HOUSE ■ブルース・マウ ——DOWNSVIEW PARK ■Snellen Meulemans van Schaik ■Royal Haskoning BV ——BREDA CARRÉ BUILDING	

2001

■イヤード・アルサカ
■白井宏昌 (H2R architects, 2010)
■ハンター・トゥーラ (Bruce Mau Design, 2010)
■フェルナンド・ドニス (DONIS, 2008)

■Stubbins Associates
——HERMITAGE GUGGENHEIM

■Kugler Tillotson Associates
ARO
——PRADA NEW YORK

■伊東豊雄
——UN CITY

■ヤコブソン, Shinoda & Middleton Architects
■ガイ・ノーデンソン
——LEHMANN MAUPIN GALLERY

■Dorsser Blessgraaf
——FONDATION PINAULT

■DBB
——WHITNEY MUSEUM EXTENSION

■サンフォード・クインター
ステファノ・ボエリ
ハンス・ウルリッヒ・オブリスト
アトリエ・ワン
アルバート・フェレ
ナディア・タジ
フランシス・フォート
ミシェル・ジャック
ラモン・プラット
——「Mutations」展

■アントネッラ・ソルダイーニ
■ジェンス・ホマート
■ステファニア・アルカリ
マイケル・クドウ
——「Projects for Prada: Part 1」

Claus & Kaan
DS Landschapsarchitecten
ウィリアム・オルソップ
フリッツ・ファン・ドンゲン
ベンサム・クロウェル
妹島和世
——「Dutchtown: A City Center Design」

アレサンドロ・メンディーニ
ノーマン・フォスター
——「Colours」

2002

■ナン・デ・ル (Powerhouse Company, 2005)
■太田佳代子
■テオ・ドイティンガー (TD architects, 2007)

■ECADI
■クリス・キャロル
■ゴーマン・ホー
■アレクシス・リー
■スチュアート・スミス
——CCTV – TELEVISION CULTURAL CENTRE

■クレイグ・ギボンズ
■マイケル・クォック
■マーク・シモンズ (Front)
CCTV
——CCTV – HEADQUARTERS

■馬清運 (MADA)
アリス・チャン
■クイワ・ジュディ・チャン
■セ・ツン・レオン
Harvard University
——「Project on the City」

OMA・AMO出身者｜現パートナー

2003

- ■セルバ・グルドアン (Superpool, 2003)
- ■グレギャス・タン・トムソン (Superpool, 2003)
- ■シュー・タンタン (DnA, 2004)
- ■ビアトリス・ラモ (STAR, 2006)

2004

建築プロジェクトで協働

■Heinrich Böll Architekt BDA DWB
——ZOLLVEREIN MASTERPLAN

■Ingenieursbureau Zonneveld
——KONINGIN JULIANAPLEIN

■DHV
——CORDOBA CONGRESS CENTRE

2003

■BIAD
——BEIJING BOOKS BUILDING

ラース・シュプイブルク (NOX)
——EUROPEAN CENTRAL BANK

ザベイル・デ・ヘイテル
■One Architecture
■オリヴィエ・フィリップ (Agence Ter)
■ジャン=ポール・リーバス
——LES HALLES

2004

■フェリックス・マドラゾ (スーパースダカ)
——HERMITAGE MUSEUM

鹿島建設建築設計本部
——IDEA VERTICAL CAMPUS

■LMN
——SEATTLE CENTRAL LIBRARY

建築外プロジェクトで協働

2003

■イルマ・ブーム
■&&& マーク・フーマー
■カンディダ・ヘーファー ヨアキム・ダハルクビスト
Reproplan リチャード・バーンズ
アリソン・マクリーン
ヴェルナー・ファン・デアミーアス
ギュンター・クルーガー (Scala)
ジェフ・プライス
スカーレット・ホーフト・グラーフラント
トニー・アウズラー
ブレヒテ・ファン・デル・ハーク (VPRO)
ブレンダン・マッゲットリック
——「Content」展

■ブルーノ・ラトゥール ビアトリス・コロミー
クリス・アンダーソン (Wired)
——Wired

2004

■瀧口範子
——『行動主義』

■Coppens & Alberts
——『The Dutch Embassy in Berlin by OMA / Rem Koolhaas』

■マーク・レナード (FPC) ルディー・ディロ
EU
——IMAGE OF EUROPE, BELGIUM

オクウィ・エンヴェゾー アーロン・ベツキー
マシュー・スタドラー マイケル・ソーキン
バルト・フェルスハフェル H・J・A・ホフラント

2005

■ヴィクトール・ファン・デル・チジス

ジョルジュ・カルヴァーリョ
ダシアノ・ダ・コスタ
——CASA DA MUSICA

フリッツ・ノイマイヤー　イアン・ブルマ
ブルース・スターリング　ニール・リーチ
ヴェロニク・パテヴ
——『What is OMA?』

■馬衛東
『a+u by CCTV』

■Archis
C-Lab
マウリーン・ムーロン&ダニエル・ファン・デル・フェルデン
マーク・ウィグリー
——『Volume』

2006

■ヨアナ・ダ・ロッチャ・サリマ (Condition Magazine, 2008)

■Made by Mistake
——111 FIRST STREET

■SADI
——SHENZHEN STOCK EXCHANGE

クリス・デルコン
ジュリア・ペイトン・ジョーンズ
——DUBAI RENAISSANCE

Ong & Ong, Singapore
アン・シー・チョン
——SCOTTS TOWER

クロード・パラン　■ユベール・ダミッシュ
マリア・ジョヴァンナ・マツォキ (Domus)
バレリ・ピエ
ハンス=ペーター・フェルドマン
——『Domus D'Autore: Post-Occupancy』

■フェルナンド・マルケス・セシリア
■リチャード・レヴェンス
——『El Croquis』

マーク・カムリ　キャサリン・ラティー
マーク・ロビンソン　ピーター・ロジャース
ロード・パルンボ
ジュリア・ペイトン・ジョーンズ
——SERPENTINE GALLERY PAVILION

American University of Sharjah
クリスティーナ・マーフィー
バーレント・コールハース
ミホ・マーゼレウ　エズラ・ブロック
ダニエル・ラビン　リリー・ジェンクス
ギヨーム・イェルサン　ジュリー・カウフマン
ジェイソン・アトキンス　サラ・マーティン
——VENICE BIENNALE 2006: THE GULF

レム・コールハースの家系

ディルク・ローゼンブルク——母方の祖父——建築家
アントン・コールハース——父——ジャーナリスト、作家
セリンデ・ピーターチェ・ローゼンブルク——母
チャーリー・コールハース——娘——アーティスト
トマス・コールハース——息子——映画監督
イエロン・コールハース——息子——アーティスト
バーレント・コールハース——甥——建築家
レム・D・コールハース——甥——ファッションデザイナー
ティン・コールハース——従兄弟——都市計画者
ヴェチェ・コールハース——従姪——女優

	OMA・AMO出身者｜現パートナー	建築プロジェクトで協働	建築外プロジェクトで協働
2007		■マリア・デレヴェンコーヴァ ■マーティン・ガロフスキー ——BOVISA MASTERPLAN	アレクサンドラ・クアントリール ティナ・ディ・カルロ ——『OMA in Beijing』 ■オレ・ブーマン トーマス・クレンス Moutamarat ——『Al Manakh』 ■ジェフリー・キプニス ブレット・スティール ■ロバート・E・ソモル ■ピーター・アイゼンマン ——『AA Words One: Supercritical: Peter Eisenman meets Rem Koolhaas』 ■ハンス・ウルリッヒ・オブリスト M/M ベアラー・ジーリッチ ヤン・ヘンドリック・ウェイ ——『Rem Koolhaas and Hans-Ulrich Obrist: The Conversation Series, Volume4』
2008	■デイヴィッド・ジャーノッテン ■ルイス・アレンシビア (Ground Studio Inc., 2009)	■Alvisi Kirimoto ——MERCATI GENERALI ■イェロン・コールハース ——WATERFRONT CITY ■エリザベス・ド・ポルザンパルク ——MONACO HOTEL ■Luxigon ——THE TWINS ■SETEC ■Robota ——SIGNAL TOWER ■Davis Langdon C. F. Møller ——BRYGHUSPROJEKTET	
2009		■Artech Architects ■RJ Models ——TAIPEI PERFORMING ARTS CENTRE ■Artefactory ——RIGA PORT CITY ■ステファン・エーラー ——ILE SEGUIN	

■トン・マットン
——PLAINE DU VAR

■ハンス・ゼーガーズ
——PRADA IN-STORE TECHNOLOGY

■NFA (Nicolas Firket Architects)
——RUE DE LA LOI

■RSP Architects
——THE INTERLACE

■Werner Sobek Green Technologies
——BASEL BURGHOF

■Leigh & Orange
——CHU HAI COLLEGE

REX
——DEE AND CHARLES WYLY THEATER

2010

■マイケル・シュンテム
■ジャン・ジュン
■ダグラス・ヤング
■McKinsey & Co.
——TAIPEI PERFORMING ARTS CENTRE

Archis
Pink Tank
NAi
——『Al Manakh 2』

■Cassina
——EDOUARD MALINGUE GALLERY

■Rotor
——「OMA/Progress, Barbican」展

■アルベルト・トルセーロ (TA s.r.l.)
——IL FONDACO DEI TEDESCHI

■フィル・ミーチ
——PRADA LOOKBOOK FW 2010

■8'18"
——NATIONAL MUSEUM OF ARCHEOLOGY AND EARTH SCIENCES

■Provencher Roy+associés Architectes
——MUSEE NATIONAL DES BEAUX-ARTS DU QUEBEC

2011

EYP
ガブリエル・レスター
——UN NORTH DELEGATES LOUNGE

■黒川紀章
栄久庵憲司
丹下孝子
丹下憲孝
下河辺淳
加藤俊子
菊竹清訓
川添登
■槇文彦
ジェームス・ウェストコット
ジェゼフ・グリマ
チャーリー・コールハース
■磯崎新
——『PROJECT JAPAN』

■Silkroad
——GLOBAL FINANCIAL CENTRE ON THE BUND

■プイ・プジョル
シュター・テロンジ
——PARC DES EXPOSITIONS

■Heintz-Kehr et associé
——EUROPEAN SCHOOL STRASBOURG

■l'AUC
——TGI DE PARIS

OMA・AMO出身者｜現パートナー	建築プロジェクトで協働	建築外プロジェクトで協働
	Heijmerink Wagemakers Rapenburg Plaza ファン・ガーレン ポール・オーワーカーク ——TAIPEI PERFORMING ARTS CENTRE	Paris Malaquais School of Architecture ティエリー・マンドゥール ナスリン・セラジ ——「(IM)PURE, (IN)FORMAL, (UN)BUILT」展
2012	■ Form ——GARAGE GORKY PARK ■ Hassell + Populous ——DARLING HARBOUR LIVE ■ Project Meganom ——MOSCOW AGGLOMERATION DEVELOPMENT CONCEPT ■ カニエ・ウェスト ——7 SCREEN PAVILION	■ フランシスコ・ヴェッツォーリ ——24-HOUR MUSEUM Galeries Lafayette ヤン・キャサリー ——「CHRONICLES OF A CREATIVE ITINERARY」展
2012	■ SSH International ——THE EXHIBITION HALL ■ RWDI ——HIA AIRPORT CITY 大林組 乃村工藝社 ——COACH, OMOTESANDO FLAGSHIP	■ Knoll ——「TOOLS FOR LIFE+THIS IS KNOLL PAVILION」展 ■ トーマス・デマンド ——「BERN 1969/VENICE 2013」展

Part.3
Data 4
Taro igarashi Laboratory
+
Architecture & Urban Design

言説選
A-side——コールハースから見た世界
B-side——世界が見たコールハース
制作＝東北大学・五十嵐太郎研究室
＋都市・建築デザイン学講座
菊地尊也｜浅沼拓也｜荒木亮佑｜市川紘司｜金尾正太郎｜齋藤遼介｜佐々木暢｜志賀浩平｜白鳥加奈｜辛梦瑶
田中良平｜横田広果｜北向志保｜佐藤まどか｜塩野亜由美｜中島匠｜新野光｜藤田涼子｜向山佳穂｜湯浅一葉

表記について

・建築作品や計画は《》、書籍は『』、文献からの直接引用部分は「」付きで表記し、原文中の省略は[…]で表記した。「」内の“”、〈〉、「」、()などの諸記号は原文のままである。

・「コールハースから見た世界」のセクションでコールハース以外の執筆者の文章やリード文から抽出したものについては文末に[＊所属]を付記した(『Project on the City I』および『Project on the City II』は[＊HDS]、『Al Manakh』および『プロジェクト・ジャパン』は[＊AMO]と表記)。

・三回以上登場する文献は下記のとおり略記を用いた。

『ANY○号』→an.○
『Artforum International 一九九四年一二月』→ai
『Domus D'Autore: Post-Occupancy』→po
『hunch ○号』→hu.○
『SUPER-CRITICAL』→sc
『季刊InterCommunication ○号』→ic.○
『Anyhow』→anh
『Anything』→ant
『l'architecture d'aujourd'hui ○年△月号』→la.○△
『Mutations』→mu
『Oma: Rem Koolhaas : Architecture 1970-1990』→7090
『Reflections on architectural practices in the nineties』→r9
『建築家の講義——レム・コールハース』→st
『Content』→co
『OMA/レム・コールハースのジェネリック・シティ』→gc
『Radical Philosophy 二〇〇九年三/四月号 No.154』→rp
『アジアが都市を超える』→as
『A Kind of Architect』→ka
『Anyone』→ano
『The World of Madelon Vriesendorp』→mv
『建築技術 一九九九年九月号別冊』→kg
『El croquis ○号』→ec.○
『log ○号』→lo.○
『Project on the City I : Great Leap Forward』→p1
『都市の変異』→th
『Al Manakh』→am
『OMA : Rem Koolhaas (Gallery·Ma)』→gm
『建築の政治学』→ks
『Project on the City II : The Harvard Guide to Shopping』→p2
『SD ○年△月号』→sd.○△
『ユリイカ2009年6月号』→eu
『コールハースは語る』→ck
『行動主義』→ac
『What is OMA』→wo
『建築雑誌 ○年△月号』→kz.○△
『10+1 ○号』→to.○
『プロジェクト・ジャパン』→pj
『錯乱のニューヨーク』→dn
『a+u ○年△月号』→au.○△
『新建築 ○年△月号』→sk.○△
『建築文化 ○年△月号』→kb.○△
『S,M,L,XL』→xl

言説選A-side——コールハースから見た世界

被言及者

■コメント
————頁|文献|年(原著)

アーキグラム

■「歴史に彼等は何の興味も示していない」。
————p.128|ks|89

■「六〇年代に信念を持って都市生活の組織化への新たなアイデアと概念を提案した、おそらく最後の現実的なモダニズム運動」のひとつ。
————p.27|p1|02

■「ムーブネット」をエコロジカルなものとして描いたメタボリストと対照的に、彼らはそれを「使い捨ての消費対象」として描いている。
————p.139|pj|11

アーキズーム

■彼らの提案は「建築についての想像の領域を大きく拡大するもの」であり、「歴史性、恐れを知らぬ楽観性、極端なまでの天真爛漫さ」をそなえていた。《エクソダス》は「こうした天真爛漫さにたいする反発であった」。
————p.16|au.8810|88

ピーター・アイゼンマン

■彼が所長を務めていたIAUSに在籍していたとき「毎日午後四時に大きな葉巻をくわえて私の部屋にやってきて、『コールハース、君には空間のセンスがないよ』と言っていたものです(笑)」。
————pp.9-12|gm|88

■「建築ドローイングの商品的価値を発見した最初の人のうちのひとり」。
————p.262|mv|08

■「破壊的な建築家といえるだろう。なにしろ八七度といったような角度を使うのだから!」
————pp.59-82|ck|08(06)

■「ポピュリズムは実在します。建築におけるある程度のポピュリズムを示す写真があるんです。[…]それは、ベルリンのホロコースト記念碑のオープニング時に、ピーターが記念碑のまわりを歩き、その後を追って歩くジャーナリストの群衆の写真です」。
————p.15|sc|10

浅田孝

■丹下事務所のナンバー・ツーだった彼は、メタボリストのマニフェストとなった『メタボリズム一九六〇』に名を連ねることなく、あくまでも彼らの顧問に徹することを望んだ。彼こそがメタボリズムの「本物の触媒」、あるいは「人形遣い」である。

——p.301｜pj｜12 (11)

■**荒木経惟**

荒木の写真は、インフラやパブリック・アートが「古い東京に取ってかわり、それを消去」する「新しい東京」を捉えている。「新しい東京とのこのにらめっこでは、荒木のほうが先に目をしばたき、女性になってしまうことすらある」。

——p.24｜gc｜95

■「アラキの持っている力強さは被写体の可能性を、侵犯といっていいほどどんどん広げている［…］彼のレンズを通すと、何でもが立派に見える」。

——p.24｜kb.9501｜95

■**ウィリアム・アルソップ**

「ベルリンの本質である崩壊を相手にできる建築家」であり、九一年のポツダム広場改造計画コンペでは「ベルリンを修理しようとか、合成的なメトロポリスを（再）構築しようとはしなかった」。

——p.120｜ck｜08 (06)

■**クリストファー・アレグザンダー**

「パタンランゲージ」に類似する試みが歴史上には二つある。一つは「アンマンにある円形のローマ劇場」のように「世界に知れ渡ることで適用」されるようになった「システマティック」なローマ人の計画。そしてもう一つは、ミースのように「世界共通の言語をつくり出すと同時に、巨大な美しいオブジェクト」をつくった「理想主義的・審美的な近代建築」だ。ローマ人とミースとアレグザンダーは「異なるかたちで同じ目的を追求した」のだといえる。

——pp.20-25｜『Arch+ 189』｜08

■**ポール・アンドリュー**

「最大の空港作家」である彼は「空港の概念を定義するのにおそらく最も大きな貢献をしてきた人物ですが、しかしその彼にとってさえ空港は、ひとつのインフラストラクチャーでしかありません」。

——p.80｜anh｜00

■**磯崎新**

「メタボリズムのアウトサイダー」であったにもかかわらず、「磯崎はメタボリストたちの夢が体制の支援を失ったことを憂えているように見えた。［＊AMO］

——p.25｜pj｜12 (11)

■**伊東豊雄**

マンハッタンで生活しているとアイデンティティが喪われたような不思議な気分になると述べる「君の憂愁には同情できない。良いノマドというのはどこにいても、背中に自分のアイデンティティを背負っているものだ」。

——pp.61-76｜kb.9109｜91

■**ウィトルウィウス**

古代ローマの建築家である彼は「敷地の方位によって太陽が異なる角度で影を落とすことや、こうした条件を考慮に入れて建築を行う必要性を熟知していました」。

——pp.28-31｜kz.1101｜11

■**ゴードン・ウー**

彼の仕事で「ほんとうにおもしろいのは、何とも冗長でスマートとは言いがたいタイポロジーに満ちみちていながら、実際にそれによって全体が縫い合わされていくというところです」。

——p.229｜as｜97

■香港のディベロッパー王である彼が中国に建設した高速道路は、彼の「中国に対する懐疑の念から、全て高架橋で地面に接しないよう建設された」。

——p.90｜mu｜01

■**ロバート・ヴェンチューリ＋スコット・ブラウン**

一九七二年に彼は「実体としての都市が消滅に瀕している状況を発見し、サインこそが支配的な要素」であると見極めた。その三〇年後に私たちは、都市を支配しているのがサインではなく「ショッピング」となったことを発見した。

——pp.20-21｜th｜02

■《ユーロ・ディズニー》のプロポーザルに参加した建築家のなかで、自分と彼らだけが「ディズニーを正面から見据え、ディズニーが意味するものの深層をその時点でちゃんと理解していた」。

——pp.89-95｜kb.0304｜03

■**アンディ・ウォーホル**

今日、「ウォーホルに象徴されるカウンター・ワールドはどんどんオフィシャルな世界に移動してしまい、対照性が見えなく」なってしまった。アートと反アートの「二つの世界の価値体系が、かなり近づいてしまった」。

——p.24｜『X-knowledge home vol.09』｜02

■「確か一九七二年にアンディ・ウォーホルが口にした言葉に、誰だって一五分間なら有名になれる、というものがあります。ですが、誰も永遠に有名であり続けるという意味では、現実はもっと悲劇的で、もっと地獄に近いと思われます」。

——p.70｜ck｜08 (06)

■**マデロン・ヴリーゼンドープ**

彼女の作品は「模型から水彩画、コラージュにまで変化」でき、その特徴は「自由浮動の能力」という言葉で言い表せる。その能力を「どこに注ぐべきかを判別することは困難」だが、それはOMAの活動に「奇跡をもたらす」ものでもあった。ある意味でそれは「有り余るほどの財産」を表象している。

——pp.254-271｜mv｜08

■**マティアス・ウンガース**

コーネル大学での彼のゼミは「私が出席したもののうちで、建築家が何をし得るのかというテーマで最もエキサイティングなプレゼンテーションでした」。

——pp.9-12｜gm｜88

■彼らが一九七六年に提案した《緑の群島》計画は、人口減少傾向にあったベルリンにおいて、「将来のベルリンに相応しい部分の補強と、相応しくない部分の破壊という、二つの正反対の行為によってその将来を想像する」という理論的な提案だった。この仮説は「ヨーロッパの大都市の理論のための青写真」を含んでいた。

——pp.200-201｜xl｜95

■彼は「最も魅了的な建築の語り手、思想家」だ。「その思想は知的学問としてではなく、身体的に感得するものだった。彼の物的存在のすべては、近づきやすく、感染しやすく、ほとんど官能的な方法で建築を思考し、感じ、吸収し、想像し、コミュニケートした」。

——po｜06

AMO

■「AMOには特定の略語はない」が、ある意味でそれは「アーキテクチャ・メディア・オーガナイゼーション」と呼び得る組織である。[http://www.indexmagazine.com/interviews/rem_koolhaas.shtml]

——web｜『INDEX 2000年9月号 No.25』｜00

■「さまざまな批判を内在化し、それをつねにプレッシャーに変える装置」であり、「現代の文化・政治の中で生き抜くための、たゆまざる調整プロセスのエキスパート」。

——pp.67-69｜kb.0304｜03

■OMAの「M」が「メトロポリタン」を意味する一方で、「AMOの『M』にはもはや何の定義もないことは重要」です。「一種のロケットランチャー」のような「メトロポリタン」を「絶えず主張することが不自由な義務となったので、その意味合いを取り除いたのです」。

——pp.35-47｜rp｜09

SPUR

■一九六五年にウィリアム・リムとタイ・ケン・スーンによって結成された「シンガポール計画及び都市調査グループ」の略称。彼らは「環境に関することがらに対して無自覚で意見をもたない人々」と「効率的で攻撃的な官僚機構」との間で、あたかも「第二の政府」のように活動した。

——pp.1053-1055｜xl｜95

MVRDV

■「尊重しているし、非常に有望な建築家だと思う」。《ヴィラVPRO》はOMAの《ジュシュー図書館》との類似がよく指摘されるが、郊外の個人オフィスと都市部の公共施設という状況の違いを踏まえ、彼らの建物には「意図的な野心の縮減」が施されている。こうした「差異を批評家がだれも指摘する労を取ろうとしていないオランダの状況」はショッキングだ。

——p.32｜hu.3｜01

ジョン・エリオット

■「アブダビの最初の建築家」である彼は「おそらく世界のどの建築家より多くのホテルとリゾート地を設計」した。「しかし元々は小規模な住宅・学校・道路を計画する都市計画者」であり、その計画は当時の首長であったシェイフ・ザイードが願った「ベドウィンの市民のための都市的な生活」を実現化した。[＊AMO]

——p.168｜am｜07

OMA

■「OMAはアーバニズムの突然変異体、すなわちライフスタイルの復旧をもたらす新たなタイプの建築的シナリオを開発するために設立された。それはメガロポリス的状況を熱狂的に受け入れ、大いなる都市の中心の建築に神話的、象徴的、文学的、夢想的、批評的、そして大衆的な機能を復活させるだろう」。

——p.34｜『Lotus international No. 11』｜76

■一九八七年のうちに「突然、OMAはグローバルなものとなった。単一の『製品』を生産する複合的なオフィス形態にではなく、他文化にますます深く巻き込まれるものになった」。

——p.369｜xl｜95

■「ファンタジーを生成する装置としてのOMAは、他者に発見の喜びをもたらすために組織されたものだ」。

——p.644｜xl｜95

■「近代化のエキスパート」であり、その「姿勢の根底には、依頼内容に対してまったくシニカルなところのない純粋な真摯さがある」。

——pp.67-69｜kb.0304｜03

イライシャ・オーティス

■エレベータの発明者である彼は、ロープを切断しても安全把持装置が作動し落下を防いでくれることを見世物として示した。彼は自身の発明を「都市の演劇性の中に初めて組み入れる」

——pp.38-39｜dn｜99(78)

岡本太郎

■一九五七年に彼が提案した東京湾に人工土地をつくる《いこい島》計画は「シリアスな内容を遊び心いっぱいに表現したアートと都市計画の融合作」だった。これがギー・ドゥボールの「アンテルナシオナル・シチュアシオニスト設立と同じ年に登場したのは、偶然ではなかったのかもしれない」。[＊AMO]

——p.272｜pj｜12(11)

ルイス・カーン

■晩年の講義で彼は「建築を極端に理想主義的な姿勢において語りました。[…]私はそれ以上その場の雰囲気に耐えられなくなりました。にじみでる建築への敬意、にじみでる自己愛、そしておためごかし」。

——pp.224-229｜to.1｜94

アントニオ・ガウディ

■マンハッタンの《グランド・ホテル》(一九〇八)の設計をガウディに依頼したビジネスマンたちは、彼の「病的な傾向(ヒステリア)とマンハッタンの狂気の間に親近性を認めていたに違いない」。

——pp.177-178｜dn｜99(78)

加藤敏子

■彼女は丹下健三との「約二〇年の結婚生活のなかで、志を抱く無名の建築家が職業仲間をオーガナイズし、幅広い活動を行いながら、モダニストの建築家として頂点にのぼりつめる姿を目の当たりにした」。[＊AMO]

——p.85｜pj｜11

サンティアゴ・カラトラバ

■「鋼鉄の蝶のように羽を広げる鉄道の駅舎、サイクロプスの落とす涙のように煌めく空港、往々にしてありふれた川岸の、ハープをグロテスクに拡大したような橋、怪奇なハープの大型版のような銀行」といった各地に存在するインフラストラクチャーは、ジャンクスペースの「支流」であり「それぞれが独自のサンティアゴ・カラトラヴァ風」の作品なのである。

——p.170｜co｜04

川添登

■彼は「詩人のセンス」を持っている。彼の書いた文章のなかでも「私は貝になりたい、私は神になりたい、私は黴になりたい」という作りは「いちばん詩的だと思った」。

――p.227｜pj｜12 (11)

菊竹清訓

■《塔状都市》や《海上都市》(ともに一九五八)などの空や海での建築の構想は、戦後日本においてアメリカが地主制度を解体したことへの抗議の結果である。それは「怒りそのものが契機となって建築が生まれてくる」という「極めて稀」な事例である。

――p.133｜pj｜12 (11)

モイセイ・ギンズブルグ

■「一九六九年に私がモスクワに初めて訪れたときに見なければならなかった建物は、ギンズブルクの《ナルコムフィン・アパートメント》だった」。同一の部屋のスラブ、「コミュナル」な広い外廊下、食堂とランドリーの個別のキューブからなるその構成は、いわば「解放のダイアグラム」だ。長い探索のあとでついにそれを見つけたが、案内していたガイドが「何故この建物を観にきたの?」と驚いて訊ねるほどにそれは荒廃していた。まるで「偉大なモスクワの海のなかに埋もれた小さなプランクトン」のようであり、「もしそれが赤ん坊ならば、孵化器にそれを入れたくなる」ほどだった。

――p.393｜co｜04

リー・クアンユー

■シンガポールの首相として、彼は「並ぶもののない熱意で近代化キャンペーン」を推進した。

――p.1019｜xl｜95

草間彌生

■六〇年代のアムステルダム美術館と密接な関係にあった「ゼロ・グループ」のなかで「大きな存在感を持っていた日本人の美術家」。

――p.257｜mv｜08

ピーター・クック

■AAスクールの学生時代、教師であった彼の「支配的傾向とは対立する立場をとらざるをえないと感じた」。

――p.125｜ks｜89

レオン・クリエ

■私がAAスクールで教えていた当時、「重要とされていた教師はクリエやチュミのような、現象学に関心を持つ人たち」だった。しかし自分も含めた教師たちが「興味を向けていたデリケートな問題に、学生らを巻き込むことがこの上なく問題であったことを認めなければならない」。

――p.235｜r9｜96

■「ヨーロッパ都市の修復へ向けての全体的基調」は、彼が提案した「すべての要素が壁、通り、広場などで構成された」計画を「ノスタルジックなモデルとして繰返し押し付け」ることで形成されていった。

――p.4｜st｜06 (96)

ロブ・クリエ

■[クリエの「都市空間の形態学」シリーズの図版を例示しながら]合理主義のプロジェクトの問題は、それが「想像力の純粋な効率的使用」を前提としている点にある。彼らは「何世紀にもわたって完成させてきた都市組織の形態を、新たに発明したり取り替えることは余分であり危険」だと主張する。彼らによって「歴史的な連続性に貢献してきた二〇世紀のものすべてが除外されることには不安を覚える」。

――p.285｜xl｜95

クリエ兄弟

■七〇年代末、彼らや他の知識人や設計者などによる「ヨーロッパの都市の再発見」という動向が生じた。「彼らは二、三百年以前の都市建設、建築計画に適用された要素が今日でもそのまま有効であると信じ込んでいるらしかった。[…]しかし本当のところ彼らのいう歴史とは「再発見された」ものではなく「偽造された」ものだったのである。[…]そして真実の歴史と「捏造された」歴史との間に巨大な混同を生むにいたった」。

――p.17｜au.8810｜88

ヴィクター・グルーエン

■彼は「ショッピングモールの発明者」であったが、ショッピングそれ自体には関心を持っていなかった。彼にとってモールは「現代都市を再定義するという紛れもない野心を叶えるための手段」であり、それは主に郊外で展開された。[*HDS]

――p.381｜p2｜02

マイケル・グレイブス

■日本には完全な「マイケル・グレイブス・ワールド」がある。彼によって「ローマはニュージャージーを経由して日本へ輸入」された。それは「時間と場所の文字どおりの崩壊」を意味する。

――pp.364-365｜xl｜95

黒川紀章

■「筋金入りのメタボリスト」である彼は「グループの最年少、最も早熟で、最も写真映えのするメンバー」だった。大阪万博が近づくにつれて、彼はたんなる建築家から「メディアの偶像、政治プレイヤーへと『変身』の速度を速めていった」。[*AMO]

――p.373｜pj｜12 (11)

ヨハン・ヴォルフガング・ゲーテ

■「啓蒙思想にその名を刻んだ人々」のうちの一人であり、「芸術と科学を難なく融合させた」人物。

――pp.28-31｜kz.1101｜11

フランク・ゲーリー

■ゲーリーの《グッゲンハイム・ミュージアム・ビルバオ》は「英雄的な仕事」ですが、基本的にそれは「ジャンクスペース」と「同じ手法で建設され、アトリウム、エレベーターホール、ショップといった同じ組成物で作られています。このことは、真摯であることはもはや不可能であるという事態を受けて、一種不可避なことなのです」。

――pp.22-23｜th｜02

■彼とジョン・ジャーディは「生き別れた双子」のように多くの点で「際立った類似」をみせる。前者は美術館を、後者は娯楽施設を手掛けているが、今日ではどちらの施設も「ショッピングの業務によって維持」されている。彼らの都市計画レベルの仕事への熱望にこたえる唯一の可能性が「ショッピング」なのである。［＊HDS］

——pp.709-719｜p2｜02

コープ・ヒンメルブラウ

■彼らの《ムラン・セナール》コンペ案は「絶望の叫び、強制衝突」を体現している。

——p.19｜ec.53｜92

ハーヴィー・ワイリー・コーベット

■マンハッタン理論家である彼は「高架式およびアーケード式歩道」の導入によってニューヨークの交通問題を解決しようとした。それは過密の緩和を目指すのではなく、交通量の増大を見込む計画だった。彼の野心は「過密が摩訶不思議にも肯定的要素に転ずる状態を生み出すこと」にあった。

——pp.203-205｜dn｜99(78)

マクシム・ゴーリキー

■彼はコニーアイランドを「様々な退屈」と表現したが、それは「明らかな形容の矛盾」を意図したものだった。ほんらい「多様性は退屈になりえないし、退屈は多様にはなりえない」ものなのである。「しかしジェネリックシティの無限の多様性は、少なくとも多様性を標準的なものにさせつつある」。

——p.1262｜xl｜95

■『退屈の王国』のなかで彼は「空想世界のテクノロジーやコニー中央地帯の人工施設の数々を本質的に低俗な俗物である」と告発したが、「彼らは実はコニーのファサードの外から物をみているのであり、要するに結局は何も見ていないのである」。

——p.112｜dn｜99(78)

アントン・コールハース

■父である彼は左派の編集者であり、四〇歳の時にインドネシアで突然作家になった。後に彼はオランダの映画アカデミーの校長になったが、「映画に関する現実的な感覚がなく趣味が悪い」と私は思っていた。彼は「私よりもモダンではなかった」。

——p.362｜ec134/135｜07

五島昇

■東急の社長であった彼が提案した東急ハンズは、それ以前に営業していた東急百貨店の「デパートとしての役割を明確」なものにした。［＊HDS］

——p.251｜p2｜02

ハンス・コルホフ

■「ベルリンの本質である崩壊を相手にできる建築家」であり、九一年のポツダム広場改造計画コンペでは「ベルリンを修理しようとか、合成的なメトロポリスを（再）構築しようとはしなかった」。彼の用いる「建築の言語はレトロでも、建築のコンセプト、アーバニズムのコンセプトは非常に現代的だった」。

——p.120｜ck｜08(06)

ウィレム・サンドバーグ

■「六〇年代のアムステルダムを支配した伝説のキュレーター」。「アムステルダム美術館の館長として、彼は一連の驚くべき展覧会を催し、博物館を徹底的に再構築した」。

——p.257｜mv｜08

CIAM

■アムステルダム郊外の《バイルメルメール団地》は、三〇年代のCIAMの計画を青写真として六〇年代後半に実現したプロジェクトである。二〇世紀前半におけるCIAMの計画が「反動的なアカデミシャン」への反論であった一方で、「極端に長期的な計画期間が原因で四〇年ほど「遅すぎ」たバイルメルメールの計画」は、今やチームXなどの「アンチCIAMの基本方針に対する論争」へと変わる。「建築論争が父を殺す息子の終わりなき再現だとすれば、バイルメルメールはエディプスコンプレックスの潜在的逆転、すなわち父親による息子への脅威を提示する。客観性と定量化へのフェティシズム的な強迫観念によるCIAMの非人間的な考え方を非難したチームXに対して、CIAMはいわばあの世から、人間主義的な更新といわれている言葉で表せないものや定性的なものに対する同様のフェティシズム的な関心に異議を唱えている」。

——pp.863-867｜xl｜95

シェイク・ザイード

■一九六六年にアブダビの首長となった彼の都市構想は「道路やインフラの必要性といった域を越えて、自身の趣味で建築・都市計画を行なった数世紀前の西洋の統治者に匹敵する都会的なセンスの明快なビジョンを拡大」させたものだった。彼の構想実現を支援したのは「熱心なイギリスのエンジニアやヨーロッパの建築家たち」だった。［＊AMO］

——p.120｜am｜07

シェイク・ハマド

■カタールの前首長である彼は「高層タワーやショッピングセンターではなく、文化を通じてカタールを近代化することに専心」し、「ペルシャ湾諸国における高等教育の発展の最高の実例であるカタール財団を立ち上げた」。［＊AMO］

——p.104｜am｜07

シェイク・ハリーファ

■アブダビの現首長である彼は、父ザイードの死後、「二〇〇五年に新たな法の制定と共に国有地を自由経済市場に開放し、アブダビを造り変えた」。［＊AMO］

——p.126｜am｜07

シェイク・マハッド・アルサバー

■「流行に対する情熱」をもつ彼が創業した中東の高級ショッピングモール「ヴィラモーダ」は、「国際的な現象になるまでに成長した」。［＊AMO］

——pp.226-228｜am｜07

シェイク・ラシード

■ドバイ首長国の首長。彼が指揮を執った「ドバイの地元の指導者とイギリスコンサルタントの混在」した開発グループは「都市の快適性」を目的とする「近代主義者のスタイル」をドバイの開発に望んだ。彼は「一九九一年まで中東で最高層の、世界初の国際貿易センターの一つ」を実現し「建築の新時代を導いた」。［＊AMO］

——p.134｜am｜07

■**ジェーン・ジェイコブス**

「商業活動がより大きなモールに集約化されていった一九六〇年代から七〇年代にかけて、ジェーン・ジェイコブスは街路生活を再発見するための運動において大きな成功を収めようとしました。[…]この運動の成功が引き金となって、[…]ショッピング・エリアに対する開発規制が導入されました。そのため、三〇年後の現在、四二番街は完全に人工的な旅行者用のアトラクションになるという逆説的な状況が生じています。[…]ショッピングの独裁のなかで『真正さ』を守るための努力が、テーマパークを生み出してしまったというわけです」。

——pp.12-13｜th｜02

■**チャールズ・ジェンクス**

私がAAスクールに入ってまもない頃「彼はよく、「これは退屈だ、これはまずい、これは表現になっていない」と私の作品を大いに批評したものです。作品は非常に変わりましたが、個人的なレベルではずっと友達でいます」。

——pp.9-12｜gm｜88

■七〇年代初頭のAAスクールで、有名な学生たちが教師陣に角砂糖でつくられたメガストラクチャーをプレゼンしたとき、教師の一人であった彼は「記号論的爆発の最初のエレメントを組み立てる者とみなされた」。

——p.215｜xl｜95

■**篠原一男**

《東京工業大学百年記念館》は「多少恣意的な建築ではありますが、しかし少なくとも、悪趣味でぞっとするほど下品な建築からは一線を画すべく競い、かつ自らの立場を守り得ている」。

——p.147｜sk.8812｜88

■《ユーラリール計画》で彼が設計したホテルは、「退屈」な街区に対する可能性を示した最初の建築であったが、実現には至らなかった。「もしそれが竣工していたら、それはヨーロッパで最も重要な日本の建築となっただろう」。

——p.1190｜xl｜95

■**下河辺淳**

「先見的な国家のリ・デザイン構想」を持っていたメタボリストや丹下に、彼が「積極的に意見や参加を求めたことは、官僚として画期的だったと言えよう」。[＊AMO]

——p.639｜pj｜12 (11)

■**ジョン・ジャーディ**

現代のショッピングモールの設計者。グルーエンの郊外のモールが「都市の混乱からの避難所」として提供されたものである一方、ジャーディの娯楽性を備えたショッピングの複合体は「都市の混乱を褒め称える」ものだった。「郊外の倦怠感への対抗策」として、彼のモールは「身体的暴行」と呼べるほどの刺激を買い物客に与えるものとして計画された。[＊HDS]

——pp.403-405｜p2｜02

■**クルト・シュビッターズ**

「ジェネリックシティ」は「都市規模で展開されるシュビッターズのメルツバウのようなものだ。ジェネリックシティはメルツシティだ」。

——p.1261｜xl｜95

■**ルドルフ・ジュリアーニ**

第一一二代ニューヨーク市長。「ジュリアーニ体制は、強制的生活水準の体制であった。警察はうろつき回る集団（ギャング）、コンピュータ化された怠け者となった。犯罪者が犠牲者に近づくのを防ぐために、ストリートから思いもよらないようなものは一掃」された。九・一一の災厄によって、彼の「落ちぶれた評判は復活した」。

——p.239｜co｜04

■**フィリップ・ジョンソン**

「彼ほどの権力を持ったとしても、それを利用できるかどうか分からない。彼ほどの予定を抱えたとしても、彼ほど他のことに多くの時間をかけて過ごせるかどうか分からない。彼ほどの年齢を重ねたとしても、なお『そこ』にいられるかどうか分からない」。

——pp.32-33｜an.90｜96

■あなたの手掛けた都市的なプロジェクトは「近代的な形態を非常に非近代的な主張のために用いるという、ある意味ラディカル」なものでした。学生の頃にあなたの作品を初めて見て「本当に驚きました。どうして近代的な形態をそのような概念に使用することができるのかと。そういうわけで私は最初、あなたの作品の強情さに警戒していたのです」。

——pp.65-66｜『LAYOUT』｜03

■**カール・フリードリッヒ・シンケル**

ベルリンの壁には「壁のシステマティックな変換による恐ろしい『連続的』な美」がある。それは「強情に反復する「開発」の宿命」によるものであり、同様の宿命はシンケルが改築した《グリーニケ宮殿》における「建築的テーマに関する主題の変化の洗練」にも見い出せる。

——p.227｜xl｜95

■**スーパースタジオ**

彼らの提案は「建築についての想像の領域を大きく拡大するもの」であり、「歴史性、恐れを知らぬ楽観性、極端なまでの天真爛漫さ」をそなえていた。《エクソダス》は「こうした天真爛漫さにたいする反発であった」。

——p.16｜au.8810｜88

■**ジェームズ・スターリング**

「今や都市は、スターリングやボッタ、および他のコンテクスチュアリストの傑作による改造の後に残されたわずかな穴を満たそうとしている」。

——p.238｜r9｜96

■**フィリップ・スタルク**

「フィリップ・スタルクの問題というのは、市場経済があらゆるものを支配する時代に建築家が活動していることの問題だと思うんです」。

——p.503｜pj｜12 (11)

■**マーサ・スチュアート**

彼女は住み手が自身の手で生活を「編集」し続けるライフスタ

イルを提唱している。彼女こそ、希薄化するアメリカ社会全体における「偉大な編集者」だ。

——pp.222-227｜co｜04

エリア・ゼンゲリス

■「エリアはロマンチストで私が合理主義者だったと言うのはあまりにも短絡的ですが、それには確かに幾分かの真実が含まれています。エリアの知性は事物の誇張によって機能し、私の知性は理不尽なものが正常であることを示唆することで機能しました。それはひとつの弁証法でした」。

——p.260｜mv｜08

孫文

■西洋のアーバニズムを「政治的ビジョンのテンプレート」とした計画を発表することで、彼は「近代化のためには中国都市の変換が必要となることを初めて提唱」した。[＊HDS]

——p.84｜p1｜02

ダシアノ・ダ・コスタ

■「ポルトガル人建築家でポストモダニズム風の先駆的な作品を手がける」人物。彼の作品は「原始的な要素もあれば、退廃的な要素、そしてシックな要素」もある。

——p.90｜au.0508｜05

■「彼の家具は美しいけれども、ぎこちなく、しかも人を喜ばせようとしていない。バロック風七〇年代モダンの美しさなのです」。

——pp.150-152｜ck｜08 (06)

リュー・タイカー

■「シンガポール島の根本的な改造にかかわり、超効率的に都市文化が機能している今日のシンガポールをつくり出す一助」を担ってきた人物。

——p.87｜as｜97

フリーマン・ダイソン

■アメリカの理論物理学者。彼のような科学者は「CO_2濃度による被害を相対化し、実際は分野によってはよい影響も及ぼしうると述べています。[…]この種の指向は恐らく、工学が最終的にわれわれを助ける戦略を提示しうると考える一派を生むでしょう」。

——pp.28-31｜kz.1101｜11

マンフレッド・タフーリ

■『錯乱のニューヨーク』の執筆において「タフーリらの仕事への焦燥と怒りは重要なエネルギー源でした。[…]タフーリとその共同思想家からは建築を嫌っているという強い印象を受けます。彼らは建築の死を宣言している。タフーリにとって建築は屍体安置所にある一群の亡骸なのです。しかし、一度死んだからといって亡骸をそっとしておいてはくれません。屍体安置所に精通していると主張するほど、彼らは傲慢なのです」。

——p.18｜『Wonen-TA/BK 11』｜78

■《プールの物語》は「タフーリの威嚇でもってレオニドフの知性に対抗する」プロジェクトである。

——p.4｜la.8504｜85

サルバドール・ダリ

■「偏執症的批判法」による「表面的な観察」を通じて、彼は「マンハッタンの実用主義的な薄っぺらな偽装」を暴き、その「反モダン」な性格を発見した。しかし自身のシュールレアリスム的なパフォーマンスを「路上で披露」しようとしたとき、「マンハッタンへの公式の侵犯」を意味するその行為によって、彼は結局警察に逮捕されてしまった。

——pp.389-466｜dn｜99 (78)

レネ・ダルダー

■六〇年代に結成した映画グループの仲間であった彼は「今ではロスの建築家たちのデジタル技術の教祖的存在」になっている。

——p.360｜ec.134/135｜07

丹下健三

■《東京計画一九六〇》は「三〇〇〇年以上の建築史上初めての、非白人の前衛」プロジェクトだ。

——pp.1043-1044｜xl｜95

■「明らかに強い性格、強い信念をもつ丹下健三という人が、なぜ多くのサポーターをもち得たのかはやはり不思議です。強い性格の人間と言うのは煙たがられるのがつねですから」。

——p.565｜pj｜12 (11)

堤清二

■西武流通グループ代表を歴任した彼は「億万長者、空想家であり、詩人を自称」していた。彼は渋谷を「ブランドゾーン」に変換した。[＊HDS]

——p.753｜p2｜02

毛沢東

■一九六六年の六月、彼が「長江を渡泳したというニュースは大衆を感動」させた。文化大革命は共産主義への「コミットメントの寓話」としてその第一歩を踏み出した。この報道を通じて「革命への道から後戻りすることは完全にできない」ものとなった。その後、文化大革命は「大躍進政策後に芽を出しかけていた市場社会主義を停止」させるに至った。[＊HDS]

——pp.55-57｜p1｜02

榮久庵憲司

■『プロジェクト・ジャパン』のインタビューのなかで「あなたのお話がもっとも神秘的で、心が寛いというか具体性に富んでいる気がします。神秘的かつ具体的。この組み合わせは興味深い」。

——p.480｜pj｜12 (11)

チームX

■彼らは「CIAMの中核的なヴィジョン／モデルを人間化しようとして、部分的には非西欧のもの——アフリカの村、イエメンの砂漠の町——やその他外国に連なるものの注入」を行なった。

——p.1043｜xl｜95

■「六〇年代に信念を持って都市生活の組織化への新たなアイデアと概念を提案した、おそらく最後の現実的なモダニズム運動」のひとつ。

——p.27｜p1｜02

■「彼らは、新しい接続性のタイプやグループを概念化することに取り憑かれていた。[…]彼らの遺産や効果は、よりシニカルで楽観的なものと私は感じています」。
――pp.83-110｜ck｜08 (06)

ベルナール・チュミ

■AAスクールの教師だった彼は、学生だった「私のヴィジョンの周縁でしばしば、タイポロジーを既に完璧に形成」させていた。
――p.216｜xl｜95

■私がAAスクールで教えていた当時、「重要とされていた教師はクリエやチュミのような、現象学に関心を持つ人たち」だった。しかし自分も含めた教師たちが「興味を向けていたデリケートな問題に、学生らを巻き込むことがこの上なく問題であったことを認めなければならない」。
――p.235｜r9｜96

ゴー・チョクトン

■リー・クアンユーの後継者として、彼はシンガポールを超効率的な要塞都市から「リラックスしたスパルタ状態」へ移行させなくてはならなかった。その政策は「ゴー」というタフな「彼の名とは裏腹に[…]何周もするマラソン同様、疲れが予め約束されている」。
――p.1077｜xl｜95

マイク・デイヴィス

■「彼ほどドバイの弊害に関して雄弁な者はいない」。著書『邪悪なるパラダイス』のなかで彼は、ドバイを「アラビアでウォルト・ディズニーがアルベルト・シュペーアに出会う悪夢」だと評している。中東のリサーチで「私たちがますます否定しようと努めたのは、ドバイの可能性へのこの種の表面的な解釈である」。[http://www.oma.eu/lectures/dubai-from-judgment-to-analysis]
――web｜『OMA.com』｜11

ウォルト・ディズニー

■一六歳の頃に『ディズニーランドのヨハン』という小説を書くほど、私はディズニーランドに「魅了」されていた。ディズニーランドは「人工物が現実よりも優れており、複雑であり、効率的であることを実証し、さらに大衆の需要に応えるただ一つの方法であることを実証するものでもあった」。
――pp.79-84｜『Cahiers du CCI : architecture: récits, figures, fictions No 1』｜86

■「ディズニー空間は、ウォルト・ディズニーという一個人によるニュー・アーバニズムの発明である。振り返ってみると、彼の理想的な環境への憧れは、二〇世紀の都市競争を取り返しがつかないまでに変形させてきた一連の空想的な動きをつくりだしたのだといえる」。[＊HDS]
――p.271｜p2｜02

ジョージ・ティリュー

■一八九〇年代の中頃、彼はコニーアイランドに塀で覆われた《スティープルチェイス遊園地》をつくった。その「囲い地」のコンセプトは「建築的には空のキャンバスを表現したもの」であり、理論的には「ひとりの個人によって形成され管理され、それ故にまたテーマ的な展開の可能性も開かれている」。
――pp.61-62｜dn｜99 (78)

クリス・デルコン

■ドイツの《ハウス・デア・クンスト》の元館長である彼は、この美術館の維持のために「商業目的の新たな自由の翼を使用するのがよい考えだと確信している」。
――pp.60-71｜『032c Issue.15』｜08

鄧小平

■先富論に基づく鄧小平による改革開放は、「目に見えない通貨」が人々に「イデオロギー的に活力を与える」ことで成功をおさめた。この政策は「共産主義の戦略として資本主義を再定義」するものであり、いわば「市場主義リアリズム」が作動する「もうひとつの大躍進政策」だ。[＊HDS]
――pp.277-278｜p1｜01

■一九八〇年代の彼は「香港の中国返還以前にもかかわらず『一国二制度』時代の強力な案内役」となった。
――p.14｜th｜02

ジル・ドゥルーズ

■八〇年代の後半に「ドゥルーズを初めて知り、彼の書物を読み始めましたが、不気味なアナロジー、途方もない野放しの思索のために、ほとんどすぐ書物を閉じました。ドゥルージアンになること、そしてドゥルージアンになるには既に遅すぎたという感覚への明らかな恐ろしさに、私は彼の書物を閉じたのです」。
――pp.46-65｜ai｜94

コンスタンティノス・ドクシアデス

■ギリシアの都市計画家であり、かつてラゴスにも関わっていた彼は「ひとつの都市の範疇を超えて思考し、あまねく都市化された状況として世界を見た最初の人」。
――pp.10-11｜th｜02

フレデリック・トンプスン

■「コニーアイランドで活躍する初めてのプロのデザイナー」である彼は、一九〇三年に《ルナ・パーク》を設計した。「トンプソンの天才は、[…]個別性を求めて狂おしく競い合う尖塔のドラマから建築的ドラマを生み出し、さらにはこの尖塔同士の戦いを世界性のしるし」にしてしまったところにある。
――pp.63-66｜dn｜99 (78)

オスカー・ニーマイヤー

■一三歳の時に雑誌でブラジルに建てられたばかりのニーマイヤーの作品を見たことで、「私はブラジルの建築家になりたかったのです。ニーマイヤーのように…。私は、ブラジルへ移住しようと本気で考えていました」。
――pp.16-23｜『Architecture, mouvement, continuité 1984年12月号』｜84

ジャック・ニクラウス

■プロゴルファーでありゴルフ場の設計家でもある彼は、「現代のランドスケープ・アーキテクトの誰よりも、広面積の景観を設計し、最も高い給料を得ている」。彼によって「ゴルフ場デザインは、精密で有益な芸術としての文化的・審美的な名声を求める他のあらゆるタイプのランドスケープ・デザインに匹敵する」ものとなった。[＊HDS]

——pp.394-401｜p1｜01

ジャン・ヌーヴェル

■彼は「非常に高価で精巧な建物で有名」だが、《ユーラリール》計画では「オフィスをもつ商業センター、住宅、ホテルなどの非常に大変なプログラム」を与えられていたため、「安価なものの問題」に取り組むこととなった。彼は「駅に都市をつなぐため、商業的な部分を通り抜ける公共の軸線」を導入し、結果としてそれは「非常に美しいものとなり、ヌーヴェルにとってまさに日本的なものとなった」。

——p.1198｜xl｜95

リチャード・ノイトラ

■私が関心を持っている「一九五〇年代と一九六〇年代の凡庸な建築」は、彼らの作品の「派生物」である。

——p.70｜xl｜95

ヤコブ・バケマ

■五〇年代後半に彼は、直線式のショッピングセンター《ラインバーン商店街》を建てた。それは「モダニストによる都市の破片をつなぎあわせるというチームXの重点的課題として考案」された。

——p.522｜xl｜95

ザハ・ハディド

■彼女のキャリアは当初、「自身の名前、仕事、手さばき、勢いといったものが非常に想像力豊かで、発明心にもあふれていて、それらがひとつひとつのプロジェクトにとっての核心的な役割を担っていた」が、現在では「デジタル制作にかなり頼っていて、うわさによると、比較的少人数ですごい量の作業をこなし、すさまじく効率的」なものとなっている。彼女のように「ミニチュアリスト的な存在から、超近代的、現代的な組織への移行を成功裏に終えた人は、私の知る限りありません」。

——p.109｜『ザハ・ハディッドは語る』｜10 (07)

原広司

■《ヤマトインターナショナル》では「現代の建築におけるある種の意味の喪失を承知した上で、装飾の層という形で建築に意味を与えている」。

——p.147｜sk.8812｜88

ジョン・ハリス

■AAスクール出身の彼は「病院から都市の成長への道に向けた構想まで、ドバイの初期の近代化の戦略の責任」を請け負った建築家である。一九五九年、「プランニングの経験なしに、ハリスはドバイの最初のマスタープランを開発した。それは一九六九年の石油の発見までのドバイの開発を導くものだった」。[＊AMO]

——pp.152-167｜am｜07

ウォーレス・ハリソン

■OMAの《オランダ国立ダンス・シアター》には「多くのハリソン的タッチが見られます。細かいところがなく、非常に抽象的で滑らかな建築」。

——pp.9-12｜gm｜88

■彼の住むアパートには「モンドリアンの絵が壁にかかり、カルダーの彫刻が置かれ、ジャコメッティの煖炉がある。彼が持てなかった好きな作品は、ピカソでさえ彼の奥さんがコピーをつくって、これもまた壁にかけている。まったく変わっている。だが、結局は誰よりも文化的な生活をしている、とはいえないかね」。

——p.134｜ks｜89

■通説では彼は「粗悪な企業建築家」とされてきた。あるいは「ル・コルビュジエの《国連ビル》のプランを盗み、それを平凡なかたちで現実した雇われ建築家」だった。しかしコルビュジエの「無味乾燥な理論的主張をより綿密に検証」し、それを実現させた彼の「強情なプロフェッショナリズム」は、そうした通説を転倒させうるものだ。

——p.363｜xl｜95

■彼は「マンハッタンに残された最後の可能性を託された天才である」が、都市成長の衰退によって「マンハッタニズムのハムレットとなる」。

——pp.472-483｜dn｜99 (78)

ハリド・アル・マリク

■「激しい再編成のただ中にあるドバイ最大のデヴェロッパー」のひとつである「ドバイ・プロパティーズ・グループ」のCEO。彼らの開発した「ドバイランド」の一部は、「ローカルな需要によって開発されようとしている」とのことだが、「言いかえれば、それはテーマパーク的なものではない」ということだ。

——pp.79-82｜『Al Manakh: Gulf Continued』｜10

ロラン・バルト

■『モードの体系』や『表徴の帝国』などの著書は「一見言葉では言い表せないものの仮面剥奪作業」だ。その「方法は、最終的に計りしれなさ自体をひとつの記号として記述する」。

——p.1039｜xl｜95

■「私は未だに彼の著作からは、すべての計画の細部に至る深い影響を受けている。つまり、想像力を介して事実を魅惑的な方法で解釈する方法に彼の影響は大きい。今まで私の方法論として彼を決して引用はしていないが、彼は間違いなくそこにいる」。

——pp.12-13｜sd.9902｜99

■「彼に会っていなければ、あるいは『神話作用』を読んでいなければ、『錯乱のニューヨーク』を書いていたかどうか疑わしい」。

——pp.35-47｜rp｜09

セシル・バルモンド

■彼とOMAの「本当に緊密な協同の結論として重要なのは、私たちには建築家とエンジニアの役割はもはや必要ではなく、それは一つのものになったということです」。

——pp.75-125｜kb.9202｜92

■一九八五年にはじめて協働したとき「彼は我々の不合理な要求に辛抱強く付き合い、ときに我々のアマチュアリズムを真面目に受けとめてくれた」。

——p.666｜xl｜95

■「堅実性と確実性の代わりに彼の構造が表現しているのは、疑い、あいまいさ、謎、神秘性といったものである」。

——p.11｜『インフォーマル』｜05 (02)

エベネザー・ハワード

■彼の田園都市は「牧歌的な都市」モデルだ。しかしながら、そのダイアグラムの核となっていたのは「ショッピング」である。

［＊HDS］
——p.482｜p2｜02

■彼の田園都市モデルは「新たに発見した石油の富を人民へ分配するというアブドゥッラー三世（一九五〇年代のクウェートの首長）の望みを達成するための観念的な青写真」となった。
［＊AMO］
——p.86｜am｜07

ジョバンニ・バッティスタ・ピラネージ

■彼の描いたローマの広場の再構成のイメージは「非常に緊張感のある都市形態」を表わす。そこには「公共的要素と関連する主要な幾何学形態」と、小さな破片としての「都市に僅かに存在する公式のアクティビティに適合されたプログラムのプランクトン」が描かれている。この「秩序と無秩序の混合物」は都市の必須条件である。皮肉なことに「パリ、トロント、東京、韓国、シンガポールなどの新興都市モデル」からは、ピラネージが示唆・想像した都市的状況のいかなる形跡もなしに、「ピラネージ的な形態と構成」を見いだせる。
——pp.28-30｜『Canadian Architect』一九九四年一月号｜94

ルートヴィヒ・ヒルベルザイマー

■彼の《ハイライズシティ》（一九二〇—二四）は近代建築に悪評をもたらすのにしばしば用いられる例だ。しかしそのビジョンは「一連のコンテクストを踏まえたスケッチに明らかなように、実際は周辺環境へ強く関係する」はずのものだった。
——pp.4-12｜『Design quarterly 125』｜84

■彼の「極端な規律主義も好きですけれども、行き過ぎで、ほとんどコミカルになっていると思う」。
——pp.9-12｜gm｜88

■彼は二〇世紀半ばのシカゴの都市計画で都市の分散化を主張した。独自性の痕跡を剥ぎ取られた「零度の建築」の広がる平原をもつその計画は、ポンペイの都市やセントラルパーク、ベルリンの壁に共通する「無を想像すること」によって考案されている。それらの計画は「大都市の空地が空無ではなく、それぞれのヴォイドがプログラムのために用いられることを明らかにする」ものである。
——p.202｜xl｜95

ウサマ・ビン・ラディン

■現代人は「複合的、複雑なものに慣れすぎているために、ビン・ラディンの外科医的な精密さをもってしても激突されないものをつくることは、現実的にありえない」。
——p.24｜『X-knowledge home vol.09』｜02

アルド・ファン・アイク

■《子供の家》の設計で彼が「大きな孤児のグループをより小さな『家族』へと分割したとき、少なくとも彼はそれらの『家族』と、孤児たちが居住する『家』の間の比喩的な一致」をつくり出していた。しかしその後のオランダ構造主義の建築では「そのような接続は完全に失われ、分割化は単なるマンネリズム」と化してしまった。
——pp.285-287｜xl｜95

ミース・ファン・デル・ローエ

■「私にとってのヒーローだった人達」の中でも一番偉大な存在。彼の建築は「完全な自由と、あらゆるものへの完全な軽蔑」を持つ。
——pp.9-12｜gm｜88

■彼の仕事にはふたつの可能性がある。ひとつは《フリードリヒ街のビル》のように、都市に「新しいスケールを導入することによって、古いものを破壊しながら、そのうえで関係性を回復させる」こと。もうひとつは《コートハウス計画》のように、「非常に単純な原理のなかに、近代主義的な完全なまでの自由度を組み込ませ得ている」こと。
——pp.136-137｜ks｜89

■《シーグラムビル》の設計に際して彼は「ヨーロッパ人としての自我を実現するために、アメリカ人に「成り変わる」必要があった。2つの文化が結合した知性なしに、《シーグラムビル》が実現することはなかっただろう」。
——p.363｜xl｜95

■《クレーラー＝ミュラー邸》の施主の依頼で制作した「白く重みを欠いた」原寸大模型の経験は、ミースを「根本的に変えた」。それは「一九世紀から引きずってきたものの痕跡や重さを慎重に取り除き、消失と分解、浮遊のテクトニクス」を生み出す「もうひとつの建築」を彼に呼び起こした。
——pp.62-63｜xl｜95

■ジェネリックシティが内包する「個性的、無個性的な建築」の祖先はどちらもミースである。《フリードリヒ街のビル》（一九二一）を最後に、彼は個性を欠如させた無個性な箱型の建築へと向かった。その後「より破天荒な建築家たちがミースの放棄した挑戦」に応じた結果、今やジェネリックシティでは「箱型建築を見つけるのが困難」なものとなった。皮肉にも「ミースへのあふれんばかりのオマージュ」は、個性的な建築を放棄したミースが「間違っていた」ことを証明するものとなった。
——p.1260｜xl｜95

■「結局、ミースという人間は異常なほどの安定とか、あの葉巻か、あの巨体（笑）といったもので、ある虚構を演じていたと思う」。
——p.197｜『オペラシティの彼方に』｜97

■「私はミースを敬わず、ミースを愛している。[…]私はミースを崇めず、ミースの崇拝者を敵に回している。[…]「レスイズモア」はカムフラージュだ。[…]ミースはあまりにも簡単に誤読される」。
——pp.182-189｜co｜04

■「ミースは、自分の動機をまったく明らかにしない方法でものを書いていた。そこには、何か意図された大きなギャップが存在する」。
——p.429｜ac｜04

ミシェル・フーコー

コーネル大学在籍時、そこでは彼が教えていた。そのとき彼と「私たちはピクニックに行きました。彼からいかなる重要な知的影響を受けたかを主張することはできません。というのも、私はただピクニックに行っただけなので。当時、この種の様々なインフォーマルな交流はどこでもあり、それは楽しいものでした」。

——『The Cornell Journal of Architecture 8: RE』｜11

ヒュー・フェリス

彼のドローイングは「ある一定の規模、ある一定の臨界となる大きさを越えると建物自体が巨大」なものとなり、その核で起こることが表面上に現れてこなくなることを「とても美しく図解」している。

——p.140｜ano｜97

■マンハッタンの建築絵師として、彼は建築家たちの摩天楼の試案を木炭画で即座にレンダリングする。建物の細部を「黒いもや」

で覆い、「ロマンチシズム」と「神秘」によって染め上げていく彼は、いわば「マンハッタニズムの自動操縦装置」である。《国連ビル》のデザインにおいて、「闇の巨匠」たる彼のドローイングはル・コルビュジエの試案の「アーバニズムの退屈さ」を「かつてないほどに容赦なく暴露」した。

——pp.194-195, pp.462-464 | dn | 99 (78)

ノーマン・フォスター

■彼は「ハイテク建築を特定のコンテキストのなかで扱ったことがありません」。彼がドイツのライヒスタークで設計した新しいドームは「イノセント」な建築です。

——pp.113-134 | ck | 08 (06)

レイモンド・フッド

■「天才なき傑作」である《ロックフェラー・センター》の設計に携わった、「純粋なる創造のための実用主義の詭弁家」。彼は、対立関係に折り合いをつけず「宙づり」にするマンハッタニズムから導かれる定理を「現実のグリッド上に打ち立てる」という役割を担う。それはいわば「人間の代理人」である。この代理人だけが、「精神に堪え難い緊張」を強いることなく「相反する二つの立場を同時に考えることができる」。

——pp.273-345 | dn | 99 (78)

バックミンスター・フラー

■エネルギー問題に対する彼の貢献は「自然とネットワークの連携の極致」だった。彼が四〇年前に描いたダイアグラムは、「エネルギーが線、あるいは通り道のようなものによって世界を巡り、それによりシステム全体の効率性を高め」ることを示したものだった。OMAが現在取り組んでいる北海の「再生可能エネルギー・グリッド」に関する提案は、フラーがダイアグラムを用いて示した提案と、意図せず「まったく同じ」であった。

——pp.28-31 | kz.1101 | 11

マックスウェル・フライ

■「一九六〇年代と七〇年代にラゴス開発に熱意を傾けた建築家」。彼が構想したラゴスの「完全なるインフラストラクチャー」は二年間だけ機能した後「完全に荒廃し、機能不全に陥った」。そして新たに都市に適応するかたちで「再発見」された。この例は「モデルの純粋さとそのモデルが二次的に使用されている現実とのあいだの不均衡」を示す。

——p.24 | th | 02

■イギリスの都市計画家である彼は、熱帯地域の気候に適した建築の実現を検討した。それは「典型的な西洋建築の装飾を避け」た「奇妙な禁忌の牢獄」と呼び得るものだった。

——pp.28-31 | kz.1101 | 11

セドリック・プライス

■七〇年代初頭のAAスクールで、有名な学生たちが教師陣に角砂糖でつくられたメガストラクチャーをプレゼンしたとき、教師の一人であった彼は「どれをつかっても変わりはしない手札—無作為に抽出された初期の論説——のなかから、建築的な節度についてもったいぶった調子で語る」。

——p.215 | xl | 95

■「プライスほど、少ない手段で多くの建築を変えてきた者はいない。他の同業者たちの誇大妄想的な主張に対して、彼は精巧な風刺、スケルトンのドローイング、現実の動員に関する議論の才能でもって、建築の地勢を変えた。六〇年代の彼は、ある種の厳格なオスカー・ワイルドのように、自らを疑おうとしない同業者たちの最も神聖な野心を一つずつ分解するという破壊的な効果をもたらすために、嘲笑とユーモアを用いた」。

——pp.6-8 | 『Re:CP』 | 99

■計画性をあえて持たせない彼の《ファン・パレス》の提案には共感できる側面もあるが、「即興でものごとを変え、しかもそれは予測可能であるという考え方はわざとらしい」と思う。

——p.77 | ck | 08 (06)

ケネス・フランプトン

■「(二〇一四年のヴェネチア・ビエンナーレでコールハースは、近代性が国民性を犠牲にしたかどうかを問うている。それはフランプトンの[批判的]地域主義の主張と似ているのではないかというインタビュアーの質問に対して)ケネス・フランプトンは厚かましい人です。しかし彼がコスモポリタンの開発の対策として地域主義を捉えたことは問題です。その際に彼は地域主義の原因を曲解しました。なぜなら彼は、支持するのが困難な個人的理由で唐突に地域主義を動員しているからです」。[http://www.archdaily.com/488067/]

——web | 『ArchDaily』 | 14

ミウッチャ・プラダ

■彼女はもともと「政治学の博士号を持つ共産主義者であり社会学者でした。そのため彼女たちは当初は、消費主義のなかで仕事をしなければならないことに困惑したのだと思います」。

——pp.35-47 | rp | 09

サミュエル・フリード

■ニューヨークの《グローブタワー》の発明者。彼にとって「球」とは「容赦なく縦に細分化してフロアを作り出すことで無限に床面積を取り出すことのできる源泉にほかならない」。

——p.116 | dn | 99 (78)

ヨナ・フリードマン

■《空中都市》(一九五八)のメガストラクチャーは、実現性を最初から考慮に入れない「極めて安全なビッグネス」の象徴だ。「雲のような金属の拡がりであるビッグネスがパリの上空に漂い、あらゆるものの、無限だがとりとめもない更新の可能性を約束する。決して着地せず、対峙せず、己の正しい場所を主張することもなかった。装飾としての批評」。

——p.504 | xl | 95

カスパー・デイヴィット・フリードリヒ

■彼は「人類に対するある種の罰として自然を描き、ときには、自然を罰する存在として人類を描きます。この物語は、どのような見方をしようとも、宗教的であろうとなかろうと、本質的に反近代的であり、黙示録的な未来を主張します」。

——pp.28-31 | kz.1101 | 11

イヴ・ブリュニエ

■「イヴは多くを語りません。自分の考えを表現するのは、黙ってひとりでさっさと仕上げたドローイングとコラージュのみ。そのドローイングやコラージュには、いつも、暴力、攻撃といった要素に加え強度の苛立ちが込められていました。私にとってもっとも意義深かったのは[…]ランドスケープが、都市においてさまざまな関係性を成立させうる唯一の手立てになろうとしているのを確かめられたことです」。

——pp.89-90｜『Yves Brunier』｜96

プロクルーステース

■人体を自身のベッドに合わせて切断する逸話を持つギリシア神話の人物。八〇年代初頭に流行していた「歴史主義的、類型論的」な建築は、「プロクルーステースもどきの無慈悲なやり口」によるものだ。
——p.153｜7090｜91

ピエト・ブロム

■「他の者たちが『永久』に近代にとどまる」なか、少なくとも彼ひとりが「恐れずにポストモダニストになった」オランダ建築家である。
——p.529｜xl｜95

ヘルツォーク&ド・ムーロン

■彼らの建築は「見た目は穏やかだが、知的で美しく、厳密で肉感的で、緊張」に満ちている。外皮を主題とした作品は通常、仮想的で「重さ」を感じさせない提案が多いが、彼らは逆説的に「現実を強調し、存在を主張するためにマテリアルと戦略を使用する。彼らの作品の核心は、ほとんど農夫のような驚くべき強健さにある」。
——p.123｜『Arch+ 129/130』｜95

■《アスター・プレイス・ホテル》でのコラボレーションについて、「ヘルツォークはやっぱり策略家でもあるから、そんな彼と一緒にやるのは面白かったよ」。
——pp.44-47｜sk.0111臨｜01

ヘルマン・ヘルツベルハー

■彼の《セントラル・ベヒーア》以降、アイクからはじまるオランダ構造主義の建築要素を分割するモデルは「使い尽くされ、建築の明瞭性に深刻な危機を招く極端な退廃の段階に達し、質を落とした」。
——p.287｜xl｜95

マーシャル・ベルマン

■『形あるものはすべて空気に溶け込む』（一九八二）という著書のなかで彼は「近代化とモダニズムをある種の激流と記述しています。その激流は、ちょうどサーファーが波と同調しなければいけないように、根本的な同調関係の中で選択肢はないことを示唆しているのです」。
——p.59｜st｜06 (96)

ヘンドリック・ペトルス・ベルラーヘ

■二〇世紀初頭に彼は、交通量削減のために「ハーグのバイテンホフの空間の定義を破壊」した。「要塞のまわりの元々あった都市構造を切り取り、あらわにするつもりのなかった表面を露出させた」。
——p.281｜xl｜95

ドミニク・ペロー

■彼の《フランス国立図書館》案は「とりわけ賞賛に値する」。OMAは水平案と垂直案のどちらで勝負をしようか悩んでいたが、彼の「コンコルド広場の大きさに相当する長方形のドーナツ」建築による提案は、その両方を同時に成し遂げるものだった。
——pp.296-298｜xl｜95

ジョン・ポートマン

■一九七〇年代にアトランタのダウンタウンを復活させた「アーキテクト兼デベロッパーという尋常でない、恐らく危険な混成品」。
——pp.224-229｜to.1｜94

■「ディスアーバニスト」。
——p.858｜xl｜95

マリオ・ボッタ

■「今や都市は、スターリングやボッタ、および他のコンテクスチュアリストの傑作による改造の後に残されたわずかな穴を満たそうとしている」。
——p.238｜r9｜96

アルヴィン・ボヤスキー

■建築を議論するうえでの「感傷の不在」と「明らかな悦び」を示してくれたAAスクールの元学長。
——pp.224-229｜to.1｜94

マイケル・ホワイト

■アブダビ都市計画審議会（UPC）のシニアマネージャー。「あなたが都市の既存部分に干渉するためのプランをつくっていることは興味深い。なぜなら、そうした干渉は、アラブのコンテクストから影響をうけて存在しているものにも大きく関係することを必然的に意味するからだ」。
——p.218｜『Al Manakh: Gulf Continued』｜10

リチャード・マイヤー

■彼は「あらゆるところ」に建築を建てる。グローバリゼーションを示唆するその新たなカテゴリーは「実在する仮想空間」といえる。
——p.365｜xl｜95

■彼の《ハーグ市庁舎》は、一四階建ての「できるかぎり低層」にした建築だった。そこでは「市民のシンボルとして、アメリカ都市計画の基礎であるアトリウムが導入」された。「それは恐らくオランダで最良の建物のうちのひとつになるだろう」。
——p.575｜xl｜95

槇文彦

■彼の『集合体を求めて』（一九六四）は、CIAMなどの「西欧が独占してきた議論の場に登場してきたアジアからの最初期の発言」であり、集合体という名前には「西欧的実践の個人主義に対する密かな反駁」の意が込められている。
——p.1044｜xl｜95

■徹底して日本についてこだわっていたメタボリズムの他のメンバーとは異なり、「あなたは完全にコスモポリタンであり、世界市民的とも言える。日本だけでなく、もっと世界的に応用できるシステムを考えられている」。
——p.295, p.303｜pi｜12 (11)

増田通二

■パルコの創業者である彼は、広告的戦略によって「裕福層と若者の「個性」とナルシシズムを刺激」した。［＊HDS］

——p.756｜p2｜02

ゴードン・マッタ=クラーク

■彼の作品は、イタリアの美術家の「ルーチョ・フォンタナがカンバス上で行なったことを現実の世界で試みているようなものなのだと思う。彼の作品の最もショッキングでエキサイティングな側面とは恐らく、侵犯の魅惑にあるのだろう」。

——pp.46-65｜ai｜94

カール・マルクス

■彼は「プロレタリアートの努力の成功は巨大な工業都市の存在に依存する」と主張した。一九三〇年代のソ連では彼の主張を強化するため、共産党の支配のもと、都市計画が「共産主義のイデオロギーの統計的な表現」として用いられた。マルクス主義はその後、毛沢東により「彼なりのバージョンとして開発され、都市の密度を支配」するのにも用いられた。［＊HDS］

——pp.47-49｜p1｜02

ブノワ・マンデルブロ

■いま私は彼のフラクタル論について勉強しており、それが「建築に適応可能か否かしらべている。建築をまったく新しい次元にひきあげるかも知れない」。

——pp.143-144｜ks｜89

マーガレット・ミード

■文化人類学者。一九六五年に地中海上の船で、彼女らがエネルギー問題について議論した際に描いたスケッチは、「自然とネットワークの協調が不可避」であることを示している。そのスケッチは現在のスムーズで完璧なレンダリングよりも、「切実で、切迫し」たものとなっており、感銘を与える。

——pp.28-31｜kz.1101｜11

三島由紀夫

■「三島はデカダントで多面的です」。

——p.227｜pj｜12 (11)

ミダス

■ギリシア神話の人物。「ミダス王が触れるものはみな金に変わったという有名な話がありますが、[…]建築家は反転したミダス王と言えるでしょう。つまり、純粋に日常的なものであっても、建築家が目を向けたとたんに、それは誠実さを失ってしまう。」

——p.77｜ck｜08 (06)

メタボリスト

■六〇年代、ヨーロッパの建築家が小さなスケールの建築を洗練させていた頃、「人口動態の圧力」に鼓舞された彼らは「豊かで自発的で自由なかたちで混雑を組織化」する道筋を考案した。

——p.1067｜xl｜95

■チームXはメンバーの線引きが厳格だったため「多くの人を傷つけた」が、メタボリストたちは日本的な意味での「遠慮深さ」をもっていた。

——p.303｜pj｜12 (11)

■「メタボリズムが素晴らしく新鮮だったのは、本質的にコンテクストを問わないものだったからだと思うんだ。基本的にコンテクストなんてない、未来の建築はコンテクストから自立して存在しなくてはならない、という主張だったんだよ」。

——p.51｜pj｜12 (11)

コンスタンティン・メルニコフ

■《ラジオシティ・ミュージックホール》が「メルニコフの仕事と関係があった」事実を発見したときは、ニューヨークとロシア構成主義の間につながりがあったという意味で「実にエキサイティング」なことだった。

——p.131｜ks｜89

ヘリット・リートフェルト

■彼の住宅作品は「私の想像力をかきたてない。なぜかといえば、単に形態の遊びに過ぎないからだ」。

——p.137｜ks｜89

リッポーグループ

■インドネシアの華僑の財閥であるリッポーは「政治と開発の折り合いをつけるためにショッピングを用いる根無し草の帝国」だ。［＊HDS］

——p.433｜p2｜02

ゲルハルト・リヒター

■「ビッグネス」のもたらす「ポスト建築的な風景」は「絵の具を引っ掻いて出来ているリヒターの絵画のように建築を引っ掻いてしまった世界だ。フレキシブルさに欠け、非可変的で、決定的で、恒久的で、超人的な努力によって生成する」。

——p.516｜xl｜95

ダニエル・リベスキンド

■グラウンド・ゼロの「コンペに勝利した移民の建築家」。そのとき彼は「初めて自由に出会った経験を感動的に詳しく述べていたが、後に残してきたものについて、すなわち、五七年のスターリン主義のポーランドについては言及を避けた。崇高な存在であったツイン・タワーの代わりに、ニューヨークは五つの塔とともに生き続けることになる。ふたつのブラック・ホールを囲む、建築家の大鎌一振りで傷をつけられた、五つの塔とともに」。

——pp.110-113｜ic.50｜04

■「ベルリンの本質である崩壊を相手にできる建築家」であり、九一年のポツダム広場改造計画コンペでは「ベルリンを修理しようとか、合成的なメトロポリスを（再）構築しようとはしなかった」。

——p.120｜ck｜08 (06)

ディエゴ・リベラ

■メキシコの壁画家である彼は「世界でも稀れな視覚による大衆煽動家のひとり」だ。彼はロックフェラー・センターのロビーにレーニン像が描かれた巨大な壁画を制作した。その「法外な大きさは、ソ連とアメリカの人工的合体物が生命の火花を散らして現実に動き出すことは決してあるまいというリベラの意識下に潜むペシミズムの大きさをそのまま表わすものなのである」。

——pp.366-382｜dn｜99 (78)

■ **ル・コルビュジエ**

マンハッタンを「征服」しようとしたル・コルビュジエとダリは「犬猿の間柄」だったが、ル・コルビュジエの性格や手法には、ダリと同じく「偏執的傾向」が見られる。物質的側面には手を入れないダリのシュルレアリスムによる征服に比べ、ル・コルビュジエの《輝ける都市》は「文字通りの建築行為」であるがゆえに、ダリよりも「遥かに信じ難い代物」になる。既存のグリッドを一掃し、高架道路網と芝生を導入し、摩天楼を撤廃することで、彼は本気でマンハッタンの「生命線とも言うべき過密」を解消しようとしたのである。しかし構想は実施には至らず、一九三九年のニョーヨーク万博という「摩天楼から追放された内部」でのみ実現させることができた。「ル・コルビュジエは結局マンハッタンを呑み込むことはなかった」。

——pp.391-466｜dn｜99 (78)

■ **ポール・ルドルフ**

《ロウアー・マンハッタン高速道路計画》のような、彼のニューヨークでの「ほとんど不可能なメガストラクチャー的な想像」は、その二五年後にシンガポールのヤシの木の中で孤立した状態で実現した。「シンガポールは今や他の場所で産み出された野心を実現するための目的地なのだろうか」。

——p.364｜xl｜95

■ **ウイリアム・レイノルズ**

上院議員である彼は「すべての遊園地に終止符を打つ遊園地」として外界から断絶されたニューヨークの海上に「ドリームランド」を構想する。その計画の基本的な手口として彼は、現実に対して「超現実的なやり方で張り合う」。ドリームランドが大火災で燃え落ちたとき、各新聞社は当初「またもやレイノルズが人目を集めるために演出する大災害の芝居だと思ったのである」。

——pp.73-99｜dn｜99 (78)

■ **イワン・レオニドフ**

彼の《ソヴィエト重工業省計画案》は個性を欠いていると非難されることもあるが、実際は赤の広場の「コンテクストと歴史の関係の構築」に焦点をあてた個性的な計画だ。「歴史的引用物をつくるのでも、単にクレムリンの構造を模倣するのでもなく、それは周辺コンテクストの構造と主題からの推論によるアナロジーをつくる。[…]既存のものと新たなものとの融合による建築的変異を与えるため、彼はあたかも謎の肥料を赤の広場の大地に塗布するかのように、自身の建築物を敷地に挿入する」。

——pp.4-11｜『Design quarterly 125』｜84

■「建築家なら、ふつうは白地の上に黒い線を描くものですが、彼はいつも黒のなかに白い線を描いた。火急の建築家は本質だけを描き出し、それが僕を魅惑するのです」。

——pp.7-30｜ck｜08 (06)

■ **コーリン・ロウ**

彼はモダニズムを「イデオロギー的なもの」から「より容易に消費」できるものに変えた。この「ロンダリング」によって、「ヨーロッパのモダニズムからアメリカの建築までに至る系譜」は変換された。

——p.27｜ec.53｜92

■[ロウの《ローマ・インテロッタ》の図版を例示しながら]コンテクスチュアリストの計画は、都市の「数世紀にわたる変遷」を「単発の構想の中にはめ込む」ものであり、それは「歴史的連続性を短絡化」させる。既存のコンテクストは「支援困難な仮定と推測に耐えること」を強いられ、状況的なものは「具体性と特異性のアウラを喪失させながら別のユートピア」と化す。

——pp.282-285｜xl｜95

■彼は「アメリカ人の頭脳の全セクションを取り出した一種の外科医」のようなものだ。『コラージュ・シティ』での「彼の美学にはアレルギーを感じていた」。

——pp.35-47｜rp｜09

■ **セリンデ・ピーターチェ・ローゼンブルク**

母である彼女は舞台のセットや衣裳を手掛けていた。彼女はスペイン系の血が入っているらしく肌が黒かったので、誰しもが彼女のことを「イランの王女」だと思っていた。

——pp.362-363｜ec134/135｜07

■ **ディルク・ローゼンブルク**

母方の祖父で建築家の彼は「ライトに非常に大きな影響を受け、ラーキン・ビルのコピーを作り、ハーグでロビー・ハウスに似た家に住んでいました。私もそこに住んでいたので、祖父から強い影響を受けたと思います」。

——pp.9-12｜gm｜88

■「祖父は大企業の社屋を建てましたがモダニストでも保守派でもありませんでした」。

——ka｜07

■ **バート・ローツマ**

建築批評家である彼は『Superdutch』において、MVRDVの建築に見られる「野心の縮減」が「新たなオランダの建築の最初の象徴になることを認め、マーケティングとブランディングのキャンペーンへの燃料供給のためにそれを使用しようとしている」。

——p.32｜hu.3｜01

■ **ロケッツ**

《ラジオシティ・ミュージックホール》の劇場を有効利用すべく結成されたダンスグループ。人間の肉体を否定する衣装や筋書きのない運動は「抽象的な劇的エネルギー」をもたらす。

——pp.356-364｜dn｜99 (78)

■ **サミュエル・ロキシー・ロザウェル**

《ラジオシティ・ミュージックホール》の建設推進者。「沈む夕陽」をホールのデザインのモチーフにし、「幻覚作用を持つガス」による「人工的エクスタシー」をつくり出そうとする彼は「メトロポリスの大衆を悦ばせるまやかしの専門家」である。

——pp.346-352｜dn｜99 (78)

■ **アーネスト・ロジャース**

私が関心を持っている「一九五〇年代と一九六〇年代の凡庸な建築」は、彼らの作品の「派生物」である。

——p.70｜xl｜95

■ **アルド・ロッシ**

福岡のホテル《イル・パラッツォ》は「日本の城のように周辺環境を支配」する。「シニカルな―とても楽しげなファシスト」のようだが、その「外皮は不思議な魅力」をたたえている。それは地元イタリアにおける「イデオロギーの重荷」から解放され、日本の創意によって後押しされた「ハイパー・ロッシ」建築だ。

———p.364｜xl｜95

■「ロッシ以後、われわれは都市が歴史なしで存在しうるとは考えられなくなった。しかし今日では、歴史なしで生活することを少しも問題に思わない人々が広範囲にわたって存在する」。
———p.309｜mu｜01

言説選B-side——世界が見たコールハース

言及者

■コメント
———頁｜文献｜年(原著)

ピーター・アイゼンマン

■建築において批判性のある「特殊なもの」を成立させるには、そこに「一般的な可能性を包含すること」が必要となる。彼はそのような「特殊のなかでの一般を求めて努力」している。しかし彼の建築の場合、「一般的なもの」は「タイポロジーの支配的条件」を越えた「批判的な一般条件」を表すものとなっている。
———p.143｜『Anytime』｜01

■《ジュシュー図書館》は、ル・コルビュジエの《ストラスブール会議場》から始まる斜めの床の批評性と《フランス国立図書館案》や《アガディールコンベンションセンター案》で得られた経験の結合である。しかしジュシューでの「批評的で理論的な議論」は、《シアトル公立図書館》や《カサ・ダ・ムジカ》での「ダイアグラムのアイコン的な使用」に取ってかわった。これら後続の建築においては「ダイアグラムの読解が建物の読解に接近」するため「精密な読解がもはや必要ではなくなる」。それは「形態の即時性と大衆性」を持つ「ロゴやブランドとしてのダイアグラム」だ。
———pp.200-228｜『Ten Canonical Buildings: 1950-2000』｜08

■「君は東アジアの学生に、中東やアメリカの学生に教えていることと異なる内容の教育を施してはいない。君が教えているのは「レム」そのものだ」。
———p.24｜sc｜10

ピエール・ヴィットリオ・アウレリ

■ウンガースの《緑の群島：都市の中の都市》に示される「群島の概念」は、コールハースの《囚われの球を持つ都市》に示される「都市のパラダイムとしてのニューヨーク」の思想に根本的な影響を与えた。「ウンガースにとって、都市を構成する各パーツは互いに対立するものでなければならず、それゆえに、分離することで結合がなされるという弁証法的原理に縛られる。一方、コールハースにとって、ブロック間の差異はそれ自体の差異となる。そこでの多様性は普遍的原則に影響されることなく無限に展開する」。
———p.25｜『The Possibility of an Absolute Architecture』｜11

青木淳

■「《クンストハル》がもっている質というのは、ロッテルダムの街の一部がそのまま建物になっている、という質です。その質の実現のために、この形式が必要なんだなと思える。形式の選択と質の選択は相互補完関係にあるのです」。
———p.374｜『住宅論』｜00

■彼の《フランス国立図書館コンペ案》は「案そのものも大変面白いと思うけれど、むしろその設計過程で感じられた喜びのあり方が、個人的なことかもしれませんけれど、その後の自分の設計において、もしかしたら長らく唯一の判断基準になっていたのかもしれません」。
———pp.4-5｜sk.0111臨｜01

■現在の彼は「まさに資本主義の世界のカリカチュアともいえるところまで、徹底的にその論理を使い切ろうとしています。でも、それはやっぱり退屈なんですね。もうわかりきっている芝居を、大仰に演じているのを見せられているという感じ」。
———pp.86-87｜sk.0111臨｜01

浅田彰

■彼の言う「¥€$」は「資本主義的ニヒリズム」である。
———p.280｜anh｜00

■彼は「いかなる建築のユートピアをも粉砕しながら驀進する資本主義の『世界＝都市』のおそるべきリアリティを、あくまでアイロニカルに肯定してみせる」。
———pp.32-35｜to.23｜01

■any会議の最終回の討議で「アイゼンマンが建築固有の理論が必要だと主張したのに対して、コールハースが、建築ではなく都市、さらにはその背後にあるグローバル資本主義こそが重要」だと開き直ったことこそ、会議の「最終的回帰を示す瞬間」だったと思う。
———p.281｜anh｜07

■二〇〇九年に北京の《CCTV》ビルで、打ち上げ花火による火災が発生した。「ミノル・ヤマサキの名が破壊されたWTCによって残ったように、レム・コールハースの名も炎上したあのビルによって残るのかもしれません」。
———pp.52-53｜『思想地図 vol.3』｜09

■「現在をポストクリティカルと断ずるコールハースの立場に必ずしも同調しない私は、そこにあえて批判的距離を放棄するシニシズムを見ずにはいられない」。
———p.67｜eu｜09

ジャン・アタリ

■「コールハースは潜在的な意味の消費によって形態が外面化されるのだと考える退廃的思想の保護下に自らの立場を置くことはしない。退廃的なイデオロギーによって、この建築家の美文学が台無しにされてしまうことはない。それどころか、彼の主要な提案にみられる建築と都市計画の間の対立は、概念的で操作可能な新しい試みの保証とみなすことができる」。
――p.273｜mu｜01

クリス・アンダーソン

■ＡＭＯの「コンサルティングの利点であり欠点でもあるのは、素晴らしく新しいアイデアをもっているけれども、それを商業的なコンテキストの中に位置づけるのが決して簡単ではない、ということです」。
――pp.252-254｜ac｜04

安藤忠雄

■「コールハースのいらだち苦みばしった相貌は、理論と現実の距離を縮めようと日々真剣に闘う彼が抱え込んだ、内なる葛藤の激しさを物語っている」。
――pp.110-111｜『建築家たちの20代』｜99

■「その視野の広さと恣意性を排除した冷静な分析もさることながら、何よりその時代とともに疾走するスピード感こそが彼の、そして彼の建築の最大の魅力といえるでしょう」。
――p.33｜『安藤忠雄 建築を語る』｜99

飯島洋一

■「六〇年代のラディカリズムから毒気を抜き取っただけのレム・コールハースの言う、[…]“¥€$”という合言葉で『外部』や『葛藤』、あるいは『ゴツゴツとしたもの』を否定する発想は、ひたすらあらゆるものを『平坦』に還元する道につながるだけである」。
――pp.79-80｜『現代建築 テロ以前／以後』｜02

ハンス・イベリンフス

■「コンセプチュアルなアプローチから建築を捉え始めた開拓者」。
――pp.30-35｜kb.0406｜04

五十嵐太郎

■「コールハースもチュミも、彼らが唱える『プログラム』というのは、たぶんそれまでの建築の計画学を崩していく方向につながっていく。そして二人はいみじくもすごく東京に関心をもっている訳ですね」。
――p.283｜anh｜00

■「暴力的な膨張を続けるアジアを肯定し、古臭いヒューマニズムにしがみつくモラリストをあざ笑う。そして資本主義のリアルを叩きつけ、ノスタルジックな都市論を粉砕する。コールハースは、過去を懐かしむ人達よりも徹底した他者の視線をもつ」。
――pp.177-187｜to.25｜01

■「空間から状況へ」展に参加した「若手建築家の態度は、資本主義に賛同するレム・コールハースとも類似している。ゆえに、プチ・コールハース症候群と言えるかもしれない。もっとも、コールハースはグローバルな資本主義が古い『建築』の限界を突破させるとみなすが、若手はそこまで極端ではない。またコールハースは、その極端さゆえに、アイロニカルな身ぶりとも解釈できるが、若手はアイロニカルというよりは、現状に対する素直な態度のように見受けられる」。
――p.18｜『空間から状況へ』｜01

■「コールハースはユートピアを信じていない。だから、素朴なコンテクスト批判はしないだろう。しかし、彼は、資本主義が臨界点を超えると、その足場を形成するコンテクストそのものが壊れていくようなヴィジョンをもっているのではないか。それが彼の魅力である」。
――pp.142-147｜『戦争と建築』｜03

■彼の作品は「既存の枠組に従い、洗練されたすぐれたデザインを行なう」のではなく「ゴツゴツしていてもいいから、いわば問題提起を行なう建築」だと思う。
――p.115｜eu｜09

池田昌弘

■ＯＭＡのオフィスに行った時、「まるで、オランダのフラットでフレキシブルな民主主義を生き抜き、アメリカで自由競争を勝ち抜いてきたかのような、新しい建築家像をみているような気がした」。
――p.39｜sk.0111臨｜01

石田壽一

■ＯＭＡの建築によく現れる「動線フローの為す終端のない連続性」は、低地オランダの「運河都市の流動的な経路性そのもの」と読み替えることができる。
――p.74｜『低地オランダ』｜98

■『錯乱のニューヨーク』での主張の背後には、「西ヨーロッパにありながら、古典主義的文脈からは乖離した、アンチ・ロマンで、感情移入不能で、中心も周縁も存在せず、離散的で、余計なものがなく、にもかかわらず物的過密性と極限的な環境が固有の文化を形成する、そうした「新たなる都市主義」としての「水平で巨大な構造」を巡るパラダイムの浮上」が見え隠れしている。
――pp.95-97｜sd.9902｜99

磯崎新

■「君は常に世界で起こっていることを冷静に分析し、それに対抗する批評として自分の作品を組みたてようとしている」。
――p.138｜ks｜89

■「〈ビッグネス〉の果たしている暴力行為は私がデミウルゴモルフィスム(造物主義)と呼ぼうとしている、この視覚世界をゆさぶりはじめている出来ごとの端緒でもあるし、何よりも興味深いのはルネサンス以来のアントロポモルフィスム(人体形象主義)へのレイ・オフ宣告だからでもある」。
――p.16｜gc｜95

■現在の中国の権力者たちが好む未来社会のモデルは、「マンハッタンとラスヴェガスとディズニー」であるが、彼の《ＣＣＴＶ》はこの三つの価値基準に「入っているかのごとくにして入っていないと僕は見ています」。
――p.294｜ant｜07

■彼は「毎日のようにプールで泳いでいる」が、自分は「立ち泳ぎか横泳ぎ」がせいぜいである。そのような両者の「遊泳術の違いがグローバル化する世界への対応に表れているのではないか」。
――p.48｜sk.0805｜08

■「ウォーレス・ハリソン論を彼はちゃんとやってみるべきだと思うんです。それはイコールＯＭＡ論ということになるんじゃないかな」。
――p.46｜eu｜09

■「一切の過去を忘れて白紙のなかから都市を組み立てろ」という彼のジェネリックシティ論は「ユートピア捜し」といってもよい。

——p.286｜『磯崎新の建築・美術をめぐる10の事件簿』｜10

■《CCTV》の国際コンペで「多くの審査員が、気狂いじみたジョークだ、と思ったらしい」彼の案を推す為に「まったく無関係にとりだされた形態をこのインスティテューションのアイコン(何ものをも代理しない)と認定する」説得のロジックを考えた。

——p.7｜『ビルディングの終わり、アーキテクチャの始まり』｜10

■《CCTV》コンペの審査を務めたとき「僕は最初にレムの案を推した」。

——p.26｜『アーキテクト2.0』｜11

■『S,M,L,XL』で彼が弁明しているのは「内容と形式の一致を要請する表出論の過程での倫理規定が破産した今日にあっては、破産管財人を引き受ける他あるまいということだ。[…]内容と形式のズレこそ面白い。ほとんどシニカルなまでの居直りだ」。

——p.224｜『磯崎新建築論集2』｜13

■プロジェクトを通じて「崩壊する論理を論理的に証明」しようとする「究極のニヒリスト」。

——pp.554-556｜dn｜99

伊藤公文

■「彼は今やスーパースターだ。[…]コールハースのあけた風穴によって、オランダ建築家の若い世代は幾つもの重圧から一挙に解放され、生気を取り戻したように思える」。

——pp.48-49｜sd.8508｜85

伊東豊雄

■「野球におけるピッチングマシンのように、感情的たかぶりや精神論をまじえ」ない「ファンタジーを製造する機械」。

——pp.61-76｜kb.9109｜91

■「社会的事象としての建築をスキャンダラスな事件に仕立て上げるレポーター」。

——pp.131-133｜au.9611｜96

■「現代の事件は根深く構造的で複雑なため、誰かがその構造を嗅ぎつけ、そこに着目しナイフを刺さないと見えてこない。レムの建築はいつも事件の現場へ出掛けていって、ナイフを突き刺し、黒い血を噴き出させるような役割を負っている」。

——p.58-67｜sk.0101｜01

■「設計の方法論を考えたときに、レムがコラボレーションという方法をもち出しているのは、意図的かつ自虐的に、あえて方法をかき乱そうとしているような気がするのです」。

——p.91｜sk.0111臨｜01

■彼と自分との建築の共通点は「構造が意味をもっているという点でしょう。僕の場合は、形態そのものよりも、構造と表面を一致させて表現することに興味がある。[…]一方レムは、アクロバティックな場合も含めて、その構造を形態の表現と組み合わせてつかっています」。

——pp.374-385｜ac｜04

■彼は「資本の流れのなかに立ちながら、他方で資本と大立ち回りしているようなポーズを取って」建築をつくっている。

——pp.82-93｜to.48｜07

■同世代で興味の沸く戦略を採っている建築家は「やっぱり、レム・コールハースですね。ただし、中東や中国ばかりに出掛けているから、『ヤバイな』とも思っているけれど……」。

——p.134｜『日本の建築家』｜13

ジェフリー・イナバ

■「建築家のアイデンティティ・クライシスの原因が理論とデザインというのは問題のはき違えだということをレムは見抜いていた」。

——pp.86-88｜kb.0304｜03

■「AMOがほかのコンサルタント会社と異なるのは、金融的、経済的なリサーチをやるのではなくて、その企業のアイデンティティーの一部分である文化的力学に関心があるということなのです」。

——p.344｜ac｜04

乾久美子

■イエール大学の学生時代、周囲の学生と同様に「私もやはりコールハースに影響されながら課題に励んでいた学生なのですね。というよりも、コールハースのおかげで建築がわかるようになったといってもくらいです。[…]そのあっけらかんとした明晰さをもつ論理と、そこから導き出された形態の異様さとのギャップが非常に新鮮だったわけです」。

——p.46｜『隈研吾：レクチャー／ダイアローグ』｜07

井上章一

■一般的に自意識の強い建築家は、自身が成金めいていることをいやがり「本当は前向きで、意気軒昂なくせに、病人のふりをするのである。レム・クールハースには、しんじつ病の徴候があると言われようか。しかし、現代中国にそびえたつその建築をながめていると、やはり元気なんだなと感じる。ビョーキのふりをしているとしか、思えない」。

——p.37｜『INAX REPORT No.175』｜08

今村創平

■「コールハースの作品は、ヴォイドが動線と一体となって建物の中を回遊する『プロムナード系』、内容と外観に関係を持たせないシンプルな手続でプログラムをそのまま建築にする『ダイアグラム系』、特にヴィジュアル的にまったくアピールしない、無表情の建物である『ジェネリック系』の三つの傾向によって整理することができる」。

——pp.240-279｜『現代都市理論講義』｜13

岩井克人

■「世界の都市の八割がいわゆる『ジャンク・シティ』であり、もはやそれに対して『NO』とは言えない状況にあって、建築家にとってのモラルとは何か、道徳的であるということは一体どういうことなのか」。

——pp.26-37｜th｜02

ビャルケ・インゲルス

■「彼の本を通じて私はル・コルビュジエを知り、建築が自律的な芸術形式ではなく社会の道具になりえるという考えを発見しました」。[http://www.archnewsnow.com/features/Feature353.htm]

——web｜『archnewsnow.com』｜11(10)

カジス・ヴァルネリス

■彼の「狂気とは、プログラムを無意味なインフォグラフィクスに変わる極限まで推し進めることだ。すなわち、建物それ自体を最終的に空白としての『形態への回帰』をあらわにしたグラフィックデザインの一部に還元すること」。

——pp.129-136｜lo.6｜05

マーク・ウィグリー

■「初期のロシア・アヴァンギャルドの不安定性とハイ・モダニズムの安定性との関係を追求」する「デコンストラクティヴな建築家」の一人。
——pp.10-20｜『Deconstructivist Architecture』｜88

アンソニー・ヴィドラー

■《フランス国立図書館案》のガラスの立方体はモダニズムの「透明性」を追認し、同時にその複雑な批判」にもなっている。そこで「透明は半透明に転換され、さらにそれが闇と不明瞭に転換」される。それは「鏡となることの拒否、つまり内的表象と外的反射の両方を吸収しようとする性質」である。
——pp.204-211｜ano｜97（91）

■「彼にとって建築用語は、チャットルーム、ファイアウォール、ウェブサイトなど、ウェブやネット上の用語に幽霊のように取り込まれてしまう仮想的なものとなった」。
——pp.59-63｜lo.1｜03

■OMAのドローイングは「冷酷なまでに『科学的』な、機械がもてる融通性を単に活かして所定のアングルで切り取られた様々な光景である」。
——pp.149-150｜wo｜05（04）

■「サマーソンやバンハムにとって、プログラムへの新たな感覚を普及させるために理論を書き直すことは避けられなかった。理論は合理的な解明とマニフェストに直結するものだった。コールハースにとって理論とは、仮想空間へ追いやられ、それが有用である場合には使用される単なる建築的言語である。より重要なのは、建築の語彙としての理論に取って代わりつつあるものが、グーグルで検索されるような、オンラインの潜在的に網羅的なカタログであるということである」。
——p202｜『Histories of the Immediate Present』（デルフト工科大学博士論文）｜05

■《ニューヨーク近代美術館増築計画案》で彼は、「生物学と地質学のメタファーを利用し、高価な素材で形成し、[…]恒星の輝きをもつ光をそなえた都市を喚起させながら、[…]失われた世界の現代的ファンタジーの最新テクノロジーとコンピューターによる映像を交差させている。同時に、彼は透明性よりも半透明性のほうに関心を持っており、そのため彼独特なアイロニックな機能主義には詩的物質性がそなわることとなった」。
——pp.408-409｜『歪んだ建築空間』｜06（00）

上原雄史

■「力の論理の隙間に自由を模索する現代人」。
——p.155｜sd.9807｜98

■「彼は、設計の過程でディテールを、過去の建築体系がしたのと同じように位置づけることはしない。過去の建築のように建築家が扱う部材の接合方法として位置づけず、逆にこの部分を無化しようとする」。
——pp.80-89｜to.16｜99

■ショッピングのリサーチを通じて彼は、複製技術時代の「ベンヤミン的残骸を後近代的な都市風景に見出し、ボードリヤールのシミュラクルと等価であると結論した」と考えられる。
——pp.165-172｜to.19｜00

■オランダのアイクやヘルツベルハーが「建築を社会と歴史と現代のインテガー（調和した主体）として定義し、かんじがらめにしたのに反し、コールハースはそれを解体し、建築を人と人の出会いの場として、建築と人間との関係の改善を行なった」。
——pp.146-147｜sk.0111臨｜01

■「すべてのものが消費の対象であると考えた瞬間に成立する建築と、どこかに消費されないで残るものがあるに違いないと考えてできあがる建築。レム・コールハースの現在は、そんな消費のパラダイムにおける差異（ディスクラパンシー）を問題にしている」。
——pp.7-11｜au.0107｜01

■「「妄想（ファンタジー）＝コンセプト＝快楽（エピキュール）」という超現実的な三段論法を建築の内部に生成する才気あふれるレム・コールハースの方法に、アイロニカルなアドルフ・ロースの姿を投影するのは私だけでしょうか」。
——pp.136-145｜au.0303｜03

チャールズ・ウォルドハイム

■「コールハースとフランプトンはその文化的、政治的相違にもかかわらず、九〇年代半ばまでに、不思議なことに一点に収斂する立場をとるようになった。[…]ランドスケープが建築の役割を奪い取ったという認識で意見が一致したのである」。
——pp.33-53｜『ランドスケープ・アーバニズム』｜10（06）

マデロン・ヴリーゼンドープ

■一七歳の頃にパーティで初めてレムと会話したとき、「まるで彼が女の子であるかのようにおしゃべりをすることができたのです。[…]ふだん男の子の話につきあうときのように言葉に気をつける必要はありませんでした。彼はあらゆることに関心をもっていたので、すぐに私を惹きつけました」。
——p.30｜mv｜08

マティアス・ウンガース

■「彼はいつもデータを集めることだけに専念しているようで、終わりに達することなどないかのようだ。なぜなら何か結論を出そうとした段階で、すでに収集された情報は古くさい建築を創造しているからだ。彼は、時代精神（ツァイトガイスト）の波乗りをするサーファーだ」。
——pp.57-58｜『The Invisible in Architecture』｜94

オクウィ・エンヴェゾー

■彼は「ジャンクスペース」の「熱烈な信奉者であると同時に背教者でもある」。
——p.162｜wo｜05（04）

大島哲蔵

■「彼は高度資本主義を桎梏ととらえるのではなく、巨大ゲームセンターと見なしている。肥大化した体制のもとでは、知性も愚昧もカードの裏表でしかない。今のところ彼の唯一の弱味は、ゲームオーバーがないと仮定しているところだけだ」。
——pp.168-180｜『スクウォッター』｜03

太田佳代子

■「AMOが日常的に行っている仕事は、最終的にはすべて優れたヴィジュアル・コミュニケーションにかかっている。画期的なリサーチの成果もさることながら、面白いアイディアを視覚的にどう見せ、人を説得するかにしのぎを削っている」。

———pp.34-35｜sk.0401｜04

■OMAでは「じつにさまざまな国の、さまざまなバックグラウンドの、さまざまな思惑を抱いた人間が交差する」。ロッテルダムという「地元の環境との無関係ぶりは、ハイテンションの人物往来ぶりから、テンポラリーに存在する自律した領域「TAZ」を彷彿させる。ただし、たった一人の男を中心に維持されてきたテンポラリー・ゾーンであり、その中心性ゆえに厳密には矛盾するのかもしれないが」。

———p.149｜ic.51｜05

岡河貢

■彼の「建築（思考）がなによりも魅力的なのは、今まさに彼が近代建築の重力圏を、より進化した近代の思考プロセスとテクノロジーによって抜け出そうとしているからにほかならない」。

———pp.170-171｜sk.9004｜90

■「資本主義社会の欲望の無意識の養分の海の中でのモダニズムがつくり上げる悪夢と正夢が混在した近代建築の遺伝子操作の実験、これが彼の九〇年代の意味である」。

———p.39｜sk.0111臨｜01

岡崎乾二郎

■「村野藤吾とコールハースの共通点は、ウンハイムリッヒといえばウンハイムリッヒだけれども、主体ですよ。回収しきれない剰余として、おれたち芸術家がまだいるとネガティヴに言っている。パンクですね。身体を自分で傷つけて、自分あるいは建築の消去し難さを認知している」。

———pp.76-97｜kb.0010｜00

岡部憲明

■「コールハースがやっていることは、一種のアーキタイプの形成、現代の社会におけるさまざまなことに対して読み換え作業を行い、それを建築の中のどこに放り込むかという実験をやっているわけです」。

———pp.101-103｜kg｜99

ハンス・ウルリッヒ・オブリスト

■多くの者がOMAやAMOの仕組みを解明しようとしてきたが、「OMAはこれこれしかじかである」と言うころには既に「OMAはすっかり違うものに変化していて、自分が言ったことがクリシェに終わってしまう」。そうしたことが起こるのは、彼の仕事がすべて「クリシェの批判」だからだ。

———p.316｜ac｜04

■「オフィスはロッテルダムに、家はロンドンとアムステルダムにあり、毎週のように外国を旅する」彼は、まさに「究極の市民権コラージュ」を成し得ているといえる。移動すらもコラージュ風で、歩むごとに「自分なりの都市」がつくられていく。

———pp.31-58｜ck｜08 (06)

貝島桃代

■「彼にとって、ダイアグラムは不透明な都市のレントゲン写真のようなものだろう」。

———p.20｜kb.9208｜92

■「あなたがコールハースの建築と同じ感覚を東京で味わいたいなら、交差点直前の直進車線から渋滞する右折車線に割り込むといい。そのモラルには欠けるが効率の良い行為は申しわけなさと得をした気持ちのいりまじった感じでとてもコールハース的だと思う」。

———p.43｜gc｜95

勝矢武之

■「OMAを率いる建築家、現代都市をリサーチする都市計画家、現代世界を問う作家、AMOを束ねる編集者、その各々が完結したコールハース自身ではないだろうか。『コールハース』という名だけを共通通貨として、各々は統合されることなく散種されていく」。

———pp.42-43｜kb.0110｜01

柄谷行人

■彼の「アイロニーは、建築を純粋に芸術として見ようとする限られた人々のあいだでのみ、有効である。［…］この芸術性の否定の身振りによって、建築をより芸術的たらしめようとしている」。

———p.134｜anh｜00

■彼は「資本主義のグローバリゼーションを肯定する。しかし、それは必ずしも、彼が現実に資本主義を肯定しているからではない。むしろ、彼は資本主義に反対なのである。とはいえ、資本制経済を制御するいかなる企てにも希望をもつことはできない。その結果、彼は、資本主義的経済を加速的に発展させてそれが内部から崩壊するに至るようにする、という考えをもったように思われる」。

———pp.229-240｜『定本 柄谷行人集 第2巻』｜04

■「ユートピア志向」を根本的に否定し「資本主義のディコンストラクティブな力こそ偉大だ」というような考えを建築界で代表していた人物。これは事実上、「ネオリベラリズム」と同じであり、それゆえ彼はany会議で「優位に立った」。

———p.40｜『Any：建築と哲学をめぐるセッション』｜10

ロベルト・ガルジャーニ

■「ジャンクスペース」で彼は「まだ言い表せずにいたジェネリックシティ、ビッグネス、ティピカル・プラン、そしてとりわけショッピングの本質を表わす空間の特質を定義」しようとした。「《在ベルリンオランダ大使館》や《ホイットニー美術館増築計画案》の最終案におけるキャンティレバーのガラスの床。《ハーグ・ダンスシアター》のスカイバーによって支えられたプラットフォーム。《ダラヴァ邸》のプールの通路。《ジーブリュッヘ臨海ターミナル》、《シアトル公立図書館》、《ユーラリール》の駅舎の目眩がしそうなピラネージ空間。《ボルドーの家》や《ダラヴァ邸》における不安定なバランスの非対称構造。アルミニウム、ポリカーボネート、流動化コンクリートによる反射的あるいは透明な表面。これらは「ジャンクスペース」で述べられているトラジェクトリーを踏まえた場合にのみ、完全に説明づけることができる」。

———p.321｜『OMA/REM KOOLHAAS』｜08

菊竹清訓

■《クンストハル》の床がグレーチングになっている部分は、僕の考案した「かたち」の「三段階方法論」では理解できない。

——p.145｜pj｜11

菊池誠

■彼らの描くプロジェクトのドローイングは「ここではない場所(ユートピア)を求める代わりに、いま、ここでを求める。それは悦楽主義とひそかに通じあうところがある」。

——p.150｜『トランス・アーキテクチャー』｜96

北山恒

■「彼の身振りは資本システムのただ中にありながら、その資本に対する悪意がどこか込められているように見える」。

——p.40｜sk.0111臨｜01

ウィリアム・ギブソン

■《フランス国立図書館案》のような「未来派的ヴィジョン」は「私の作品に大きなインスピレーション」を与えてきた。それは「趣味の良し悪しなどにはけっして束縛されず、テクノロジーの夢によって媒介された光景」である。

——p.152｜ano｜97 (91)

ジェフリー・キプニス

■「彼は、形態はもはやいかなる新たなものへも連ならないと主張して、ますます新しい形態の実験を拒否するようになっています。彼はモダニズムの空白の直角性、格子や直方体へと戻りつつあり、その代わりにプログラム上の新たな戦略と部分の新たな配列法にその注意を集中させています」。

——p.320｜『Anywhere』｜94

■彼は「伝統的な材料や洗練されたディテールにたいする計算された軽蔑を、彼の作品のはっきりした特徴に変換」する。さらにそれを、「プロジェクトをサポートするために彼が創案した、構造的な偽装、時間によって変化する機能など、その他多くの革新的な設計手法」に整合させている。

——pp.64-65｜au.9505｜95

■要求されていた規模を縮小して提案した《ジュシュー図書館》のように、与えられた「要項の期待値をラディカルに縮減」することは、彼の最近のアプローチに特有のものだ。「外科医よりもむしろサディストのように、彼はその神経を露出するほどまでに脂肪や肉さえも大幅に削減し、要項に切り込みを入れる」。しかしときに彼は《テート・ギャラリー》計画のように「神経をカットし、プロジェクトを殺す」こともある。テートの計画は「美術館にたいしてほとんど何もしていないのと同じように、建築にたいして何もしていない。その核となる戦術は構成であり、その技術はエンジニアリングに属し、その根源的な尺度は美的な質ではなく、長時間どれだけ効率的に利用できるかという実用性能である。それは、都市のインフラストラクチュアの仕事である」。

——pp.26-37｜ec.79｜96

■彼の作品のなかで「もっとも力をもたない」プロジェクトは、一九九三年の《さいたまスーパーアリーナ設計競技案》である。ここでの彼の二つの関心は「地面を消すことと、建築に機械装置を導入すること」であった。「彼は作品を精錬するために、歴史や規範とのすべての関係を取り除くことを決めた。この計画は彼がそれまで取り組んできた建築のなかで最もジェネリックな作品であり、『S,M,L,XL』の後半に出てくるジェネリックな建築に関する章の源泉である」。

——pp.65-66｜sc｜10

サンフォード・クインター

■「レムは、消え去ったアイデアを惜しんで泣き叫ぶタイプではない。彼にセンチメンタリズムが欠如しているというのは、有名なことです。彼にとって、妥協は実に自然なことなのです」。

——p.297｜ac｜04

■彼の作品は「荒々しく純然たる形態と専制的な論理を有しており、多くの意味において過激な建築」である。そこには「社会的、経済的な空間を包括する新しい方法が生み出される状況」を見出すことができる。この過激な活動や状況のもとでは「あらゆる部分のあらゆる動きが、全体を進展させるための条件を即座に変えて」しまう。そこで彼はあたかも「空中戦のパイロット」のように、「混沌とした状態の中に入り、その流れに身を委ね」つつ、「資本／歴史という敵」に「決して予想され」ないように、空間のみならず時間への「柔軟な感覚」を持ちながら行動する。

——pp.79-80｜st｜06 (96)

ピーター・クック

■AAスクールの学生だった彼に対し「退屈なファシスト」と呼んだ。

——pp.9-12｜gm｜88

ジョージ国広

■彼は「生きている都市を肯定している。[…]カオスを提唱しているわけではなく、実は形態と機能の対立を新しい論理的ネットワークに配置しようとしている」。

——p.81｜sk.9501｜95

隈研吾

■彼の「¥€$体制」における「偽悪的宣言の本意」は、「資本主義への批判(否定的ポーズ)をエンジンとして、資本主義を回転させた「二〇世紀システムへの批判」である。「二〇世紀の建築家も、そのシステムに乗じるために、表面的には反資本主義を装った。レムが批判するのは、この構図である。この部分において、僕はレムに同意する。しかし、資本主義を肯定するか、否定するかという踏み絵自体が、すでにリアリティを喪失しているのである」。

——p.153｜sk.0105｜01

■彼が実作を通じて執拗に臨んでいるのは、周辺環境に対して閉じ、その内側に魅力的都市空間を生成する建築、すなわち「巨大なエンクロージャー」の内部に「いかに効果的に都市的アクティビティーを発生させるか」というテーマである。

——p.212｜『負ける建築』｜04

ロザリンド・クラウス

■《フランス国立図書館案》のヴォイドの「かたちや方向や内的関係は、連続する枠組みの規則性のなかで、まったき予測不能性をもって鼓動する」。それは設計への「拒否」と「欲望」が同時にあらわれている建築である。

——p.202｜ano｜97 (91)

ジョナサン・クレーリー

■彼は「社会不安の合理化や「解決」を試みるような、意識的に救済的なものを策定する」ことはしない。むしろ彼は「開発の抑制されない勢力に協力すること、あるいはそれに倣うことをいたる所で企てる、反改革派のアーバニスト」である。

——p.14｜an.9｜94

■**ルシアン・クロール**

「彼の最も嫌な、そして幼稚な側面は、権力、都市景観、衝撃のないグローバル市場化のイメージを生産する競争に心酔していることだ」。[http://p.tl/exjz]

——web｜『Undo.net』｜02

■**黒川紀章**

「僕はあなたを見ていると、僕の若い頃と同じだなあと思うんだよ。多くの国に拡張していって、多くの分野と連携しようとしている」。

——p.397｜pj｜12(11)

■**フランク・ゲーリー**

「彼はあらゆることに挑戦する才能がある。彼は私たちの時代の偉大な思想家の人のうちのひとりだ。[…]彼がデザインは不要であるとか、デザインしないことが価値なのだというとき——もし彼がそのようなことしか言わず、彼が自身の欠点を擁護しているようであれば——それは一部の狂ったペテン師にとって魅惑的なポジションとなるだろう。しかしそういう話ではない。なぜなら彼はデザインができるからだ」。

——p.30-37｜『The New York Times Magazine』二〇〇〇年七月九日号｜00

■**ジャン・ルイ・コーエン**

「彼は自身のはさみで建築史の肉体を測り、切り刻む」。

——p.9｜7090｜91

■**小嶋一浩**

《ボルドーの家》において彼は「徹底した個人技で、設計としてはむしろ古典的な方法をやり尽くしている。[…]もうこの先はない、モノとしての建築はもう完了している、ということを確認しているようでもある」。

——p.51-52｜kb.9902｜99

■彼の「本当にイヤなところで、だけれど同時にすごいところは、私だって建築家をやっているはずなのに、そんなことを忘れて、このプレイヤーの演ずるプレイを楽しんでみようという気にさせられることにある」。

——p.237｜sk.0008｜00

■「優れたアーキテクトだけが、現代の同時多発的で錯綜する情報や事件の洪水の中で何かをイノベイティヴに統合し構築できるということを、パワフルにかつ誰にでもわかるように示し続けている人物」。

——p.40｜sk.0111臨｜01

■**後藤武**

彼の「建築作品は、しばしば模型のようだと形容されることがある。[…]あの模型のような建築は、建築を限りなく模倣した、建築にうりふたつの模型ではないだろうか。[…]倒錯的なシミュラークルの戦略を通して、ヴァーチャルな世界が現実的であり、現実がアンリアルにもなりうるという二重性、現実と可能世界を反転させることこそが目論まれている」。

——p.157-161｜kb.9708｜97

■彼は「可能世界の旅人であるSF作家としての建築家ではなく、『いまここ』を記述しつつそれをノンフィクションとしてではなく絶対フィクションとして表現していくゴースト・ライターとして、その限りにおいて建築家であり続けている」。

——p.139-143｜kb.9712｜97

■《ラ・デファンス地区拡張計画》(一九九一)や《ムラン・セナール新都市計画》(一九八七)など、この頃の彼の都市計画に共通するのは「土地の潜在的な可能態をいかに開くかという主題」である。

——pp.156-164｜to.19｜00

■**小林克弘**

彼と「ル・コルビュジエの間には、多くの類似性を見ることができる。両者とも情報メディアに敏感であり[…]建築の現況を貶めるような発言を行い、自らの預言者的あるいは救世主的立場を暗示する」。

——pp.148-149｜『建築論事典』｜08

■**小林康夫**

九・一一のWTC崩壊の映像は、『錯乱のニューヨーク』で「柔らかくビルに飛行機が突き刺さっていくという出来事」を彼が描写する際に用いた「バターナイフがバターにささるように」という比喩を図らずも思い出させる。

——p.54-72｜to.27｜02

■**ファン・アントニオ・コルテス**

《ゼーブリュッヘ臨海ターミナル》などに導入された「螺旋体」は、『錯乱のニューヨーク』で彼が記した摩天楼の垂直方向と水平方向の分裂を「融合」させるものである。そこにはライトの《グッゲンハイム美術館》との「形態操作上の驚くべき類似性」がある。つまり彼が「マンハッタンから得た教訓は、匿名の摩天楼のみならず、決して匿名ではない、グッゲンハイムのような明らかに強力な作家性で特徴づけられる——すなわちコールハースの作品のような——建物さえ含んでいた」のだといえる。

——p.31｜ec.131/132｜06

■**ビアトリス・コロミーナ**

複数の都市リサーチにおいて彼が対象とするのは、建築に自身の無意識があらわれてしまうほどの「慌ただしさの渦中にいる建築家」である。

——p.370｜ec134/135｜07

■**アレハンドロ・ザエラ・ポロ**

OMAの最近のプロジェクトは、より「ボディ」を構成するものとなっている。その「ボディ」は純粋な形態でも分解された形態でもなく「曖昧な本質」である。

——p.66｜xl｜95

■「ポスト構造主義の崩壊」に対する強固な代替手段としての「ノマド的でラディカルな構造主義」は、彼による論理水準の最も重要な発見である。

——p.9｜ec.79｜96

■「OMAでの生産活動は、アメリカの基準からすれば、きわめて非理論的なものであった。[…]それはまるで、アメリカでの生活が終わる頃には、私の建築的な神経を麻痺させつつあった、批評的思考の中毒にたいするショック療法を受けているかのようであった」。

——pp.116-119｜au.0204｜02

■彼のジャンクスペースは「民間のセキュリティサービスへの警察職務の譲渡」を前提とした「より広域なエリアに安全な環境を提供する都市の衛生化」と同じ現象を、別の側面から記述したものである。

——pp.193-207｜lo.13/14｜08

坂牛卓

■「ルフェーブル」、「六八年状況」、「コールハース」に共有されるものは「建築が人間という集団の欲望の上に基礎づけられている考え方であろう」。

——p.15｜kz.0803｜08

フレデリック・ジェイムソン

■彼の「建物は、全宇宙それ自体の模倣として存在することを望んでいるように見える。それこそが、彼の建物がある種の政治的なメッセージを伝えたり、含むことができる理由だと思う。言うなればそれは政治的で社会的なモデルだ。というのも彼らの建物は、社会そのものの全体性に取り組むという野心をもつものだからだ」。

——p.33｜『Assemblage 1992年4月号』｜92

■「全体性と呼ばれる欲望」のみで彼の建築を特徴づけると「モダニズムのパラダイムそのもの」であるように見える。しかし彼の建築は、近代建築に見られる「建築的なものと都市的なものとの根源的分裂」を埋めようとする「非近代あるいは反近代」的な特徴も有している。

——p.184｜『時間の種子』｜94

■彼は「グローバリゼーションの最初の真の建築家のイメージを提示している」。

——p.28｜ant｜07

■ダーティ・リアリズムというスローガンのもと、彼は「もはやパブリックな圏域や領域ではなく、むしろ誰の土地でもない土地（ノー・マンズ・ランド）」を形成しようとしている。たとえば《ゼーブリュッヘ臨海ターミナル》は、「新ヨーロッパについてこれまでには存在しなかった間国家的な何か」を表現しており、「匿名集団によって自由自在に再構築」されうる複雑な「小部屋の集合」からなる「全体性」を提供している。

——p.44-63｜ano｜97(91)

■「ジャンクスペース」のエッセイは「ポストモダンという息切れした現代から脱出して、真の歴史的時代と人類がつくり出した歴史そのものに回帰する」試みの一つである。彼の文章は「具体的な未来へと向かう打破のオルガスムスを予言」する。

——pp.180-185｜wo｜05(04)

チャールズ・ジェンクス

■ヘイダックとコールハースの二人は、極端に「合理主義［RAT］をつきつめているので、超現実的になったり、「超合理主義［Surrationalism］」になったりする」点で共通している。それは「RATキラーまたはキングRAT」と呼べるほどである。

——pp.77-84｜au.7705｜77

■《囚われの球を持つ都市》は、ニューヨークが「併置による折衷主義もしくは多元主義の一種である」ことを表現している。この「複合コード化は、非常に愉快だが、各街区の純粋さはそれほどでもない。［…］いかなる対話も、超越的街区が相互の断絶のなかで浮遊してしまい、確かなものではない」。

——p.141｜au.7810臨｜78

■「合理主義の墓掘り人」あるいは「グローバルシティに熱狂する者たちのパイド・パイパー」。

——p.24｜『Wonen-TA/BK 12』｜79

■「商業的な妄想と論理の混合の背後にある詩学」を明らかにする「超合理主義者［Surrationalist］」。

——p.35｜『La presenza del passato』｜80

■「あなたは現在、グローバル文化［global culture］に非常に興味を持っているように見える。それを私は長年「globcult」と呼んできました。それは多国籍企業によって実行されるものであり——三八〇の多国籍企業が世界市場の八〇パーセントをコントロールしています——彼らはそこで国際的［global］というよりもむしろ「小さな塊」［glob］といえる文化をつくりだしている。［…］OMAやAMOにブランドの烙印を押し、さらに他のブランドである「¥€$」を用いるとき、ある意味であなたはこの「globcult」に「イエス」と答えているのだといえます」。

——p35-41｜『architectural design 2000年12月号』｜00

■「都市機能のラディカルな混合物である彼のプロジェクトは、隠喩や象徴や機能のラディカルな多様性を開拓するものであり、ポストモダン的である。しかし彼の意志は、相変わらずタブララサや記憶喪失に関してアイロニックで叙述的なままだ。超近代主義者として、彼はこれらの効力に抗うのではなく、その効力を開拓することに目を向けている」。

——pp.174-197｜『This is Not Architecture』｜01

■現在の彼が直面しているのは、「アイコニック・ビルディングを設計するために自身が一つのアイコンにならなければならない」ものの、同時にその「よくない傾向についても明確に自覚している」という「建築家のジレンマ」である。多くのメディアの表紙に現れた「アキレウスが激怒したような」彼の表情には、そうした「アイコニック・アーキテクト」の状況へ明らかな「愛好と嫌悪」の意が示されている。

——p.106｜『The Iconic Building』｜05

重松象平

■建築は「まず美しくないとだめだという意識がレムには強くある」。

——pp.8-17｜kb.0304｜03

■OMAは「要所要所で突拍子もないことはやりますが、クライアントであったり、場所であったり、スペシフィックな姿勢を持って特異なものをつくる」。

——pp.130-142｜『1995年以後』｜09

■ミーティングでの彼は「俯瞰しているところがあって、パートナーシップとして公平かつ均等に批評し合うような環境づくりを意識していると思います」。

——p.129｜『GA OMA RECENT PROJECT』｜12

篠原一男

■彼が「ユーラリールのために書いたシナリオは、初期モダニズムの若々しい空間を支えた方法と多くの共通点があるように私は思う」。

——pp.301-305｜sk.9105｜91

■「私の敬愛する友人」。

——p.113｜sd.9802｜98

■「彼に『ミースが好きか』と聞かれて、私は『好きだった』と答えた。[…]すかさず『好きだったときは一日に何時間くらいミースのことを考えていたか』というユーモラスな言葉が返ってきました」。

——p.27 | kg | 99

ララ・シュライバー

■「矛盾の認識と織り込みは、ウンガースとコールハースの両方の仕事の全体にわたって流れるテーマだ。[…]しかし、両方の建築家はこれを大都市的状況の基礎とするのみならず、設計の際に矛盾を抑制して利用する。そのために彼らは下位概念を用いる。コールハースにとってそれは「撞着語法」であり、ウンガースにとってそれは中世の哲学者ニコラウス・クザーヌスの唱えた「対立物の一致」である。[…]コールハースとウンガースの主な違いは、彼らが設計のなかに収めることを試みる、矛盾した現実の最終的な処理の仕方にある。前者はよりたやすく現実の美しさを「現状のまま」受け入れる。一方で後者は潜在的な美を明らかにしようと試みる」。

——pp.235-261 | 『The Journal of Architecture Vol 13, Issue 3』| 08

フィリップ・ジョンソン

■「彼は他の大多数の建築家よりもタフで意志の強い目つきをして」おり「おそらくそれを世界の中で最も得意としている」。そういうわけで建築界の「子供たちは他の誰よりも先に彼を好きになり、ついには私たち年寄りの間でも流行るようになった」。

——p.26 | ec.79 | 96

白井宏昌

■北京とドバイのプロジェクトを通じて、彼は「"歴史"が作り出す束縛と、"白紙"が作り出す狂乱という特殊な都市状況」に同時に関わっている。「そこで新たに生まれた策はまた、世界の都市への新たなる示唆となる。彼にとってはすべての特殊性は普遍性を考えるきっかけなのだ」。

——pp.90-93 | to.49 | 07

■金融危機以降の世界と建築・都市の不可避的な再編に対して、彼は「楽観性を見出し、すでに待ち構えている」。

——p.179 | eu | 09

ヴィンセント・スカーリー

■OMAはニューヨークの摩天楼を「擬人化」し、さらにそれを「優れたモデルとして利用しやすいもの」にした。このことは「近現代の歴史の一端が、いかに今や失われた身の回りの自然な喜びや日常生活の豊かさを回復させうるかを示す良例である」。

——pp.15-20 | 『La presenza del passato』| 80

デニス・スコット・ブラウン

■「彼との初対面は、私たちが講演に訪れたAAスクールでのことでした。客席から見知らぬ学生がふいに立ち上がり、信じられない発言をしたのです。いきなり『あなたがたは間違っている、そのことをはっきりさせましょう』と切り出した。私はこう応じました、『あなたがとても傲慢な人間であることは、よくわかりました』。会場はどっと沸きました」。

——p.25 | au.0906別 | 09

ディヤン・スジック

■ポルトの《カサ・ダ・ムジカ》の「折り重なったヴォリューム」や「ビロードと金の仕上げによるダンディな上品さ」は「コールハースに最もよく似ているであろうル・コルビュジエではなくむしろアドルフ・ロース」を強く想起させる。「ラウムプラン」の考えをまとめたとき、ロースはすでに「コールハースが一世紀後にポルトで追求した空間の先例」を作っていた。

——pp.122-128 | lo.6 | 05

■彼が「本当にとりつかれていたのは、ル・コルビュジエだった。[…]彼は新しい仕事の依頼が舞い込んでいるときですら、ル・コルビュジエ的な被害妄想の自責の念を抱き、世界は自分と敵対していると信じている。[…]中国で仕事をするようになってからは、ル・コルビュジエの全体主義的局面にも追いついたようだ」。

——p.177 | 『巨大建築という欲望』| 07 (05)

鈴木圭介

■『錯乱のニューヨーク』のダリとル・コルビュジエについて記した章は、コールハース自身の「来たるべきマンハッタニズムの実践の可能性を過去から透視したものとも、ダリとル・コルビュジエという仮面をまとったコールハースのやや自虐気味のファルスとも読める」。

——pp.541-542 | dn | 99

鈴木隆之

■彼の「空間は、最初からすでに濃密な気配を醸し出している。それは最初からあるのではなく、ある意思のもとに囲い込まれ、生み出された空間であるからだ。[…]近代の空間に強力な意思を認めるという点において、コールハースは正当なモダニストであると言える」。

——pp.215-224 | 『「建築」批判』| 95

鈴木博之

■彼の「批評家精神はやはり注目に値すると感じました。ガラスを斜めに取り付けて、DPG工法をローテク化してしまうやり方とか、日本で覚えた石垣みたいな仕上げの既製品のパネルを使うところとか、潔さを感じます」。

——pp.282-283 | 『二〇世紀の現代建築を検証する』| 13

鈴木了二

■「かれは『建築』と『技術』とが作り出す『場』を馬鹿げたものと見做して、そこを離脱放棄する。つまり『建築』のカギカッコを外し、無名の建物たちが『建築』の外部で繰り返しているランダムなシャッフルの中に投げ返すのだ」。

——pp.32-36 | kz.8904 | 89

■「最近のコールハースの技術に対する楽天性、能動性は一種のニヒリズムじゃないかとぼくは思うのです」。

——pp.112-113 | kg | 99

ブルース・スターリング

■「象牙の塔のまばゆい世界からやって来た理論家であるにも関わらず、地上の粗暴で野蛮な真実にたじろいだりしない人物」。

——p.258 | wo | 05 (04)

マシュー・スタドラー

■彼は「我々の時代における、最も深遠な意味で肉感的な建築家である。[…]彼が書き、建てることによって、理論が死に絶え、我々の精神が自らの身体に戻っていくのだ」。

——pp.186-208｜wo｜05(04)

マイケル・スピークス

■OMAのすべての建築には彼が論じた「ビッグネス」の概念が含まれている。それは「フーコーのパノプティコンのように、一つ一つの計画に表象されているのではなく、しかしその代わり、たえず差異化しつつもそれらすべてのプロジェクトの中に遍在的に備わっている」。

——pp.74-75｜sd.9409｜94

■「建築を実践するうえでのOMAの処置あるいはアプローチは、形態やオブジェクトに深い関心を寄せてはおらず、そこから形態やオブジェクトが生成してくる状況をつくりだすことに関心があること、そして哲学的概念の適用、あるいは純粋に感情的な形式的側面にではなく、最終的にはOMAが建築を実践していく形式を導くために用いられうるようなコンセプト、感情、分析の発見と創出に関心があるということである」。

——p.91｜au.9903｜99

妹島和世

■「コールハースは、私にとってはみんなの財産みたいなもので、コールハースがやったことはあまりにすごいものだから、みんながそれを目指して使ってもいいヴォキャブラリーだ、と感じているんです」。

——p.302｜『妹島和世読本—1998』｜98

■「あの人は発明者に近い」。

——p.102｜kg｜99

エリア・ゼンゲリス

■AAスクールで彼の教師だった頃、「レムには『継続すること』以外に何も言うべきことはありませんでした。彼は私に落胆ではなく鼓舞を与えた最初の学生だった。[…]私には常に自身を思いとどまらせる傾向がありましたが、その一方で彼は常に不屈でした。私たちは同じ気質ではなく、同じ目的を持っていたのです」。

——pp.10-14｜la.8504｜85

■「私の方からレムに対する批判のようなものがあるとしたら、彼はあまりにもことばの美しさにとらわれてしまって、実際に建てられた建築にはことばで表されているほどの美しさが現れていないように私には思えるのです」。

——pp.125-128｜sd.9003｜90

■「八〇年代、レムは偏執症的批判方法について議論するためにダリと会わねばならないと決心し、どうにか約束を取り付けました。[…]ダリの部屋へ行き、レムは彼を「先生」と呼んだりしました。「私は建築家で、あなたの崇拝者でありファンです。偏執症的批判方法についてあなたとお話がしたい。といいますのも、私も自身の著作でその方法を扱ったので。」ダリは彼の方を振り返り「金をよこせ！」と言い、力強く何度も「金金金金金…」とわめくので、レムは軽くパニックになりかけ、結局その場を立ち去ったそうです」。

——p.86｜lo.30｜14

マイケル・ソーキン

■彼は「単に建築を売ることに専念し、建築物の実践のもっと広い言外の意味を愛想よく失念し、純粋な広告にしてしまう」。

——pp.4-9｜『Harvard Design Magazine no.17』｜03

■「彼にとってグローバリゼーションの猛烈な波及は、単に不可避のものであるばかりか、それ自体がフォルムに深く刷り込まれる美的なものの権威となっている」。

——pp.55-56｜wo｜05(04)

曽我部昌史

■彼は「経済活動や世界の動きなど広く都市の問題が、建築を考えるときに「ネタ」になることを実践してみせた。従来の建築的な方法に拘らない独特の態度は、左翼的で明るく、また分析的で知的だった」。

——p.41｜sk.0111臨｜01

リュー・タイカー

■シンガポールの建築家である自分と彼は「仕事の上では愛憎相半ばする間柄になっているので、非常に良い友人関係が続いていると言ってよい。実際には、ものの見方はそれぞれずいぶん違います。もちろん、それに劣らず多くの点で意見が一致するからこそ、私たちの会話は刺激的になるわけです」。

——p.88｜as｜97

瀧口範子

■「彼の言葉は、いつもそこで起こっていること以外の何かをほのめかす。意図する事や実際に起こらねばならない事と乖離し、世界で起こる全ての事が全く別の事であり得たのだというパラレル性を感じさせる」。

——p.95｜ac｜04

■日本で設計ワークショップと講演を行なったとき、「彼が来た途端に世界が早回しになってしまったかと思うほど、あらゆることが高速度で回転し、中味がグングンと高密度に詰まっていった」。

——pp.154-171｜eu｜09

多木浩二

■OMAのメトロポリスの思想は「建築や都市の計画からマージナルな領域に追いやられていた「生活」のイメージによって、中心化され制度化された建築言語を解体しようという戦略にほかならないのである。メトロポリスの必然性を前提にし、過密を条件とするときに、そこで人々が生きるための環境をどのようにつくり出すか、その可能性を二〇年代のメトロポリス的言語（ロシア構成主義からロケット・ガールまで）のすべての目録の発見から構成しようと試みることを示唆しているのである」。

——p.97｜『季刊みづゑ1978年2月号』｜78

■「私は出会ったときから不思議な友情をいだいているが、彼がわれわれに幸福をもたらすという幻想はもっていない。どうなろうとそれが歴史の波のうねりなのである」。

——pp.129-150｜『表象の多面体』｜09

田中純

■「「グローバリゼーション」はこの寓意家が造った観念の箱に与えられた詐称まがいの名である。それが経済的・社会的分析と十分重なり合うものかどうか、そこにコールハースの関心が果たして本当にあるのかどうかは疑わしい。[…]仰々しい挑発的な表現を取り除いたとき、そこに残るのは意外にもシンプルな、都市イメージをめぐるコールハースという蒐集家の欲望のかたちである」。
——pp.2-10 | to.24 | 01

■『錯乱のニューヨーク』の補遺として、「コールハースが勝手に付け加えた結末とは、ロッシの言う『類推的都市』にほかならない」。
——pp.9-10 | 『都市の詩学』| 07

マンフレッド・タフーリ

■OMAのドローイングや構想計画は「シニカルな遊び」あるいは「悪戯」である。
——p.343, p394 | 『球と迷宮』| 92 (80)

ユベール・ダミッシュ

■「今日まれなことに、コールハースは戦略と倫理、プロジェクトと理論の両方を備えている。わかり始めてきた問題は、プロジェクトと理論、戦略と倫理が、転換の影響や転移の力から切り離すことができないということだ」。
——pp.21-30 | 7090 | 91

■彼の行なったことは「建築家を追放したモダニズム全盛時代、情報時代と呼ばれるメディアを唯一の取り柄とする歴史の一時期にあって、(もう一度)建築家を主体の座に座らせ、そしてテリトリーを概観して、建築戦略の新しい方向性を示唆するエネルギー、志向性、流れといったものにチャンネルを開いてやることだった。
——pp.162-164 | as | 97

■彼の「珠江デルタの探検やラゴス上空飛行は、何が実際に進行しているのか、そしてどれほど事態は、言葉の最も伝統的かつ問題をはらんだ意味において制御不能となっているかを推し量るひとつの方法であることを示している」。
——pp.235-346 | ant | 07

■「彼の《カサ・ダ・ムジカ》の写真を見て、私は小さい頃に見た絵本の中で、洪水から救われた動物を降ろすために開かれた、ノアの方舟のイメージを思い出した」。
——po | 06

フランチェスコ・ダル・コー

■《シアトル公立図書館》は「メディアが主張するほど、建物の計画を混乱させるものではない。より正確に言えば、混乱という表現は、クリシェの愛好家、あるいはニーチェの読解から学べる多くのことがパラドクスの建設的な利用であることに気づいていない人のためのものだ」。
——pp.91-92 | lo.3 | 04

レネ・ダルダー

■「レムは高校の同級生でした。転校生だった僕は彼とすぐに意気投合しました。ひとめぼれでした。彼と結成した映画グループは、見た目は音楽バンドのようでした。[…]当時ぼくらが対抗していたのはフランス映画の作家主義でした」。
——ka | 07

マニュエル・タルディッツ

■彼は「モダニズムの進歩主義的な理想をポジティブな形でもう一度考え直そうとする」立場をとる。
——pp.153-154 | kb.9706 | 97

ベルナール・チュミ

■『錯乱のニューヨーク』が意味するものは多元的であり、そこでの議論はいたるところで蔓延しているゲニウス・ロキよりも、現代の時代精神の特徴を示している」。
——p.69 | 『InternationalArchitect』vol.1 | 80

塚本由晴

■「異常な速度で目を動かしながら(実際のレム[Rem]は異常な速度で喋るのだが)、彼らは眠らない都市の表面を滑っていくような浅い夢を見ようとする」。
——p.119 | ic.5 | 93

■彼の建築からは「プロジェクトを見ていた段階の、すごくかわいいグラフィックからは想像もつかないグロテスクが出てくる」。
——pp.46-53 | kb.9601 | 96

■学生時代、『a+u』一九八八年一〇月号に載っていた彼の「漫画パースに、みんなびっくりしたんじゃないかな。あんなのでいいんだというので、ほんとに解放された(笑)」。
——p.28 | kb.0204 | 02

槻橋修

■OMAの設計プロセスの各段階には「どうしてこうなるのか」という問いが挿入されている。この問いによって、建物の「全体構成の上に極めて慎重に積み重ねられた一手一手の判断が、作家にとっての近代や、都市、構成、形態、構造、物質性などといったさまざまな事柄に関する見解や分析、ポリシーを、建物自身のなかに織り込んでいくのである」。
——pp.174-180 | to.22 | 00

■「建築の形態や不律的な素材なりなんなりというものが伝えることと、設計者やアーティストが伝えようとすることの間の回避できないギャップそれ自体をコールハースは操作しようとしているフシがある」。
——pp.80-90 | kb.0110 | 01

■近年彼らは「ヴォイドの戦略」を進化させて「ジオメトリ」を扱う。「高精度化し、複雑化した現代の建設システムの恩恵」のもとで彼は、六〇年代に「斜めの機能」のマニフェストを掲げたC・パランとP・ヴィリリオの意を最も継承している。
——p.17 | kb.0306 | 03

■「現代建築家の中でもエレベーターをはじめとする機械仕掛けをコンセプトレベルから最も大胆に導入する建築家」。
——p.113 | eu | 09

ルービン・デ・カーター

■「建築家として彼は、まさにその職能の定義によって、前方への飛行に従事することを強いられ」ている。この事態から抜け出すには、自身にふりかかる状況の「激しい変化よりも高速で思考するほかない」。
——p.265 | 『The Urban Condition』| 99

ヴィンセント・デ・ライク

■建築模型の製作に関して彼は「いつも複製を作ることに関心があるんです。前もって段取りをしておき、それを一定のテクニックによって組み立てたり複製化したりする。そうすれば、美術館やギャラリーにも売り込むことができる」。
——p.355 | ac | 04

マイク・デイヴィス

■「ラゴスについての彼のたわごとは正気でない……。私の考えでは、あれは社会悪に対する薄っぺらな弁解だ」。[http://p.tl/cCoo]
——web｜『Archinect』｜09

デイヴィッド・ディヒーリ

■「一方ではあんなにアーバニズムの可能性に夢中になる人はいるんだろうかと思わせながら、もう一方では西洋のアーバニズムはもう、人のこころを動かす力がない、落ち着かない退屈さに満ちているとも謂う」。
——pp.240-241｜as｜97

シンシア・デヴィッドソン

■「コールハースの作品には微かな死の匂いが漂っている。それは時の流れの中で消失に向かう、建築の断片化による形態の死の可能性の予告だろうか」。
——pp.36-41｜an.21｜97

手塚貴晴

■「コールハースが仕事をできているうちは、どこかしらおかしなアイディアがたくさんあるんだとおもいますよ(笑)」。
——pp.111-112｜『建築家をめざして』｜08

■「彼が最初につくった住宅等はディテールがすごくよくできている。だから本当は、ディテールの重要さをいちばん理解していた人だと思います」。
——p.14｜『一流建築家のデザインとその現場』｜09

クリス・デルコン

■「彼はいわば編集長です。仕事の進め方も一般的な編集者と同じです。彼はスタッフによく言ってますよ、『締め切りは明日だぞ』とね」。
——ka｜07

中村敏男

■OMAは「人々を知的にも感覚的にも眠らせてしまう催眠術師的な、またカリスマ的な力を備えつつある」。
——pp.108-109｜au.9408｜94

南後由和

■彼のフィールドワークは「主語が不明で述語ばかりが渦巻く混沌とした都市(＝制御不可能となっている都市)において、複数の述語間の関係を圧縮し、再編成するような独自の造語(「ビッグネス」など)を発明し、新たな主語として適用する」。
——pp.14-15｜kz.0908｜09

難波和彦+岩元真明

■「都市計画、巨大建築はもちろん、ブランドのコンサルティングの手法まで。コールハースの実践を『拡張されたヴォイドの戦略』としてとらえ直すことによって、公共性を取り戻し、資本主義空間を再活性化するという一貫した目的が浮かび上がる」。
——pp.76-77｜eu｜09

西沢立衛

■《フランス国立図書館》案は「落選しつつも発明されたことによって、ほとんど建つこと以上の『現実』を引き寄せてしまった」。
——pp.195-196｜sd.9701｜97

■学生時代に《ラ・ヴィレット公園案》の「いいようもない即物性に強く魅せられた」。
——p.27｜sk.0006｜00

■彼らのプレゼンテーション用のブックレットを見ると「非常に合理的なプロセスを通して、たいへん非合理的な解答にたどり着く」というスタイルがあることわかる。
——pp.40-42｜『建築について話してみよう』｜07

■「レムが登場した当時、レムの振舞いというものを見て、多くの若者はコルビュジエに近いものを感じました。[…]人間存在として、社会の中でどう反逆していくかとか、どう問題を立ち上げていくかとか、そういう何か根本の、倫理的な部分の近さです」。
——pp.148-153｜『続・建築について話してみよう』｜12

アントニオ・ネグリ

■「ジャンクスペースは生政治的なものだ。コンパスと直線に囲まれて育ち、子牛を切り売りする肉屋に会うために都市中を歩き回り、その肉で死体解剖の研究をしようとするルネサンスの科学者のように、コールハースは都市の死体と解剖術を探し求めて大都市を行き来する」。
——pp.48-50｜rp｜09

フリッツ・ノイマイヤー

■「密集と虚空、歴史と破壊」などの矛盾が蓄積するベルリンは、ニューヨーク以上に「OMAの出身地」と呼ぶのに相応しい都市だ。
——p.250｜wo｜05(04)

長谷川逸子

■ハーバード大学での「レムの学生が、与えられた『ノンスタイル』というテーマに身動きできないのは印象的だった。結局、彼が提示しているものはある種の逆説的なスタイルだと感じた」。
——p.42｜sk.0111臨｜01

ザハ・ハディド

■OMAでの経験について「時間がかかったが、エリアとレムを通して、二人でも一人でもよくないのだ、と私は確信するようになった。今は、二人や一人より三人がいいと確信している。[…]OMAをやめるとき、私に批判的でいてくれる人たちといつも仕事をしようと決心した」。
——p.70｜la.8406｜84

■AA時代の教師だったエリアとレムは「教条的ではなかったし、どこに導いていくのかを知ることなしにそのアイディアを試すことを人に望んでいた」。
——p.15｜『GA DOCUMENT EXTRA 03』｜95

ヴェロニク・パテヴ

■「コールハースの内に潜む小説家は、彼を取り巻く現実を把握すべく、人を驚嘆させるようなシナリオを書き続け、それを通じて現実を解釈し現実に対処する」。
——p.7｜wo｜05(04)

林章

■「彼は、既存のものは全て覆そうといつもしているように見えた。絶えず挑み、洪水のような予兆をはらんだ増水する大河のような彼は、歌舞伎町という街に同類の匂いを嗅いでいたのかもしれない」。

―――p.60｜gc｜95

クロード・パラン

■批評的な建築写真は基本的にその建築を称賛するものが多いが、なかでも「私が面白いと感じるのは、それがより活発で知的な場合です。コールハースの作品から撮られたもののように」。

―――po｜06

セシル・バルモンド

■「今日の建築界において、レムの非センチメンタルな性格は大変重要だと思います。彼には何に対するノスタルジアもない。そこがいい」。

―――p.275｜ac｜04

■「レムと何かをつくるときには常に葛藤と抵抗があります。タフで厳しいオランダ的美学です。既存の考えを否定するカルヴァン派の精神です。その一方で彼の官能的な面も建物の中に表現されています。彼が作品に向かう姿を見てまず気づいたことは素材や質感に対する感受性が強いという点です」。

―――ka｜07

■「レム・コールハースから電話。いつもながら慌てたような声、思いつきと野心に満ち、言葉は極端な両極性の上に美しく位置づけられている」。

―――p.21｜『インフォーマル』｜05(02)

レイナー・バンハム

■『錯乱のニューヨーク』でガウディの伝説のマンハッタンのホテルの図面が扱われていることは、確かに「本当の発見」であるといえる。しかし「ガウディのデザインは理想的な超高層ビルなどではなく、擬似ゴシック風のバベルの塔である。ヒュー・フェリスのレンダリングとガウディの図面を一緒に並べて扱うっているのは、ぎこちなく、仰々しい」。ガウディの図面はほんらい「マンハッタニズムとはまったく関係がない」。

―――p.99｜『New Society』1979年4月12日号｜79

彦坂裕

■快楽主義的なモダニズムを基礎に立ち上がる「空想劇場の設計家」。

―――pp.24-27｜『建築の変容』｜92

日埜直彦

■「プログラムをただひたすらストレートに解くことにより、近代建築は機能主義が想定しなかったような異様な存在になりうるという意識」をもつ建築家。

―――pp.78-92｜to.32｜03

■彼の建築は「大きなスケールだからこそ許容される形態の自由度を解き放つことで、抑圧されてきたヴォリュームの彫刻的な効果を享受するインプリシットな企みがそこに現れてはいないだろうか」。

―――p.89｜kb.0402｜04

マルコ・ビラーギ

■「彼は他の誰よりも、マンフレッド・タフーリが残していった遺産を受け取り、利用しているように見える。彼はタフーリの『正当な』相続人というよりは、むしろタフーリの『危機の生産性』に関する言説を最も有効に使い込んでいる人物である」。

―――p.189｜『PROJECT OF CRISIS』｜13

バルト・フェルスハフェル

■彼は「自らの理論や現実についての概念を公の場では述べてはいるものの、それらを補完するものや、自らの倫理観については口を閉ざしている。彼の倫理観は、都市国家であったポリスが消滅する時期の古代哲学の見識と似通っており、ギリシャ哲学よりもむしろローマ時代のそれに近い」。

―――p.240｜wo｜05(04)

ルイス・フェルナンデス・ガリアーノ

■「《CCTV》のループは構造的努力の現れとしてバルモンドによって引かれた不規則なグリッドで装飾されている。だがこれは、リベスキンドのグラウンド・ゼロでの提案におけるファサードの対角線グリッドや、ロンドンの《ヴィクトリア＆アルバート美術館増築案》でのバルモンドによるテキスタイルと同じくらい表面的に見える。要するにコールハースは、中国の全体主義的資本主義の伝染性の野心と、西洋経済の象徴的コードに適合するという決断の両方を反映する壮観なアイコンを北京に与えようとしている。彼の鋭い洞察力とシニシズムが見いだされるのは、「媒介的」な商業主義をうけいれている点においてだ」。

―――pp.55-58｜lo.1｜03

■「グローバルなロゴと摩擦のない資本によるYESワールドの自発的囚人」でありながら「もっとも角々しい建築家」。

―――pp.15-23｜lo.2｜04

エイドリアン・フォーティ

■監獄型の刑務所を学習やレジャー、居住のための空間に増改築する《アンヘルム刑務所》の計画は、建築における「冗長性」という言葉をうまく説明づけている。

―――pp.212-213｜『言葉と建築』｜02

ハル・フォスター

■「時にコールハースが示しているように思われるのが、かつてグラムシやベンヤミンその他大勢によって擁護された『左翼フォーディズム』のポスト・フォーディズム的ヴァージョン、すなわち、このような生産のモードを見通すという一か八かの戦略である。これがその元々の立場よりも成功しそうな見込みなどまったくない。しかし実際には、コールハースのドゥルーズ的な分裂症的資本主義批判を肯定的な種類の文化的プログラムそれ自体へと転化させているようにも時折思われる」。

―――p.207｜『デザインと犯罪』｜02

■「ロースにとっての装飾が犯罪だったのと同様に、コールハースにとってのジャンクスペースも犯罪である。この二人の批判者は、明確にされた言語に動機づけられた建築を夢見ており、ともに他律的な世界において自律的な場所を求めている」。

―――p.66｜『Running room』｜13

スタニスラウス・フォン・モース

■彼は「高層建築に隠された擬人論的潜在力を楽しんでいる」ようである。《ハーグ市庁舎コンペ案》は一七世紀オランダの画家であるフランス・ハルスの《ハーレム養老院の理事たち》の構図に似ている。

―――pp.87-94｜au.8810｜88

■ **ピーター・ブキャナン**

OMAの建築は「切り出し、折りたたまれた紙の模型のかすかな名残りが、実際の建物にも感じられはするが、そのコンポジションの手法は洗練され、現在では、マテリアルのコラージュとディテールの詰めが、優れた技術と装飾性をもって行なわれるようになっている」。

——pp.4-23｜au.9809｜98

■ **藤村龍至**

「CCTV以降のコールハース、特にドバイを始めとする中東地域における迷走は、YES体制に破れ、お払い箱となった建築家の行く末を暗示しているのではないか」。

——p.191｜eu｜09

■

彼は「設計を取り巻く状況が設計プロセスのモデルすらも書き換えてしまう事態をむしろ積極的に表現しようとしているように見えます」。

——p.118｜『設計の設計』｜11

■ **藤本壮介**

「九〇年代に入ってから建築を学び始めた僕にとって、コールハースはすでに前提条件だった。それは幸運であり、同時に不幸だった。コールハースを見て、僕は建築が自由だということを知り、同時に、コールハースを模倣する（自分を含めた）多くの建築家を見て、建築の不自由を知った」。

——p.43｜sk.0111臨｜01

■ **二川幸夫**

《ダラヴァ邸》で「久々にコールハースに会う。少し若返ったようだ。やはり昨今彼は仕事が好調なのだろう。例によってコンセプトの説明。［…］クライアント夫妻が八年間かけてコールハースと共に計画し完成させた道中の話の方が、コンセプトの説明より興味があった」。

——pp.9-10｜『GA日記』｜09

■ **二川由夫**

コルビュジエの《サヴォア邸》の斜路は「機械化された建築のイコンとして神格化され続けてきたもの」だが、《ボルドーの家》ではそれを「リフトのメカニズムに置き換えることでさらに現代化してしまう。これはモダニズムの呪縛から未来に向かって離脱するための『親殺し』であり、ジェネレーションを乗り越える儀式」であった。

——p.11｜『世界現代住宅全集』03｜09

■ **ミウッチャ・プラダ&パトリツィオ・ベルテッリ**

「一五年間以上の活動の後、プラダ財団は展示空間を広げ、かつその文化的展望を拡大する必要を感じました。［…］私たちは、ミラノ南部の二〇世紀初頭の工場用地の転換を計画するために、レム・コールハース率いるOMAに依頼しました。［…］それは現代まで継続するミラノの産業振興の発展をあらわすものであり、歴史的エリアの再生と現代建築を共存させるアイデアに対するユニークなアプローチとなるでしょう」。

——p.5｜『Unveiling the Prada Foundation』｜08

■ **ケネス・フランプトン**

OMAの作品は「建築的に見ると、欲望を問うのではなく、欲望を満たす」ためにある。彼らが提示する「もう一つの革命的可能性の実体についてのイメージ」は、「資本主義と共産主義の両方に確実に存在する圧迫を等しく批判する」ものである。

——pp.315-318｜『architectural design 1977年5月号』｜77

■

レムとの出会いのきっかけは、一九六九年後半の「デルフトでのロシア構成主義の展覧会」でした。また「一九七一年にアルヴィン・ボヤスキーがAAの学長になったとき、私はゼンゲリスとコールハースによって支持された彼の対抗馬でした」。その後、彼が一九七九年に企画したハリソンの展示は、当時の「ネオ・ミース主義」や「MoMAの支配下にあるハイモダン」、「ホワイト派の建築家の形式主義」およびヴェンチューリらへのカウンターを意味しており、「これらすべてのポジションを退けようとするものでした」。

——pp.35-58｜『October No.106』｜03

■

OMAの作品は「一九六〇年代後期の『ニューヨーク・ファイブ』がニューヨークで果たした役割を、ロンドンで受けとめて反響させた」ものである。

——p.536｜『現代建築史』｜03（91）

■

「頭文字であらわされた社名は暗黙の企業ブランドである。SOMの頭文字の表現をコピーして、KPF、HOK、NBBJ、そしてOMAといったように頭文字のロゴを採用することで、建築オフィスは自身の企業としてのステータスを表明する。コールハースはこれにより彼の国際的な事業を推進していった。このサブリミナルの手練により、錯乱のネオ・アヴァンギャルドは企業の権力のアウラを装うことで、その目的を拡大させる」。

——pp.64-69｜『Harvard Design Magazine no.23』｜05

■ **ジョシュア・プリンス・ラムス**

「レムのブランド力は我々にとって有利です。だがメディアが作り出す虚像と現実は異なります。しかもそのギャップはかなり大きい。しかし都合のいいことも多いので彼のブランド力を積極的に活用しているのです」。

——ka｜07

■ **イアン・ブルマ**

「彼は都市の中の荒野［…］に刺激を感ずる建築家である。だからこそ彼はアムステルダムよりロッテルダムを、パリよりもロンドンやベルリンを好む」。

——p.279｜ano｜97

■

「完全にボーダレスな人間であり、国籍というアイデンティティに対してもひどく懐疑的」な建築家。

——p.76｜wo｜05（04）

■ **ペトラ・ブレーゼ**

彼に備わっている特別な才能のひとつは「チームの統率力」です。

——pp.52-55｜kb.0304｜03

■

「彼は、対立という方法によって自分の考えを発展させていくので、多領域の専門家が提供するものの見方や職能を、洞察を深めたり、欠落した洞察に気づいたりするために必要としている。そして、それによって常に自らを変化させているのです」。

——p.366｜ac｜04

■ **マイケル・ヘイズ**

『錯乱のニューヨーク』と《ボルドーの家》のどちらにおいても「技

術的装置が実験的な要素を生み出しており、伝統的な意味での『建築』はほとんど感じられない」。彼は「七〇年代から抜け出し、[…]形態のための形態ではなく、形態の実験的で概念的な効果を探求し始めている」。

——p.61｜sk.0104｜01

■「コールハースのグリッドの使用は、スコット・ブラウンやヴェンチューリのような単なる多様性の称賛ではない。さらにアイゼンマンのような際限のない考古学の引き延ばしでも、チュミのような狂気でもない。むしろ彼のグリッドは、経験の不確定性と偶発性の間の関係を強調するものである。そして、その周りで起きることとの差異化を駆り立てるものでありながら、建築的に不活性で非差異的な技術的装置が存在することを強調するものである」。

——pp.166-167｜『Architecture's desire』｜10

アーロン・ベッキー

■七〇年代、八〇年代のOMAの建築には「過ぎ去りし時代へのノスタルジィが漂っている。[…]その根底にはオランダの「ノイエ・ザハリヒカイト」と一九五〇年代の有機的な形態が潜んでいる」。

——p.64｜au.9204臨｜92

■彼がつくり出すのは「建築自体が三次元的なグラフィックデザインとなるような建築」である。

——p.43｜wo｜05(04)

ルネ・ボームケンス

■彼は「無意識を表象する建築を重視し、近代後半の「パニックの実践」を強調することで、ヴァルター・ベンヤミンが近代都市の経験を描写する際に用いた表現と親しいものに行き着いた」。

——p.209｜wo｜05(04)

スティーブン・ホール

■彼は「東京のような高密度都市におけるハイパー・アクティビティが好きですが、私は京都のトランス・カルチュラルな精神性が好きです」。

——p.158｜『現代建築の交差流』｜96

堀井義博

■《ダラヴァ邸》や《ジュシュー図書館》の逆パースに表われている「焦点と眼差しの向きとの位置関係が逆転した構図は、まぎれもなく「建築が」あなたを見つめていることを示している」。

——pp.193-194｜sd.9701｜97

■OMAは「不動性(immobility)をあくまで建築の所与の必然として引き受けた上で、不動性(immobility)と可動性(mobility)との弁証法において建築を止揚する」。

——p.105｜eu｜09

サラ・ホワイティング

■「OMAの一貫したプレゼンテーション戦略のひとつにコラージュがある。そのイメージは美しく、意図的に幼稚で遊び心のある表現形式としてのみならず、よりデジタルなオフィスに似つかわしいものとして有効なものにもなっている」。

——pp.36-56｜『Assemblage』1999年12月号｜99

■「彼の作品がその正当な産物として生み出したアウラは、それが大衆のための公共世界となって増殖した今では、まったく異種のものと化している」。かつて彼が行なった「異なるプログラムを横断する戦略」を今もなお繰り返す「想像力を欠いた人々」の提示する急進的なイメージは、「真に急進的であったほんの少し前の時代に対する、抗し難いノスタルジアを覆い隠すほどの力は有していない」。

——p.270｜wo｜05(04)

馬清運

■「なぜ現在の中国の若い都市批評家たちがみなレムの影響圏のなかにいるのかというと、それは解決方法を提示しないで、自分が感じたことを述べるだけでよいからだ。これは比較的簡単なんだよ」。

——『与中国有関』｜12

ヴィニー・マース

■OMAと距離をとっているかと問われれば「どちらともいえない」。「OMAとMVRDVの間には有益なピンポン・ゲームとしての往復の連続」がある。OMAが「ミューテーションズ」展などで「分析的アプローチや既存のもののマッピング」を行なう一方、MVRDVは「分析をこえた建設の必要を強調」している。

[http://p.tl/esNU]

——web｜『The Plan』｜06

リチャード・マイヤー

■「レムは建物の形状にこだわるだけでなく、形をいかにゆがませるかにも腐心していました。空間を自由自在に操ることである場所と別の場所をつなごうとしたのです。彼は恐らくどうやって空間を囲むかだけでなく、囲まれた内部の構成にも関心があるのだと思います。ある意味では囲いこまずに区分けする方法だとも言えます」。

——ka｜07

ブルース・マウ

■「レムの真の才能は、才能ある人々をプロジェクトの実行に引き寄せ、物事を発展させる能力にある」。

——pp.65-68｜『Architectural Record 2001年6月号』｜01

槇文彦

■彼が『錯乱のニューヨーク』で「メトロポリスとは加算的機械(additive machine)だ」といったとき、「それはロボットの存在を認めていることと同じことなのである」。

——pp.162-167｜sk.8601｜86

■「彼の建物で一番面白いと思ったのは、ロッテルダムに一種の美術館兼文化センター《クンストハル》(一九九二)がありますね。[…]空間の連続性と同時にそれを断ち切る境界領域を両義的につくっていく新しい手法です」。

——pp.26, p27｜kg｜99

アンドリュー・マックネア

■彼は「古代の船乗りだ。家を離れるべくして離れ、離れれば帰郷を熱望する。レムは絶え間なく海に出、港を離れ、折り返して家に戻り、見つけ出したものを家に残してゆく。彼の残すものが彼の建築である」。

——pp.136-143｜au.9408｜94

松田達

■「企業や文化をもリサーチするコールハースは、グローバリズムの時代における資本の流れに対応した建築家モデルを提示しているという意味で、近代の量産化社会における建築・都市のあり方を提示したル・コルビュジエと比肩されうる」。

――p.12｜kz.0803｜08

■「二項対立の外部をプラットフォーム化する戦略。コールハースの戦略をそういえないだろうか」。

――p.86｜eu｜09

松畑強

■『錯乱のニューヨーク』は「よくまとまった歴史＝物語がつねにそうであるように、それ自身は少しも「錯乱」するものではない」。

――pp.137-144｜kb.9511｜95

丸山洋志

■「建築を不純に使用すること、コールハースはそれを実践している。彼とアメリカの建築家のやり取りを見ていると、アメリカの建築家がすごく純真に見えてくる」。

――pp.76-97｜kb.0010｜00

■「彼の〈建築〉は「〈私〉を抹消することによって〈もの〉になろうとする、自身のなかの〈他人〉と、その〈他人〉を抹消することによって固有性を獲得しようとする〈私〉」の中間に設定されている」。

――p.16｜kz.0803｜08

セバスチャン・マロ

■七〇年代に「ウンガースとの共同作業に従事」していたとき、コールハースはそこから後に《囚われの球を持つ都市》に示される「概念的隠喩」の基礎を得た。さらにウンガースの仕事から彼は「あらゆる創造性を引き出し、独自のやり方で結実」させた。

――pp.25-43｜『THE CITY IN THE CITY』｜13

南泰裕

■《フランス国立図書館コンペ案》は「高い評価を受け、本物以上の強大な影響力を発信し続けることになる。こうして、仮象こそが実態よりも実体的であるような転倒の磁場を、この建築は生き続けることになった」。

――pp.210-220｜to.22｜00

■彼は「あまたの現代都市を、あたかも絶対的な他者による異質な活動の所産として対象化しようとしている。その上で、それら現代都市の数々から、近代的思考を足もとから失効させるような驚異＝脅威を見出している」。

――pp.25-33｜『住居はいかに可能か』｜02

■「ジャンクスペースに匹敵するだけの文章を書けた建築家は、これまでにほとんどいなかったし、たぶんこれからも、ほとんどいないような気がする。ジャンクスペース論は、虚飾に満ちた多くの建築家の言葉の群を、一気に焼き尽くすだけの破壊力を持っている」。

――pp.132-133｜kb.0304｜03

■「コールハースにおいて、都市と建築とがねじれたままに存在するように、モデルとそうでないものもまた、彼においては、ねじれたまま二重写しになって表出されている。その二重写しの帯の間で、コールハースという固有名が、強い振幅のもとで、揺らぐのだ」。

――p.41｜kb.0312｜03

■「あくまでもひとつの見方にすぎませんが［…］『錯乱のニューヨーク』が刊行された一九七八年をもって『建築理論の死』を宣告された、ということもできるのかもしれません」。

――p.5｜kz.0803｜08

■「レムについて語ろうとした瞬間に立ち上がってくる『それ自体への関心の喪失』は、例えば巨大な図書館の書庫に入ったときに感じる、『莫大なものへの諦念』といった感覚と、いくらか似ている」。

――p.89｜eu｜09

ホセ・ラファエル・モネオ

■「ル・コルビュジエが我々に建築における「自由な平面」について説いたとすれば、コールハースは二〇世紀の終わりの建築文化に「自由な断面」という概念を導入」した。さらに彼の建築では、マテリアルや言語などの「多彩なエレメント」が「非排他的」に混在しており、「カクテル・アーキテクチュア」と呼び得るものとなっている。

――pp.312-363｜au.0806臨｜08

矢代真己

■八〇年代に「デルフトに特別講演にやってきたファン・アイクが、自らのデザインの正当性を説きながら、話の合間に幾度も『RKナンセンス！』と叫んでいたことが、強く記憶に残っている。ファン・アイクの雄叫びは、逆説的に『RK』による衝撃の強さを物語っていた」。

――pp.80-81｜kb.0406｜04

■彼の「よき理解者になったであろう建築家は、商業建築を数多く設計し［…］錯乱した経済原理をわがものにしていた村野藤吾だろう」

――pp.222-241｜『カリスマ建築家偉人伝』｜07

八束はじめ

■《囚われの球を持つ都市》は「象徴交換が示唆する死――ネクロポリスの、しかし快楽的なイメージには事欠かぬ風景」である。

――p.160｜sk.8406｜84

■「まずシステムを設定してそこに挿入される第二、第三のシステムや要素群によってそれをいわば『汚染』することで、全体を活性化する」というのが、彼特有の手法である。

――pp.101-106｜kb.9207｜92

■彼の「機械的なプランのつくり方はオランダの一九世紀のタウンハウスからあるんですよ。どちらかというと素人がセクションペーパーの上にプランを書くみたいなやり方。［…］それをレムは使っているんだろうと思います」。

――pp.57-74｜kb.9801｜98

■「クリティカル・リージョナリストからは遠く、クリティカル・インターナショナルですらない」であろう現在の彼は、建築において「グローバル・スタンダード」というものがあると答えるであろう。「彼はあるいはスタンダードなど意味ないというかもしれない。知的で抜け目ないメフィストフェレスのような人物である」。

――p.213｜to.34｜04

■「メタボリストの計画の背景には「日本の人口増加に伴う大都市への集中、端的には量の問題」があった。彼の「シンガポール論が、ここを捉えているのは［…］さすがというべきだ。この点でコールハースは日本の建築家よりも『日経ビジネス』のほうに関心を多く共有している」。

――p.66｜to.50｜08

■彼の文章は「明らかにニーチェを意識したアフォリズムであって、反証するのは不可能です。つまり、帰納的な手続によって結論を導くのではなく、最初から何かの現象に関心を持っていて、そこからすべての議論を組み立てていく演繹的なスタイルですね」。

――p.9｜kz.0803｜08

アルベナ・ヤネヴァ

■「シュルレアリスムに触発された彼の個性の単純化できない独自性」というレンズを通じた批評家の解釈は、彼の建築を「オランダらしさや独自のアプローチ」に根ざしたものにしてしまう。しかし彼は「孤独の天才」ではなく「具体的な制作スタジオの実践をセットする人物」であり、建築の「複数の発案者のうちのひとり」である。

――pp.100-102｜『Made by the Office for Metropolitan Architecture』｜09

山梨知彦

■《ラ・ヴィレット公園》での彼は「いろんな知恵をまとめながら、オーケストラの指揮者みたいなことをしているように見えた。コールハースのしているようなことは、組織事務所のほうができるんじゃないか」。

――p.126｜『アーキテクト2.0』｜11

吉村靖孝

■OMAの作品は「発明的なフォルムの上に子細にわたって予防線を張り、安易な模倣者を巧妙に排除」する。

――p.1｜kb.0004｜00

■ダイアグラムを用いつつ、素材や納まりの組合せの妙を楽しむOMAは、念仏の重要性を最初に説きつつ、旧宗教の修行や経などの重要性もまた簡単には切り捨てなかった浄土宗の「法然」のようである。いっぽうその弟子でわかりやすい建築を志向するMVRDVは、念仏さえ唱えていれば浄土に往けるという教えを説いた浄土真宗の「親鸞」のようである。

――pp.142-143｜sk.0111臨｜01

米田明

■八〇年代初頭からの彼の作品は意図的であったかは別として、リチャード・セラ、ロバート・スミッソンなどのアメリカの「ポストミニマリスト」のアートに接近している。

――pp.75-96｜kb.9404｜94

■彼のデザインの処理の仕方は「否定形として提示されながら、なおかつポジティブな価値を示すという、かなり裏返ったデザイン操作ですね。そこには悪意と嘲笑みたいなもの――毒ですね――が盛り込まれていて、皆それにシビれてしまう（笑）」

――pp.80-90｜kb.0110｜01

フランコ・ラ・チェクラ

■「君の考えは、あいまいでプラグマティックで、現実主義者であり、今日的だ。しかし、言わせてくれ。私にとってミューテーションズ展は、少し吐き気がする」。

――pp.13-16｜『反建築』｜11

ジョン・ライクマン

■「「ビッグネス」はプロメテウスのように創造的なものではなく、非英雄的で冷淡で非人間的だ。「雄大」でも「崇高」でもなく迷宮的だ。重要なのは、その出口を見つけることではなく、むしろその複雑さと特異性のなかを動き回り、その通路を再発明・再構成する新たな方法を見つけることだ」。

――pp.45-65｜ai｜94

テレンス・ライリー

■OMAの「活動は、サイバーテクノロジーに代表される脱リアルスペース志向に対立するとともに、前工業時代の都市を外観的に模倣しようとする建築界の脱リアルタイム志向に対しても異を唱えるものである」。

――gc｜95

■「ビッグネス」は彼自身の作品を越え、他の建築家の「異なる規模のプロジェクトで共鳴」している。「しかし大抵の場合、それらはより単純なプログラムがより直接的な表現を考慮に入れる小規模のプロジェクトにおいて最も明白に」あらわれている。

――p.30｜『Light Construction』｜95

■OMAの建築は「それぞれの建物の機能上の必要事項と公共的性格というものが交差するように構成されている」。

――p.79｜sk.9512｜95

■『S,M,L,XL』は「書物というよりもむしろ空間である。そこでは本、写真、映画といった建築のメディア的産物が、衝突、変化し、それら自身を徹底的に再構築する」。

――pp.57-58｜la.9604｜96

ハニ・ラシッド

■「コールハースは建築家として、また、アーバニストとして、他とは違い社会的、政治的、また技術、大きいスケールでの都市での介在をも扱っている。一方まだ若い建築家として実験、探求の途中だ」。

――pp.104-105｜sk.9610｜96

スコット・ラッシュ

■「OMAの建築と都市計画やAMOが制作する資料は、集中的なものであり、拡張的なものではない」といえる。それは「コミュニケーションとフローと集中性の表層」で展開されるものであり、えてして「非線形的」だ。彼やヴィリリオは「建築が不変であるという考えを捨て去り、集中性の問題を扱う」。この問題は生産された固体としての建築のように「直接的に認知可能」なものではなく、「デジタルで情報的な新しいアーカイブ」を対象とするものである。

――p.300｜co｜04

■「ジェネリックシティ」とは「情報空間」である。それは「現代における生きられる空間」である。

――p.265｜『情報批判論』｜06(02)

ヴィットリオ・マニャーゴ・ランプニャーニ

■OMAはスーパースタジオの「マルキシズム的な都市批判に対抗して、新しい「メトロポリタニズム」を提唱」した。

――p.310｜『現代建築の潮流』｜85(80)

■彼の《囚われの球を持つ都市》は、ウンガースの《トゥヴェンテ工科大学学生寮》（一九六四）での「数多くの住居形態がなんとなく併存する」構成法を継承発展させたものである。

——p.51｜au.8602｜86

ラース・ラップ

■彼は「以前で言えばマンフレッド・タフーリのように、同世代の建築家の誰よりも先に、そしてより明確に、建築はメトロポリスによって浸食されてきたということを見抜いた」。

——st｜06 (96)

ニール・リーチ

■彼の作品の「美学理論」とAMOの「新しい視覚的パラダイム」は「カムフラージュの理論」として定義できる。この理論は「デザイン自体が個々の主体と環境とを関係づけるメカニズム」をもたらすことで「現代の都市風景における場所の不定性」の克服を示唆する。

——p.144｜wo｜05 (04)

ジャック・リュカン

■「コールハースは、建築家が行いがちな自信満々の主張から身を守っている。それよりも、価値として打ち出していける部分を維持、あるいは引き出すような有効なデザインに焦点をあてる」。

——pp.33-41｜7090｜91

■彼の住宅作品は「常に冒険的、必ず非対称的で、ことさら当惑させる斬新さの楽観的な雰囲気」を持つ。

——p.21｜『Living. Vivre. Leben』｜99

■彼は「永いこと、カオスに立ち向かう文体に建築家が参加できるはずはない、と主張し続けてきたが、はたしてこの態度は完全に過去のものではないのだろうか」。

——p.9｜au.9903｜99

リアンヌ・ルフェーブル

■フランク・ゲーリー、ザハ・ハディド、ジャン・ヌーヴェル、ナイジェル・コーツ、ベルナール・チュミらとともに、八〇年代半ばからあらわれた「ダーティ・リアリズム」の建築家の一人。

——pp.17-20｜『Design Book Review no.17』｜89

マーク・レナード

■「彼はただの建築家ではなくて、世界を変えようとしている」。その仕事の方法は「アイデアを政府や企業、NGOに売って、彼らの仕事のやりかたやふるまいを変えさせよう」とするシンクタンクのやり方に似ている。

——pp.266-267｜ac｜04

バート・ローツマ

■コンスタントのニューバビロンが「未来社会の建築と都市のための理想主義的で芸術的な提案」であり「人間の善良さへの楽観的な信頼」に基づいていた一方で、コールハースの「建築と都市計画は、現在の現実における傾向の解釈と推定から成るが、彼は善意や理想的な秩序よりも、意識下で作動する力にはるかに関心を持つ」。

——pp.152-173｜hu.1｜99

■九〇年代のオランダ建築の傾向である「スーパーダッチ」の建築家の一人。彼は「美学やディテールの官能性に重点をおいた建築におそらく最もラディカルな拒否反応」を示す。

——pp.8-24｜『Superdutch』｜00

■「Mutations」展で展示した「ローマン・オペレーティングシステム」において「彼はオットー・ノイラートの論理実証主義に大きく立ち返っているように見える。そこではビルディングタイプが、都市をつくるある種の『プロトコル命題』として使用される。ノイラートのアイソタイプ言語を採用することで、彼は近代化における信条を集合的なプロセスとして共有するが、イデオロギーによる影響はほとんど受けていない。[…]彼は『プロトコル命題』の考えが現実と実際に関係するという証拠は何もないのだという批判を深刻に受けとめているのだ」。

——pp.6-9｜『Research for Research』｜01

マイケル・ロック

■彼は「プロジェクトの初期の段階を視覚化し、それを形態上の決定に結びつけることに徹底的にこだわる」。

——pp.122-125｜kb.0304｜03

■「レトリックの帝王」。

——p.321｜ac｜04

マッケンジー・ワーク

■彼は大量のお金が動く長期的な「メガストラクチャー」としての建築を提案する。一方で彼は、はるかに短期的な「ライトな建築」もつくっている。それは「露店」のように、「人を引きつけたり、文字通り一時的に停止させるための小道具」としての建築だ。

——p.37｜mu｜01

渡辺豊和

■「現在の状態や世界史的な動きをよく見て、自分たちはどうも崩壊しそうだと考え、それに対する緊張感を持って建築をつくっている」。

——p.170｜kg｜99

王澍

■《CCTV》での「彼の目的は比較的簡単で、つまりこれまでとは完全に異なる高層建築をつくることだった。しかしこれは建築家だけの問題というわけではない。我々の時代がこうした建築家を求めているのだ」。[http://p.tl/FfYb]

——web｜『南方週末』｜12

Data 5

Part.3

Data 5

Yasuhiro Minami
+
Yasuhiro Minami Laboratory

OMA／AMOプロジェクトデータ

＋国士舘大学・南泰裕研究室

編・執筆＝南 泰裕

内山雄介｜相馬亜美｜津野晃宏

構成＝中野豪雄

カナダ｜3
アメリカ｜40
メキシコ｜3
パナマ｜2
コロンビア｜2
日本｜7
韓国｜9
中国｜23
香港｜8
台湾｜1
オーストラリア｜1
1
10
20
30～

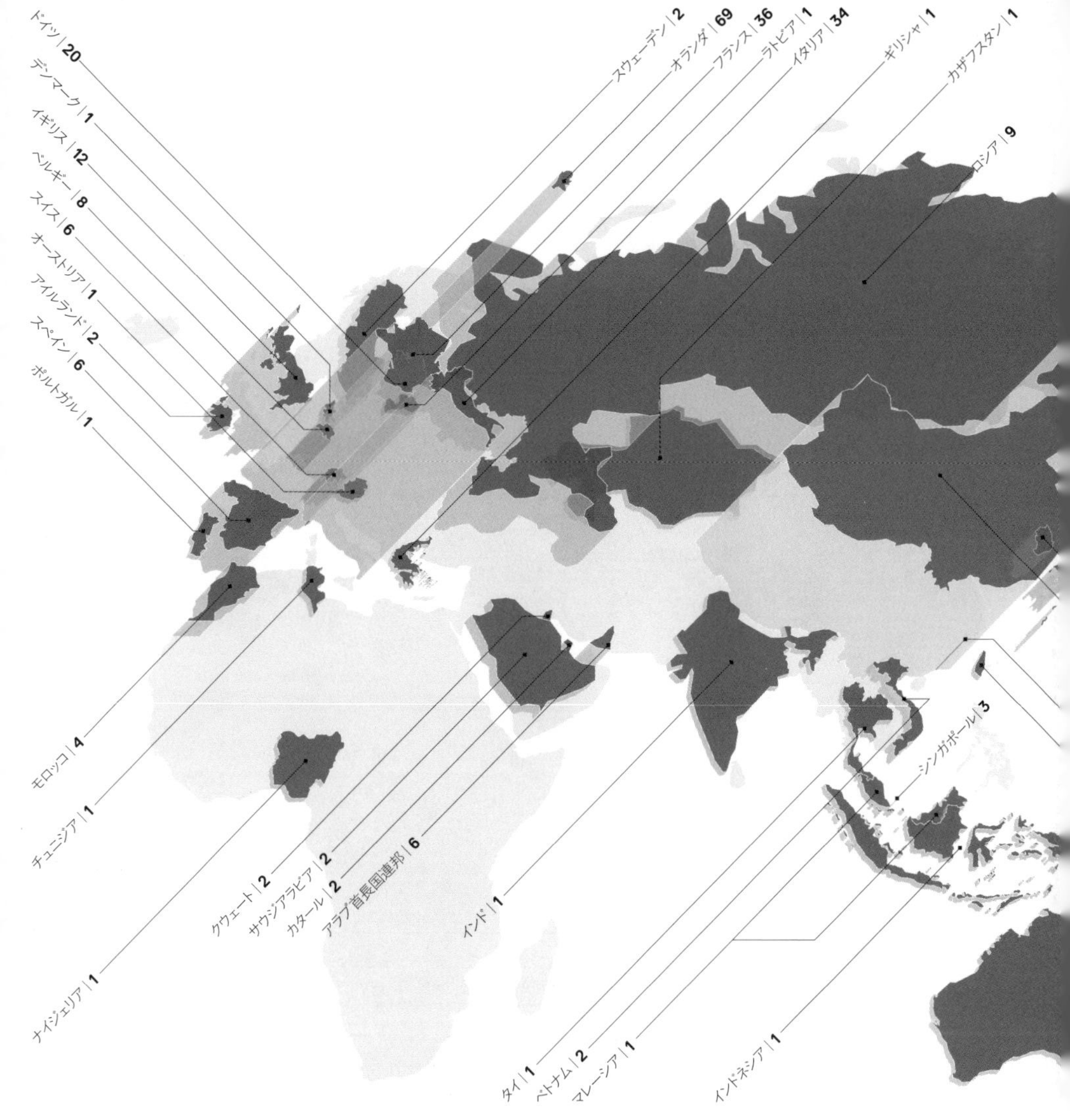

OMA・AMO主要作品 プロジェクト・マップ1978－2013

1978年から2013年にかけての、35年間にわたるOMA／AMOによるプロジェクト（計322）の世界分布図である。

ヨーロッパ、アメリカ、アジアを中心に、世界の大陸をまたにかけて活動している状況が読み取れる。

なお、ここでは既存の文献・資料から、できるかぎりのプロジェクトを網羅したが、すべてのプロジェクトをフォローしているわけではない。

また、OMAとAMOの活動区分については、完全に分離できないものも含まれるため、
ここでは両者を合わせたプロジェクトとして、まとめて表記した。

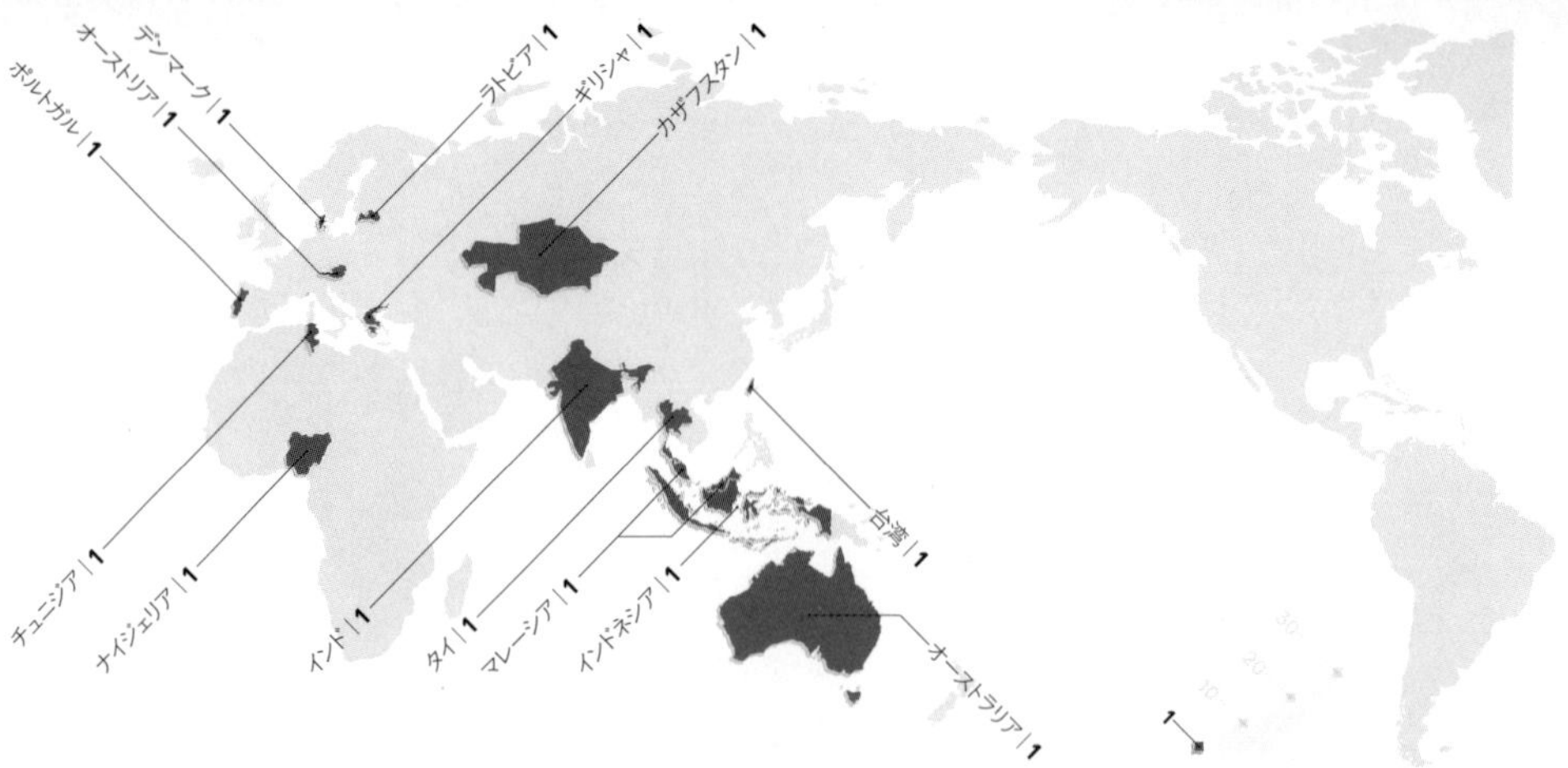

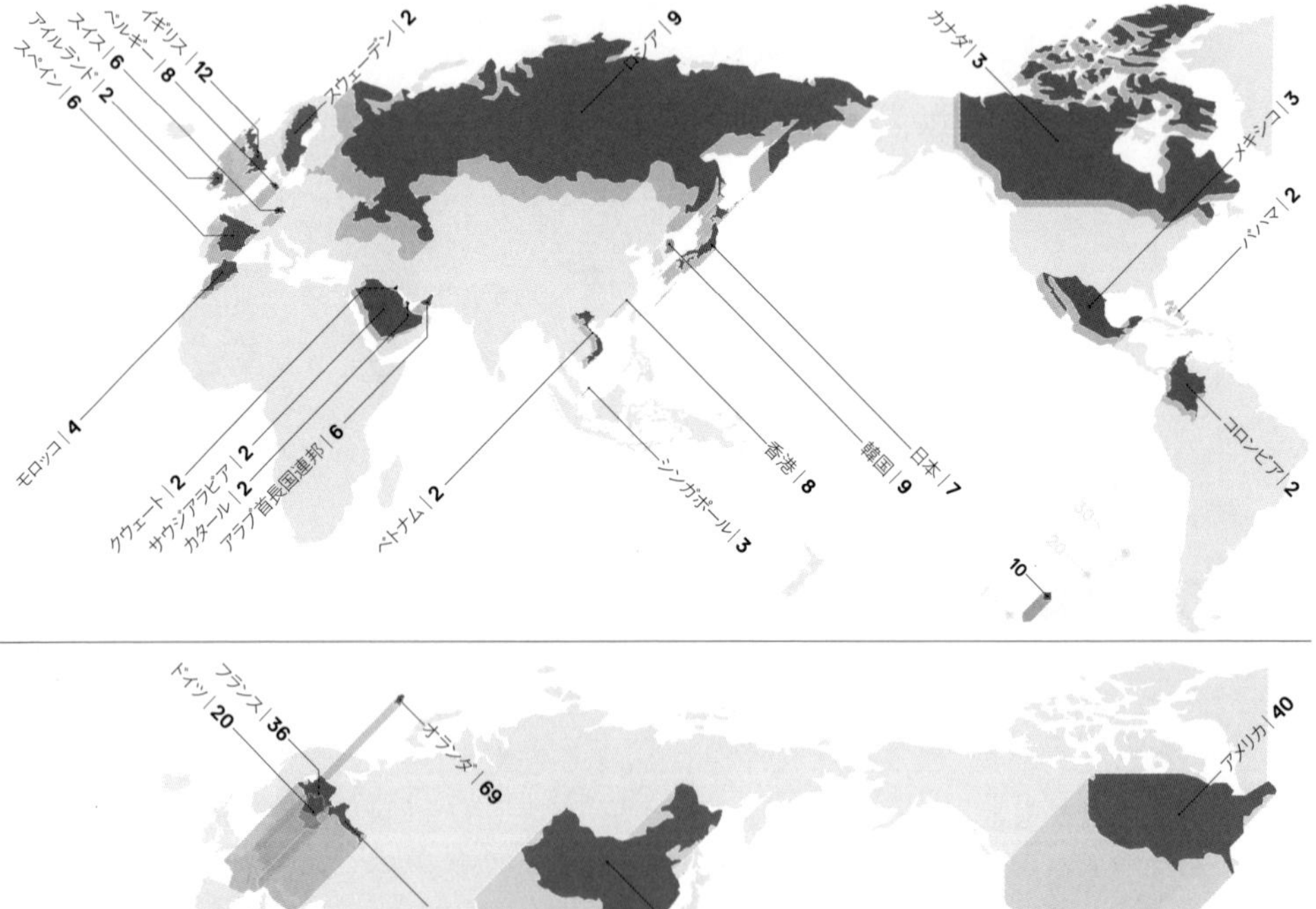

各国ごとのプロジェクト数を、「小」(1)、「中」(2〜19)、「大」(20〜)に分けて示したもの。
すなわち、これ自体が、プロジェクト数の「S,M,L」を表現している、と言える。

タイプ別作品数

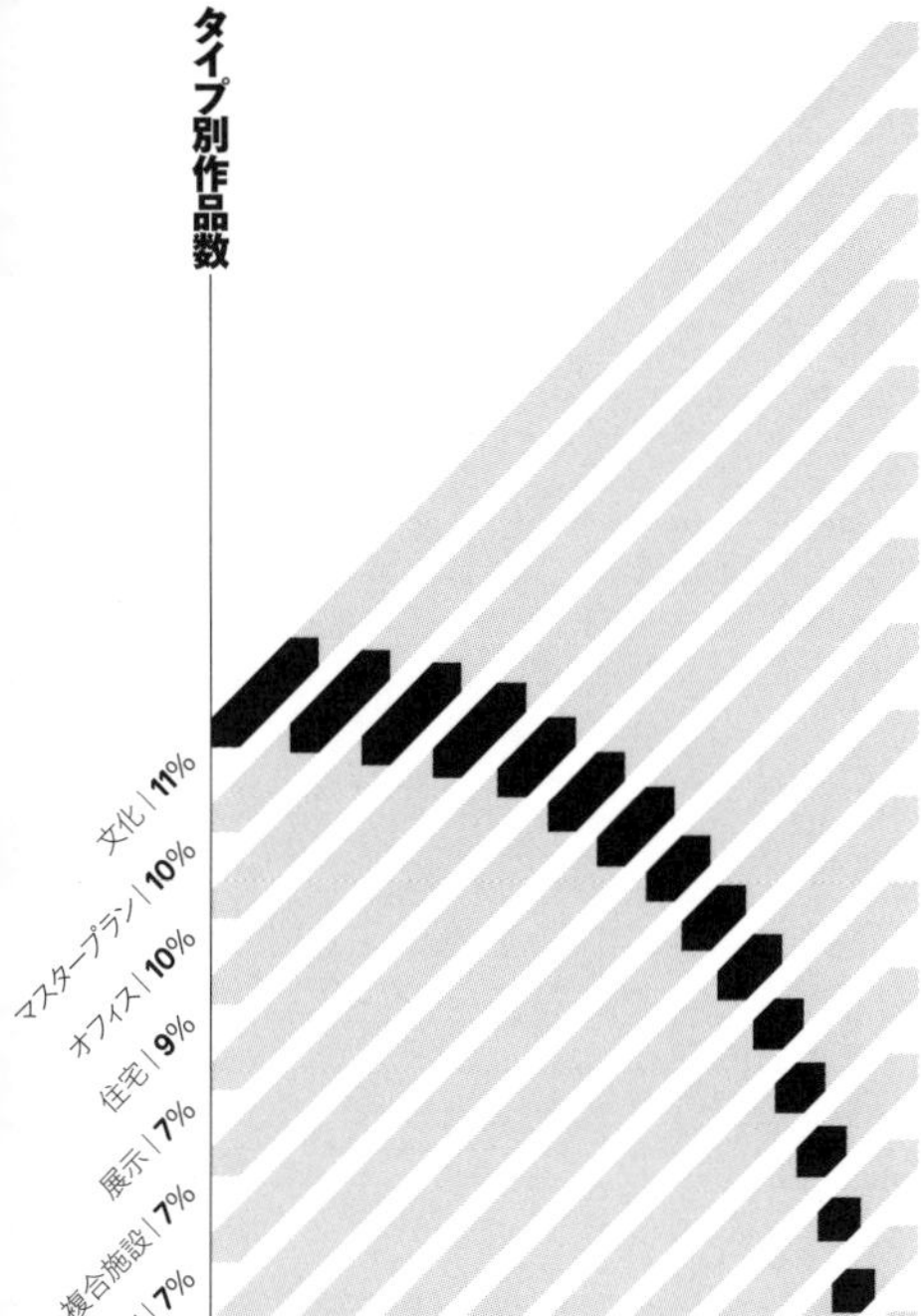

OMA・AMO年度別作品数

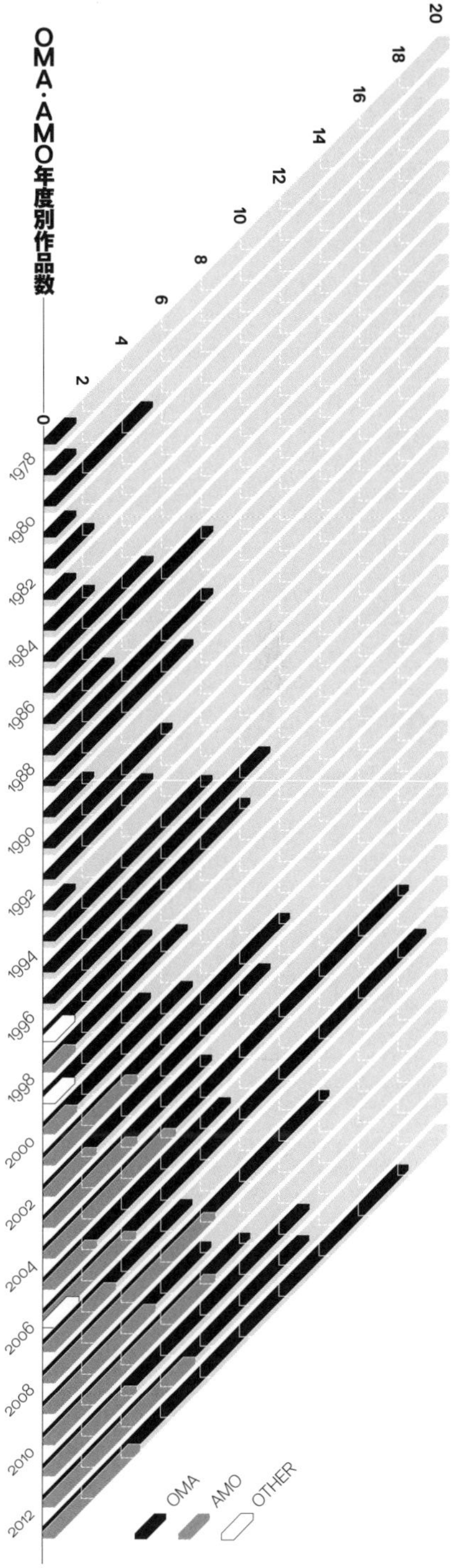

右：OMAとAMOのプロジェクト数を
年代別に見てみると、リサーチ機関である
AMOの活動がスタートした1998年ごろから、
その相乗効果により、OMAの活動量も
飛躍的に大きくなっていることが分かる。
左：プロジェクトの内訳をタイプ別に分類すると、
マスタープランとオフィスの比重が
きわめて大きく、OMAが文字どおり
都市に向き合った活動組織であることが
見えてくる。

ヨーロッパ作品 年代別プロジェクト・マップ

ヨーロッパにおける活動を一〇年単位で眺めると、ロッテルダムやベルリン、パリを中心に、さまざまな国と地域でプロジェクトを進行し続けていた様子が浮かび上がる。コールハースにとっては、ヨーロッパ全体が、ひとつながりの大きな国であり、地域であるかのようであり、国境そのものが背後へと退いていく感がある。

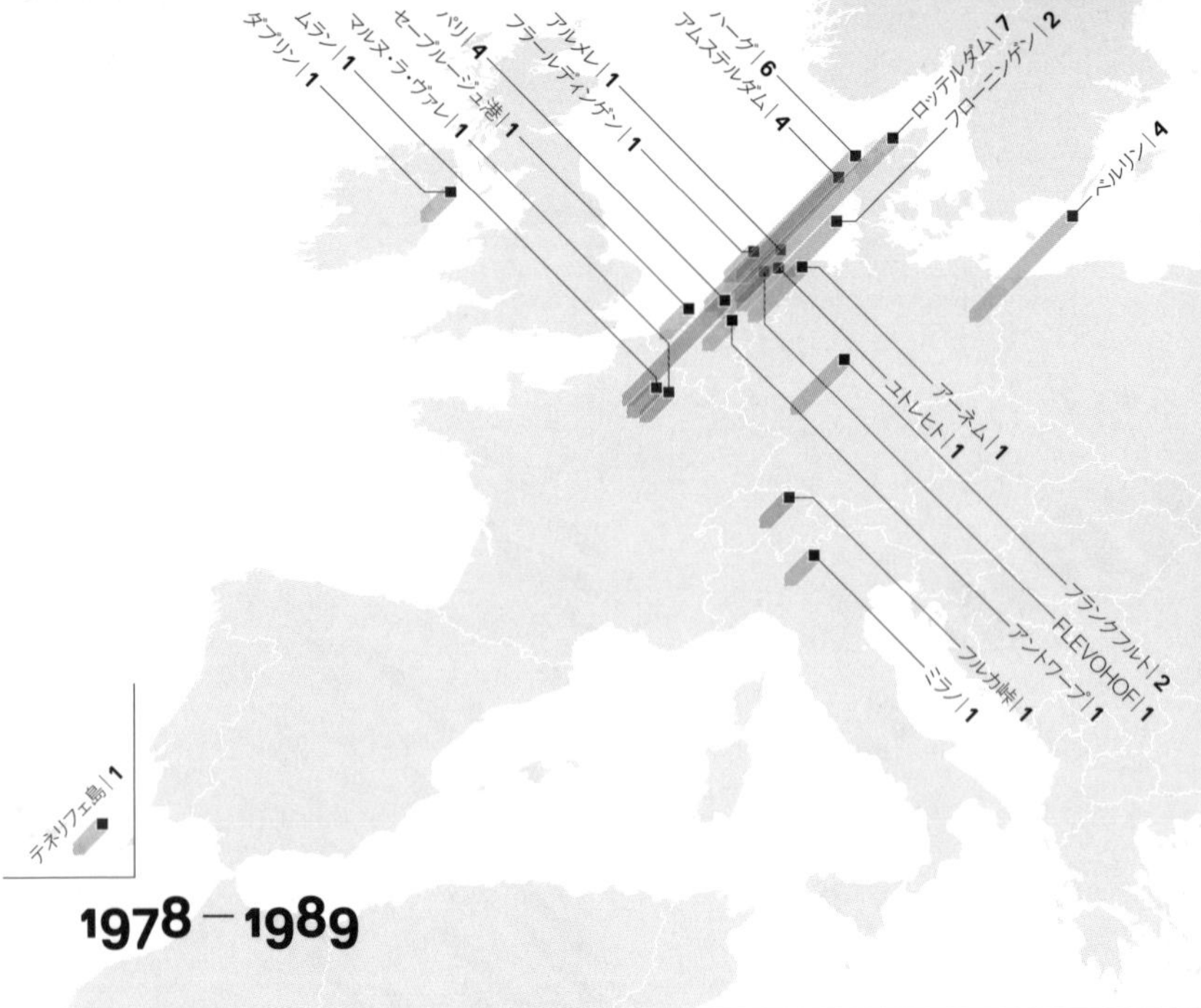

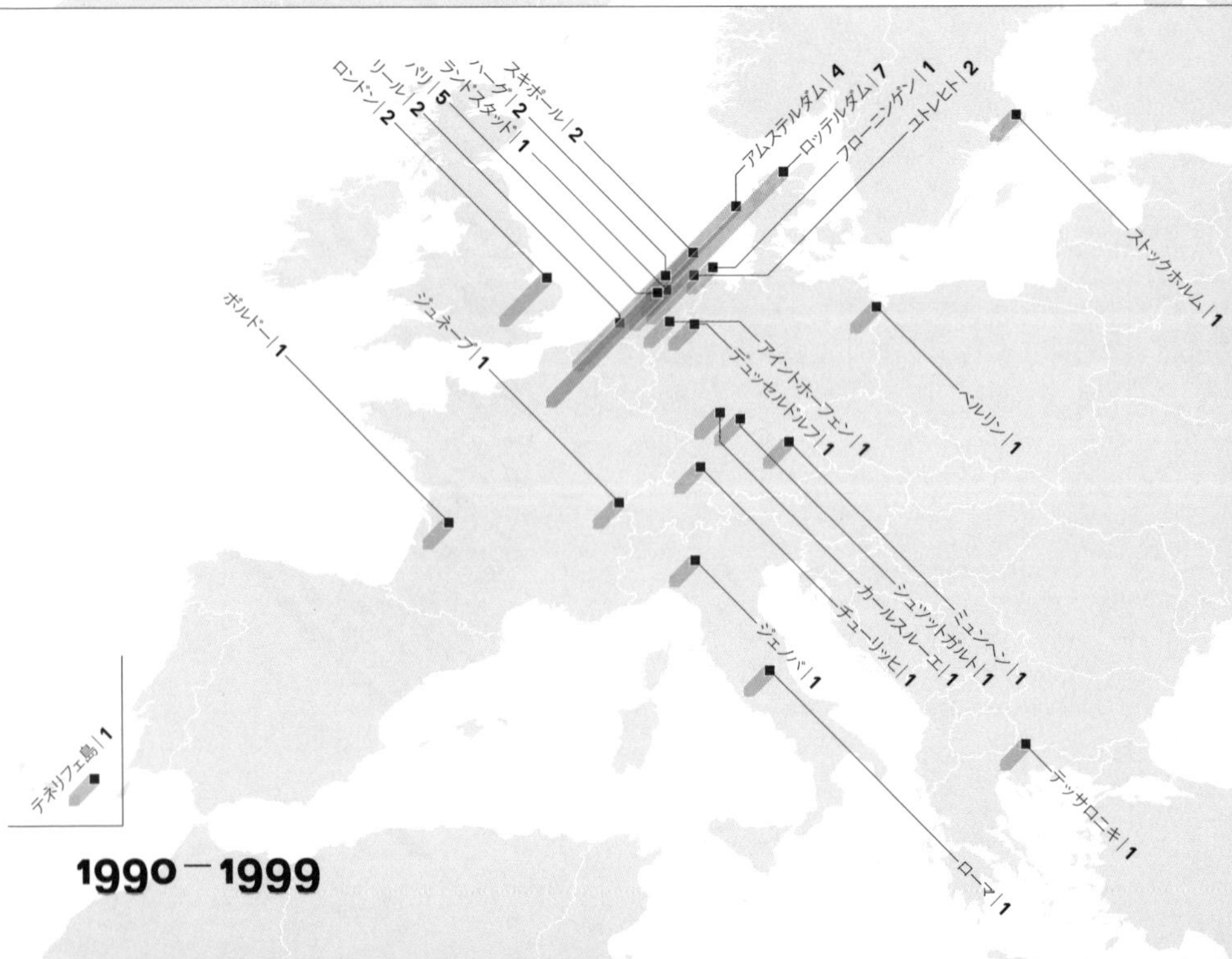

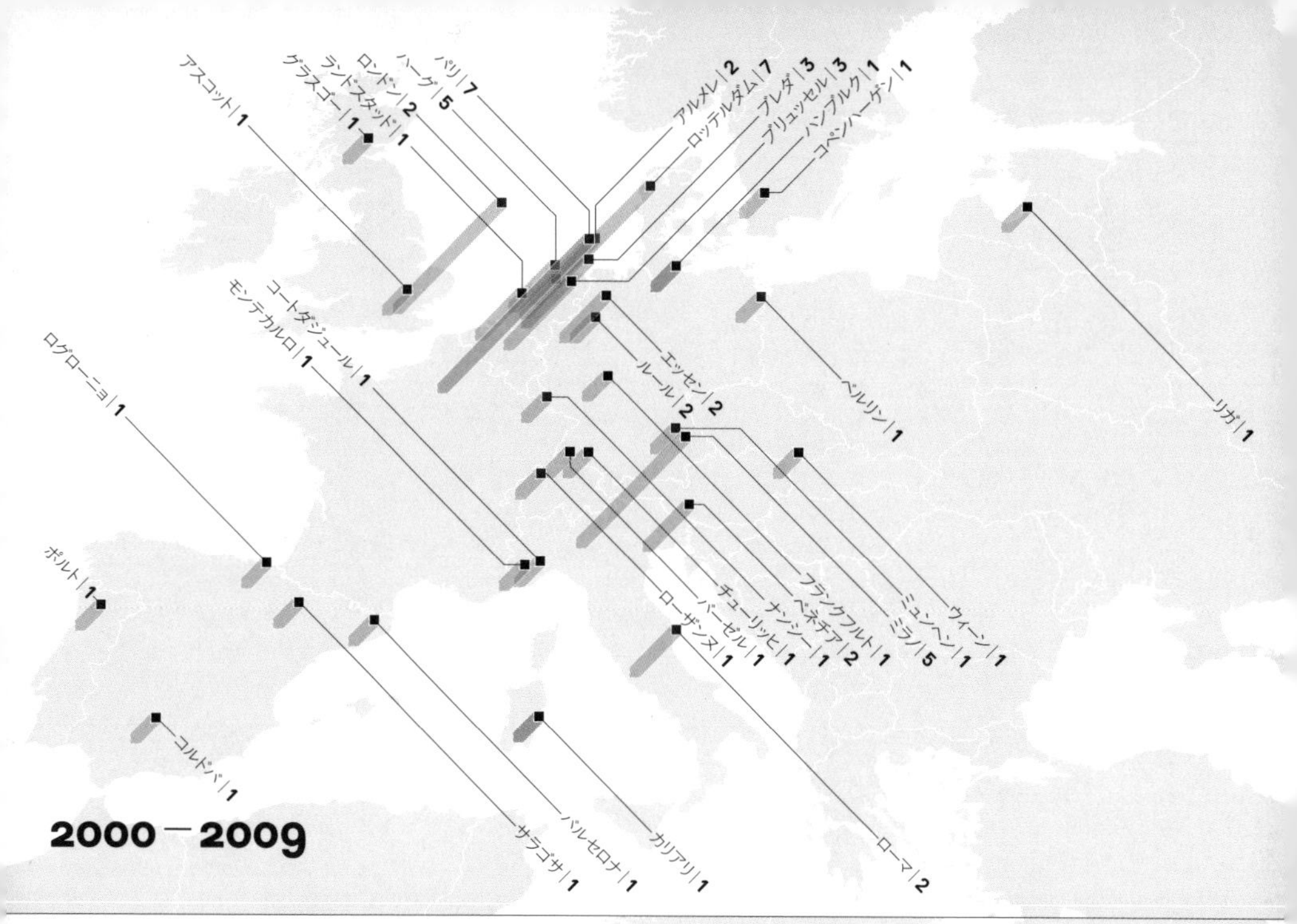
アスコット|1
グラスゴー|1
ランドスタッド|1
ロンドン|2
ハーグ|5
パリ|7
アルメレ|2
ロッテルダム|7
ブレダ|3
ブリュッセル|3
ハンブルク|1
コペンハーゲン|1
コートダジュール|1
モンテカルロ|1
ログローニョ|1
ポルト|1
エッセン|2
ルール|2
ベルリン|1
リガ|1
フランクフルト|1
ミュンヘン|1
ウィーン|1
ミラノ|5
ベネチア|2
ナンシー|1
チューリッヒ|1
バーゼル|1
ローザンヌ|1
コルドバ|1
サラゴサ|1
バルセロナ|1
カリアリ|1
ローマ|2
2000—2009

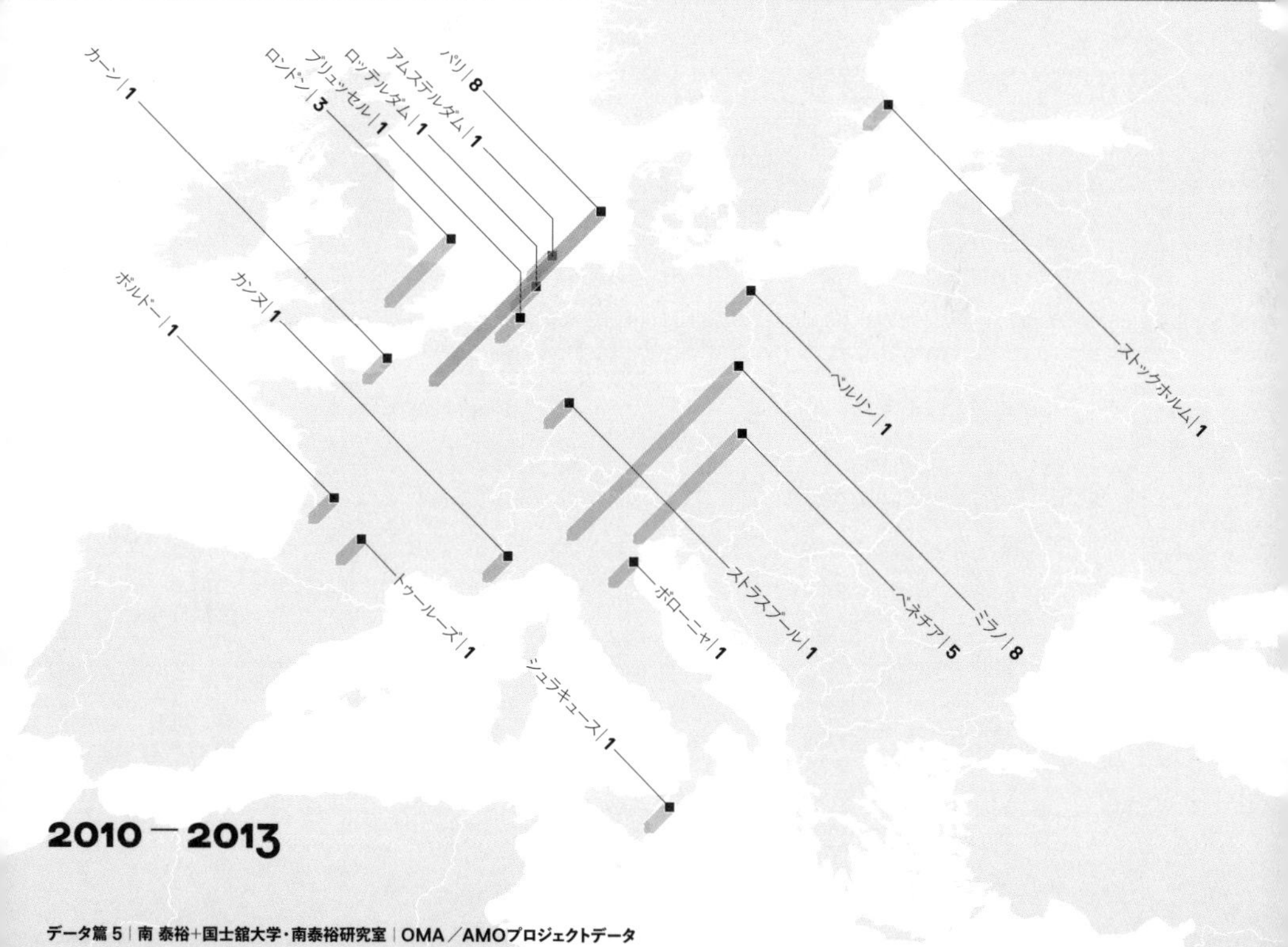
カーン|1
ロンドン|3
ブリュッセル|1
ロッテルダム|1
アムステルダム|1
パリ|8
ボルドー|1
カンヌ|1
ベルリン|1
ストックホルム|1
トゥールーズ|1
ボローニャ|1
ストラスブール|1
ベネチア|5
ミラノ|8
シュラキュース|1
2010—2013

レム・コールハース　主要プロジェクト一覧［二〇一四年五月現在］

編＝南 泰裕＋国士舘大学・南泰裕研究室

作品タイトル	年	場所	タイプ	経過	OMA／AMO
DUTCH PARLIAMENT EXTENSION	1978	ハーグ（オランダ）	オフィス／再生	コンペ	OMA
IRISH PRIME MINISTER RESIDENCE	1979	ダブリン（アイルランド）	文化／住宅	コンペ	OMA
CHECKPOINT CHARLIE	1980	ベルリン（ドイツ）	住宅	完成	OMA
LUTZOWSTRASSE HOUSING	1980	ベルリン（ドイツ）	住宅	コンペ	OMA
KOCHSTRASSE / FRIEDRICHSTRASSE HOUSING	1980	ベルリン（ドイツ）	住宅	コンペ	OMA
PANOPTICON PRISON	1980	アーネム（オランダ）	再生	中止	OMA
BOOMPJES	1980	ロッテルダム（オランダ）	複合施設／住宅	スタディ	OMA
POLICE STATION	1982	アルメラ（オランダ）	オフィス	完成	OMA
PARC DE LA VILLETTE	1982	パリ（フランス）	都市計画／複合施設／再生	コンペ	OMA
DE BRINK APARTMENTS	1983	フローニンゲン（オランダ）	住宅	コンペ	OMA
LINTAS	1984	アムステルダム（オランダ）	オフィス	完成	OMA
CHURCHILLPLEIN	1984	ロッテルダム（オランダ）	オフィス	コンペ（最優秀賞）	OMA
TORENSTRAAT	1985	ハーグ（オランダ）	複合施設／住宅	スタディ	OMA
MORGAN BANK	1985	アムステルダム（オランダ）	オフィス	コンペ	OMA
DE BOL	1985	ロッテルダム（オランダ）	文化／ミュージアム	スタディ	OMA
BUS TERMINAL	1985	ロッテルダム（オランダ）	インフラ	現存せず	OMA
PARC CITROEN CEVENNES	1985	パリ（フランス）	インフラ／再生	コンペ	OMA
WONINGBOUW FESTIVAL	1986	ハーグ（オランダ）	展示／住宅	コンペ	OMA
NEDERLAND NU ALS ONTWERP	1986	オランダ	リサーチ	スタディ	OMA
VEERPLEIN	1986	フラールディンゲン（オランダ）	都市計画／住宅	完成	OMA
TENERIFE LINK QUAY	1986	テネリフェ島（スペイン）	インフラ	コンペ	OMA
BIJLMERMEER REDEVELOPMENT	1986	アムステルダム（オランダ）	インフラ／再生	コンセプトデザイン	OMA
UITHOF	1986	ユトレヒト（オランダ）	都市計画	完成	OMA
CITY HALL THE HAGUE	1986	ハーグ（オランダ）	複合施設／オフィス	コンペ（最優秀賞）	OMA
CASA PALESTRA, 'THE DOMESTIC PROJECT'	1986	ミラノ（イタリア）	展示	コンペ	OMA
EUSEBIUS TOWER	1987	アーネム（オランダ）	住宅	委員会参加	OMA
VILLE NOUVELLE MELUN SENART	1987	ムラン（フランス）	インフラ／都市計画	コンペ	OMA
NETHERLANDS DANCE THEATER	1987	ハーグ（オランダ）	文化	完成	OMA
EURODISNEY	1988	マルヌ・ラ・ヴァレ（フランス）	ホテル	中止	OMA
SPORTMUSEUM	1988	フレヴォホフ（オランダ）	ミュージアム／スポーツ	コンセプトデザイン	OMA
BIOZENTRUM	1988	フランクフルト（ドイツ）	教育	コンペ	OMA

KONINGINNEGRACHT	1988	ハーグ（オランダ）	住宅	コンペ	OMA
FURKA BLICK	1988	フルカ峠（スイス）	複合施設／住宅	完成	OMA
NETHERLANDS ARCHITECTURE INSTITUTE	1988	ロッテルダム（オランダ）	文化／ミュージアム	コンペ	OMA
IJ PLEIN URBAN PLANNING, SCHOOL AND GYMNASIUM	1988	アムステルダム（オランダ）	教育／都市計画／住宅／物販店舗	完成	OMA
PATIO VILLA	1988	ロッテルダム（オランダ）	住宅	完成	OMA
STAD AAN DE STROOM	1989	アントワープ（ベルギー）	都市計画	スタディ	OMA
NATIONAL LIBRARY OF FRANCE	1989	パリ（フランス）	図書館	コンペ	OMA
THE FIRST DECADE	1989	ロッテルダム（オランダ）	展示	コンペ	OMA
FRANKFURT FLUGHAFEN	1989	フランクフルト（ドイツ）	インフラ／オフィス	コンペ	OMA
EXPOSITION UNIVERSELLE	1989	パリ（フランス）	文化／展示／ミュージアム	中止	OMA
VIDEO BUS STOP	1989	フローニンゲン（オランダ）	展示／インフラ	完成	OMA
ZEEBRUGGE SEA TERMINAL	1989	ゼーブルージュ港（ベルギー）	インフラ／複合施設	コンペ	OMA
HILTON HOTEL	1990	ハーグ（オランダ）	ホテル／複合施設／オフィス	スタディ	OMA
AGADIR	1990	カサブランカ（モロッコ）	複合施設／住宅	コンペ	OMA
ZAC DANTON	1991	パリ（フランス）	オフィス	中止	OMA
IJ-OEVER	1991	アムステルダム（オランダ）	都市計画／再生	開発デザイン	OMA
TRANSFERIA	1991	ランドスタット（オランダ）	インフラ	コンペ	OMA
MISSION GRAND AXE, LA DEFENSE	1991	パリ（フランス）	都市計画／再生	コンペ	OMA
VILLA DALL'AVA	1991	パリ（フランス）	住宅	完成	OMA
NEXUS WORLD HOUSING	1991	福岡（日本）	住宅	完成	OMA
STEDELIJK MUSEUM	1992	アムステルダム（オランダ）	ミュージアム	コンペ	OMA
YOKOHAMA	1992	横浜（日本）	都市計画	コンペ	OMA
KUNSTHAL	1992	ロッテルダム（オランダ）	ミュージアム	完成	OMA
JUSSIEU - TWO LIBRARIES	1992	パリ（フランス）	図書館	コンペ	OMA
ZENTRUM FUR KUNST UND MEDIENTECHNOLOGIE (ZKM)	1992	カールスルーエ（ドイツ）	ミュージアム	コンペ	OMA
POINTCITY / SOUTHCITY	1993	オランダ	インフラ／リサーチ	スタディ	OMA
SAITAMA ARENA	1994	埼玉（日本）	スポーツ	コンペ	OMA
C3 MAASTOWERS	1994	ロッテルダム（オランダ）	インフラ／リサーチ／XLタワー	スタディ	OMA
SUPER POPULAR, A STAR IS BORN	1994	フローニンゲン（オランダ）	文化／展示	完成	OMA
MUSEUMPARK	1994	ロッテルダム（オランダ）	ミュージアム	完成	OMA
TATE MODERN	1994	ロンドン（イギリス）	ミュージアム／再生	コンペ	OMA
MIAMI PERFORMING ARTS CENTER	1994	マイアミ（アメリカ）	文化	コンペ	OMA
LILLE MASTERPLAN	1994	リール（フランス）	インフラ／都市計画	完成	OMA
LILLE GRAND PALAIS	1994	リール（フランス）	文化	完成	OMA

A4 CORRIDOR	1995	オランダ	インフラ	スタディ	OMA
OOSTELIJKE HANDELSKADE	1995	アムステルダム(オランダ)	都市計画	委員会参加	OMA
MCA MASTERPLAN	1995	ロサンゼルス(アメリカ)	都市計画	中止	OMA
HYPOBANK	1995	ミュンヘン(ドイツ)	オフィス	開発デザイン	OMA
H-PROJECT	1995	ソウル(韓国)	教育	委員会参加	OMA
AIRPORT 2000	1995	チューリッヒ(スイス)	インフラ/リサーチ	コンペ	OMA
BREUNINGER	1995	シュツットガルト(ドイツ)	再生/物販店舗	完成	OMA
NEA KRINI - PIER PROJECT	1995	テッサロニキ(ギリシャ)	文化/インフラ	コンペ	OMA
BYZANTIUM	1995	アムステルダム(オランダ)	複合施設/オフィス/住宅	完成	OMA
NEW SEOUL INTERNATIONAL AIRPORT	1995	ソウル(韓国)	都市計画	委員会参加	OMA
DUTCH HOUSE	1995	オランダ	住宅	完成	OMA
STOCKHOLM OLYMPIC STADIUM	1996	ストックホルム(スウェーデン)	スポーツ	コンペ	OMA
SCHIPHOL LOGISTICS PARK	1996	スキポール(オランダ)	オフィス/リサーチ	スタディ	OMA
LUXOR THEATRE	1996	ロッテルダム(オランダ)	文化	コンペ	OMA
ELECTRONIC SHOWROOM	1996	ソウル(韓国)	物販店舗	委員会参加	OMA
ALLIANCE FRANCAISE	1996	ロッテルダム(オランダ)	文化/図書館	完成	OMA
KANSAI KAN	1996	関西(日本)	図書館	コンペ	OMA
UNO / MAISON DES DROITS DE L'HOMME	1996	ジュネーブ(スイス)	都市計画/複合施設	コンペ	OMA
TOGOK TOWERS	1996	ソウル(韓国)	複合施設/オフィス/XLタワー	コンセプトデザイン	OMA
HYPERBUILDING	1996	バンコク(タイ)	複合施設/リサーチ/XLタワー	スタディ	OMA
UNIVERSAL HEADQUARTERS	1996	ロサンゼルス(アメリカ)	オフィス	委員会参加	OMA
PAPENDORP	1997	ユトレヒト(オランダ)	都市計画	完成	OMA
HANOI NEW TOWN MASTERPLAN	1997	ハノイ(ベトナム)	都市計画	委員会参加	不明
MoMA CHARETTE	1997	ニューヨーク(アメリカ)	都市計画/ミュージアム	コンペ	OMA
GENOA PORT	1997	ジェノバ(イタリア)	インフラ	コンペ	OMA
EDUCATORIUM	1997	ユトレヒト(オランダ)	教育	完成	OMA
MERCEDES OFFICE VILLAGE	1998	デュッセルドルフ(ドイツ)	都市計画/オフィス	スタディ	OMA
SCHIPHOLS	1998	スキポール(オランダ)	インフラ/都市計画/リサーチ	スタディ	AMO
DE ROTTERDAM	1998	ロッテルダム(オランダ)	ホテル/複合施設/オフィス/住宅/XLタワー	完成	OMA
EL BAIJO	1998	グアダラハラ(メキシコ)	都市計画	コンペ	OMA
INCHON SONG-DO NEW TOWN	1998	仁川(韓国)	都市計画	委員会参加	OMA
Y2K	1998	ロッテルダム(オランダ)	住宅	コンセプトデザイン	OMA
HAUS UM DIE SCHENKUNG	1998	ベルリン(ドイツ)	文化	コンペ	OMA
MAISON A BORDEAUX	1998	ボルドー(フランス)	住宅	完成	OMA

HAVAS SIEGE SOCIALE	1999	パリ（フランス）	オフィス	コンペ	OMA
PHILIPS	1999	アイントホーフェン（オランダ）	オフィス	コンペ	OMA
CARREFOUR	1999	ハーグ（オランダ）	インフラ	スタディ	OMA
ASTOR PLACE HOTEL	1999	ニューヨーク（アメリカ）	ホテル／複合施設／住宅／XLタワー	委員会参加	OMA
CITIES ON THE MOVE	1999	ロンドン（イギリス）	展示	完成	不明
MoCA ROMA	1999	ローマ（イタリア）	ミュージアム	コンペ	OMA
DOWNSVIEW PARK	2000	トロント（カナダ）	文化／インフラ／都市計画	完成	OMA
TASCHEN HOUSE	2000	ロサンゼルス（アメリカ）	住宅	委員会参加	OMA
BREDA CHASSE CAMPUS	2000	ブレダ（オランダ）	都市計画／住宅	完成	OMA
THE DISTRIBUTED HOUSE	2000	ハーバー島（バハマ）	住宅	委員会参加	OMA
BREDA CARR'E PARKING	2000	ブレダ（オランダ）	インフラ	完成	OMA
BREDA CARR'E BUILDING	2000	ブレダ（オランダ）	住宅	完成	OMA
PRADA IN-STORE TECHNOLOGY	2000	プラダNY.LA.SF（アメリカ）	リサーチ／物販店舗	進行中	AMO
PRADA SAN FRANCISCO	2000	サンフランシスコ（アメリカ）	物販店舗	スタディ	OMA
EU BARCODE	2001	ロッテルダム（オランダ）	リサーチ	完成	AMO
PRINS CLAUSPLEIN	2001	ハーグ（オランダ）	インフラ	委員会参加	OMA
FLICK HOUSE	2001	チューリッヒ（スイス）	ミュージアム	委員会参加	OMA
WHITNEY MUSEUM EXTENSION	2001	ニューヨーク（アメリカ）	文化／ミュージアム	コンセプトデザイン	OMA
FONDATION PINAULT	2001	パリ（フランス）	文化／ミュージアム／再生	コンペ	OMA
LEHMANN MAUPIN GALLERY	2001	ニューヨーク（アメリカ）	文化／ミュージアム／物販店舗	完成	OMA
CALTRANS DISTRICT 7 HQ	2001	ロサンゼルス（アメリカ）	オフィス	コンペ	OMA
BARCELONA AIRPORT TERMINAL	2001	バルセロナ（スペイン）	インフラ	コンペ	OMA
UN CITY	2001	ニューヨーク（アメリカ）	複合施設	コンペ	OMA
UNION STATION	2001	トロント（カナダ）	マスタープラン	コンペ	OMA
LACMA EXTENSION	2001	ロサンゼルス（アメリカ）	ミュージアム	コンペ	OMA
EUROPE ICONOGRAPHY	2001	ロッテルダム（オランダ）	リサーチ	スタディ	AMO
HARVARD	2001	ケンブリッジ（アメリカ）	リサーチ	スタディ	AMO
PRADA NEW YORK	2001	ニューヨーク（アメリカ）	物販店舗	完成	OMA
CONDE NAST - WIRED	2001	アメリカ	リサーチ	スタディ	AMO
HERMITAGE GUGGENHEIM	2001	ラスベガス（アメリカ）	ミュージアム	完成	OMA
CCTV - TV STATION AND HEADQUARTERS	2002	北京（中国）	オフィス／XLタワー	進行中	OMA
BROOKLYN ACADEMY OF MUSIC	2002	ブルックリン、ニューヨーク（アメリカ）	教育	スタディ	OMA
DELTA METROPOOL	2002	ランドスタット（オランダ）	インフラ／都市計画	スタディ	OMA
NATO	2002	ブリュッセル（ベルギー）	複合施設／オフィス	コンペ	OMA

CCTV - TELEVISION CULTURAL CENTRE	2002	北京（中国）	ホテル	進行中	OMA
GUANGZHOU OPERA HOUSE	2002	広州（中国）	文化	コンペ	OMA
KONINGIN JULIANAPLEIN	2002	ハーグ（オランダ）	複合施設／オフィス／住宅／物販店舗／XLタワー	進行中	OMA
CCTV - MEDIA PARK	2002	北京（中国）	複合施設	進行中	OMA
CCTV - SERVICE BUILDING	2002	北京（中国）	複合施設	進行中	OMA
AMO ATLAS	2002	ワールドワイド	リサーチ	スタディ	AMO
CORDOBA CONGRESS CENTER	2002	コルドバ（スペイン）	文化	開発デザイン	OMA
ZOLLVEREIN MASTERPLAN	2002	エッセン（ドイツ）	都市計画／再生	進行中	OMA
HOLLOCORE RUHRGEBIET	2002	ルール（ドイツ）	リサーチ	スタディ	AMO
IIT - MCCORMICK TRIBUNE CAMPUS	2003	イリノイ（アメリカ）	教育	完成	OMA
NETHERLANDS EMBASSY BERLIN	2003	ベルリン（ドイツ）	オフィス	完成	OMA
BEIJING CENTRAL BUSINESS DISTRICT	2003	北京（中国）	都市計画／リサーチ	コンペ	OMA
LES HALLES	2003	パリ（フランス）	インフラ／都市計画	コンペ	OMA
ASCOT RESIDENCE	2003	アスコット（イギリス）	住宅	コンペ	OMA
BEIJING PRESERVATION	2003	北京（中国）	リサーチ	スタディ	AMO
EUROPEAN CENTRAL BANK	2003	フランクフルト（ドイツ）	オフィス／XLタワー	コンペ	OMA
HERMITAGE MUSEUM	2003	サンクトペテルブルク（ロシア）	ミュージアム／リサーチ	スタディ	AMO
HET PAARD VAN TROJE	2003	ハーグ（オランダ）	文化	完成	OMA
CONTENT	2003	オランダ、ドイツ	展示	コンペ	AMO
BEIJING BOOKS BUILDING	2003	北京（中国）	オフィス／物販店舗	コンペ	OMA
PRADA SPORT	2003	ロッテルダム（オランダ）	文化	完成	AMO
SEATTLE CENTRAL LIBRARY	2004	シアトル（アメリカ）	教育／図書館	完成	OMA
WHITE CITY	2004	ロンドン（イギリス）	インフラ／都市計画／再生	開発デザイン	OMA
LOGRONO	2004	ログローニョ（スペイン）	インフラ／都市計画	コンペ	OMA
HAMBURG SCIENCE CENTER	2004	ハンブルグ（ドイツ）	教育	開発デザイン	OMA
MULTI-MEDIA BUILDING	2004	九龍（中国）	教育	コンペ	OMA
PENANG TROPICAL CITY	2004	ペナン（マレーシア）	都市計画	コンペ	OMA
GENT FORUM	2004	ヘント（ベルギー）	文化／複合施設	コンペ	OMA
IDEA VERTICAL CAMPUS	2004	東京（日本）	教育／XLタワー	コンペ	OMA
S-PROJECT	2004	ソウル（韓国）	都市計画	コンペ	OMA
PRADA SHANGHAI	2004	上海（中国）	物販店舗	進行中	OMA
GENT OUDE DOKKEN	2004	ヘント（ベルギー）	教育／都市計画	コンペ	OMA
CHINA NATIONAL MUSEUM	2004	北京（中国）	教育／ミュージアム	コンペ	OMA
SHANGHAI EXPO 2010	2004	上海（中国）	リサーチ	スタディ	AMO

EUROPE EXHIBITION - BRUSSELS	2004	ブリュッセル(ベルギー)	展示／リサーチ	完成	AMO
PRADA SKIRT SHANGHAI	2004	上海(中国)	展示／物販店舗	完成	AMO
MERCATI GENERALI	2004	ローマ(イタリア)	文化／再生	コンセプトデザイン	OMA
PRADA SKIRT TOKYO	2004	東京(日本)	展示	完成	AMO
SOUTERRAIN TRAM TUNNEL	2004	ハーグ(オランダ)	インフラ	完成	OMA
DEE AND CHARLES WYLY THEATER	2004	テキサス(アメリカ)	文化	進行中	OMA
EUROPE EXHIBITION - MUNICH	2004	ミュンヘン(ドイツ)	展示／リサーチ	完成	AMO
PRADA SPONGE	2004	ロサンゼルス(アメリカ)	リサーチ／物販店舗	完成	AMO
PRADA LOS ANGELES	2004	ロサンゼルス(アメリカ)	物販店舗	完成	OMA
LEEUM MUSEUM	2004	ソウル(韓国)	ミュージアム	完成	OMA
CASA DA MUSICA	2005	ポルト(ポルトガル)	文化	完成	OMA
SIGHVATSSON HOUSE	2005	カリフォルニア(アメリカ)	住宅	委員会参加	OMA
PRADA LONDON	2005	ロンドン(イギリス)	物販店舗	スタディ	OMA
VINCENT GALLO APARTMENT	2005	ロサンゼルス(アメリカ)	住宅	スタディ	OMA
BALTIC PEARL	2005	サンクトペテルブルク(ロシア)	都市計画	コンペ	OMA
ECOLE POLYTECHINIQUE FEDERALE DE LAUSANNE - LEARNING CENTER	2005	ローザンヌ(スイス)	教育	コンペ	OMA
JEDDAH INTERNATIONAL AIRPORT	2005	ジッダ(サウジアラビア)	都市計画	委員会参加	OMA
BALANDRA BAY	2005	バハ(メキシコ)	教育／ホテル／住宅／複合施設	委員会参加	OMA
VENICE 2005 - EXPANSION-NEGLECT	2005	ヴェネチア(イタリア)	展示／ミュージアム／リサーチ	完成	AMO
SNU MUSEUM OF ART	2005	ソウル(韓国)	文化／ミュージアム	完成	OMA
EUROPE EXHIBITION - VIENNA	2005	ウィーン(オーストリア)	展示／リサーチ	完成	AMO
CITY IN THE DESERT	2006	UAE	都市計画	スタディ	OMA
PRADA CATWALK MAN FW 2007	2006	ミラン(イタリア)	展示	完成	AMO
RAK JEBEL AL JAIS MOUNTAIN RESORT	2006	ラアス・アル＝ハイマ(UAE)	ホテル／都市計画／住宅	コンセプトデザイン	OMA
SHENZHEN STOCK EXCHANGE	2006	深圳(中国)	オフィス／XLタワー	進行中	OMA
PORSCHE TOWERS	2006	ドバイ(UAE)	オフィス／住宅／物販店舗	開発デザイン	OMA
ANISH KAPOOR HOUSE	2006	ハーバー島(バハマ)	住宅	委員会参加	OMA
QATAR EDUCATION CITY - 3 BUILDINGS	2006	ドーハ(カタール)	教育／図書館	コンセプトデザイン	OMA
DUBAI RENAISSANCE	2006	ドバイ(UAE)	ホテル／複合施設／オフィス／住宅／物販店舗／XLタワー	コンセプトデザイン	OMA
ABUJA - AIST	2006	アブジャ(ナイジェリア)	教育	コンペ	OMA
111 FIRST STREET	2006	ジャージーシティ(アメリカ)	複合施設／オフィス／住宅／XLタワー	開発デザイン	OMA
ZOLLVEREIN KOHLENWASCHE	2006	エッセン(ドイツ)	ミュージアム／再生	完成	OMA

SCOTTS TOWER	2006	シンガポール	住宅／XLタワー	開発デザイン	OMA
LA DEFENSE PROJET PHARE	2006	パリ(フランス)	オフィス／物販店舗／XLタワー	コンペ	OMA
GAZPROM HEADQUARTERS	2006	サンクトペテルブルク(ロシア)	都市計画／オフィス／XLタワー	コンペ	OMA
ZARAGOZA MUSEUM OF FINE ARTS	2006	サラゴサ(スペイン)	ミュージアム	コンペ	OMA
MILSTEIN HALL CORNELL UNIVERSITY	2006	イサカ(アメリカ)	教育	開発デザイン	OMA
KUWAIT AL-RAI MASTERPLAN	2006	クウェート市(クウェート)	都市計画	開発デザイン	OMA
NEW COURT	2006	ロンドン(イギリス)	オフィス	完成	OMA
SERPENTINE GALLERY PAVILLION	2006	ロンドン(イギリス)	文化／展示／リサーチ	完成	不明
RIGA CONTEMPORARY ART MUSEUM	2006	リガ(ラトビア)	ミュージアム	開発デザイン	OMA
VENICE 2006 - THE GULF	2006	ヴェネチア(イタリア)	展示／リサーチ	完成	AMO
PRADA SKIRT NY	2006	ニューヨーク(アメリカ)	展示	完成	AMO
PRADA SKIRT LA	2006	ロサンゼルス(アメリカ)	展示／物販店舗	完成	AMO
ALMATY SCIENCE CAMPUS	2007	アルマトイ(カザフスタン)	教育	コンセプトデザイン	OMA
APRAKSIN DVOR	2007	サンクトペテルブルク(ロシア)	複合施設／再生／物販店舗	コンペ	OMA
PRADA CATWALK MAN SS 2008	2007	ミラノ(イタリア)	展示	完成	AMO
PRADA CATWALK WOMAN SS 2008	2007	ミラノ(イタリア)	展示	完成	AMO
RAK STRUCTURE PLAN	2007	ラアス・アル＝ハイマ(UAE)	都市計画	コンセプトデザイン	OMA
BOOMPJES 60-68	2007	ロッテルダム(オランダ)	オフィス／XLタワー	委員会参加	OMA
TORRE BICENTENARIO	2007	メキシコシティ(メキシコ)	複合施設／オフィス／XLタワー	コンセプトデザイン	OMA
AL MANAKH	2007	湾岸地域	リサーチ	スタディ	AMO
ALMERE MASTERPLAN	2007	アルメラ(オランダ)	都市計画／住宅	進行中	OMA
PRADA CATWALK MEN SS 2009	2008	ミラノ(イタリア)	文化	完成	AMO
COOLSINGEL	2008	ロッテルダム(オランダ)	複合施設／オフィス／住宅／物販店舗	コンセプトデザイン	OMA
SANT'ELIA	2008	カリアリ(イタリア)	インフラ／都市計画／再生	コンセプトデザイン	OMA
FONDAZIONE PRADA	2008	ミラノ(イタリア)	ミュージアム／再生	コンセプトデザイン	AMO
SIGNAL TOWER	2008	パリ(フランス)	複合施設／オフィス／XLタワー	コンペ	OMA
BRYGHUSPROJEKTET	2008	コペンハーゲン(デンマーク)	文化／複合施設／ミュージアム／オフィス／住宅	コンセプトデザイン	OMA
MIU MIU CATWALK WOMEN FW 2008	2008	パリ(フランス)	展示	完成	AMO
WATERFRONT CITY	2008	ドバイ(UAE)	インフラ／都市計画／複合施設	保留中	OMA
PRADA CATWALK WOMEN FW 2008	2008	ミラノ(イタリア)	展示	完成	AMO
PRADA CATWALK MAN FW 2008	2008	ミラノ(イタリア)	展示	完成	AMO
HERMITAGE 2014	2008	サンクトペテルブルク(ロシア)	マスタープラン／保存	進行中	AMO
RIGA PORT CITY	2009	リガ(ラトビア)	都市計画／再生／マスタープラン／保存	開発デザイン	OMA

DEE AND CHARLES WYLY THEATER	2009	ダレス（アメリカ）	文化	進行中	OMA
TAIPEI PERFORMING ARTS CENTRE	2009	台北（台湾）	文化	進行中	OMA
PRADA CATWALK MAN FW 2009	2009	ミラノ（イタリア）	展示	完成	AMO
PRADA LOOKBOOK SS 2009	2009	ワールドワイド	文化	完成	AMO
RUE DE LA LOI	2009	ブリュッセル（ベルギー）	マスタープラン	コンペ	OMA
PRADA CATWALK MAN SS 2010	2009	ミラノ（イタリア）	文化	完成	AMO
CASARTS – THEATRE DE CASABLANCA	2009	カサブランカ（モロッコ）	文化	コンペ	OMA
ILE SEGUIN	2009	パリ（フランス）	文化／マスタープラン	コンペ	OMA
THE INTERLACE	2009	シンガポール	住居	開発デザイン	OMA
STADSKANTOOR	2009	ロッテルダム（オランダ）	オフィス／住居	開発デザイン	OMA
PRADA CATWALK WOMAN SS 2010	2009	ミラノ（イタリア）	文化	完成	AMO
CHU HAI COLLEGE	2009	香港（中国）	教育／図書館／保存	進行中	OMA
BASEL BURGHOF	2009	バーゼル（スイス）	博物館	コンペ	OMA
PLAINE DU VAR	2009	コートダジュール（フランス）	都市計画	スタディ	AMO
EU REFLECTION GROUP	2010	ブリュッセル（ベルギー）	文化	スタディ	AMO
WEST KOWLOON CULTURAL DISTRICT	2010	香港（中国）	文化／インフラ／マスタープラン	コンセプトデザイン	OMA
PRADA CATWALK WOMAN FW 2010	2010	ミラノ（イタリア）	展示	完成	AMO
PRADA CATWALK MAN FW 2010	2010	ミラノ（イタリア）	展示	完成	AMO
MUSEE NATIONAL DES BEAUX-ARTS DU QUEBEC	2010	ケベック（カナダ）	博物館	進行中	OMA
MIU MIU CATWALK WOMAN FW 2010	2010	パリ（フランス）	文化	完成	AMO
ROADMAP 2050	2010	ヨーロッパ	インフラ／マスタープラン／リサーチ	完成	AMO
STRELKA	2010	モスクワ（ロシア）	文化	進行中	AMO
VENICE BIENNALE 2010: CRONOCAOS	2010	ヴェネチア（イタリア）	保存	完成	AMO
IL FONDACO DEI TEDESCHI	2010	ヴェネチア（イタリア）	文化／保存／物販店舗	委員会参加	OMA
QIANHAI PORT CITY	2010	深圳（中国）	マスタープラン	コンペ	OMA
BIBLIOTHÈQUE MULTIMÉDIA À VOCATION RÉGIONALE	2010	カーン（フランス）	図書館	コンセプトデザイン	OMA
EDOUARD MALINGUE GALLERY	2010	香港（中国）	文化／展示	進行中	OMA
PRADA LOOKBOOK FW 2010	2010	ワールドワイド	文化	完成	AMO
NATIONAL MUSEUM OF ARCHEOLOGY AND EARTH SCIENCES	2010	ラバト（モロッコ）	博物館	コンペ	OMA
V&A BOILERHOUSE YARD	2010	ロンドン（イギリス）	博物館	スタディ	OMA
STATION CITY	2010	ストックホルム（スウェーデン）	インフラ／複合用途／オフィス	コンペ	OMA
HONG KONG BOUNDARY CROSSING FACILITIES	2010	香港（中国）	インフラ	コンペ	OMA
BORDEAUX EURATLANTIQUE	2011	ボルドー（フランス）	マスタープラン／保存	コンペ	OMA
VIKTOR & ROLF MEN'S STORE	2011	ロンドン（イギリス）	物販店舗	進行中	OMA
NATIONAL ART MUSEUM OF CHINA	2011	北京（中国）	博物館	コンペ	OMA

GLOBAL FINANCIAL CENTRE ON THE BUND	2011	上海（中国）	文化／複合用途／オフィス／物販店舗／XLタワー	コンペ	OMA
MCKINSEY & COMPANY OFFICE	2011	香港（中国）	オフィス	進行中	OMA
OMA*AMO FOR / WITH PRADA	2011	ヴェネチア（イタリア）	文化／博物館	完成	AMO
PRADA CATWALK MAN SS 2012	2011	ミラノ（イタリア）	文化	完成	AMO
(IM) PURE, (IN) FORMAL, (UN) BUILT	2011	パリ（フランス）	図書館	完成	AMO
BINHAI MANSION	2011	深圳（中国）	オフィス	コンペ	OMA
PARC DES EXPOSITIONS	2011	トゥルーズ（フランス）	文化／展示／インフラ	開発デザイン	OMA
EUROPEAN SCHOOL STRASBOURG	2011	ストラスブール（ドイツ）	教育	コンペ	OMA
NAi SCHATKAMER	2011	ロッテルダム（オランダ）	展示／博物館	進行中	OMA
OMA / PROGRESS	2011	ロンドン（イギリス）		完成	AMO
CHANGCHUN JINGYUE CULTURAL AND LEISURE DISTRICT	2011	長春（中国）	文化／教育／複合用途／オフィス／物販店舗	コンペ	OMA
MALAHON 13 DENTAL PRACTICE	2011	香港（中国）	オフィス	進行中	OMA
UN NORTH DELEGATES LOUNGE	2011	ニューヨーク（アメリカ）	文化／複合用途	開発デザイン	OMA
TGI DE PARIS	2011	パリ（フランス）	文化／オフィス／XLタワー	コンペ	OMA
PRADA CATWALK AND LOOKBOOK MAN FW 2012	2012	ミラノ（イタリア）	文化	完成	AMO
24-HOUR MUSEUM	2012	パリ（フランス）	文化／展示／博物館	完成	AMO
GARAGE GORKY PARK	2012	モスクワ（ロシア）	博物館／保存	開発デザイン	OMA
SYRACUSE GREEK THEATRE SCENOGRAPHY	2012	シラキュース（イタリア）	文化	完成	AMO
MARINA ABRAMOVIC INSTITUTE	2012	ハドソン（アメリカ）	文化／教育／保存	コンセプトデザイン	OMA
7 SCREEN PAVILION	2012	カンヌ（フランス）	文化	完成	OMA
G-STAR RAW HQ	2012	アムステルダム（オランダ）	オフィス／物販店舗	進行中	OMA
GUANGDONG BAOSTEEL BUILDING	2012	広州（中国）	オフィス	コンペ	OMA
BOLOGNA TECNOPOLO	2012	ボローニャ（イタリア）	展示／複合用途／保存／リサーチ	コンペ	OMA
PRADA CATWALK AND LOOKBOOK MAN SS 2013	2012	ミラノ（イタリア）	文化	完成	AMO
VENICE BIENNALE 2012: PUBLIC WORKS	2012	ヴェネチア（イタリア）	展示	完成	AMO
MIU MIU CATWALK WOMAN SS 2013	2012	パリ（フランス）	文化	完成	AMO
425 PARK AVENUE	2012	ニューヨーク（アメリカ）	オフィス	コンペ	OMA
GALERIES LAFAYETTE: CHRONICLES OF A CREATIVE ITINERARY	2012	パリ（フランス）	文化／展示	完成	AMO
RALEIGH	2012	ニューヨーク（アメリカ）	物販店舗	進行中	OMA
COACH, MACY'S HERALD SQUARE	2012	ニューヨーク（アメリカ）	物販店舗	進行中	OMA
BOCCONI URBAN CAMPUS	2012	ミラノ（イタリア）	教育／インフラ／住居	コンペ	OMA
LAW, BUSINESS AND ECONOMICS COMPLEX, MONASH UNIVERSITY	2012	メルボルン（オーストラリア）	教育	コンペ	OMA

DARLING HARBOUR LIVE - SYDNEY INTERNATIONAL CONVENTION EXHIBITION & ENTERTAINMENT PRECINCT (SICEEP)	2012	シドニー(オーストラリア)	ホテル/マスタープラン/複合用途	コンセプトデザイン	OMA
MOSCOW AGGLOMERATION DEVELOPMENT CONCEPT	2012	モスクワ(ロシア)	インフラ/マスタープラン	コンペ	OMA
SSI TOWERS	2013	ジャカルタ(インドネシア)	複合用途/オフィス/物販店舗	コンセプトデザイン	OMA
PRADA CATWALK MAN + WOMAN FW 2013	2013	ミラノ(イタリア)	文化	完成	AMO
YEN LAC BINH XUYEN (YLBX)	2013	ベトナム	マスタープラン	コンセプトデザイン	OMA
ESSENCE FINANCIAL BUILDING	2013	深圳(中国)	オフィス	開発デザイン	OMA
THE EXHIBITION HALL	2013	クウェート市(クウェート)	物販店舗	コンセプトデザイン	OMA
HIA AIRPORT CITY	2013	ドーハ(カタール)	マスタープラン	進行中	OMA
MIU MIU CATWALK WOMAN FW 2013	2013	パリ(フランス)	文化	完成	AMO
PUBLIC WORKS - ARCHITECTURE BY CIVIL SERVANTS	2013	ベルリン(ドイツ)	展示	完成	AMO
LEHMANN MAUPIN GALLERY	2013	香港(中国)	文化	進行中	OMA
COACH, OMOTESANDO FLAGSHIP	2013	東京(日本)	物販店舗	進行中	OMA
TOOLS FOR LIFE + THIS IS KNOLL PAVILION	2013	ミラノ(イタリア)	文化/展示	完成	OMA
WHEN ATTITUDES BECOME FORM: BERN 1969 / VENICE 2013	2013	ヴェネチア(イタリア)	文化/展示	完成	OMA
SAMSUNG EXPERIENCE STORE AT VIVOCITY	2013	シンガポール	物販店舗	完成	OMA
SOUTH BEACH ACE	2013	フロリダ州、マイアミ(アメリカ)	文化/展示/ホテル/マスタープラン/複合用途/住居/物販店舗	コンペ	OMA
THE PLAZA AT SANTA MONICA	2013	サンタモニカ(アメリカ)	文化/ホテル/複合用途/オフィス/住居/物販店舗	コンペ	OMA
SOUTHWEST INTERNATIONAL ETHNIC CULTURAL CENTRE	2013	昆明(中国)	文化/教育/複合用途/博物館	コンペ	OMA
BOGOTÁ CENTRO ADMINISTRATIVO NACIONAL	2013	ボゴタ(コロンビア)	文化/教育/展示/ホテル/複合用途/オフィス/住居	コンペ	OMA
SHENZHEN STOCK EXCHANGE	2013	深圳(中国)	オフィス/XLタワー	完成	OMA
QINGDAO CULTURAL AND ARTS CENTRE	2013	青島(中国)	文化/複合用途/博物館	コンペ	OMA
HUD REBUILD BY DESIGN	2013	アメリカ	マスタープラン	コンペ	OMA
DALLAS CONNECTED CITY	2013	テキサス(アメリカ)	マスタープラン	コンペ	OMA
MIU MIU CATWALK WOMAN SS 2014	2013	パリ(フランス)	文化	完成	AMO
PRADA CATWALK MAN + WOMAN FW 2014	2014	ミラノ(イタリア)	文化	完成	AMO
MIU MIU SATWALK WOMAN FW 2014	2014	パリ(フランス)	文化	完成	AMO

仮に、文化と呼ばれるものの領域に、革命なる概念があったとして、そぞろ、歴史を眺め返してみるならば、それはいずれも、儚くまたたく間のうちに、無数の狂おしい熱狂と見果てぬ幻想を消尽するほんのひとときに、気がつけば夢の宴となって記憶の深淵へとさっさと沈み込んでしまうほどに、短い命であることが常だった。

革命は、短い。革命はいつも、瞬時に終わり、通り過ぎる。革命は、過剰で過大なものの、瞬発的な情動の激流であってみれば、「何かが劇的に変わる」という事態は、それが激しければ激しいほど、花火のように短くきらめき、燃え尽くされ、瞬時に雲散霧消するだろう。例えばポップ・ミュージックに革命を起こしたビートルズの実質的な活動期間は、ほんの数年間にすぎなかったのだし、例えばジャクソン・ポロックがドリッピングによる抽象表現主義の絵画によって世界を驚愕させることができた活動時期も、長く見積もっても一〇年に満たない。それよりも長く続いた「文化的革命」は、おそらくほんのわずかの事例しかないけれど、それよりももっと短くして潰えた革命的行為は、あまりに多すぎて数えることもできない。

つまりは、世界はその程度には十分に残酷なものとして、成り立っているということだろう。人類を呆然たる恍惚へと連れ出すほどの、希有な創造的革命をなす者に対し、世界は、その栄光の夢を長く与えることはない。だから創造に携わる者は、自らが創造の神にいつか見捨てられるかも知れないことに、いつでも怯えている。二〇世紀初頭のさまざまな芸術運動を振り返ってみれば、発見的な創造神の降臨によって、かけがえのない禁断の幸福を味わった革命家たちの、しかしその後に息絶えた死骸が累々と積み上げられていることに、誰もがため息をつくだろう。しかし、その文化的革命のまっただなかを、ひたすら長く生き続けている奇跡の人物がいて、それがレム・コールハースという建築家なのだった。

コールハースの『錯乱のニューヨーク』が世に出たのが一九七八年で、それからすでに四〇年近くが経っている。この書物は、二〇世紀から遠く隔たった今もなお、ある種の文脈において、建築理論書の最後尾をなす「事件」として位置づけられている。つまり、これ以降には、それに匹敵する建築理論書を見出すのが困難だという意味で、その出現はまぎれもなく、文化的革命のひとつであったのである。その後、コールハースは自らの理論を折り広げ、突き破り、まき散らすように、自身の思考を分岐させながら数々の建築プロジェクトを発表し、その多くを実現させてきた。

一九八〇年代の彼は、先鋭的であっても、まだ緩やかだった。が、そのときに発表されたプロジェクトのいくつかは、革命と呼ぶに十分なほどの影響力を、多くの若者たちにもたらした。一九九〇年代に入ると、世界の経済的高揚と政治的変容が重なり、いくつかの作品が実現した。それらの断片は、日本にも飛火した。多くの人びとが、彼の作品に瞠目した。そして革命は継続する。その後、大学がコールハースを呼び寄せ、世界にシンパが広がり、弟子たちが育っていった。二〇〇〇年代には、グローバリゼーションの波が彼を後押しし、巨大な建築物が次々とでき上がっていった。それに付随する理論が生まれ、彼を批評する言説が大量に生産され、書籍が立て続けに出版され、革命は拡大再生産され続けた。二〇一〇年代に入っても、その勢いが衰えたとの話は聞かない。世界の変動に密着しながら、革命は持続し、それは徐々に神話的次元へと移行しつつあるかのようだった。

そのような革命の軌跡を、改めて辿り、突き詰めて追究し、それぞれに振り返り、つぶさに読み込むための試みとして、本書はまとめられたのである。

この書物はだから、レム・コールハースをめぐる、日本における、最後の決定版となるだろう。おそらく、これ以降、このような書物は出ることはなく、出すこともできないだろうと予測する。

なぜ、そのように言えるのか。それには、いくつかの理由がある。まず第一に、ここに参加している著者たちは、世代的に見れば一九六〇年代生まれから一九八〇年代生まれにあたっている、ということ。つまり、コールハースが革命的な活動を次第に大きくしていったさなかに、自らの建築的修行や邂逅の数々を直接的に体験している世代にあたる。そのために、これら著者たちはコールハースの思考を、まじりけなしにもっとも良く受容できていると同時に、それを自らの建築活動に、直接にリフレクトさせている。そして第二に、これら著者たちの思考を受け取る世代が、二〇〇〇年代以降に建築を学んでおり、その一条の流れとして、この書物を受け止めるだろうからである。それは、神話と現実の、ぎりぎりの臨界線をなすだろう。これ以降には、例えば私たちがル・コルビュジエの建築活動を「遠い過去の、神話的な出来事」として受け取るように、コールハースの活動も、「かつてあった驚くべき革命的作業の数々」として、神話的に読み継がれるだろう。

実際のところ、本書に収められた建築家や研究者たちの、力作とも言える論考を続けて読み通してみると、多くの刺激と示唆を受けると同時に、えも言われぬ不思議な感覚におそわれる。それは、著者たちがコールハースについて深く語れば語るほど、当のコールハースはどんどん遠ざかっていき、あるいは消えていき、不在化していくような錯覚に捉えられるのである。不在の現前。まるで、使途が神の偉業を語り継いでいるかのように。しかもその神は、自らの主体を分岐させ、組織を使って増殖させ、それを鏡像反転させてさらに転倒した組織を作り、弟子を送り込み、世界のあちこちへと、どんどん流れ出してゆく。その過程でコールハースという固有名は、人の名前というよりも、何か巨大な革命を起こし続けるための、秘密結社的なミッションをなすコードネームや記号のように見えてくるのである。

だからこの書物を、建築以外のプロパーが予備知識なしに読み通せば、きっと驚愕し、当惑し、あっけにとられるに違いない。「彼らが、これほどまでにこぞって賞賛し、信奉し、追随する、コールハースという人物は、何か現人神《あらひとがみ》のような存在なのか？　コールハースの何が、彼らをこれほどまでに惹き付けるのか？」

モダニズムの建築活動において、ル・コルビュジエが革命を謳ったように、コールハースは饒舌な建築活動のなかに、絶えず革命の粒子を織り込んでいる。それによってコールハースが変えたものが何かということを一言で語れば、「建築を通して、ものの見方を変えた」ということになるのだろう。それは、二〇世紀初頭の現象学やキュビスムのように、新しい認識の形をつかみ出し、人びとを驚かせ、精神を解き放つことに成功している。

けれども、仮にそのようなものとしてコールハースの活動の全体を捉えたとしても、なお謎のままとして残るのは、彼の活動が果てしなく、終わりなく持続されることの意味である。もう十分に革命を生き抜いてきたはずのコールハースは、なぜ今も、そんなに頑張るのだろう。その活動の総景は、すでにひとりの建築家の野心という次元を超えて、世界と時代を突き抜けているはずなのに。まだ、革命は続けられるのだろうか。

本書の企画は、五十嵐太郎さんに声をかけていただき、編者としてさまざまな識者に参加していただくことから始まった。こうした、多彩な思考が織りなす密度ある書物ができ上がったのは、読み応えのある論考やアンケート、および資料を提供してくださった、参加者の皆さんのおかげである。

最後に、そのようなきっかけを作り、じっくりと時間をかけて議論を重ねながら、本書を鮮やかな手さばきでまとめて下さった、鹿島出版会の川尻大介さんに、記して感謝したい。

二〇一四年五月一〇日

南 泰裕

写真・図版クレジット｜初出一覧｜編著者略歴

写真・図版クレジット

ＯＭＡ――070上, 071上, 080, 081上, 108, 111, 214, 215上, 216上, 220上, 225上, 228
Hans Werlemann（提供ＯＭＡ）――070下, 071下, 083上, 219上, 233, 234-235
Michel van Kar（提供ＯＭＡ）――083下
Lydia Gould（提供ＯＭＡ）――109上
PRADA（提供ＯＭＡ）――106右, 109下
Armin Linke（提供ＯＭＡ）――106, 107
Iwan Baan――238
Bêka & Partners――160, 161
Sou Fujimoto Architects――221上
Ken Tadashi Oshima――225下
青木淳建築計画事務所――219中・下, 221下
アップリンク――159
五十嵐太郎――028, 029, 034, 036, 038, 039, 042, 043, 153-156
市川紘司――116, 117, 120-123, 125-127
岩元真明――112
榊原充大――208, 210
妹島和世建築設計事務所――215下, 216下, 218上, 220下
槻橋 修――062-064
中野豪雄――262-275
堀内広治――217
ホンマタカシ――057, 060, 066
南 泰裕――049, 051, 052, 094, 101, 103
山崎一平――072, 079, 081下, 082-083

初出一覧

レム・コールハースを読む——マンハッタニズム、ビッグネス、ジャンクスペース
——『現代建築に関する16章』（講談社現代新書、二〇〇六）所収、
「レム・コールハース——マンハッタニズム、ビッグネス、ジャンクスペース」を改稿

疾走するアジアのジェネリック・シティ
——『10+1』二五号（INAX出版、二〇〇一）所収、
「アジアのジェネリック・シティとレム・コールハース」に加筆修正

傾いた柱——レム・コールハースの五つの建築をめぐって
——『ユリイカ』二〇〇九年六月号（青土社）

《ボルドーの住宅》における三層の世界——UNIVERSE beyond UNIVERSAL SPACE
——『ユリイカ』二〇〇九年六月号（青土社）

観測者のランドスケープ——離散性、あるいは不連続性と「形式」の問題
——『10+1』九号（INAX出版、一九九七年）

過密と原発——レム・コールハースの思考から描き出されるものについての試論
——書き下ろし

プラダ・エピセンターが変え（なかっ）たもの
——書き下ろし

レム・コールハースから王澍まで——OMAの中国的受容とその逸脱
——書き下ろし

いま、アイロニーを捨てるべきか
——書き下ろし

OMA@ヴェネツィア・ビエンナーレ国際建築展
——書き下ろし

ふつうではない建築のドキュメント
——『ユリイカ』二〇〇九年六月号（青土社）

メトロポリスのビッグな出版・編集者——建築家レム・コールハースのケース・スタディ
——『出版編集論構築のための基礎的研究（1）』
（平成一九年度藝術研究調査補助［特別枠］費研究成果報告書、二〇〇八）

『S,M,L,XL』試論——その〈概念的大小〉の射程について
——書き下ろし

『VOLUME』再読——「拡張」後の建築領域を担うもの
——書き下ろし

図義通りの建築——コールハース・妹島・青木・藤本
——書き下ろし

レム・コールハース／OMAのエディット戦略
——書き下ろし

OMAの建築写真——現実／超現実／記録
——書き下ろし

レム・コールハース／OMA主要用語辞典
——『ユリイカ』二〇〇九年六月号（青土社）所収、「OMA用語辞典」に加筆修正

コールハース／OMA／AMO主要著作解題
——『ユリイカ』二〇〇九年六月号（青土社）所収、「コールハース主要著作解題」に加筆修正

OMAの系譜図
——本書のために行った調査をもとに構成

言説選［A-side—コールハースから見た世界／B-side—世界が見たコールハース］
——本書のために行った調査をもとに構成

OMA／AMOプロジェクトデータ
——本書のために行った調査をもとに構成

編者

五十嵐太郎 Taro Igarashi

建築史・建築批評家、東北大学大学院工学研究科教授

一九六七年パリ（フランス）生まれ。一九九二年東京大学大学院修士課程修了。二〇〇九年より現職。第一一回ヴェネツィア・ビエンナーレ国際建築展日本館展示コミッショナー（二〇〇八）。あいちトリエンナーレ二〇一三芸術監督、この成果により芸術選奨文部科学大臣新人賞受賞。「WINDOWOLOGY」展（二〇二〇―二三年）、「インポッシブル・アーキテクチャー」展（二〇一九―二〇年）、「装飾をひもとく」展（二〇二〇年）、「アニメ背景美術に描かれた都市」展（二〇二三年）などを監修。博士（工学）。主著に『モダニズム崩壊後の建築』（青土社、二〇一八年）、『建築の東京』（みすず書房、二〇二〇年）、『現代日本建築家列伝』（河出書房新社、二〇一一年）ほか多数。

南 泰裕 Yasuhiro Minami

建築家、国士舘大学大学院教授

一九六七年兵庫県生まれ。京都大学工学部建築学科卒業、東京大学大学院博士課程単位取得退学。一九九七年アトリエ・アンプレックス設立。二〇〇七年より国士舘大学理工学部准教授。二〇一二年より現職。主著に『建築の還元』（青土社、二〇一一）、『トラヴァース』（鹿島出版会、二〇〇六）、『住居はいかに可能か』（東京大学出版会、二〇〇二）など。訳書にリチャード・ロジャースほか『都市　この小さな国の』（共訳、鹿島出版会、二〇〇四）など。作品に《PARK HOUSE》《南洋堂ルーフラウンジ》《アトリエ・カンテレ》など。

著者

浅子佳英 Yoshihide Asako

建築家、編集者

一九七二年神戸市生まれ。二〇〇七年タカバンスタジオ設立、二〇一二年設計と編集を行うPRINT AND BUILDに改組。二〇〇九年東浩紀らとともにコンテクチュアズ（現ゲンロン）設立、二〇一二年退社。著書に「TOKYO インテリアツアー」（安藤僚子との共著）。「百貨店の歴史」（菊地尊也との共著）。出版物に「デザインの現在」土田貴宏著。リサーチに「TOKYOデザインテン」「パブリックトイレのゆくえ」「百貨店展」。おもな作品に「Gray」（二〇一五）、「八戸市新美術館」（二〇二一：西澤徹夫、森純平との共同設計）など。主な賞に東北建築賞、JIA日本建築大賞。

出原日向子 Hinako Izuhara

出版・編集

一九八九年京都市生まれ。二〇一二年京都工芸繊維大学卒業。二〇一四年東北大学大学院工学研究科修士課程修了。二〇一九年より晶文社勤務。

市川紘司 Koji Ichikawa

建築史家、東北大学大学院助教

一九八五年東京生まれ。横浜国立大学工学部建設学科建築学コース卒業、東北大学大学院工学研究科都市・建築学専攻博士後期課程修了。東京芸術大学美術学部建築科教育研究助手、明治大学理工学部建築学科助教を経て、現職。著書に『天安門広場――中国国民広場の空間史』（筑摩書房、二〇二〇）。訳書に王澍『家をつくる』（共訳、みすず書房、二〇二一）。二〇二一年日本建築学会著作賞受賞。

岩元真明 Masaaki Iwamoto

建築家、九州大学大学院芸術工学研究院助教

一九八二年東京都生まれ。二〇〇六年シュトゥットガルト大学ILEK研究員。二〇〇八年東京大学大学院工学系研究科修士課程修了。難波和彦＋界工作舎スタッフ、Vo Trong Nghia Architectsパートナーを経て、二〇一五年ICADAを共同設立。二〇一五年首都大学東京特任助教、二〇一六年より現職。博士（工学）。アジア近現代建築史に取り組み、ヴァン・モリヴァンと葉祥栄の作家論研究を行っている。建築作品に《節穴の家》《TRIAXIS須磨海岸》《九州大学バイオフードラボ》《オーゼティック・パビリオン》等。訳書にロベルト・ガルジャーニ著『レム・コールハース／OMA驚異の構築』（鹿島出版会）。

菊地尊也 Tatsuya Kikuchi

研究者、都市・建築学

一九八六年岩手県生まれ。二〇一三年東北大学大学院工学研究科博士前期課程修了。現在、東北大学大学院工学研究科博士後期課程在籍。

榊原充大 Mitsuhiro Sakakibara

建築家／リサーチャー

一九八四年愛知県生まれ。二〇〇七年神戸大学文学部人文学科芸術学専修卒業。二〇〇八年から建築リサーチ組織「RAD」を共同運営。二〇一七年から京都市立芸術大学及び京都市立銅駝美術工芸高等学校移転整備工事設計共同体リサーチチームマネージャー。二〇一九年に、公共的な施設の計画や運営のサポートをおこなう「株式会社都市機能計画室／POUF」を設立。同年から、泉大津市（仮称）小松公園整備事業におけるリサーチ・地域コミュニケーション担当。同じく、愛知県岡崎市「QURUWA戦略」PRのディレクション担当。

瀧本雅志 Masashi Takimoto

大阪芸術大学教授、表象文化論、哲学

一九六三年北海道生まれ。京都大学文学部卒業、東京大学大学院総合文化研究科超域文化科学博士後期課程修了。岡山県立大学デザイン学部勤務を経て、二〇一六年より現職。著書に『ドゥルーズ／ガタリの現在』（共著、平凡社、二〇〇八）、『建築と植物』（共著、INAX出版、二〇〇八）、『モードと身体』（共著、角川学芸出版、二〇〇八）など、訳書にJ＝P・ベルトメ『ジャック・ドゥミ　夢のルーツを探して』（水声社、二〇一九）、H・フォスター『アート建築複合態』（鹿島出版会、二〇一四）、T・ブルック他編『Supergraphics――空間の変容：壁面、建築、空間のためのグラフィックデザイン』（BNN新社、二〇一二）、V・フルッサー『デザインの小さな哲学』（鹿島出版会、二〇〇九）がある。

槻橋修 Osamu Tsukihashi

建築家、神戸大学大学院教授

一九六八年富山県生まれ。京都大学工学部建築学科卒業、東京大学大学院博士課程単位取得後退学。東京大学生産技術研究所勤務を経て、二〇〇二年ティーハウス建築設計事務所設立。二〇〇九年より神戸大学准教授。二〇二三年より現職。博士（工学）。主な作品に《気仙沼市復興祈念公園》、《東遊園地URBAN PICNIC》、《青葉山公園・仙臺緑彩館》などがある。主著に『旅。建築の歩き方』（編著、彰国社、二〇〇六）など。二〇一五年《「失われた街」模型復元プロジェクト》で日本建築学会賞（業績）。二〇二〇年《南町田グランベリーパーク》にて都市景観大賞（国土交通大臣賞）共同受賞。二〇二一年、東日本大震災復興支援活動にて日本建築学会賞（業績・復旧復興特別賞）共同受賞。

丁周磨 Shuma Tei

建築設計

一九八五年東京都生まれ。二〇一〇年東京大学大学院工学系研究科修士課程修了。同年より石上純也建築設計事務所勤務。二〇一六年より（株）東横インの自社設計部門に所属し、国内外のホテルプロジェクトに従事。

橋本健史 Takeshi Hashimoto

建築家

一九八四年兵庫県神戸市生まれ。二〇一〇年横浜国立大学大学院Y-GSA修了。二〇一一年403architecture [dajiba]共同設立（浜松）。二〇一七年橋本健史建築設計事務所設立（東京）、二〇二一年同移転（神戸）。二〇一四年吉岡賞受賞。二〇一六年ヴェネチア・ビエンナーレ国際建築展日本館にて審査員特別表彰。二〇一七年『建築で思考し、都市でつくる／Feedback』（LIXIL出版）。現在、京都芸術大学客員教授、関西学院大学、大阪公立大学非常勤講師。

服部一晃 Kazuaki Hattori

バーチャル建築家

一九八四年神奈川県生まれ。東京大学工学部建築学科卒業。二〇一〇年東京大学大学院工学系研究科建築学専攻修了。同年より隈研吾建築都市設計事務所（KKAA）勤務の後、二〇一八年よりidiomorph主宰、二〇二一年より株式会社ambrのCXOを兼任。バーチャル建築家番匠カンナとして活動の主軸をVRに移す。著者に『マキシマル・アーキテクチャーI　妹島和世論』（NTT出版、二〇一七年）。

編集協力

阿部沙佳

レム・コールハースは何《なに》を変《か》えたのか

二〇一四年六月一〇日　第一刷発行
二〇二三年七月二〇日　第三刷発行

編者：
五十嵐太郎《いがらしたろう》＋南泰裕《みなみやすひろ》

発行者：
新妻充

発行所：
鹿島出版会
〒一〇四-〇〇六一
東京都中央区銀座六-一七-一　銀座6丁目-SQUARE　七階
電話　〇三-六二六四-二三〇一
振替　〇〇一六〇-二-一八〇八八三

ブックデザイン：
中野豪雄［中野デザイン事務所］

印刷・製本：
壮光舎印刷

ISBN 978-4-306-04605-4 C3052

本書の内容に関するご意見・ご感想は左記までお寄せ下さい。
URL：https://www.kajima-publishing.co.jp
e-mail：info@kajima-publishing.co.jp

What
REM KOOLHAAS
Changed